面向21世纪普通高等院校规划教材·教育技术系列

办公自动化设备教程

BANGONG ZIDONGHUA SHEBEI JIAOCHENG

胡小强 编著

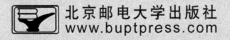

北京邮电大学出版社
www.buptpress.com

内 容 简 介

本书根据高等学校的教学规律及当前办公领域中对办公自动化设备的要求,详细地介绍常用办公自动化设备的原理、使用与维护方法。主要内容包括了办公自动化简介、微型计算机系统、常用外部设备、影像设备、通信设备、复印设备、其他办公设备等。

本书内容较为全面、阐述精练、实用性强,注重理论与实践相联系,结合当前办公自动化状况,突出新颖性、实用性,内容丰富。每一章节后都有习题,便于教师课堂教学与学生自学,并专门为授课教师免费提供电子教案。

本书可作为教育技术学、文秘、公共关系、电子类、机电类、计算机应用类等相关专业本科、高职高专的学生教材使用,也可作为企事业单位从事办公自动化工作的人员培训教材,并可供广大办公人员的自学参考。

图书在版编目(CIP)数据

办公自动化设备教程 / 胡小强编著 . -- 北京:北京邮电大学出版社,2015.1(2022.1重印)
ISBN 978-7-5635-4255-0

Ⅰ. ①办… Ⅱ. ①胡… Ⅲ. ①办公自动化-自动化设备-高等学校-教材 Ⅳ. ①C931.4

中国版本图书馆 CIP 数据核字(2014)第 296180 号

| 书　　　名:办公自动化设备教程
| 著作责任者:胡小强　编著
| 责 任 编 辑:王丹丹
| 出 版 发 行:北京邮电大学出版社
| 社　　　址:北京市海淀区西土城路 10 号(邮编:100876)
| 发 　行 　部:电话:010-62282185　传真:010-62283578
| E-mail:publish@bupt.edu.cn
| 经　　　销:各地新华书店
| 印　　　刷:北京九州迅驰传媒文化有限公司
| 开　　　本:787 mm×1 092 mm　1/16
| 印　　　张:17
| 字　　　数:422 千字
| 版　　　次:2015 年 1 月第 1 版　2022 年 1 月第 6 次印刷

ISBN 978-7-5635-4255-0　　　　　　　　　　　　　　　　定　价:35.00 元
· 如有印装质量问题,请与北京邮电大学出版社发行部联系 ·

前　　言

随着信息技术的高速发展,办公自动化已应用于各级各类办公活动中,在这其中,办公自动化设备起着十分重要的作用,各种新技术、新设备的应用极大地提高了办公效率,甚至改变了办公方式,同时,也对办公人员提出了更高的要求。因此,了解与掌握办公自动化设备的使用与维护,已成为在校大学生、各级各类办公人员所必需的知识。

当前,在办公人员使用办公自动化设备时,存在着一些问题,如对设备的型号不了解,无从选购设备;对设备的操作不熟悉,造成工作效率低、耗材浪费大;对设备的基本原理不了解,使得设备过早的老化或损坏。另外目前的办公自动化设备更新很快,使办公人员变得无从适应。本书就是基于这一目的,着重培养办公人员在这方面的能力。

多年来,本人从事有关办公自动化设备的教学及省、市政府办公设备的采购评审工作,也经常进行一些办公设备方面的维修工作,有较为丰富的工作经验,因此在成书时,较重视实用性。

本书共分有8个章节,内容包括办公自动化简介、微型计算机系统、微机常用外部设备、影像设备、文件复印设备、办公通信设备与网络设备、其他办公设备等。系统地介绍了目前常用办公自动化设备的分类、工作原理、使用、维护方法。

针对目前很多学校、企事业单位存在着办公自动化设备较少等现状,建议教师在课堂中可以对办公自动化设备采用图片、视频、虚拟现实技术等方法来进行展示,特别是采用了虚拟现实技术对设备进行放大、缩小、旋转等三维展示,并可实现设备的拆装展示,甚至模拟通电操作运行,使设备展示更加直观、生动。如您在教学中,需要更多的设备图片、视频录像或虚拟现实技术的展示,或本课程教师的授课电子教案,可通过 vrbook@126.com 免费索取。

本书由胡小强同志编著,在编写过程中,得到我的同事袁玖根副教授、何玲副教授等大力支持,也感谢我的研究生吴林军、苏瑞、蒋逸皇、赵志蓬、李小菲、崔荣等同志提供很多帮助,在此一并表示感谢。

由于水平有限,时间仓促,加之办公自动化设备发展极为迅速,更新十分迅速,书中难免有不足之处,敬请读者指正。

胡小强
2014年10月

目　　录

第1章　办公自动化简介 ………………………………………………………………………… 1

1.1　办公自动化 …………………………………………………………………………… 1
1.1.1　办公自动化的定义 ………………………………………………………………… 1
1.1.2　办公自动化的特点 ………………………………………………………………… 2
1.1.3　办公自动化的基本功能 …………………………………………………………… 2
1.1.4　办公自动化的层次结构 …………………………………………………………… 4
1.1.5　办公自动化中有关学科 …………………………………………………………… 4
1.1.6　办公自动化的意义与效益 ………………………………………………………… 5
1.1.7　办公自动化对人员的要求 ………………………………………………………… 6
1.2　办公自动化的现状与发展趋势 ……………………………………………………… 7
1.2.1　国外的办公自动化现状 …………………………………………………………… 7
1.2.2　我国的办公自动化现状 …………………………………………………………… 7
1.2.3　办公自动化的发展趋势 …………………………………………………………… 8
1.3　办公自动化设备 ……………………………………………………………………… 9
1.3.1　办公自动化设备的分类 …………………………………………………………… 9
1.3.2　办公自动化设备对电源的要求 ………………………………………………… 10
1.3.3　办公自动化设备对环境的要求 ………………………………………………… 12
1.3.4　办公自动化设备与人体健康 …………………………………………………… 13
1.3.5　办公设备的管理 ………………………………………………………………… 15
1.3.6　办公自动化设备的回收 ………………………………………………………… 16
习题 ……………………………………………………………………………………… 16

第2章　微型计算机 …………………………………………………………………………… 17

2.1　台式微型机 …………………………………………………………………………… 19
2.1.1　主板 ……………………………………………………………………………… 21
2.1.2　微处理器 ………………………………………………………………………… 24
2.1.3　内存 ……………………………………………………………………………… 27
2.1.4　硬盘 ……………………………………………………………………………… 28
2.1.5　光盘存储设备 …………………………………………………………………… 30
2.1.6　移动存储设备 …………………………………………………………………… 33
2.1.7　键盘与鼠标 ……………………………………………………………………… 35
2.1.8　显示卡与显示器 ………………………………………………………………… 37
2.2　笔记本计算机 ………………………………………………………………………… 40
2.2.1　LCD显示器 ……………………………………………………………………… 41
2.2.2　笔记本计算机的主板与CPU …………………………………………………… 42

2.2.3 笔记本计算机的存储器 43
2.2.4 笔记本计算机的键盘和鼠标 44
2.2.5 笔记本计算机的电池和 AC 电源适配器 45
2.2.6 笔记本计算机的接口 46
2.2.7 笔记本计算机的外壳 48
2.2.8 笔记本计算机的发展趋势 49
2.3 超极本 50
2.4 平板电脑 51
   2.4.1 平板电脑特点 51
   2.4.2 平板电脑分类 52
2.5 办公系统中的软件 54
   2.5.1 操作系统 54
   2.5.2 办公软件 58
   2.5.3 办公公文基础知识 64
2.6 办公安全 66
   2.6.1 微型机的日常使用与维护 66
   2.6.2 信息安全 68
习题 71

第 3 章 微型计算机常用外部设备 72

3.1 打印机 72
   3.1.1 针式打印机 72
   3.1.2 喷墨打印机 80
   3.1.3 激光打印机 89
   3.1.4 三维打印机 95
3.2 扫描仪 98
   3.2.1 扫描仪的分类 99
   3.2.2 扫描仪的主要技术指标 100
   3.2.3 扫描仪的工作原理 101
   3.2.4 扫描仪的操作使用 102
3.3 投影仪 104
   3.3.1 投影仪的分类 104
   3.3.2 投影仪的性能技术指标 105
3.4 触摸屏 107
   3.4.1 触摸屏的分类 108
   3.4.2 触摸屏的性能技术指标 111
3.5 电子白板 112
   3.5.1 电子白板的种类与工作原理 113
   3.5.2 电子白板的主要技术指标 115
   3.5.3 电子白板的操作使用 115

3.6 高拍仪 ·· 116
   3.6.1 高拍仪的简介 ·· 116
   3.6.2 高拍仪的性能技术指标 ·· 117
   3.6.3 高拍仪的主要功能 ·· 117
   3.6.4 高拍仪的结构与原理 ·· 118
习题 ··· 118

第4章 影像设备 ·· 119
4.1 数码照相机 ·· 119
   4.1.1 数码照相机的分类 ·· 120
   4.1.2 数码照相机的主要技术指标 ·· 121
   4.1.3 数码照相机的工作原理 ·· 122
   4.1.4 数码照相机的操作使用 ·· 123
   4.1.5 数码照相机的日常保护 ·· 125
   4.1.6 数码照相机周边设备 ·· 126
4.2 数码摄像机 ·· 129
   4.2.1 数码摄像机的分类 ·· 130
   4.2.2 数码摄像机的主要技术指标 ·· 131
   4.2.3 数码摄像机的工作原理 ·· 133
   4.2.4 数码摄像机的使用 ·· 134
   4.2.5 数码摄像机的维护与保养 ·· 137
习题 ··· 138

第5章 文件复印设备 ··· 139
5.1 复印机 ·· 139
   5.1.1 复印机的分类 ·· 140
   5.1.2 复印机的基本结构 ·· 141
   5.1.3 复印机的基本工作原理 ·· 141
   5.1.4 复印机的主要技术指标 ·· 145
   5.1.5 复印机的安装与使用 ·· 146
   5.1.6 静电复印机的维护与维修 ·· 148
5.2 速印一体机 ·· 153
   5.2.1 速印一体机的基本工作原理 ·· 154
   5.2.2 速印一体机的主要技术指标 ·· 155
   5.2.3 速印一体机的使用 ·· 156
   5.2.4 速印一体机的维护与保养 ·· 157
习题 ··· 157

第6章 办公通信与网络设备 ·· 158
6.1 电话机 ·· 158

6.1.1　电话通信与电话机的分类 …………………………… 158
　　6.1.2　电话机的使用 …………………………………………… 162
6.2　移动通信设备 ……………………………………………………… 166
　　6.2.1　移动通信系统的分类 …………………………………… 166
　　6.2.2　移动通信的相关技术 …………………………………… 169
　　6.2.3　移动通信的增值业务 …………………………………… 170
　　6.2.4　4G 手机 …………………………………………………… 173
　　6.2.5　对讲机 ……………………………………………………… 176
　　6.2.6　手机屏蔽器 ………………………………………………… 180
6.3　传真机 ………………………………………………………………… 182
　　6.3.1　传真机的种类、功能与性能指标 ……………………… 183
　　6.3.2　传真机的工作原理 ……………………………………… 187
　　6.3.3　传真机的安装与使用 …………………………………… 188
　　6.3.4　传真机的维护与维修 …………………………………… 190
6.4　网络设备 ……………………………………………………………… 193
　　6.4.1　计算机网络基础 ………………………………………… 193
　　6.4.2　计算机网络的功能 ……………………………………… 195
　　6.4.3　计算机网络的组成 ……………………………………… 195
　　6.4.4　综合布线系统 …………………………………………… 197
6.5　网络硬件设备 ………………………………………………………… 200
　　6.5.1　传输介质 …………………………………………………… 200
　　6.5.2　布线工具 …………………………………………………… 203
　　6.5.3　网卡 ………………………………………………………… 204
　　6.5.4　调制解调器 ………………………………………………… 205
　　6.5.5　交换机 ……………………………………………………… 206
　　6.5.6　路由器 ……………………………………………………… 207
　　6.5.7　防火墙 ……………………………………………………… 209
6.6　Internet 及其应用 …………………………………………………… 211
　　6.6.1　Internet 服务功能 ………………………………………… 211
　　6.6.2　Internet 的接入 …………………………………………… 215
习题 ……………………………………………………………………………… 219

第 7 章　其他办公设备 ……………………………………………………… 220

7.1　不间断电源 …………………………………………………………… 220
　　7.1.1　我国电力状况 …………………………………………… 220
　　7.1.2　不间断电源的分类 ……………………………………… 221
　　7.1.3　UPS 电源的性能技术指标 ……………………………… 223
　　7.1.4　UPS 电源的使用与日常维护 …………………………… 225
7.2　考勤机 ………………………………………………………………… 227
　　7.2.1　考勤机的分类与特点 …………………………………… 227

7.2.2　考勤机的性能参数 …………………………………………………… 229
　7.3　碎纸机 ………………………………………………………………………… 230
　　7.3.1　碎纸机的主要技术指标 ……………………………………………… 231
　　7.3.2　碎纸机的使用与维护 ………………………………………………… 232
　7.4　排队机 ………………………………………………………………………… 233
　7.5　数码录音笔 …………………………………………………………………… 233
　　7.5.1　数码录音笔的特点 …………………………………………………… 234
　　7.5.2　数码录音笔的性能与使用 …………………………………………… 234
　7.6　导航设备 ……………………………………………………………………… 236
　　7.6.1　美国 GPS 系统 ………………………………………………………… 236
　　7.6.2　北斗导航系统 ………………………………………………………… 240
　习题 ………………………………………………………………………………… 242

第8章　办公自动化设备操作技能训练 …………………………………………… 243

　技能训练1　认识办公自动化设备 ……………………………………………… 243
　　一、训练目标 ………………………………………………………………… 243
　　二、操作环境(设备) ………………………………………………………… 243
　　三、训练任务 ………………………………………………………………… 243
　　四、训练步骤 ………………………………………………………………… 243
　技能训练2　校园办公系统的使用 ……………………………………………… 244
　　一、训练目标 ………………………………………………………………… 244
　　二、操作环境(设备) ………………………………………………………… 244
　　三、训练任务 ………………………………………………………………… 244
　　四、训练步骤 ………………………………………………………………… 244
　技能训练3　扫描仪的使用 ……………………………………………………… 246
　　一、训练目标 ………………………………………………………………… 246
　　二、操作环境(设备) ………………………………………………………… 246
　　三、训练任务 ………………………………………………………………… 246
　　四、训练步骤 ………………………………………………………………… 247
　技能训练4　会议照片的拍摄 …………………………………………………… 249
　　一、训练目标 ………………………………………………………………… 249
　　二、操作环境(设备) ………………………………………………………… 249
　　三、训练任务 ………………………………………………………………… 249
　　四、训练步骤 ………………………………………………………………… 249
　技能训练5　电视短片的拍摄 …………………………………………………… 251
　　一、训练目标 ………………………………………………………………… 251
　　二、操作环境(设备) ………………………………………………………… 251
　　三、训练任务 ………………………………………………………………… 251
　　四、训练步骤 ………………………………………………………………… 251
　技能训练6　多功能会议室的使用 ……………………………………………… 253

  一、训练目标 …………………………………………………………………………… 253
  二、操作环境(设备) …………………………………………………………………… 253
  三、训练任务 …………………………………………………………………………… 253
  四、训练步骤 …………………………………………………………………………… 253
技能训练7 复印机的使用与维护 ……………………………………………………… 255
  一、训练目标 …………………………………………………………………………… 255
  二、操作环境(设备) …………………………………………………………………… 255
  三、训练任务 …………………………………………………………………………… 255
  四、训练步骤 …………………………………………………………………………… 255
技能训练8 小型办公网络的组建 ……………………………………………………… 257
  一、训练目标 …………………………………………………………………………… 257
  二、操作环境(设备) …………………………………………………………………… 257
  三、训练任务 …………………………………………………………………………… 257
  四、训练步骤 …………………………………………………………………………… 257

参考文献 ……………………………………………………………………………………… 261

第1章 办公自动化简介

办公自动化在现代办公活动中日益普及,其有别于传统的办公方式。它改善了办公环境,提高了办公效率,节省了大量的人力与财力。在办公活动中,其中办公设备起着十分重要的作用,了解办公设备相关知识,学习办公自动化设备的使用,对现代办公有非常积极的作用。

本章知识要点:
- 办公自动化的定义与基本功能
- 办公自动化的层次结构与相关学科
- 办公自动化在国内外的发展历程及发展趋势
- 办公自动化设备的分类
- 办公自动化设备对电源与环境的要求

1.1 办公自动化

近年来,随着社会的进步、科技的高速发展,我们进入到一个崭新的信息时代,数字化信息技术给我们的生活带来了巨大的变化,同时也改变了我们的生活与工作方式。在现代办公活动中,已表现出明显的信息时代的重要特征:办公信息不仅形式多样,而且信息量巨大;海量信息需要在办公过程中获取、存贮、处理、检索、存储、发布和发送;信息的来源呈多渠道、全方位,并以 Internet 网络为信息的主要来源,对信息的处理也有较高实时性的要求。

在实际办公过程中,人们发现采用传统的以手工处理为主的办公方法对信息进行采集与加工处理,已远远不能适应快速高效的现代办公需要,因此,我们必须实现办公自动化。

1.1.1 办公自动化的定义

办公自动化(Office Automation,OA)作为一个术语,是由美国通用汽车公司 D. S. 哈特于 1936 年首次提出,并于 20 世纪 50 年代在美国首先兴起,最初只是具有数据处理(EDP)的簿记功能,60 年代被管理信息系统(MIS)取代,直到 70 年代后期才形成涉及多种技术的新型综合学科——办公自动化。美国麻省理工学院 M. C. Zisman 教授将办公自动化定义为:办公自动化是将计算机技术、通信技术、系统科学及行为科学应用于传统的数据处理难以处理的、数据庞大且结构不明确的、包括非数值型信息的办公事务处理的一项综合技术。

根据我国国情,国务院电子振兴办公室在 1992 年曾对办公自动化作如下定义:办公自动化是应用计算机技术、通信技术、系统科学、管理科学等先进科学技术,不断使人们的部分办公业务借助于各种办公设备,并由这些办公设备与办公人员构成服务于某种办公目标的人机信息系统。其目的是尽可能充分利用信息资源,提高工作效率与质量、生产效率、辅助决策,服务于各级办公活动。

进入20世纪90年代,计算机网络的高速发展不仅为办公自动化提供了信息交流的手段与技术支持,使办公活动跨时间与空间的信息采集、信息处理与利用成为可能。它为办公自动化赋予了新的内涵和应用空间,也提出了新的问题与要求。其定义也随外部环境、支撑技术以及人们观念的不断发展而逐渐形成、演变,并不断地充实与完善。它是计算机技术、通信技术与科学管理思想完美结合的一种理想境界。

1.1.2 办公自动化的特点

办公自动化是当前国际上高速发展的一门综合多种技术的新型学科,是信息社会最重要的标志之一。办公自动化与传统的办公方法相比主要有以下3个显著的特点。

1. 采用先进的科学技术

采用了先进的科学技术,如计算机技术、影像技术、网络技术、通信技术等,它将人、计算机和信息三者综合成为一个办公体系,构成一个服务于办公业务的人机信息处理系统,实现办公信息进行一体化处理。

2. 采用现代化的办公设备

在办公自动化中,一个显著的特点就是采用了现代化的办公设备,如微型计算机、复印机、照相机、通信设备等。由手工为主的办公改变为应用办公自动化设备来完成现代办公。

3. 提高了工作效率,减少了差错率

采用了现代办公自动化设备后,既提高了信息的获取速度,又加快了信息的处理速度,同时可克服时间与空间上的限制,提高了办公效率与质量,减少了工作中的差错率,更好地适应了现代办公的需要。

1.1.3 办公自动化的基本功能

办公的主要场所是办公室,它是各种信息的汇聚点,也是各种信息的处理加工场所。一个现代化的办公室,应该能有效地完成对信息的采集、加工处理、存储、检索、备份,甚至销毁整个办公过程的管理。

现代办公自动化系统的主要功能有:文字处理、语音处理、手写处理、数据处理、表格处理、图形与图像处理、信息检索、辅助决策、资料再现、资料共享等。如图1-1-1所示为常见办公自动化功能示意图。

1. 文字处理

文字处理是现代办公中最为常见的活动之一,包括对中文或外文的录入、编辑、修改、存储、打印及版式设计等。现在公文的书写中,一般都采用微型计算机来进行录入、编辑、打印与存储。办公中常用的文字处理软件有Word和WPS文字处理软件等。

2. 语音处理

语音处理是指利用计算机技术对语音进行识别、合成、存储等。经过多年的研究,语音处理系统目前已走向实用阶段,如在Office办公软件中,Word文字处理软件中具有语音输入功能,Excel中增加了语音合成输出,用于校对功能。

3. 数据处理

数据处理是对大批量数据的计算机输入、增加、删除、存储、分类、索引、报表、查询、检索等文档进行管理,并可以将数据进行可视化。为了减少数据的冗余度,保持数据的一致性和独立性,形成了数据库技术。办公中通常在数据处理中使用关系型数据库,如Oracle、Sybase、SQL Server等来进行办公信息管理系统的设计。

图 1-1-1 常见办公自动化功能示意图

4. 表格处理

表格处理是指利用计算机来进行表格的设计、统计、比较处理等操作,实现各个环节的自动化。表格处理由计算机来实现,使办公人员摆脱了繁重的工作,避免了大量的抄写整理、运算等工作,也保证了相关数据的格式化与准确性,并可对表格中的数据进行统计及采用图形化来进行表示,使表格中的数据更加直观,大大地减少了差错率。办公中常用的处理软件有 Excel、WPS 表格等。

5. 图形与图像处理

图形与图像处理是指利用计算机、数码相机、扫描仪等设备将图形或图像以数字形式进行输入与存储,按照一定的要求处理后,再通过数字输出恢复为图形或图像。利用计算机的图形处理功能,可以规划和设计项目的流程图,并可对相关图像资料进行数字化,如显示、压缩、复原、切割、识别、加密等处理。通常采用照相机或摄像机获取,再用 Photoshop、ACDSee 等软件来进行处理。

6. 信息检索

信息检索是指从信息资源的集合中查找所需文献或查找所需文献中包含的信息内容的过程。它采用一套科学、快速、准确、方便的查找方法和手段,查询各种需要的信息,提高信息的利用率。现在,随着 Internet 的广泛使用,越来越多的办公人员从网上检索到所需要的信息。

7. 辅助决策

辅助决策是指办公人员利用计算机协助对相关的信息进行分析、判断从而提供决策的可选方案。换言之,是利用计算机的智能化处理软件,对复杂事件的决策提供可行的各种方案,协助甚至替代办公人员进行决策或预断。

8. 资料再现

资料再现是指各种打印、复制、复印及图片制作等功能,该功能的实现可利用复印机或使用计算机系统来实现。

9. 资源共享

利用计算机技术与网络技术可实行对资源的共享,让更多的办公人员来使用这个信息,提高信息的利用率。

10. 信息的加密与安全

对关键信息的加密与信息安全,不能只在办公制度的管理上进行,利用计算机等设备,可以在技术上实现对必要信息的加密与解密,使信息的存储、传输等变得更安全、更可靠。

1.1.4 办公自动化的层次结构

根据当前办公自动化应用状况,我们把办公自动化分为 3 个层次,即事务型办公系统、管理型办公系统和决策型办公系统。各类办公系统所拥有的功能是不同的。

1. 事务型办公系统

它通常支持一个机构内各办公室的基本事务活动,在每个办公部门都有大量事务工作,主要功能包括信息的产生、收集、加工、存储和查询,如文字处理、文档管理、电子报表、电子邮件、电子日程管理、文档的整理、分类归档、检索等。这些工作往往工作量较大、重复劳动事务较多。为了提高工作效率、减轻工作负担,可以把上述烦琐的事务交给办公自动化系统来处理。这种完成事务处理功能的办公自动化系统称为事务处理系统,简称 EDP。这类系统比较简单,一般只需要计算机和复印机等设备即可完成。

2. 管理型办公系统

管理型办公系统包含业务管理的那部分功能,是事务型办公系统和支持职能管理活动的管理信息系统的结合。管理型办公系统的工作是完成对信息流通进行控制和管理。要做好对信息的收集、加工、传递、交流、存取、分析、判断和反馈,从而在信息资源中找出有用的信息加以利用,产生良好的社会效益与经济效益。办公自动化是信息管理的有效手段,担任信息管理功能的办公自动化系统称为信息管理系统,简称 MIS。这种系统的办公自动化设备通常在计算机等设备上增加网络通信设备等。

3. 决策型办公系统

决策是根据预定目标做出的行动决定,是办公活动的重要内容之一,是较高层次的管理工作。决策型办公系统是上述系统的再结合,是具有决策或辅助决策功能的系统所组成的最高级系统。由于决策的正确与否会对实际工作产生重大影响,因此在决策之前,要做大量的基础工作,要经过提出问题、搜集资料、确定目标、拟订方案、分析评价,最后选定决策方案等一系列环节。比较理想的办公自动化系统能自动地分析采集信息,提出各种可供领导参考的优选方案,是辅助决策的有力手段。这类系统必须建立起许多能综合分析、预测发展、判断利弊的计算机运算模型,从而可以根据大量的原始信息,自动地做出比较合理的决策方案,这种系统称为决策支持系统,是一种高层次的智能型系统,简称 DSS。随着数据库及 Web 技术的发展,决策型系统的应用越来越多。

1.1.5 办公自动化中有关学科

办公自动化不仅是一门科学技术,而且现在已将被应用和服务的对象整合在一起,在各领域中为达到特定目的而以技术手段整合各种资源的一门软科学。办公自动化与管理活动的结合,一方面使现代的科学技术作为工具和手段,起到了服务于现代办公活动以提高办公的质量和效率;另一方面,随着办公自动化技术越来越多地被运用于办公活动的各个环节,科学技术为办公活动的组织机构、办公制度、办公方式及办公环境的变革带来了可能性,使其更能适应未来信息社会的需要,同时更给作为办公活动核心的内容的管理和决策的科学化与民主化提供了强大的推动力。

它作为管理现代化的一个重要进程,已发展为一个综合系统,涉及计算机技术、通信技术、网络技术、声音图像识别与处理、管理学科等多个领域,通常把计算机技术、通信技术、系统科学和行为科学四个主要学科看作为办公自动化的四个基础技术。把工作站 WS(Work Station)和局域网络 LAN(Local Area Network)看作为两大支柱。

计算机技术是办公自动化的主要支柱。各种巨型、大型、小型、微型计算机,工作站,移动终端等是办公自动化的主要设备。办公自动化系统中信息的采集、存储、检索等处理均依赖于计算机技术。文件和数据库的建立和管理,各种办公软件的开发,以及办公自动化软件开发环境的建立等,对于办公自动化都起着重要作用。

通信技术是保证办公自动化的传输技术,是缩短空间距离、克服时空障碍的重要保证。从模拟通信到数字通信,从局部网到广域网,从公用电话网到分组交换网、综合业务数字网,从一般的电话到微波、光纤卫星通信等,都是办公自动化要涉及的通信技术。

系统科学为办公自动化提供各种与决策有关的理论基础,为建立各类决策模型提供方法与手段,包括各种优化方法、决策方法、对策方法等。

行为科学重点研究探讨在社会环境中人类行为产生的根本原因及其规律,从而提高人类行为发生和发展规律的预测和控制能力,广泛用于企业管理、行政、司法、教育等领域。行为科学可以协调办公系统中人际关系融洽。

1.1.6 办公自动化的意义与效益

政府要上网,企业要效益,办公自动化已成为电子政务、电子商务和企业现代化管理的必然趋势。在目前政府机构及企事业单位大力改革的外部环境下,办公自动化对提高政府机关或企业各部门的办公效率,提高决策的科学性、正确性,提高综合管理水平和竞争能力都有着十分重要的意义。

办公自动化是信息社会发展的必然产物,对我国经济与政治的发展有着重大影响和促进作用。我国地域广阔,人口较多,其办公质量的好坏、效率的高低将直接影响着生产力的发展。同时,在当前经济体制和机构的改革中,大力应用办公自动化技术,促使各级领导的决策建立在可靠的信息基础上,它的效益就不能简单地用经济来衡量。

通过几十年来的办公自动化实践,可以看出实现办公自动化是很有意义。

1. 有利于提高工作效率

在办公自动化应用之前,各部门之间的文件、报告、总结、通知等公文,主要依赖书面材料或口头形式等传达,不仅效率低,而且容易产生歧义,造成办公活动的延误。推行办公自动化以后,采用 OA 办公系统的信息平台,各类会议、通知、公文的流转在 OA 办公系统进行传送、接收,信息传递及时、准确、到位,实现公文的各级传阅和上情下达。此外,OA 办公系统具有邮件跟踪管理功能,使办公人员能及时了解每一邮件的现状,解决了各部门之间的推诿问题。其次,利用 OA 办公系统收发文件可以自动生成存档格式功能,能保证资料的完整性和连续性,做到有据可依,有文可查,为档案管理和资料查询提供了方便,减轻了办公人员的负担。

2. 有利于节约办公费用

过去,各级领导布置公文,草拟完毕,都是先行打印样稿,呈送领导审阅,从初稿到定稿通常需要几易其稿,打印工作则需要同步进行数次。现在,公文流转实现了无纸化,办公人员通过 OA 办公系统便可将文件迅速地传送到领导的信箱中。领导批阅后,有关人员可以根据领导的反馈意见立即进行修改,直到定稿,期间无须多次打印。原来需要大量印刷的一周会议和活动安排表以及各类文件、通知,通过在 OA 办公系统上发布电子版,减少了纸张的消耗和印刷成本,节约了办公经费。

另外,许多原本需要电话通知、交代的事项,通过 OA 办公系统进行发布,不仅实现了对纸张墨盒等办公耗材的控制,解决了办公费用成本高的问题,同时也提高了办公效率。特别是对于一些原来要到外地开会、交流、学习等情况,现在可以通过网络、电视电话会议来实现,既减少了差旅费用,又节省了大量的时间,改善了交通,一举多得。

3. 有利于加强内部交流和促进公务公开

在传统的工作环境下,受办公场所和工作纪律的限制,部门之间、员工之间非常缺乏互动性、学习性的交流。而办公自动化引发的办公自动化革命则突破了时空的限制,让办公人员可以在不影响工作的情况下,能像上网聊天一样方便地进行业务交流和学习,通过交流和学习可以缩小不同业务部门工作人员之间的业务差距,有利于培养通才型人才。同时,借助网络也创造了一个相对平等、保护隐私的环境,为各级办公人员之间进行思想对话、坦诚净言架起了一座畅通无阻的桥梁。

4. 有利于培养良好的工作习惯

以办公自动化为主的办公自动化系统强调知识管理为核心,能提供丰富学习功能和知识共享机制,办公人员要在办公自动化系统中实现从被动向主动转变,就必须不断学习,提高自身的创新与应变能力。通过某些功能,如工作计划和今日日程的作用,制定个人的日程安排,帮助掌握自己的时间,有助于树立工作人员的时间观念和工作计划性。此外,办公自动化系统的实施过程,实质就是组织协调每个人和各部门的活动,以实现总体目标的过程,能潜移默化地培养教职工之间合作互助的团队精神。

办公自动化带来的效益分为经济效益和社会效益两个方面。通常可用直接的经济效益和间接的经济效益来分析。直接的经济效益是因为提高了办公人员的工作效率而引起的,在企业、经济部门比较明显,可以直接从下述几个方面的数值量来进行推算出产生的经济效益:提高了生产率;缩短了生产周期;提高了设备利用率;增加了新的办公功能;降低了产品的价格(降低了成本);加速了资金周转等。

间接效益主要是因决策水平(准确性)的提高而得到的。这种效益有时要在很长的时间内才能看到,而且不易用数值来计量。它表现在以下几个方面:提高了信息的质量;提高了信息的保密性与安全性;改善信息的控制;改善办公工作条件。

1.1.7 办公自动化对人员的要求

实现办公自动化,对办公人员也提出了新的要求。当然,不同层次的办公自动化系统对办公人员的要求也不同。以前的办公自动化主要是单个办公人员的工作自动化,不要求所有的办公人员都要懂得办公设备的使用,对于要使用计算机的操作,由秘书或文员来完成就可以了。早期,由于计算机技术本身的原因,学会计算机的操作(如 DOS 操作系统、WPS 文字处理),学会汉字输入(如采用五笔字型输入法),确实有一定的难度,因此将许多办公人员拒于办公自动化大门之外。

而现代的办公自动化系统可以通过网络来完成大部分的办公工作,是全体办公人员的尘埃。这要求所有办公人员,上至领导,下至各级员工,都应会使用计算机进行办公。所幸的是,现代 OA 办公系统的功能越来越先进，而使用起来却越来越简单。尤其是最先进的 Web 方式的 OA 办公系统，办公人员只要能掌握简单的 Windows 和 Web 的操作，基本上就能应付办公的需要。但是，容易学并不等于不用学，为了实现高效办公，一定要把对全体员工计算机相关培训的工作列入办公自动化的实施计划中。

同时，建设一个现代的 OA 办公系统，是一个系统工程，需要上层领导的重视和各级办公人员的努力，需要在组织机构上有所保证，需要落实所需的经费，需要进行相关计划的制订和执行。办公自动化的层次越高，工作模式的改变越大，触动的东西越多，越不容易实现，越需要领导在制度、人员等方面切实的支持。没有这些保障，就有可能出现传统的办公方式与办公自动化分离的现象，办公自动化只能是一句空话。

1.2 办公自动化的现状与发展趋势

1.2.1 国外的办公自动化现状

最先提出办公自动化概念并进行办公自动化软硬件研究的是美国。从 20 世纪 60 年代初至今，美国经历过多个发展阶段，在理论研究、技术发展、设备研制应用方面一直走在世界的前列。在发展办公自动化的经验具有一定的代表性。

美国发展办公自动化大体经历了 4 个阶段。

第一阶段(1975 年前)是初期，是单机工作阶段。采用单机设备进行办公，如文字处理机、复印机、传真机、专用交换机等，在办公程序的某些重要环节上由办公设备来执行，局部地、个别地实现自动操作以完成单项业务的自动化。

第二阶段(1975—1983 年)是发展期，是局域网阶段。这一阶段主要有两个特点：一是个人计算机开始进入办公室，并形成局域网络系统，实现办公信息处理网络化。在办公室的关键部位出现信息采集、处理、保存的综合系统，并广泛利用局域网络、都市网络和远程网络，加强办公信息的通信联系，出现了跨企业和跨地区的计算机网络。二是广泛利用数据库技术，把办公自动化从事务处理级向信息管理级和计算机辅助决策级方向发展。

第三阶段(1984—1990 年)是成熟期，为一体化阶段。这一阶段进一步完善了计算机网络通信体系，完善网络化、一体化的办公信息通信体系，完善全国范围和国外的电子邮件系统；开展第四代电子邮件技术的应用；开展电子数据交换(EDI)技术的应用，并积极地推广综合业务数字网络技术的应用。

第四阶段(1990 年至今)为互联网阶段。办公自动化在此阶段采用以数据、文字、声音、图像、视频等多媒体信息传输、处理存储的广域网为手段，信息资源在世界范围内共享，将世界变成一个"地球村"。1993 年，美国提出并实施了《全国信息基础设施计划 NII》，提出了"运用信息技术再造政府"的观念，并提出了"创造成本更少、运转更好的政府"及"运用信息技术改造政府"的两份报告。将办公系统与其他信息系统相连，形成一个高度自动化、综合化、智能化的办公环境。

1.2.2 我国的办公自动化现状

我国的办公自动化起步较晚，20 世纪 70 年代开始，办公自动化技术传入我国，80 年代才真正得到重视与发展。我国办公自动化的发展大体经历了以下几个阶段。

第一阶段(1981—1985年)是开创期,是办公自动化的学习与准备阶段,研究开发如何实现汉字的输入、输出技术,在试点开发办公自动化系统,探讨结合我国国情的中国办公模式。

第二阶段(1986—1990年)是发展期,开创出有成效的办公自动化系统,并在全国应用,并对全国通信网络进行大规模的改进,开始做好标准化工作。办公自动化设备形成一定的生产能力,逐步实现某些设备的国产化。

第三阶段(1991年至今)是成熟期,由发展开始走向成熟的阶段。办公自动化实现了网络化与综合化。在全国逐步建立了网络互联,自上而下的办公自动化系统。

1.2.3 办公自动化的发展趋势

随着各种技术的不断进步,办公自动化的未来发展趋势将体现以下几个特点。

1. 办公信息数字化、多媒体化

在办公活动中,人们主要采用计算机对信息进行处理,计算机所处理的信息都是数字信息,很多的信息都被处理成数字方式,这样存储处理就更方便。

同时,随着多媒体技术、虚拟现实技术的应用,使人们处理信息的手段和内容更加丰富,使数据、文字、图形图像、音频及视频等各种信息形式都能使用计算机处理,它更加适应并有力支持人们以视觉、听觉、触觉、味觉、嗅觉等多种方式获取及处理信息的方式。

2. 办公环境网络化、国际化

在人们的日常生活中,网络的应用已改变了人们的生活方式,也改变了人们的工作方式,完备的办公自动化系统能把多种办公设备连成办公局域网,进而通过公共通信网或专用网连成广域办公网,特别是Internet网络的发展与普及,通过Internet网络可连接到地球上任何角落,从而实现信息的高速传播。它可以跨越时间与空间,特别是在与国外的办公联系中,更是应用十分方便与广泛。

3. 办公操作无纸化、无人化、简单化

由于计算机要求处理的信息数字化,同时办公环境的网络化使得跨部门的连续作业免去了以纸介质为载体的传统传递方式。采用"无纸化办公",一方面可以节省纸张;另一方面是速度快、准确度高,便于文档的编辑和复用,它非常适合电子商务和电子政务的办公需要。

对于一些要求24小时办公、办公流程及作业内容相对稳定、工作比较枯燥、易疲劳、易出错、劳动量较重的一些工作场合,可以采用无人值守办公。如自动存取款机的银行业务、夜间传真及电子邮件自动收发等。

由于计算机系统的高速发展,相关办公软件已十分成熟,操作界面更为直观,使得人们在办公活动中操作使用、维护与维修等更加简单。

4. 办公业务集成化

在早期的办公活动中,计算机系统大多是单机运行,或是各个部门分别开发自己的应用系统。在这种情况下,由于所采用的软件、硬件可能出自多家厂商,软件功能、数据结构、界面等也会因此不同。随着业务的发展、信息的交流,人们对办公业务集成性的要求将会越来越高。办公业务集成包括:一是设备的集成,即实现异构系统下的数据传输与处理,这是办公系统集成的基础;二是应用程序的集成,即实现各种应用程序在同一环境下运行;三是数据的集成,不仅包括相互交换数据,而且要实现数据的互操作和解决数据语义的异构问题,以真正实现数据共享。

5. 移动办公的出现与普及

由于办公活动的实时性等要求,计算机网络的高速发展、无线通信技术的普及,移动办公已应用越来越广泛。移动办公时,人们可通过便携式办公自动化设备,如笔记本电脑、手机等移动终端设备通过有线或无线接入,完成信息采集、处理等工作,可实现无论何时、何地都可以实现办公活动。

6. 办公思想协同化

20世纪90年代末,协同办公管理思想开始兴起,旨在实现项目团队协同、部门之间协同、业务流程与办公流程协同、跨越时空协同,主要侧重和关注知识、信息与资源的分享,是今后办公自动化的一大发展方向。在现在很多的人才招聘广告中,都对所招聘的办公人员有"团队合作精神"等要求。

7. 办公系统智能化

将人的智能赋予计算机,一直是人类的梦想。人工智能是当前计算机技术研究的前沿课题,也已经取得了一些成果。这些成果虽然还远未达到让机器像人一样思考、工作的程度,但已经可以在很多方面对办公活动予以辅助。办公系统智能化的广义理解可以包括手写输入、语音识别、基于自然语言的人机界面、多语互译、基于自学的专家系统以及各种类型的智能设备等。如现在可以采用语音实现文字的录入。

8. 办公信息安全备受重视

信息安全涉及信息的保密性、完整性、可用性、可控性。综合起来说,就是要保障电子信息的有效性。保密性就是对抗对手的被动攻击,保证信息不泄露给未经授权的人。完整性就是对抗对手主动攻击,防止信息被未经授权的篡改。可用性就是保证信息及信息系统确实为授权使用者所用。可控性就是对信息及信息系统实施安全监控。

信息安全本身包括的范围很大,大到国家军事政治等机密安全,小范围的当然还包括如商业企业机密泄露、防范青少年对不良信息的浏览、个人信息的泄露等。在现在,信息安全受到人们的普遍重视,同时信息安全问题伴随着Internet网及其发展,网络环境下的信息安全体系是保证信息安全的关键,包括计算机安全操作系统、各种安全协议、安全机制(数字签名、信息认证、数据加密等),直至安全系统。

综上所述,办公自动化的发展前景是广阔美好的。办公自动化建设是现代化办公的需要,现代计算机网络及通信技术,为实现办公自动化提供了物质条件。技术转化为应用,需要管理上的创新。领导支持、有效的行政协调是成功的保证。办公自动化是一个不断发展的概念,因此办公自动化建设是一项长期的任务。改变传统的办公方式,改变人们的思维方式和工作习惯。随着知识经济时代的来临,办公自动化将具有广阔的发展空间和应用前景。

1.3 办公自动化设备

1.3.1 办公自动化设备的分类

办公自动化设备是一个很大的范畴,从办公室中很小的装订机到大型的中央空调、交通工具汽车等都属于办公自动化设备。在办公自动化系统中的常用的办公自动化设备,按其功能与作用大体划分为下列几类。

1. 计算机设备

计算机设备的主要功能是提供对文字、语音的处理,文件的存储与检索,对相关外部设备的连接。包括各种档次、规格与型号的巨、大、中、小、微型计算机,及各种专用计算机。办公自动化系统中提供的文字、图像等多种处理功能,都依靠计算机设备来支持。

2. 微机常用外部设备

这类设备是与计算机相连接的常用办公设备,主要通过对计算机的扩展与扩充增加更多的功能,如对文件的打印输出,图像与视频的输入等功能。包括各种打印机、扫描仪、触摸屏、投影仪、视频展示台、电子白板等。

3. 影像设备

这类设备主要以处理图形、图像的文件为主。包括有:数码照相机、数码摄像机、数字摄像头等。

4. 文件复印设备

这类设备主要完成对纸质文件的复制与保存。具有操作方便,成本低,速度快等优点。常见设备有彩色与黑白复印机、速印一体机、胶印机、制版机、油印机等。

5. 办公通信与网络设备

办公通信设备主要完成对办公资源的远程传输,通过有线或无线的方式或以实现语音、数据等的传递与反馈。常用设备有:程控电话机、手机、传真机、对讲机等。

网络设备主要完成对网络数据交换的处理。常见设备有:网络适配器、调制解调器、集线器、交换机、路由器、防火墙、综合布线系统中的打线工具、线缆、线路检测仪表等。

6. 其他办公设备

这类设备虽然不是办公自动化系统的必须的设备,但这些设备可辅助我们办公,或是保证其他相关设备的正常运行。常见设备有:不间断电源、录音笔、考勤机、碎纸机、排队机、点钞机、POS收款机、装订机、汽车、空调、加湿机、空气净化器、塑封机、切纸机、刻字机、喷绘仪、影碟机、电视机、收音机、组合音响、GPS导航设备、商务通掌上电脑等。

1.3.2 办公自动化设备对电源的要求

在办公自动化设备中,计算机系统、复印机等对供电要求较严格,提供更好的供电电源,有利于设备能稳定地工作。为了保证设备的正常运行,供电系统的质量和连续性十分重要,它直接关系到机器的使用寿命。一般应考虑以下五个方面的要求。

1. 供电电压的波动范围

微型计算机系统、摄像机充电器等设备由于电源部分采用开关电源电路,其供电电压的允许波动范围较大,一般是可达交流 100~240 V,在全球范围内各国均可正常使用。

而对于复印机等设备,一般供电范围电压为交流 220~240 V,电源频率为 50/60 Hz,允许波动范围为±5%。特别注意的是在国外进口的传真机、复印机等设备,有的已经将电源供电改为我国标准,有的设备可能由于直接从国外带回等原因,其使用电压可能在我国不同,不能直接使用,如日本国内使用的产品,它的工作电压为 110 V/50 Hz,如果在我国国内使用,则必须采用调压器来进行调压,否则会对设备造成严重损坏。此外各国除电压与频率有所不同外,其电源插头(座)的样式也不同。世界部分国家的电压、频率与电源插头(座)的代号如表 1-3-1 所示,图 1-3-1 为常用电源插头(座)的代号图。

表 1-3-1 世界部分国家或地区的电压、频率与电源插头(座)的代号表

国 别	插头代号	电压/V	频率/Hz	国 别	插头代号	电压/V	频率/Hz
中国	A,I	220	50	法国	C,E	230	50
中国香港(特区)	D,G	220	50	德国	C,F	230	50
中国澳门(特区)	D,G	220	50	英国	G	230	50
中国台湾(地区)	A,B	110	60	意大利	F,L	230	50
印度	C,D,G	240	50	芬兰	C,F	230	50
印度尼西亚	C,F,G	127/230	50	瑞士	J	230	50
日本	A,B	100	50/60	俄罗斯	C	230	50
泰国	A,C	220	50	加拿大	A,B	120	60
韩国	C,F	220	60	美国	A,B	120	60
越南	A,C,G	220	50	墨西哥	A,C	127	60
菲律宾	A,B,C	220	60	荷兰	C,F	230	50
新加坡	G	230	50	澳大利亚	I	230	50
巴基斯坦	C,D	230	50	阿根廷	C,I	220	50
伊朗	C	220	50	巴西	A,B,G	110/220	60
伊拉克	C,D,G	220	50	智利	C,L	220	50
沙特阿拉伯	A,B,F,G	127/220	60	埃及	C	220	50
马来西亚	G	240	50	刚果	C,E	230	50

图 1-3-1 常用电源插头(座)的代号图

2. 供电电网的连续性

微型计算机系统等办公自动化设备要求供电电网在工作时间内连续供电,突然断电很容易造成微机系统损坏、数据丢失。因此,在供电电网经常发生断电的地区,必须配置不间断电源来供电。

3. 避免与大容量感性负载的电网并联使用

微型计算机系统的电源应避免与带有大容量感性负载的电网并联使用,因为电感负载在

启动和停止时,会产生高压涌流和干扰,使微机系统不能正常工作。如果条件所限不能做到分别供电,则可分别增加稳压电源以减少影响。

4. 避免供电电网带来的杂波干扰

电网带来的杂波干扰一般存在于供电电源的火线与零线(差模干扰)之间和载流导体与地线(共模干扰)之间。在干扰比较严重的场合,会造成计算机的运行不稳定,因此,必须在电网回路中引入低通滤波器、隔离变压器、压敏变阻器(吸收大幅度的电压尖峰,如抑制雷电带来的大幅度脉冲)等杂波干扰抑制设备。

5. 供电电源的接地

在办公自动化设备安装连接时,不仅应正确连接电源火线和零线,而且还应按说明书要求,严格将机器接地,不能因为国外插头与国内插座不匹配而放弃接地。一方面,如果不接地,虽然设备能使用,但却大大增加了因外来突发原因而造成损坏的可能性。这是因为许多设备的电源变压器的中心抽头与机壳相连,当设备没有正确接地时,机壳上会带有"感应电压",容易造成设备工作不稳定。另一方面,良好的接地还会减少因静电放电而造成系统故障的可能性。此外,良好的接地会减少设备意外带电给办公人员带来的人身伤害。

1.3.3 办公自动化设备对环境的要求

在现代办公自动化设备中,其内部都是由电阻器、电容器、电感器、集成电路等各种电子元器件组成,环境中的温度、湿度、灰尘会对其可靠性、使用寿命等产生一定的影响。

1. 温度对办公设备的影响

(1) 温度对器件可靠性的影响:器件的工作性能和可靠性是由器件的功耗、环境温度和散热状态决定的。据实验测知,在规定的室温范围内,环境温度每增加10℃,器件的可靠性约降低25%。

(2) 温度对电阻器的影响:温度的升高将会导致电阻器额定功率的下降。RTX型碳膜电阻在环境温度为40℃时,允许使用功率为标称值的100%;当环境温度增至100℃时,允许使用功率仅为标称值的20%。

(3) 温度对电容器的影响:在超过规定温度工作时,温度每增加10℃,电容器使用时间将下降50%。在高温状态下,电解电容器电解质中的水分易蒸发,氧化膜性能易变坏。温度过低时,电解质会冻结,使电阻增大,损耗增加,甚至完全失去作用。

(4) 温度对绝缘材料和金属构件的影响:绝缘材料又称电介质,主要用于印制板、插头、插座以及各种信号线的包封等。这些材料在电场作用下有电流产生,称之为漏电流,这是介质在高温时的主要损耗。机械传动部件、各类开关等金属构件,由于膨胀系数不同,在高温下会发生形变。剧烈的膨胀与收缩所产生的内引力以及交替结露、冻结和蒸烤将加速元件、材料的机械损伤和电性能变坏。

(5) 温度对存储设备的影响:这是指输入/输出设备中使用的磁盘、磁带、打印纸张、传真纸等。这些介质不仅在设备运行时使用,而且被作为文件、资料长期存放。对磁介质来说,随着温度升高,其磁导率增大,但当温度升高到某一数值时,磁介质将失去磁性,磁导率急剧下降,会导致存储数据不可靠。

2. 湿度对办公设备的影响

在相对湿度保持不变的情况下,湿度越高,水蒸气压力增大,水分子易进入材料内部,水蒸气对办公设备的影响就越大。相对湿度越小,水蒸气在元器件或介质材料表面形成的水膜越厚,容易造成设备故障。有些塑料及橡胶制品,由于吸收水分,也会发生变形以致损坏。据测试,当湿度由25%增加到80%时,纸张尺寸将增加0.8%左右。

高湿度对计算机设备的危害是明显的,而低湿度的危害有时更大。在低湿度状态下,因塑料地板及机壳表面都不同程度地积累静电荷,若不能采取有效措施加以消除,这种电荷将越积越高,不仅影响办公自动化设备工作的可靠性,而且危及工作人员的人身健康。

3. 灰尘对办公设备的影响

灰尘对办公自动化设备,特别是对精密机械和接插件的影响较大。不论机房采取何种结构形式,机房内存在灰尘仍是不可避免的,如果大量导电性尘埃落入办公设备内,就会导致有关材料的绝缘性能降低,甚至短路。当大量绝缘性尘埃落入设备内时,则可能引起接插件触点接触不良。

4. 静电对办公设备的影响

静电是指物体与物体摩擦时产生的电荷。在办公室中,通常有很多绝缘材料和电阻率很高的化工合成材料,办公人员的衣服也大量使用化纤织物。当这些高分子材料相互摩擦时,便会产生静电,而且越积越多,静电电压可达几千伏甚至上万伏。特别是在我国北方空气较为干燥,高电压不易泄放,因此静电的影响不容忽视。

静电对办公设备的影响主要体现在静电对半导体器件的影响上。半导体器件对静电的影响很敏感,特别是MOS电路。虽然大多数MOS电路都具有保护电路,提高了抗静电的能力,但在使用时,特别是在维修维护时,还是要注意静电的影响,过高的静电电压会使MOS电路被击穿。同时,当静电带电体触及计算机时,有可能使计算机逻辑器件送入错误信号,引起计算机运算出错,严重时还会使送入计算机的计算程序紊乱。

1.3.4 办公自动化设备与人体健康

办公自动化设备作为一种现代高科技的产物,在给人们的生活带来便利、高效与欢乐的同时,也伴随着一些有害于人类健康的不利因素。

在办公自动化设备中,对人体有一定危害的有设备有:计算机、复印机、喷墨打印机、激光打印机等。对人体健康危害主要来自这些设备的辐射以及对环境等造成的影响。

1. 计算机与人体健康

计算机对人类健康的隐患,主要是电磁辐射。从辐射类型来看,主要包括计算机在工作时产生和发出的电磁辐射(各种电磁射线和电磁波等)、声(噪声)、光(紫外线、红外线辐射以及可见光等)等多种辐射"污染"。

从辐射源来看,主要有计算机的键盘、CRT显示器辐射源、机箱辐射源以及音箱、打印机等周边设备辐射源。

1998年世界卫生组织列出电磁辐射对人体的五大影响:①电磁辐射是心血管病、糖尿病、癌突变的主要诱因;②电磁辐射对人体生殖系统、神经系统、免疫系统造成伤害;③电磁辐射是孕妇流产、不育、畸胎等病变的诱发因素;④电磁辐射直接影响儿童的发育、骨骼发育,导致视力下降、视网膜脱落、肝脏造血功能下降;⑤电磁辐射可使生理功能下降,女性内分泌紊乱,月经失调。

电磁辐射已被世界卫生组织列为继水源、大气、噪声之后的第四大环境污染源,成为危害人类健康的隐形"杀手",防护电磁辐射已成当务之急。

使用计算机时,尽量采用液晶显示器,并注意调整好屏幕的亮度,也不能调得太暗太亮,否则易造成视觉疲劳。

计算机的摆放位置很重要。尽量别让显示器的背面朝着有人的地方,因为显示器的电磁辐射最强的是背面,其次为左右两侧,正面的辐射最弱。在操作计算机时,要注意与屏幕保持适当距离。离屏幕越近,人体所受的电磁辐射越大,一般以能看清楚字为准,通常要50厘米到75厘米的距离。

此外,在操作计算机后,脸上会吸附不少电磁辐射的颗粒,要及时用清水洗脸,这样将使所受辐射减轻70%以上。

抵御计算机辐射最简单的办法就是在每天喝2~3杯的绿茶,吃一个橘子。茶叶中含有丰富的维生素A,它被人体吸收后,能迅速转化为维生素A。维生素A不但能合成视紫红质,还能使眼睛在暗光下看东西更清楚,因此,绿茶不但能消除计算机辐射的危害,还能保护和提高视力。如果不习惯喝绿茶,菊花茶同样也能起着抵抗计算机辐射和调节身体功能的作用。橘子含有抗氧化剂成分,可增强人体免疫力,抑制肿瘤生长,抗氧化剂含量名列所有柑橘类水果之首,同时橘子含有较高的维生素A和胡萝卜素,可以保护经常使用计算机者的皮肤。

另外,注意室内通风,科学研究证实,计算机的荧屏能产生一种叫溴化二苯并呋喃的致癌物质。所以,放置计算机的房间最好能安装换气扇。可以在室内放一些植物,如仙人掌、仙人球。

不要长时间一直在计算机前工作,应该工作一段时间后活动一下,做做体操,特别要多看看远处,活动眼睛。平时也应该注意加强锻炼,如常打羽毛球等运动会对保持视力、防止颈椎问题、预防肩周炎等都有极大的好处。

2. 复印机与人体健康

复印机对环境与人体的危害,主要来自:

(1) 硒(Se)感光鼓主要由塑胶和金属构成,是有毒物质,完全不可降解。因此,操作人员在使用时必须注意硒的毒害,不得用手触摸硒鼓,不得接触皮肤,更不得将硒鼓剥离、气化,废晒鼓也不能随意丢弃。

(2) 在复印机工作时,因静电作用使复印室内具有一定的臭氧。臭氧具有很强的氧化作用,会将氮气化成氮氧化物,对人的呼吸道有较强的刺激性。臭氧的比重大、流动慢,加之复印室内因防尘而通风不良,容易导致复印机操作人员发生"复印机综合征"。主要症状是口腔咽喉干燥、胸闷、咳嗽、头昏、头痛、视力减退等,严重者可发生中毒性水肿,同时也可引起神经系统方面的症状。

(3) 目前使用最广泛的是有静电复印机,它使用的显影粉有干、湿两种。干性显影粉系用特级碳黑制作,其中的环芳烃具有致癌作用,被列入国家危险废物名录。但因碳黑多聚体物质混溶后被包裹起来,故在复印过程中,干性显影粉极少分解,非常稳定。科学家曾发现,显影粉中含有微量硝基芘,硝基芘有改变染色体正常结构的能力,因会导致肿瘤的发生。经过技术改进,现在的干性显影粉中的硝基芘含量已大大减少,按常规方法已检测不出其致癌作用。同时干性显影粉都是2~4微米的微尘,这些肉眼看不见的微尘一旦被吸入人体后,将对气管和肺部造成难以想象的损害。湿性显影粉是将碳黑分散在烃溶剂中,而含有10~20个碳原子的脂肪烃有助于肿瘤的生长。由于所用烃类的沸点较低而易挥发,通风不良会对长期接触者产生危害。

针对复印机的危害,应该采取必要的防护措施,特别是长期从事复印工作的人要注意加强劳动保护。

首先,必须保证复印室通风换气良好,应该安装排风扇等除尘设备,以保证室内空气清新,以减少粉尘,使臭氧和氮氧化物及时排出室外。而办公操作人员也应该每工作一段时间就到户外换换空气。

其次,在复印机工作过程中一定要在盖好复印机的盖板,以减少复印时强光对眼睛的刺激。

再次,要定期对复印机进行清洁,小心地清除废旧墨筒,以防墨粉充斥在空气中过多的被人体吸入。注意清洗显影粉时应使用酒精,不要使用苯类溶剂。

最后,还要注意复印机操作人员每次使用完复印机一定要及时洗手,以消除手上残余粉尘对人体的伤害。注意加强增加维生素 E 的摄入,以保护细胞生物膜免受氮氧化物的损伤。此外,有呼吸系统疾病和失眠、头晕的人及孕妇,最好不要从事复印机的操作。

3. 静电与人体健康

在办公室中,特别是我国北方地区,空气干燥,容易产生静电。静电电击虽然不会对人体产生直接危害,但人可能因此摔倒而造成所谓二次事故或造成精神紧张,影响工作。曾有医学专家研究证实,皮肤静电干扰可以改变人体体表的正常电位差,影响心肌正常的电生理过程。这种静电能使病人加重病情,持久的静电还会使血液的碱性升高,导致皮肤瘙痒、色素沉着,影响人的机体生理平衡,干扰人的情绪等。

天天操作计算机的办公人员脸部红斑、色素沉着等面部疾病的发病概率远远高于不用计算机者,这是由于计算机屏幕所产生的静电吸引了大量悬浮的灰尘,使面部受到刺激引起的。

由于老年人的皮肤相对年轻人干燥以及老年人心血管系统的老化、抗干扰能力减弱等因素,老年人更容易受静电的影响。心血管系统本来就有各种病变的老年人,静电会使其病情加重。过高的静电还常常使人焦躁不安、头痛、胸闷、呼吸困难、咳嗽等。

对于静电的防止与消除,主要可采用以下方法。

(1)保证办公室湿度:可采用加湿机、空调器等设备来维持空气中的恒温、恒湿,使相对湿度保持在规定的范围。

(2)注意办公人员的着装:在通信机房等要求较高的办公室,办公人员的衣服最好不要选择易起静电的皮毛和化纤尼龙等材料。穿脱衣服后,用手轻摸墙壁,摸金属门把手、金属门窗或水龙头,将体内静电"放"掉。

(3)接地与屏蔽:对办公设备进行保护接地,铺设防静电地毯,维修与维护时戴上防静电手套、防静电手腕等。在办公室装修时,地板、墙面、天花板等要使用防空间静电材料。有条件的,可安装静电放电器。静电放电器分为接地式和空气放电式,建议两种都安装,这样可保证较好的静电消除效果。

1.3.5 办公设备的管理

在办公室有大量的办公设备,但同样的一个设备在使用年限、可靠性有较大的差异,这与设备的管理有很大的关系,因此加强设备管理,保证安全运行是极为重要的。设备管理工作归纳起来有如下几个方面。

(1)对新购买的设备建立设备档案,分类保存好设备的使用说明书、保修凭证。贵重设备应设专人管理。设备使用前,对办公人员要进行必要的操作培训,以防止不必要的人为事故。

(2)根据设备的技术指标、性能编写出设备操作规程。

(3)加强对设备的运行进行管理,建立运行工作档案,详细记载设备运行情况。

(4) 建立设备维护制度,在设备使用正常时,也应定期对设备进行必要的维护。

(5) 对有故障的设备进行及时维修,避免带病运行,产生不应有的损失。

此外,有些办公自动化设备相对较为贵重,在办公室还必须采取必要的防火、防水、防静电、防盗、防鼠虫害等措施,以保证办公自动化设备安全、稳定地工作。

1.3.6 办公自动化设备的回收

办公自动化设备的合理回收,一方面是基于保密的需要,另一方面是环保的必需。

为切实加强涉密载体回收销毁管理,杜绝涉密文件资料流失,确保国家秘密安全,很多单位依据《中华人民共和国保守国家秘密法》和有关保密规定,制定出一些有关办公自动化设备的相关规定与办法。

所称涉密载体是指以文字、数据、符号、图形、图像、声音等方式记载国家秘密、工作秘密、商业秘密信息的纸介质、磁介质、光盘、胶片等各类物品。磁介质载体包括计算机硬盘和软盘、优盘、移动硬盘等移动存储介质以及录音带、录像带等。

1. 回收设备销毁的范围

(1) 按规定需销毁的涉密文件、资料、图纸、考研试卷等;经鉴定已超过保密期限,无保存价值,确需销毁的文书档案、财会档案和各种专业档案;

(2) 各种已作废的内部刊物、内部资料、图纸、报表、证件和保密笔记本等;

(3) 已过期或作废的各种有价证券、无价证券、票证、禁止流传的书籍、杂志和印刷品等;

(4) 记载涉密信息的计算机硬盘、软盘、优盘、移动硬盘、光盘、录音带、录像带、胶片等;

(5) 属于国家秘密的设备、产品;

(6) 处理过涉密信息,并具有数据存储功能的传真机、电话机、复印机、多功能一体机等通信、办公自动化设备;

(7) 其他按规定应销毁的载体。

2. 回收设备的销毁的处理

(1) 秘密载体回收后,由保密单位负责封存,运往指定的国家秘密载体集中销毁处理点进行销毁处理。

(2) 任何单位和个人未经相关国家保密局批准,不得从事涉密载体回收销毁活动。

(3) 任何机关、企事业单位和个人不得向废品回收站(店)、个体流动摊贩出售涉密载体。

(4) 各单位保密工作负责人要加强对秘密载体集中回收销毁处理工作的领导,认真做好秘密载体的整理、保管、装封、运输等工作。

习 题

1. 什么是办公自动化?
2. 社会调查当地的省市机关办公状况。
3. 常见办公自动化设备有哪些?
4. 办公自动化设备对使用环境的要求?
5. 简述办公自动化设备与人体健康的关系。
6. 谈谈如何预防办公自动化设备给人的健康带有不利因素。
7. 如何防止静电对人和办公自动化会产生影响?
8. 如何做好信息安全工作?

第 2 章 微型计算机

微型计算机系统是办公设备中最核心的设备,它的产生与发展对办公自动化活动影响极大。了解微型机的种类,熟悉其部件等情况,掌握各类微型机的维护保养知识,了解常用办公自动化的软件的功能和办公公文的组成格式,这都是很有必要的。

本章知识要点:

- ⊙ 计算机的种类
- ⊙ 台式微型计算机的组成
- ⊙ 笔记本计算机的组成
- ⊙ 办公自动化的相关软件
- ⊙ 办公公文的基本知识

自从1946年在美国宾夕法尼亚大学研制出世界上第一台数字电子计算机ENIAC(埃尼阿克)以来,计算机的发展十分迅速,应用十分普遍,已成为人们日常工作与学习的必备工具。在当前办公自动化中,计算机是最主要的设备之一,是办公自动化设备中的核心设备。

在短短几十年中,计算机经历了电子管计算机(1946—1957年)、晶体管计算机(1958—1964年)、集成电路计算机(1965—1970年)和大规模/超大规模集成电路计算机(1971—1980年)四代的发展历程,并自20世纪80年代中期始,开始了以模拟人的大脑神经网络功能为基础的第五代计算机的研究。各代计算机的发展除主要表现在组成计算机的电子元器件的更新换代外,还集中表现在计算机系统结构和计算机软件技术的改进。随着它的飞速发展,使得计算机的功能、性能明显提高,而体积却变得更小巧,价格也迅速下降。

按照计算机的性能、用途和价格可将其分为超级计算机、大型计算机、小型计算机、微型计算机。

1. 超级计算机

超级计算机(Supercomputer)也称巨型计算机,它是计算机中功能最强、运算速度最快、存储容量最大和价格最贵的一类计算机。超级计算机强调的是并行计算、共享内存,追求的是高性能,它采用大规模并行处理的体系结构,CPU由数以百计或几千个处理器组成,有极强的运算处理能力,运行速度达到每秒数十万亿次以上。

目前,超级计算机多用于国家高科技领域和国防尖端技术的研究,如武器设计、核反应模拟、空间技术、空气动力学、大范围气象预报、石油地质勘探等。它对国家安全、经济和社会发展具有举足轻重的意义,是国家科技发展水平和综合国力的重要标志。

TOP500是由德国曼海姆大学、美国田纳西大学以及隶属于劳伦斯伯克莱国家实验室的美国国家能源研究科学计算中心的研究人员共同发布的全球最权威的超级计算机榜单。2013年6月17日,在德国莱比锡开幕的2013年国际超级计算机大会上,TOP500组织公布了最新全球超级计算机500强排行榜榜单,中国国防科技大学研制的"天河二号"超级计算机,以每秒33.86千万亿次的浮点运算速度夺得头筹,中国"天河二号"成为全球最快超级计算机,其外形如图2-0-1所示。

天河二号是天河一号的后续产品,天河一号曾经在2010年11月进入过TOP500的头把交椅,而且长时间排在前8位,运算能力2.57PFlops。天河二号于2013年入驻广州的国家超级计算机中心,其组装和测试主要由国防科技大学承担,将对外开放平台,用于实验和教育领域。天河二号使用Intel Ivy Bridge和Xeon Phi处理器(32 000颗Ivy Bridge的Xeon和48 000颗的Xeon Phi共计2 120 000个内核),拥有12.4PB的硬盘和1.4PB的内存。采用分布式计算技术,即光电混合传输技术,上层采用主干拓扑结构,通过13个路由,每个路由有576个端口连接,运行麒麟Linux系统。理论上,天河二号已具备54.9PFlops的计算能力。

图2-0-1 "天河二号"超级计算机

2. 大型计算机

大型计算机(Mainframe)是20世纪60年代发展起来的计算机系统。是从IBM System/360开始的一系列计算机及与其兼容或同等级的计算机,主要用于大量数据和关键项目的计算,例如银行金融交易及数据处理、人口普查、企业资源规划等。

大型机体系具有强大的I/O处理能力。虽然大型机处理器并不总是拥有领先优势,但是它们的I/O体系结构使它们能处理好几个PC服务器放一起才能处理的数据。大型机的另一些特点包括它们的大尺寸和使用液体冷却处理器阵列。在使用大量中心化处理的组织中,它们仍有重要的地位。在电子商务系统中,如果数据库服务器或电子商务服务器需要高性能、高I/O处理能力,可采用大型计算机。

3. 小型计算机

小型计算机(Minicomputer)是相对于大型计算机而言,其软件、硬件系统规模比较小,但价格低、可靠性高、便于维护和使用。其运行原理类似于微型机和服务器,但性能及用途又与它们截然不同的一种高性能计算机,如图2-0-2所示。

它是20世纪70年代由美国数字设备公司(DCE)首先开发的一种高性能计算产品,曾经风行一时。小型计算机曾用来表示一种多用户、采用终端/主机模式的计算机,它的规模介于大型计算机和个人计算机之间。

小型机具有区别 PC 及其服务器的特有体系结构,还有各制造厂都有自己的专利技术,有的还采用小型机专用处理器,比如美国 Sun、日本 Fujitsu 等公司的小型机是基于 SPARC 处理器架构,而美国 Compaq 公司是 Alpha 架构;HP 公司的则是基于 PA-RISC 架构。另外 I/O 总线也不相同。各公司小型机机器上的插卡,如网卡、显示卡、SCSI 卡等也是专用的。此外,小型机使用的操作系统一般是基于 UNIX 的,像 Sun、Fujitsu 是用 Sun Solaris,HP 是用 HP-UNIX,IBM 是 AIX。小型计算机是一类相对封闭专用的计算机系统。

现在生产小型机的厂商主要有 IBM 和 HP、浪潮、曙光、联想等。它们的主要特色在于年宕机时间很短,所以又统称为 z 系列(zero 零)。它能为多个用户执行任务,但它没有大型机的高性能,支持的并发用户数目比较少。小型机的典型应用是帮助中小企业或大型企业的一个部门,完成信息处理任务,如库存管理、销售管理、文档管理等。

4. 微型计算机

微型计算机(Microcomputer)也称个人计算机,简称为 PC 机。它以微处理器为中心的一个独立完整的计算机系统。其价格便宜,使用方便,软件丰富,性能不断提高,适合办公或家庭使用。通常只供一个用户使用,可独立使用,也可与其他计算机联网。

微型计算机又分为台式计算机和笔记本计算机等,在办公室中一般采用台式机较多,笔记本计算机常用于移动办公领域。由于微型计算机具有体积小、重量轻、功能强、价格低、普及率高等特点,在各级各类办公活动中,应用十分普遍。在现代办公自动化系统中,微型计算机有着不可替代的作用。

图 2-0-2　浪潮公司的小型计算机

2.1　台式微型机

现在的办公领域中,微型机按照设计厂商的不同通常分有 IBM 及其兼容机与苹果计算机两大类。在办公领域中,IBM 及其兼容机的占有量极大,并广泛应用于家庭与其他领域,而苹果计算机凭借着其在图形图像方面的独特优势应用于印刷厂、大型广告公司等专业领域。

(1) IBM 及其兼容机

1981 年美国国际商业公司(IBM)制造出第一部 IBM PC 机,它采用了美国 Intel 公司的 8088 芯片作为中央处理器,Microsoft 公司的 DOS 作为操作系统,并公布其工业标准,鼓励其他公司去仿制,因此使 IBM PC 机风靡世界,成为个人计算机的标准,称为"原装机"。凡是名牌公司生产的个计算机,均可称为"品牌机",而"兼容机"则是指小公司或个人仿照 IBM 计算机组装的,和当今流行硬件体系结构一致的,采用 Windows 等作为操作系统的计算机。

(2) 苹果机

1976年制造出第一台个人计算机——苹果Ⅰ型计算机，1977年6月，生产出第一台具有彩色显示功能的计算机——苹果Ⅱ型计算机。

虽然世界上第一台个人计算机由苹果公司创造，但苹果公司并没有把Apple Ⅱ标准化，也不授权给其他厂商生产苹果兼容机。苹果公司长期以来，相对封闭，由于它既做硬件又做操作系统，还要开发应用软件和设计整机结构，因此已经习惯在个人电脑的各个部分都与众不同，其硬件与软件系数都与IBM及其兼容机不相兼容。它是一个整体的形象，这正是苹果公司的独特之处，如图2-1-1所示。

我们所用的微型机除特别注明外，一般都指IBM及其兼容机。台式微型机从外形结构上来分有两种，一种是电脑一体机；另一种是我们办公时最常见的台式机。

电脑一体机是台式微型机的一种，是近年来出现的一种新式机器其外形如图2-1-2所示。其功能与一般的台式微型机是一样的，从产品的设计上来说，体现出了一些新的设计理念，外观时尚前卫，节省空间资源是其最大的优点，除此还有节电、环保、可移动性好，但也存在着部件选配不自由、品种款式少、选择的余地小等缺点。

图2-1-1 苹果计算机

图2-1-2 台式一体计算机

最为常见的台式机其外形如图2-1-3所示，主要由主机部分、显示器、键盘与鼠标三大部分组成。为了适应多种使用需求的需要，厂商也在不断寻求变化，并且已经进行探寻，目前惠普、戴尔等企业做了不同种尝试，国内联想也是不遗余力地进行需求产品差异化。

图2-1-3 IBM及其兼容机

显示器是微型机的必备输出设备，它是将信息传给人的重要窗口。操作时运行结果、编辑的文件、程序、图形等都显示在显示器上。

键盘是微型机的一个最为常用的输入设备,它通过 PS/2 或 USB 接口连接到主机部分的主板上,用于数据与用户指令的输入。鼠标是一种手动点击输入设备,它通过一平面上移动来产生输入数据,在现在的 Windows 等图形化操作系统中,它是一个不可缺少的输入设备。

一台微型机功能的强弱或性能的好坏,不是由某项指标来决定的,而是由它的系统结构、指令系统、硬件组成、软件配置等多方面的因素综合决定的。但对大多数普通用户来说,可以从以下几个指标来大体评价其性能。

(1) 运算速度

运算速度是衡量微型机性能的一项重要指标。通常所说的微型机运算速度(平均运算速度),是指每秒钟所能执行的指令条数,一般用"百万条指令/秒"来描述。同一台微型机,执行不同的运算所需时间可能不同,因而对运算速度的描述常采用不同的方法。常用的有 CPU 时钟频率(主频)。微型机一般采用主频来描述运算速度,主频越高,运算速度就越快。

(2) 字长

微型机在同一时间内处理的一组二进制数称为一个计算机的"字",而这组二进制数的位数就是"字长"。在其他指标相同时,字长越大计算机处理数据的速度就越快。早期的微型机的字长一般是 8 位和 16 位。目前 CPU 采用 Core i7/Core i5/Core i3/Pentium 的微型机大多是 32 位,很多微型机已达到 64 位。

(3) 内存的容量

指 CPU 可以直接访问的存储器,需要执行的程序与需要处理的数据就是存放在内存中的。内存容量的大小反映了计算机即时存储信息的能力。随着操作系统的升级,应用软件的不断丰富及其功能的不断扩展,人们对微型机内存容量的需求也不断提高。运行 Windows 95/98 操作系统需要 64 MB 的内存容量,运行 Windows XP 则需要 256 MB 以上的内存容量。微软公司新一代 Windows 8 操作系统尽管称最低硬件需求为 1 GB(基于 32 位)或 2 GB(基于 64 位)内存,但想要流畅运行 Windows 8,一般建议需要 4 GB 内存以上,内存容量越大,运行速度就越快。

(4) 外部存储器的种类与容量

外部存储器的种类有硬盘、光盘驱动器、优盘、闪存读卡器等。种类越多,其微型机连接的存储介质就越多。

外部存储器容量通常是指硬盘容量(包括内置硬盘和移动硬盘等)。外部存储器容量越大,可存储的信息就越多,可安装的应用软件就越丰富。目前,硬盘容量一般为 500GB 至 2TB。

(5) 软件配置

微型机有高配置的硬件,没有很多好的软件,也不能发挥其硬件的性能。因此,微型机系统需要有适用的操作系统与应用软件。

当然,各项指标之间也不是彼此孤立的,在实际应用时,不但应该把它们综合起来考虑,而且还要遵循"性能价格比"的原则。

2.1.1 主板

主板(Mainboard)又名系统板、母机板,是微型机的核心部件,其外形如图 2-1-4 所示。

图 2-1-4　主板

主板是微型机中各种外围设备的连接载体，而这些设备各不相同，而且主板本身也有芯片组、各种 I/O 控制芯片、扩展插槽、扩展接口、电源插座等元器件，因此制定一个标准以协调各种设备的关系是必需的。所谓主板结构就是根据主板上各元器件的布局排列方式、尺寸大小、形状、所使用的电源规格等制定出的通用标准，所有主板厂商都必须遵循。

1. 芯片组（Chipset）

芯片组是主板的核心组成部分，如果说中央处理器（CPU）是整个计算机系统的心脏，那么芯片组将是整个身体的躯干，它是 CPU 与周边设备沟通的桥梁。对主板而言，芯片组几乎决定了这块主板的功能，进而影响到整个微型机系统性能的发挥，芯片组是主板的灵魂。芯片组性能的优劣，决定了主板性能的好坏与级别的高低。

目前 CPU 的型号与种类繁多、功能特点不一，芯片组若不能与 CPU 良好地协同工作，将严重地影响微型机的整体性能甚至不能正常工作。主板在电路板下面，是多层电路布线；在主板上面，则有分工明确的各个部件：插槽、芯片、电阻、电容等。当主机加电时，主板会根据 BIOS（基本输入/输出系统）来识别硬件，并进入操作系统发挥出支撑系统平台工作的功能。

目前主流的主板芯片有：

（1）Intel 公司：Socket386、Socket486、Socket586、Socket686、Socket370（810、815 主板）、Socket478（845、865 主板）、LGA 775（915、945、965、G31 主板等均在市场淘汰）。P31 主板（G41、P41、G43、P43、G45、P45、X38、X48）、LGA 1156（H55、H57、P55、P57、Q57）。

LGA 1155 分为 6 系、7 系两个系列：6 系主板有 H61、H67、P67、Z68 主板，7 系主板有 B75、Z75、Z77、H77。）、LGA 1366（X58 主板）、LGA 2011（X79 主板）。

2013 年由于 Intel 推出 22 nm Haswell 的新规格 CPU，Ivy Bridge 的 LGA 1155 升级成为 LGA 1150。

（2）AMD 公司：Socket AM2\AM2＋（760G、770、780G、785G、790GX 板）、AM3\AM3＋（870G、880G、890GX、890FX、970、990X、990FX 主板）、FM1（A55、A75 主板）、FM2（A55、A75、A85 主板）。

2. BIOS 芯片与电池

BIOS(基本输入输出系统)全称是 ROM-BIOS,是只读存储器基本输入/输出系统的简写,它实际是一组被固化到微型机中,为微型机提供最低级最直接的硬件控制的程序,它是连通软件程序和硬件设备之间的枢纽,通俗地说,BIOS 是硬件与软件程序之间的一个"转换器"或说是接口(虽然它本身也只是一个程序),负责解决硬件的即时要求,并按软件对硬件的操作要求具体执行。

BIOS 芯片是主板上一块长方形或正方形芯片,BIOS 中主要存放以下内容。

(1) 自诊断程序:通过读取 BIOS 芯片中的内容识别硬件配置,并对其进行自检和初始化;

(2) CMOS 设置程序:引导过程中,用特殊热键启动,进行设置后,存入 BIOS 芯片中;

(3) 系统自举装载程序:在自检成功后将磁盘相对 0 道 0 扇区上的引导程序装入内存,让其运行以装入操作系统;

(4) 主要 I/O 设备的驱动程序和中断服务。

现在的 BIOS 芯片都采用了 Flash ROM,都能通过特定的写入程序实现 BIOS 的升级,以实现免费获得新功能和解决旧版 BIOS 中的 BUG。

BIOS 芯片依靠主板上纽扣电池进行供电,电池外形为如硬币形状,直径大约为 1.5~2 cm,电池在开机状态下就处于充电状态,在计算机关机后对 BIOS 进行供电以保持 BIOS 中的相关信息(如时钟等)。一般来说,纽扣电池可使用 3 年或更长时间。

为了方便使用者的操作,不同厂家均推出了图形 BIOS 和中文界面。其中如华硕为使用者提供了完整的中文图形化 BIOS 解决方案,操作界面灵活且一目了然,并可以切换成 EZ 简易模式。全程可采用鼠标操作,全界面中文显示,如图 2-1-5 所示。

图 2-1-5　便捷的中文图形化 BIOS

3. 主板的接口

在主板上有很多接口,用于与外部设备连接,如图 2-1-6 所示。早期主板有软驱接口、COM 接口(串口)、LPT 接口(并口)、MIDI 接口等,现在都已淘汰,现主板上主要接口有以下几种。

(1) 硬盘接口:硬盘接口可分为 IDE 接口和 SATA 接口。在老型号的主板上,多集成 2 个 IDE 口,通常 IDE 接口都位于 PCI 插槽下方,从空间上则通常垂直于内存插槽。而新型主板上,IDE 接口大多缩减,代之以 SATA 接口。

(2) PS/2 接口:PS/2 接口的功能比较单一,仅能用于连接键盘和鼠标。一般情况下,鼠标的接口为绿色、键盘的接口为紫色。PS/2 接口也在逐渐淡出市场。

(3) USB 接口:USB 接口是最为流行的接口,最大可以支持 127 个外设,并且可以独立供电,其应用非常广泛。USB 接口可以从主板上的电源,支持热拔插,真正做到了即插即用。一个 USB 接口可同时支持高速和低速 USB 外设的访问。此外,USB3.0(蓝色标记)已经出现在主板中,并已开始普及。

图 2-1-6　主板的接口

(4) VGA 接口。VGA(视频图形阵列)是 IBM 于 1987 年提出的一个使用模拟信号的计算机显示标准。VGA 接口是微型机标准输出数据的显示专用接口。它是一种 D 型接口,共有 15 针,它是显示卡上应用最为广泛的接口类型,多数的显卡都带有此种接口。是微型机与外部显示设备之间模拟信号连接口,它传输红、绿、蓝模拟信号以及同步信号(水平和垂直信号)。

(5) DVI 接口:即数字视频接口,在 Intel 开发者论坛上成立的数字显示工作小组于 1998 年 9 月发明的一种高速传输数字信号的技术,包括 DVI-A、DVI-D 和 DVI-I 三种不同的接口形式。DVI-D 只有数字接口,DVI-I 有数字和模拟两种接口,目前应用主要以 DVI-D 为主。数字视频接口(DVI)是一种国际开放的接口标准,在微型机、DVD、高清晰电视(HDTV)、高清晰投影仪等设备上有广泛的应用。

(6) 网卡接口:通常用来连接 RJ-45 型网线插头,共有 8 芯做成,广泛应用于局域网和 ADSL 宽带上网用户的网络设备间网线的连接,在网卡上通常还自带两个状态指示灯,通过指示灯颜色可初步判断网卡的工作状态。

此外还有 HDMI 等接口,请参考本书的笔记本计算机的相关章节。

2.1.2　微处理器

微型机的中央处理器称微处理器(CPU),它是微型机的大脑,微型机的运算、控制都是由它来处理的。CPU 的内部结构可以分为控制单元、逻辑单元和存储单元三大部分,相互协调,便可以进行分析、判断、运算并控制计算机各部分协调工作。

CPU 是影响微型机性能的最关键部件。随着半导体技术的不断完善,CPU 的性能在不断进步,其价格却在不断下降。CPU 的发展从最初 Intel 的 4004(1971 年)始发展至今,这期间,按照其处理信息的字长,CPU 有 4 位、8 位、16 位、32 位及 64 位微处理器等。

1. Intel 系列微处理器

美国 Intel 公司是全球最大的微处理器生产厂商,它的 X86 系列 CPU 在全球的市场占有率较高,Intel Inside 这一标记可以在很多厂商的品牌机上找到。

1978年,Intel公司首次生产出16位的微处理器,并命名为i8086;1979年,推出了8088芯片;1982年,推出了80286芯片;1985年推出了80386芯片,它是80X86系列中的第一种32位微处理器;1989年,推出了80486芯片;1993年开发出第五代产品586系列时,由于商标注册上的麻烦改为Pentium,同时为其注册中文商标名为"奔腾",由此也就有了后来的Pentium Pro(高能奔腾)、PentiumⅡ(奔腾二代)、Celeron(赛扬)、PentiumⅢ(奔腾三代)、Pentium4(奔腾四代)。到2006年又推出了酷睿双核处理器,现在市场上酷睿i3、i5、i7处理器已成高端主流产品。

2. AMD系列微处理器

AMD公司原来一直以生产Intel兼容芯片为主,从286到486及K5这四代芯片的生产,均未对Intel公司构成威胁。为争夺市场主动权,1997年AMD收购了CPU技术先进的NexGen公司,由此一改以往模仿Intel设计的做法,完全自行设计芯片,并于1997年4月宣布推出第六代微处理器K6,后又推出K6-Ⅱ、K6-Ⅲ及K7等微处理器,近年来发展极为迅速。推土机FX系列处理器是AMD旗舰顶级产品的代表型号。

为系统体现整个发展产品系列,CPU的发展天梯图如图2-1-6所示。

3. 龙芯

(1) 龙芯一号

2002年9月,中国科学院计算技术研究所展示了研制成功的国内首枚高性能通用CPU芯片——龙芯(Godson),它的面积为15mm^2,包含有近400万个晶体管,可大批量生产,这是通用CPU芯片,支持Linux、VxWorks等操作系统,能够实现计算机的计算、数据处理和过程控制3项主要应用。其设计水平达到了奔腾Ⅱ的性能。它解决了我国计算机产业的无"芯"现象,和对国家安全存在潜在威胁的"无芯"现象,研制成功与国际主流芯片MIPS完全兼容的高性能通用CPU验证芯片Godson。

(2) 龙芯二号

2005年4月,由中国科学院计算技术研究所研制通用高性能的"龙芯二号",其外形如图2-1-7所示。龙芯二号采用0.18微米的工艺,实现主频500MHz、SPECCPU2000测试分值超过300的64位通用处理器芯片,是"龙芯一号"实测性能的10~15倍。根据中科院计算所的测试,龙芯二号的样机能够运行完整的64位中文Linux操作系统,全功能的Mozilla浏览器、多媒体播放器和OpenOffice办公套件,具备了桌面PC的基本功能。

2006年4月,我国自主研发的通用芯片"龙芯二号"增强型处理器面世,它是目前国内较先进的高性能处理器,运算速度达到了每秒钟39.93亿次,其性能达到中低档"奔腾四代"水平。

2006年11月20日,龙芯的英文名正式由"Godson"更名为"loongson"。据称这一举动的原因,是由于之前的"Godson"在西方译名为"天子",不利于在国外推广龙芯CPU。更名后的"loongson"更适应龙芯的国际化发展战略,不过很多国外媒体还是采用Godson的名称。

2009年,龙芯3A、龙芯2F3、龙芯2号抗辐照SOC流片成功;龙芯2G和龙芯3A+完成流片;龙芯2H和龙芯3C的设计也开始部署。在全面掌握65 nm工艺的产品设计技术后龙芯开始32 nm工艺的设计。

2009年6月中旬,龙芯正式宣布获得MIPS指令系统授权,有关龙芯CPU的国产自主性的争论也达到白热化地步。

Intel			AMD		
一代之前	二代酷睿	3-4代酷睿	二代APU/FX	一代APU/FX	羿龙及之前
	Core i7-3970X Core i7-3960X				
Core i7-990X Core i7-980X Core i7-970	Core i7-3930K				
	Core i7-3820 Core i7-2700K	Core i7-4770K Core i7-3770K Xeon E3-1230V3			
	Core i7-2600K Core i7-2600	Core i7-3770 Xeon E3-1230V2			
Core i7-960 Core i7-940	Xeon E3-1230	Core i5-4670K Core i5-3570K Core i5-3570	FX-8350 FX-8320		
Core i7-870 Core i7-920	Core i5-2550K Core i5-2500K Core i5-2500	Core i5-3550 Core i5-4570 Core i5-3470 Core i5-3450	FX-8300	FX-8170 FX-8150 FX-8140	Phenom II X6 1100T Phenom II X6 1090T
	Core i5-2400 Core i5-2320 Core i5-2310	Core i5-4430 Core i5-3330	FX-6300	FX-8120 FX-8100 FX-6200 FX-6120 FX-6100	Phenom II X6 1055T Phenom II X4 980 Phenom II X4 975 Phenom II X4 970
Core i5-760 Core2 quad Q9770 Core i5-750 Core2 quad Q9450 Core i5-680 Core i5-670 Core quad Q8400 Core quad Q8300 Core i3-530	Core i5-2300 Core i3-2130 Core i3-2125 Core i3-2120 Core i3-2102 Core i3-2100	Core i3-3225 Core i3-3220 Core i3-3210	FX-4320 FX-4300 A10-6800K A10-5800K Athlon X4 750K A8-5600K Athlon X4 740	FX-4170 A8-3870K Athlon II X4 651K Athlon II X4 641 A6-3670K FX-4100	Phenom II X4 965 Phenom II X4 955 Phenom II X4 940 Athlon II X4 640
	Pentium G870 Pentium G860 Pentium G850 Pentium G645 Pentium G840 Pentium G640	Pentium G2130 Pentium G2120 Pentium G2020 Pentium G2010			Phenom X4 9750 Athlon II X3 450 Athlon II X3 440 Athlon II X3 435
Core2 duo E8600 Core2 duo E8400	Celeron G555 Pentium G630 Celeron G550 Pentium G620 Celeron G540	Celeron G1620 Celeron G1610			Phenom II X2 B59 Phenom II X2 560 Phenom II X2 555 Athlon II X2 265
Pentium E5300	Celeron G530		A6-5400K A4-5300	A4-3400	Athlon II X2 255 Athlon II X2 250 Athlon II X2 245

图 2-1-6　CPU 发展天梯图

  2010 年 4 月，全线自主化的曙光龙腾刀片服务器成功面世。"中国创造"龙腾刀片服务器产品的诞生，填补了国内全线自主化服务器市场的长期空白。曙光研制出的"龙芯 3B"服务器共有 4 款，龙芯 3B 是自主设计的八核处理器，采用 28 纳米工艺制造，拥有 11 亿个晶体管。服务器全部采用国产龙芯 LoongSon3B 处理器，整机和操作系统也都采用全国产，是具有完全自主知识产权的服务器。龙芯各型号 CPU 的主要参数如表 2-1-1 所示，其外形如图 2-1-7 所示。

表 2-1-1　龙芯各型号 CPU 的主要参数

型号	核心数	制程工艺/nm	主频/MHz	晶体管数目/百万	一级数据缓存/KB	一级指令缓存/KB	二级缓存/KB
龙芯 1	1	180	260	2.5	8	8	-
龙芯 1A	1	130	300	-	16	16	-
龙芯 1B	1	130	200	-	8	8	-
龙芯 2B	1	180	300	10	64	64	-
龙芯 2C	1	180	500	13.5	64	64	-
龙芯 2E	1	90	800	47	64	64	512
龙芯 2F	1	90	800	51	64	64	512
龙芯 3A	4	65	900	425	64×4	64×4	4 096
龙芯 3B	4+4	65	1 000	685	64×8	64×8	4 096

注:标为"-"是没有相关记载介绍

图 2-1-7　龙芯 1 号、2 号、3 号微处理器

2.1.3　内存

在计算机的组成部分中,存储器占有十分重要的地位,它是计算机存放信息的场所,如果没有它,计算机根本无法运行。而在各种不同类型的存储器中,内部存储器是最重要的部分。因为,计算机当前正在执行的程序和处理的数据都是存放在内存中的,任何程序如果要在计算机中执行,则首先必须将其调入内存才能由 CPU 执行。一般说来,存储器容量越大速度越快的,计算机的运动速度就越快。

其实内存的读写速度比起 CPU 的处理速度仍然很慢,因此,CPU 为了加快处理速度,会在内部集成读/写更快的缓存(cache),把数据从内存读到缓存的过程就像把数据从硬盘读到内存一样,还有比缓存更快的寄存器,寄存器的读/写速度基本和 CPU 的处理速度处于一个数量级。

内存只起到缓冲数据的作用,没有计算功能。

微型机的内存系统通常都安装在主板上,它包括两个基本部分,一类是 ROM。这类的存储器所存放的信息是不容易丢失的,不会受电源是否供电的影响,因此又叫非易失性存储器。它的存放的是生产厂家装入的固定指令和数据,这类指令和数据通常构成了一些对计算机进行初始化的低级操作和控制程序(即 BIOS 程序),使计算机能开机运行。在一般情况下,ROM 中的程序是固化的,不能对 ROM 进行改写操作,只能从芯片中读出信息。但近年来,许多微型机中的 ROM 采用了一种特殊的快闪内存(Flash Memory)来制造,从而使我们可以用一些特殊的程序改写 ROM,对计算机的 BIOS 进行升级,以使计算机能识别更新的外围设备,从而使计算机有更长的生命周期。

另一类存储器是 RAM,这就是常说的主存,它占了内存的绝大部分,而且对计算机的性能起着决定性的因素。因为 RAM 所保存的信息在断电后就会丢失,所以又被称为易失性内存。据统计,CPU 大约有 70% 的工作是对 RAM 的读/写操作。

早期微型机主板上的主存采用的是普通的 DIP(双列直插式)封装的 DRAM 芯片焊接在主板上。这种形式的主存容量低、速度慢,还占用了宝贵的主板空间,现在已经完全被淘汰了。除此外还有:

(1) FPM RAM,称"快页模式内存",是用于 486 及奔腾级的微型机使用的普通内存,为 72 线,5V 电压,数据宽度为 32 位,速度在 60ns 以上,目前已淘汰。

(2) EDORAM,称"扩展数据输出内存",与 FPM RAM 有基本相同的应用范围,有 72 线和 168 线之分,5V 电压,数据宽度也分 32 位和 64 位两种,速度在 40ns 以上,目前也已淘汰。

(3) SDRAM,称"同步动态内存",都是 168 线的数据宽度为 64bit,3.3V 电压,速度可达 6ns,目前也已淘汰。

(4) DDR SDRAM,是双倍速率同步动态随机存储器,是由 VIA 等公司为了与 RDRAM 相抗衡而提出的内存标准。DDR SDRAM 是 SDRAM 的更新换代产品,采用 2.5V 工作电压。2002 年逐渐被新标准取代并消失。

(5) DDR2 SDRAM,是由 JEDEC(电子设备工程联合委员会)进行开发的新一代内存技术标准,它与上一代 DDR 内存技术标准最大的不同是虽然同是采用了在时钟的上升/下降延同时进行数据传输的基本方式,但 DDR2 内存却拥有 2 倍于上一代 DDR 内存预读取能力,并且能够以内部控制总线 4 倍的速度运行。

此外,由于 DDR2 标准规定所有 DDR2 内存均采用 FBGA 封装形式,可以提供了更为良好的电气性能与散热性,为 DDR2 内存的稳定工作与未来频率的发展提供了坚实的基础,2008 年 DDR3 内存面市,其外形接口如图 2-1-8 所示。

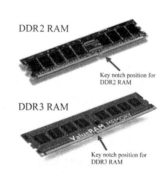

图 2-1-8 内存

随着芯片工艺的提升,需求的到来,相信四代内存将很快会出现。

2.1.4 硬盘

在计算机的存储系统中,内存用来存放当前需要运行的程序和数据,能由 CPU 直接按地址访问,访问速度很快。一般选用半导体存储器,成本较高,容量相对较小。而外存则用来存放联机存储但暂不存储的程序和数据,工作时 CPU 通过主存来调用外存,外存中的程序和数据,只有在调入内存后才能被 CPU 所运行。

硬盘作为计算机系统的一种重要外部存储设备,使用比较频繁,在微型机中是必需的部件,了解与选择合适的硬盘对用户正常使用具有十分重要的意义。计算机中的数据都是存储在硬盘中的,CPU 要处理这些数据首先得把它们读取出来,但是 CPU 处数据的速度远远大于硬盘的读写速度,如果 CPU 直接从硬盘中读取数据来处理,那么硬盘的读/写速度就大大限制了 CPU 的处理能力,因此需要内存来做一个缓冲。在 CPU 处理数据之前,先把数据放到读/写速度很快的内存中,然后 CPU 再从内存中取出数据进行处理,这样系统的性能就不会受到硬盘速度的太大影响。

硬盘有机械硬盘(HDD)、固态硬盘(SSD)、混合硬盘(HHD),HDD 采用磁性碟片来存储,SSD 采用闪存颗粒来存储,混合硬盘是把磁性硬盘和闪存集成到一起的一种硬盘。

1. 机械硬盘

在微型机中主要使用的是机械硬盘(温彻斯特硬磁盘),其外形如图 2-1-9 所示。硬盘存储器主要由磁头、盘片、硬盘驱动器和读/写控制电路组成,盘片用铝合金材料制成,其表面涂有磁性材料,硬盘存储器根据磁头和盘片结构的不同可以分为固定磁头硬盘,活动磁头固定盘片硬盘以及活动可换盘片硬盘等几种类型。按盘片可分为单片式和多片组合式。盘片直径有 5.25 英寸和 3.5 英寸,由于盘片记录密度增加,硬盘容量从几 GB 发展到几 TB。

硬盘工作时,盘片以 7 500 转/分或更高的速度旋转,通过浮在盘面上的磁头记录或读取信息。盘面上磁头下的一条圆周轨迹称为一条磁道,数据信息就记录在磁道上。硬盘的工作过程是从查找开始,驱动机构把磁头定位到目标磁道上,然后进行读/写操作。写入时,数据经编码电路变换成相应的写电流,送到磁头写线圈,磁化盘面上的表面磁层,形成一个微小的磁化单元。读出时,磁化单元高速经过磁头,在磁头读线圈中感应出电压信号,经放大、整形和选通后输出。当硬盘接到一个系统读取数据指令后,磁头根据给出的地址,首先按磁道号产生驱动信号进行定位,然后再通过盘片的转动找到具体的扇区(所耗费的时间即为寻道时),最后由磁头读取指定位置的信息并传送到硬盘自带的 Cache 中。在 Cache 中的数据可以通过硬盘接口与外界进行数据交换。

硬盘的主要技术指标有以下几种。

(1) 磁头与单碟容量

磁头是硬盘存储数据的主要部件,现在的硬盘一般都采用两种磁头:磁阻磁头和巨磁阻磁头。

硬盘一般可由 1~3 张碟片组成,单张碟片的容量越大,硬盘的总容量可以做得很大。并且,随着单碟容量的增大,磁盘密度随之增大,磁头在相同时间内,可以扫过的磁盘内所包含的信息量也越多,这样相应地降低了硬盘的平均寻道时间。目前,主流硬盘的容量拥有 500 GB、1TB、2TB、3TB 等规格。

(2) 平均寻道时间

一般指读取时的寻道时间。这一指标的含义是指硬盘接到读/写指令后到磁头移到指定的磁道(应该是柱面,但对具体磁头来说就是磁道)上方所需要的平均时间。除了平均寻道时间外,还有道间寻道时间与全程寻道时间,前者是指磁头从当前磁道上方移至相邻磁道上方所需的时间,后者是指磁头从最外(或最内)圈磁道上方移至最内(或最外)圈磁道上方所需的时间,基本上比平均寻道时间多一倍。

(3) 转速

这是指硬盘工作时主轴和碟片在工作时的转速。通常,转速越高,硬盘的传输速率越快,综合性能也越佳,但是也由此带来价格的提高,发热量和噪声增大等问题。目前,台式机硬盘转速主要在 7 200 转/分,服务器硬盘等均在 15 000 转/分。

(4) 接口技术

硬盘接口是硬盘与主机系统间的连接部件,作用是在硬盘缓存和主机内存之间传输数据。不同的硬盘接口决定着硬盘接口硬盘与计算机之间的连接速度,在整个系统中,硬盘接口的优劣直接影响着程序运行快慢和系统性能好坏。

从整体的角度上,硬盘接口分为 IDE、SATA、SCSI、光纤通道和 SAS 五种,微型机的硬盘接口以前是 IDE 接口,现在则以串行的 SATA 接口为主,高端工作站服务器则会有 SCSI 接口和 SAS 接口。

现在的 SATA 以连续串行的方式传送资料,此做法能减小接口的针脚数目,用四个针就完成了所有的工作。这样能降低电力消耗,减小发热量。

(5) 高速缓冲区(Cache)

Cache 的作用是平衡内部与外部的数据传输速度差异。为了减少主机的等待时间,硬盘会将读取的资料先存入缓冲区,等全部读完或缓冲区填满后再以接口速率快速向主机发送。Cache 的容量越大,硬盘的外部传输率就越大。目前,硬盘采用的 Cache 多为 16MB 和 32MB 两种。

(6) 数据传输率。

根据数据交接方的不同又分外部与内部数据传输率。内部数据传输率是指磁头与缓冲区之间的数据传输率,外部数据传输率是指缓冲区与主机(即内存)之间的数据传输率。

图 2-1-9 机械硬盘及盘体结构图

2. 固态硬盘 SSD

固态硬盘(Solid State Drives),简称固盘,是用固态电子存储芯片阵列而制成的硬盘,其芯片的工作温度范围很宽,商规产品(0~70℃),工规产品(−40~85℃),目前产品价格偏高,尚未普及,不同厂家的主控方案不同,其性能也不同,常见容量有 64GB、120GB 等,如图 2-1-10 所示。

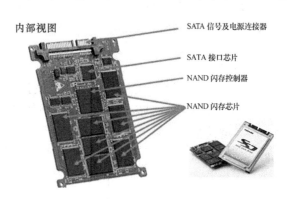

图 2-1-10 固态硬盘及内部视图

2.1.5 光盘存储设备

在目前办公活动中,随着对信息的需求量与日俱增,特别是在图形图像等相关领域中,这就要求必须拥有新型数据存储技术,来采集和处理大规模的信息资料。

光盘存储器包括光盘及光盘驱动器。它是通过光学方式来记录和读取二进制信息的。20世纪70年代初，人们发现激光经聚焦后可获得直径小于 $1\mu m(10^{-6}m)$ 的光束。利用这一特性，Philips 公司开始了激光记录和重放信息的研究。到 20 世纪 80 年代初，成功开发了数字光盘音响系统。随着多媒体技术的发展，以前只能在模拟存储设备上记录的视频及音频信号，可以经过数据化，以数字形式存储在计算机的存储器中。

1. 光盘存储器的主要特点

(1) 记录密度高、存储容量大

一张标准(12 cm)CD-ROM 光盘容量可达 650 MB，DVD 格式的光盘的最大容量可达 17GB，最新的蓝光光盘格式，它将支持到 100GB 的数据容量。

(2) 采用非接触方式读/写信息

在读取光盘信息时，光盘与读/写激光头不相接触。不会使盘面磨损、划伤，也不会损害光头。此外，光盘的记录层上附有透明的保护层，记录层上不会产生伤痕和灰尘。光盘外表面上的灰尘颗粒与划伤，对记录信息的影响很小。

(3) 信息保存时间长

对于只读型光盘，不必担心文件会被误删除，也不必担心在使用时会感染病毒。如果使用与保存得当，一张光盘上的信息可保存长达几十年甚至更长。

(4) 价格成本低廉

光盘与磁带、磁盘相比，单张光盘片价格不足 1 元，是目前计算机数据最便宜的存储介质。

2. 光盘存储器的分类

现在流行的光盘存储器主要分为：CD-ROM、DVD-ROM、蓝光光盘存储系统。

(1) CD-ROM

① 分类

按照数据存储格式和类型，光盘可分为许多不同的类型，并以不同的名称以示区别。因而 CD 通常是指上面所讲的光盘的总称，如 CD-DA、CD-ROM、VCD、DVD 等，当按光盘的读写性能来说，可分为 3 种类型。

• 只读型光盘(CDROM)

只读型光盘中的数据是在制作时写入的，用户只能读取，而不能写入或修改这些数据。它适用于大量的、通常不需要改变的数据信息存储，如各类电子出版物、大型软件的载体。最常见的只读光盘型 CDROM 光盘。

• 多次可写光盘(CDR)

这种光盘允许用户一次或多次写入数据，并可随时往盘上追加数据，直到盘满为止。信息写入后则变成只读状态，不可再作修改，主要用于重要数据的长期保存。目前此类光盘办公中使用最多。

• 可擦写光盘(CDRW)

这种光盘具有和磁盘一样的可擦写性，可多次写入或修改光盘上的数据，目前有相变和磁光两种类型。

相变型光盘(PCD)采用晶体-非晶体作为材料，多数为蹄合金。在激光束的热力作用下，其状态由非晶体状态与晶体状态互换，就形成信息的写入和擦除。

磁光型光盘(MOD)是由各种易于在垂直于表面方向磁化的介质制成。铁磁性介质在外磁场的作用下可具有一定的方向性，这种方向性在激光束的热力作用下可发生翻转，这种翻转构成其可擦除性,擦写次数可达百万次以上。由于这种光盘在进行数据擦除和写入时需要激光和外磁场共同作用,因此也简称磁光盘。

② CD光盘的读/写原理

无论光盘存储的是什么信息,它所有的数据都经过数字化处理,变成了"0"与"1",其对应在光盘上就是沿着盘面螺旋形状的信息轨道上的一系列凹点和平面。所有的凹点都具有相同的深度和长度,其深度约为 $0.11\sim0.13~\mu m$,宽度约为 $0.4\sim0.5~\mu m$,而激光光束能在 $1~\mu s$ 内从 $1~\mu m^2$ 的面积内获得清晰的反射信号。一张CD光盘上大约有28亿个这样的光点,当激光映射到盘片上时,如果是照在平面上就会有80%左右的激光被反射回;如果照在凹点上就无法反射回激光。根据其反射回激光的状况,光盘驱动器就能将其解读为"0"或"1"的数字编码了。

③ 光盘的结构

光盘对激光写入应具有较高的灵敏度,其存储的信息又要求有长期的稳定性。因此,对光盘各部分都有一些特殊的要求。

基片是最关键的光学器件,起着光盘的核心骨架作用。光盘上的信息都是记录在记录介质上的,而记录介质就附着在基片的表面上。基片的质量对光盘系统的最终性能有着重要的影响。选择基片材料的主要依据是宏观的和微观的平直度、厚度的均匀性、机械强度、光学特性、耐热性和记录灵敏性等。目前光盘的基片材料一般都采用聚甲基-丙烯酸甲酯。它是一种耐热性较强的有机玻璃,具有极好的光学和机械性能。光盘基片的尺寸,目前主要是5.25英寸,其厚度通常为 $1.1\sim1.5~mm$。

(2) DVD光盘

DVD的全名是Digital Video Disk,即数位视频光碟或数位影碟,是利用MPEG2的压缩技术来存储影像,以更小的体积获得更大的存储容量,取代早期12英寸的LD影碟。

高兼容性DVD视盘机、DVD唱机和DVD-ROM/R/RAM均可播放CD唱盘;DVD视盘机和DVD-ROM/R/RAM均能回放VCD盘;DVD-ROM/R/RAM也可读取CD-ROM盘。高可靠性DVD采用RS-PC纠错编码方式和8/16信号调制方式,确保数据读取可靠。

(3) 蓝光光盘

蓝光,也称蓝光光盘,英文翻译为Blu-ray Disc,简称为BD,是DVD之后下一时代的高画质影音储存光盘媒体(可支持Full HD影像与高音质规格),如图2-1-11所示。蓝光或称蓝光盘利用波长较短的蓝色激光读取和写入数据,并因此而得名。

目前为止,蓝光是最先进的大容量光碟格式,容量达到25G或50G,在速度上,蓝光的单倍1X速率为36 Mbit/s,即4.5 MB/s,允许1X~12X倍速的记录速度,即4.5 Mbit/s~54 Mbit/s的记录速度。市场上蓝光刻录光盘的记录速率规格主要有2X、4X、6X型。

蓝光光碟拥有一个异常坚固的层面,可以保护光碟里面重要的记录层。

在技术上,蓝光刻录机系统可以兼容此前出现的各种光盘产品。蓝光产品的巨大容量为高清电影、游戏和大容量数据存储带来了可能和方便,将在很大程度上促进高清娱乐的发展。蓝光技术也得到了世界上170多家大型游戏公司、电影公司、消费电子和家用电脑制造商的支持。8家主要电影公司中的7家:迪士尼、福克斯、派拉蒙、华纳、索尼、米高梅、狮门的支持。当前流行的DVD技术采用波长为650 nm的红色激光和数字光圈为0.6的聚焦镜头,盘片厚度为0.6 mm,而蓝光技术采用波长为405 nm的蓝紫色激光,通过广角镜头上比率为0.85的数字光圈,成功地将聚焦的光点尺寸缩到极小程度。此外,蓝光的盘片结构中采用了

0.1mm 厚的光学透明保护层,以减少盘片在转动过程中由于倾斜而造成的读写失常,这使得盘片数据的读取更加容易,并为极大地提高存储密度提供了可能。

蓝光盘片的轨道间距减小至 0.32μm,仅仅是当前红光 DVD 盘片的一半,而其记录单元—凹槽(或化学物质相变单元)的最小直径是 0.14μm,也远比红光 DVD 盘片的 0.4μm 凹槽小得多。蓝光单面单层盘片的存储容量被定义为 23.3 GB、25 GB 和 27 GB,其中最高容量(27 GB)是当前红光 DVD 单面单层盘片容量(4.7 GB)的近 6 倍,这足以存储超过 2 小时播放时间的高清晰度数字视频内容,或超过 13 小时播放时间的标准电视节目(VHS 制式图像质量,3.8 MB/s)。这仅仅是单面单层实现的容量,就像传统的红光 DVD 盘片一样,蓝光同样还可以做成单面双层、双面双层。

随着网络的发展,便携的移动存储的升级,最后的结果,蓝光光盘也会像其他类似产品逐渐淡出人们的视野。

图 2-1-11　蓝光光盘及蓝光驱动器

(4)光盘驱动器

光盘驱动器就是我们平常所说的光驱,其外形如图 2-1-12 所示,它是一种读取光盘信息的设备。因为光盘存储容量大、价格便宜、保存时间长,适宜保存大量的数据,如声音、图像、动画、视频信息、电影等多媒体信息,所以光驱是多媒体计算机不可缺少的硬件配置。为大规模的数据存储提供了可能。光盘驱动器与光盘组成光盘存储器系统。

光盘驱动器分有外置和内置两种,内置式就是安装在计算机主机内部。

图 2-1-12　光盘驱动器的外形

外置式光盘驱动器是在机箱外部的一个小盒子,需要外接电源供电,并且需要使用 USB 接口与计算机相连。它主要是针对需要移动工作的用户,更多的是强调移动性,在性能方面要逊色于内置式光盘驱动器,其数据传输率要受到外部接口的限制。

2.1.6　移动存储设备

1. 移动硬盘

移动硬盘顾名思义是以硬盘为存储介制,强调便携性的存储产品。目前市场上绝大多数的移动硬盘都是以笔记本电脑硬盘为基础的,而只有很少部分的是以台式机的标准型硬盘。

因为采用硬盘为存储介质,因此移动硬盘在数据的读写模式与标准 IDE 硬盘是相同的。移动硬盘多采用 USB、IEEE1394 等传输速度较快的接口,可以较高的传输速度与系统进行数据交换。

移动硬盘具有以下几个特点。

(1) 容量大

移动硬盘可以提供相当大的存储容量,是一种较高性价比的移动存储产品。在目前大容量"闪盘"价格,还无法被用户所接受,而移动硬盘能在用户可以接受的价格范围内,提供给用户较大的存储容量和不错的便携性。目前市场上的移动硬盘能提供 500GB、1TB 等容量,一定程度上满足了大容量用户的需求。

(2) 传输速度快

移动硬盘大多采用 USB、IEEE1394 接口,能提供较高的数据传输速度。大多数移动硬盘都采用 USB2.0 或 USB3.0 接口,读/写速度与容量远超过移动闪盘。

(3) 使用方便

现在的微型机基本都具有 USB 接口,通常可以提供 2~8 个 USB 口,USB 接口已成为微型机中的必备接口。移动硬盘在 Windows 操作系统中,实现"即插即用"特性,使用起来灵活方便。

(4) 可靠性高

数据安全一直是移动存储用户最为关心的问题,也是人们衡量该类产品性能好坏的一个重要标准。移动硬盘以高速、大容量、轻巧便捷等优点成为许多办公人员的选择,而更大的优点还在于其存储数据的安全可靠性。这类硬盘与笔记本计算机硬盘的结构相同,并专门采用了一些防振措施。一般多采用硅氧盘片,这是一种比铝、磁更为坚固耐用的盘片材质,并且具有更大的存储量和更好的可靠性,提高了数据的完整性。采用以硅氧为材料的磁盘驱动器,以更加平滑的盘面为特征,有效地降低了盘片可能影响数据可靠性和完整性的不规则盘面的数量,更高的盘面硬度使移动硬盘具有很高的可靠性。

2. 闪存盘(U 盘)

闪存盘是一种用 USB 接口的,内置闪存 Flash(快闪芯片,即静态存储器,断电后仍可保存数据)的外部存储设备。它直接插在微型机上的 USB 接口上,无须驱动,即插即用,体积只有拇指大小。U 盘的常见容量有 32G、64G 等。由于其存储容量大、读取速度快、耗电省、携带方便、价格便宜等优点,成为最常用外部存储器,如图 2-1-13 所示。

3. MP3 播放器

MP3 播放器顾名思义也就是可播放 MP3 格式的音乐播放工具,兼有移动存储的功能,外形如图 2-1-14 所示。MP3 是 MPEG Audio Layer 3 的简称,MPEG 压缩格式是由运动图像专家组(MPEG)制定的关于影像和声音的一组标准,其中 MP3 就是为了压缩声音信号而设计的是一种新的音频信号压缩格式标准。MP3 就是采用国际标准 MPEG 中的第三层音频压缩模式,对声音信号进行压缩的一种格式,也称"计算机网络音乐"。MPEG 中的第三层音频压缩模式比第一层和第二层编码要复杂得多,但音质要比第一层和第二层高,甚至可与 CD 机的音质相比。CD 唱片采样率频率为 44.1MHz、16 bit/s,数据量为 1.4 Mbit/s,而相应的 MP3 数据量仅为 12 kbit/s 或 128 kbit/s,是原始数据量的 1/12。也就是说传统的一张 CD 光盘可以存放 10 倍甚至更多容量的音乐,但是在一般人的耳朵听起来,感受到的音乐效果相差不大。

图 2-1-13　U 盘

图 2-1-14　MP3 播放器

2.1.7　键盘与鼠标

1. 键盘

键盘是微型机最重要的输入与控制设备,是微型机硬件的重要组成部分,是办公人员使用微型机的主要输入工具。

微型机键盘可以分为外壳、按键和电路板 3 个部分。

(1) 键盘外壳主要用来支撑电路板和为操作者提供一个方便的工作环境。很多键盘外壳下部有可以调节键盘与操作者角度的支撑架,通过这个支撑架,用户可以使键盘的角度改变。键盘外壳与工作台的接触面上装有防滑减震的橡胶垫。许多键盘外壳上还有一些指示灯,用来指示某些按键的功能状态。

(2) 按键印有符号标记的按键安装在电路板上。有的直接焊接在电路板上,有的用特制的装置固定在电路板上,有的则用螺丝固定在电路板上。对微型机键盘而言,一般都有 101、102、104、105、107 等按键,尽管按键数目有所差异,但按键布局基本相同,共分为 4 个区域,即主键盘区、副键盘区、功能键区和数字键盘区。所有按键依其功能可分为字符键、功能键、控制键 3 个区域。

目前使用的微型机键盘,其按键多采用电容式(无触点)开关。这种按键是利用电容器的电极间距离变化产生容量变化的一种按键开关。电容式按键结构活动极、驱动极与检测极组成两个串联的电容器。当键被按下时,安装在立杆上的活动极向驱动极、检测极靠近,极板间距离缩短,使来自振荡器的脉冲信号被电容耦合后输出,相当于开关作用。由于电容器无接触,所以这种键不存在磨损、接触不良等问题,耐久性、灵敏度和稳定性都比较好。为了避免电极间进入灰尘,电容式按键开关采用了密封组装。由电容式无触点按键构成的电容式键盘具有如下特点:击键声音小、手感较好、寿命较长,但维修起来稍感困难。目前使用的计算机键盘多为电容式无触点键盘。

(3) 电路板

电路板是整个计算机键盘的核心,主要由逻辑电路和控制电路所组成。逻辑电路排列成矩阵形状,每一个按键都安装在矩阵的一个交叉点上。电路板上的控制电路由按键识别扫描电路、编码电路、接口电路组成。在一些电路板的正面可以看到由某些集成电路或其他一些电子元件组成的键盘控制电路,反面可以看到焊点和由铜箔形成的导电网络。

2. 鼠标

鼠标的鼻祖于 1968 年出现,美国科学家道格拉斯·恩格尔巴特在加利福尼亚制作了第一只鼠标。它是一种常用的微型机输入设备,它可以对当前屏幕上的光标进行定位,并通过按键和滚轮装置对光标所经过位置的屏幕元素进行操作。

鼠标按其结构可分为机械式、光电式等。目前光电鼠标使用较多。从接口形式上分有:有线式(PS/2、USB 接口)和无线式。

(1) 机械鼠标

机械鼠标主要由滚球、辊柱和光栅信号传感器组成。当拖动鼠标时,带动滚球转动,滚球又带动辊柱转动,装在辊柱端部的光栅信号传感器产生的光电脉冲信号反映出鼠标器在垂直和水平方向(分别为 X 转轴、Y 转轴)的位移变化,当转轴转动时,这些金属导电片与电刷就会依次接触,出现"接通"或"断开"两种形态,对应为二进制数的"1"和"0",这些二进制信号被送入芯片作解析处理并产生对应的坐标变化信号。再通过电脑程序的处理和转换来控制屏幕上光标箭头的移动。

(2) 光机式鼠标器

它是一种光电和机械相结合的鼠标。它在机械鼠标的基础上,将磨损最厉害的接触式电刷和译码轮改为非接触式的 LED 对射光路元件。当小球滚动时,X、Y 方向的滚轴带动码盘旋转,安装在码盘两侧有两组发光二极管和光敏三极管,LED 发出的光束有时照射到光敏三极管上,有时则被阻断,从而产生两级组相位相差 90°的脉冲序列,脉冲的个数代表鼠标的位移量,而相位表示鼠标运动的方向。由于采用了非接触部件,降低了磨损率,从而大大提高了鼠标的寿命并使鼠标的精度有所增加。

(3) 光电鼠标

光电鼠标器是通过检测鼠标器的位移,将位移信号转换为电脉冲信号,再通过程序的处理和转换来控制屏幕上的光标箭头的移动。

与光机鼠标发展的同一时代,出现一种完全没有机械结构的光电鼠标。设计初衷是将鼠标的精度提高到一个全新的水平,使之可充分满足专业应用的需求。它没有传统的滚球、转轴等设计,其主要部件为两个发光二极管、感光芯片、控制芯片和一个带有网格的反射板(相当于专用的鼠标垫)。工作时光电鼠标必须在反射板上移动,X 发光二极管和 Y 发光二极管会分别发射出光线照射在反射板上,接着光线会被反射板反射回去,经过镜头组件传递后照射在感光芯片上。感光芯片将光信号转变为对应的数字信号后将之送到定位芯片中专门处理,进而产生 X-Y 坐标偏移数据。

光电鼠标在精度上确有进步,但它也有很多缺陷。首先,它须依赖反射板,它的位置数据依据反射板中的网格信息来生成;其次,使用不人性化,它的移动方向必须与反射板上的网格纹理相垂直,用户不能快速地将光标直接从屏幕的左上角移动到右下角。

(4) 光学鼠标

光学鼠标器是微软公司设计的一款高级鼠标。它采用 IntelliEye 技术,在鼠标底部的小洞里有一个小型感光头,面对感光头的是一个发射红外线的发光管,这个发光管每秒钟向外发射 1 500 次,然后感光头就将这 1 500 次的反射回馈给鼠标的定位系统,以此来实现准确定位。所以,可在任何地方无限制地移动。

它既保留了光电鼠标的高精度、无机械结构等优点,又具有高可靠性和耐用性,并且使用过程中无须清洁亦可保持良好的工作状态,在诞生之后迅速引起业界瞩目。2000 年,罗技公司也与安捷伦合作推出相关产品,而微软公司在后来则进行独立的研发工作并在 2001 年年末推出第二代 IntelliEye 光学引擎。这样,光学鼠标就形成以微软和罗技为代表的两大阵营,安捷伦科技虽然也掌握光学引擎的核心技术,但它并未涉及鼠标产品的制造,而是向第三方鼠标制造商提供光学引擎产品,市面上非微软、罗技品牌的鼠标几乎都是使用它的技术。

光学鼠标的结构与上述所有产品都有很大的差异,它的底部没有滚轮,也不需要借助反射板来实现定位,其核心部件是发光二极管、微型摄像头、光学引擎和控制芯片。工作时发光二极管发射光线照亮鼠标底部的表面,同时微型摄像头以一定的时间间隔不断进行图像拍摄。鼠标在移动过程中产生的不同图像传送给光学引擎进行数字化处理,最后再由光学引擎中的定位 DSP 芯片对所产生的图像数字矩阵进行分析。由于相邻的两幅图像总会存在相同的特征,通过对比这些特征点的位置变化信息,便可以判断出鼠标的移动方向与距离,这个分析结果最终被转换为坐标偏移量实现光标的定位。

2.1.8 显示卡与显示器

微型机的显示通道由显示卡和显示器组成。微型机将信号送给图形控制器(处理机与显示缓存之间的数据通道、可编程控制,实现对写入显示器的数据的逻辑操作,协作硬件简化图形操作);然后,信号分为数据信号和控制信号。数据信号送入显示缓存,再由串行发生器捕获,送到属性控制器,最后送到显示器显示;而控制信号则由图形控制器送到定序器(控制整个图形适配器时序),再经显示控制器,产生定时信号,控制显示器的场频、行频,控制显示器显示出多彩的画面。

1. 显示卡

显示卡又称这图形加速卡,按应用的类型,可分为有普通显示卡与专业显示卡。

(1) 普通显示卡

普通显示卡就是普通台式机内所采用的显示卡产品,普通显卡更多注重于民用级应用,更强调的是在用户能接受的价位下提供更强大的娱乐、办公、游戏、多媒体等方面的性能;而专业显示卡则强调的是强大的性能、稳定性、绘图的精确等方面。目前设计制造普通显卡显示芯片的厂家主要有 NVIDIA、ATI、SIS 等,但主流的产品都是采用 NVIDIA、AMD 的显示芯片等。

(2) 专业显示卡

专业显示卡是指应用于图形工作站上的显示卡,它是图形工作站的核心,如图 2-1-15 所示。从某种程度上来说,在图形工作站上它的重要性甚至超过了 CPU。与针对游戏、娱乐和办公市场为主的消费类显示卡相比,专业显示卡主要针对的是三维动画软件(如 3DS MAX、Maya、Softimage|3D 等)、渲染软件(如 LightScape、3DS VIZ 等)、CAD 软件(如 AutoCAD、Pro/Engineer、Unigraphics、SolidWorks 等)、模型设计(如 Rhino)以及部分科学应用等专业应用市场。专业显示卡针对这些专业图形图像软件进行必要的优化,都有着极佳的兼容性。

图 2-1-15 专业显示卡

显示卡的主要技术指标如下。

(1) 总线接口类型

总线接口类型是指显示卡与主板连接所采用的接口种类。显示卡的接口决定着显示卡与系统之间数据传输的最大带宽,也就是瞬间所能传输的最大数据量。不同的接口决定着主板是否能够使用此显示卡,只有在主板上有相应接口的情况下,显示卡才能使用,而且不同的接口能为显示卡带来不同的性能。

目前各种 3D 游戏和软件对显示卡的要求越来越高,主板和显示卡之间需要交换的数据量也越来越大。

(2) 显示接口

显示接口是指显示卡与显示器、电视机等图像输出设备连接的接口。显示卡上常见的显示接口有 DVI 接口、HDMI 接口、VGA 接口、S 端子和其他电视接口。从功能上看,S 端子和其他电视接口主要用于输入与输出功能。此外,显示卡上的 DVI 接口都是 DVI-I 接口,包含数字信号和模拟信号两部分。DVI 和 HDMI 接口都是数字接口,尤其是带有 HDMI 接口的显示卡。

(3) 显示芯片

显示芯片是显示卡的核心芯片,它的性能好坏直接决定了显示卡性能的好坏,它的主要任务就是处理系统输入的视频信息并将其进行构建、渲染等工作。显示主芯片的性能直接决定了显示卡性能的高低。不同的显示芯片,无论从内部结构还是其性能,都存在着差异,而其价格差别也很大。显示芯片在显示卡中的地位,就相当于计算机中 CPU 的地位,是整个显示卡的核心。因为显示芯片的复杂性,目前设计、制造显示芯片的厂家有 NVIDIA、AMD 公司等。

(4) 显示芯片位宽

显示芯片位宽是指显示芯片内部数据总线的位宽,也就是显示芯片内部所采用的数据传输位数,目前主流的显示芯片基本都采用了 256 位的位宽,采用更大的位宽意味着在数据传输速度不变的情况,瞬间所能传输的数据量越大。显示芯片位宽就是显示芯片内部总线的带宽,带宽越大,可以提供的计算能力和数据吞吐能力也越快,是决定显示芯片级别的重要数据之一。而目前市场中所有的主流显示芯片,包括 NVIDIA 公司的 GeForce 系列显示卡、ATI 公司的 Radeon 系列等,都采用 256 位的位宽,在未来几年内将采用 512 位宽。

(5) 显存位宽

显存位宽是显存在一个时钟周期内所能传送数据的位数,位数越大则瞬间所能传输的数据量越大,这是显存的重要参数之一。目前市场上的显存位宽有 64 位、128 位和 256 位等,习惯上称为 64 位显示卡、128 位显示卡和 256 位显示卡就是指其相应的显存位宽。显存位宽越高,性能越好价格也就越高,因此 256 位宽的显存更多应用于高端显示卡,而主流显示卡基本都采用 128 位显存。

(6) 显存容量

显存容量是显示卡上本地显存的容量数,这是选择显示卡的关键参数之一。显存容量的大小决定着显存临时存储数据的能力,在一定程度上也会影响显示卡的性能。显存容量也是随着显示卡的发展而逐步增大的,并且有越来越增大的趋势。显存容量从早期的 512KB 发展到 1GB、2GB,一直到目前主流的 2GB 和高档显示卡的 4GB,专业显示卡甚至已达 6GB 的显存。

2. 显示器

显示器是计算机系统一种常用的外部设备,是实现人机对话的重要输出设备,用来显示字符、图形和图像等信息。

(1) CRT 显示器

CRT 显示器是一种外形与原理均类似类于电视机的显示器,采用阴极射线管(俗称显像管)的显示器,它具有显示色彩效果好,观看视角宽、价格低廉等优点,但同时也存在着体积大、耗电大、重量重、高压辐射强、有频闪,对身体健康不好,特别是长期工作对眼睛有损害。目前在市场上几乎已经绝迹。

(2) 液晶显示器

① LCD 显示器

LCD 显示器是一种是采用了液晶控制透光度技术来实现色彩的显示器。由于通过控制是否透光来控制亮和暗,当色彩不变时,液晶也保持不变,这样就无须考虑刷新率的问题,因此画面稳定、无闪烁感,刷新率不高但图像也很稳定。它是通过液晶控制透光度的技术原理让底板整体发光,所以它做到了真正的完全平面。内部无高压不会产生辐射,即使长时间观看 LCD 显示器屏幕也不会对眼睛造成很大伤害。体积小,节约耗电量。

LCD 早期发展(1986—2001 年)——过高成本抑制其发展之路技术不成熟的早期,LCD 主要应用于电子表、计算器等领域。

② LED 显示器

其全称应该是 LED 背光源液晶显示器。根据液晶显示器的原理,液晶显示器是由液晶分子折射背光源的光线来呈现出不同的颜色,液晶分子自身是无法发光的,主要通过背光源的照射来实现。绝大部分液晶显示器的背光源都是 CCFL(冷阴极射线管),它的原理近似于我们的日光灯管。而 LED 背光则是用于替代 CCFL 的一个新型背光源。

LED 显示器与 LCD 显示器相比,LED 在亮度、功耗、可视角度和刷新速率等方面,都更具优势。LED 与 LCD 的功耗比大约为 1∶10,而且更高的刷新速率使得 LED 在视频方面有更好的性能表现,能提供宽达 160°的视角,可以显示各种文字、数字、彩色图像及动画信息,也可以播放电视、录像、VCD、DVD 等彩色视频信号,多幅显示屏还可以进行联网播出。有机 LED 显示屏的单个元素反应速度是 LCD 液晶屏的 1 000 倍,在强光下也可以照看不误,并且适应零下 40℃ 的低温。利用 LED 技术,可以制造出比 LCD 更薄、更亮、更清晰的显示器,拥有广泛的应用前景。

液晶显示器的主要技术指标如下。

(1) 可视面积

液晶显示器的尺寸,这点与电视机是一样的,指显示屏对角线的尺寸。目前办公主流规格为 22 英寸、24 英寸等。

(2) 可视角度

所谓可视角度,指的就是站在位于屏幕边某个角度时仍可清晰看见屏幕影像所构成的最大角,传统 CRT 显示器的可视角度基本可以达到极限的水平 180°,而液晶显示器因为其被动发光的工作原理,普遍存在可视角度偏小的问题,没有一款产品可以达到真正的 180°。液晶显示器的可视角度左右对称,但上下就不一定对称了。目前主流的广视角面板的 LCD 的水平/垂直可视角度则可以达到 178°。

(3) 亮度值

由于液晶本身是不会发光的,大家看到液晶显示器可以显示图像,主要是由于背光的作用。而所谓的亮度,自然也就是指背光的亮度。液晶显示器的亮度越高,显示的色彩就越鲜艳,现实效果也就越好。相反,如果亮度过低,显示出来的颜色会偏暗,看久了就会觉得非常疲劳。

一般电视机的亮度都在 500 流明以上(液晶显示器基本都在 300 流明左右),目前主流液晶显示器的亮度从 250 流明、300 流明、350 流明到 500 流明不等。

(4) 对比度

对比度是一个液晶显示器的较为重要的指标,它有两种不同的标准。所谓的对比度是最基本的定义就是显示器的白色亮度与黑色亮度的比值,即所谓的原始对比度。

而所谓动态对比度,指的是液晶显示器在某些特定情况下测得的对比度数值,例如逐一测试屏幕的每一个区域,将对比度最大的区域的对比度值,作为该产品的对比度参数。目前市场上动态对比度得到了广泛的接受,很多厂商对背光灯管控制电路进行了改进,使其可以根据画面内容精密程度来动态调节背光灯管亮度,令到其全黑画面下最低显示亮度达到更低的水平,以此换来更高的动态对比度。

就黑白对比度而言,主流的规格为 600∶1、800∶1、1 000∶1,而动态对比度则达到了 2 000∶1、3 000∶1、4 000∶1、5 000∶1、7 000∶1、8 000∶1、10 000∶1 等。

(5) 响应时间

所谓的响应时间,目前在 LCD 上有两种不同的标准,即黑白响应时间以及灰阶响应时间。黑白响应时间指的是液晶分子由全黑到全白之间的转换速度,行业的标准是以"黑→白→黑"全程响应时间为标准,也就是说,全程黑白响应时间是液晶分子从全黑转换到全白,再从全白转换到全黑这段过程的时间。

而灰阶响应时间则是基于灰阶变化而变化的响应时间,因为在日常应用中,从全黑到全白的转换事实非常少,大多都是一个像素点不同灰阶的变化而已,因此现在越来越多的产品采用了灰阶响应时间。

由于响应时间关系到每秒钟 LCD 上画面的切换速度,如果响应时间太长,则会造成拖影的效果,这个问题在第一人称射击类游戏以及高速转换镜头的电影中影响会比较大。目前主流产品的响应时间通常为 2ms(灰阶)、4ms(灰阶)、5ms(灰阶/黑白)、8ms(灰阶/黑白)。就一般的办公用户而言,16ms 也是可以接受的。

2.2 笔记本计算机

在现代办公活动中,除了常用的办公室办公活动外,还有移动办公。移动办公是对传统办公方式的一种扩充和完善,更是一种升华和挑战,办公信息可以随时随地、通畅地进行交互流动,使得工作更加轻松有效,整体运作更加协调,为此,迫切需要一种能够在任何时间、地点均能提供各种传真与数据通信的服务,脱离线缆的束缚,拥有自己的移动办公室空间,办公人员无论身处何时何地都能与单位保持密切联系,随时沟通最新情况,更能及时把握局势动态,全面高度指挥动作,实现远程管理,提高服务质量,从而提升企业的整体竞争力。

尽管移动办公技术还远不够成熟,但随着互联网的普及和移动通信的发展,移动办公已经逐渐走入日常办公活动中。例如,有的公司的员工通过手机短信,能及时得到通知,并能和公司数据库结合,查到当前的信息,包括项目进展中订单签订、合同执行、付款情况等信息。这就需要有相关的办公自动化设备相支持,人们正在尝试提供硬件或软件解决方案,使笔记本计算机、手机和平板电脑等设备能更好地实现移动办公。

以笔记本计算机为主要实现形式的移动办公解决方案——无线移动办公解决方案的示意图如图 2-2-1 所示。目前移动办公的主流设备——笔记本计算机,它轻薄便携,功能齐全。人们带着它出差,不仅可以方便上网、收发电子邮件,还可以和其他辅助设备相配合,实现所需要的移动办公功能。

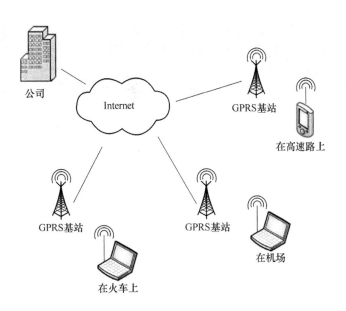

图 2-2-1　移动办公解决方案示意图

笔记本计算机(Notebook Computer)是移动式计算机的典型代表。世界上第一台笔记本计算机出现在 1985 年,它具有结构紧凑、外形轻巧、便于携带、可以不用交流电源的优点。其超越的性能并不亚于常规的台式机,是台式 PC 的微缩与延伸产品,也是用户对计算机产品更高需求与移动办公的必然产物。

笔记本计算机的硬件包括主板、CPU、内存、硬盘、软盘驱动器、光盘驱动器、LCD 显示器、键盘、鼠标、调制解调器、扩展接口、红外传输口、声音系统等,如图 2-2-2 所示。

笔记本计算机的这些硬件并不一定全部安装在一个机壳之中,很多轻薄的机型,它的光盘驱动器、鼠标等设计成外置式。然而笔记本计算机发展的趋势是全内置式,全内置式的各个硬件组成部分全部都安装在统一的机壳内,非常紧

图 2-2-2　笔记本计算机

凑,易于携带,使用十分方便。当然,对于这些硬件的技术要求更高,尺寸要求更小。

笔记本的处理器、主板芯片、显卡、内存、屏幕等均是影响其性能的重要部件。

2.2.1　LCD 显示器

显示器是计算机最主要的输出设备之一。在笔记本计算机中,需要体积小、厚度薄、重量轻、耗电省的显示器,通常做成平板状,称为显示屏。LCD 液晶显示屏是笔记本计算机的标准显示设备,相关知识请参考前面的章节。

显示卡是决定游戏体验非常重要的硬件配置,因此了解目前市面上高端游戏本的显示卡规格,以及在特定画质设置下可以应对的游戏就显得很有必要,如图 2-2-3 所示为主流笔记本

显示卡性能。

图 2-2-3　主流笔记本显卡天梯图

2.2.2　笔记本计算机的主板与 CPU

1. 主板

计算机的主板是用来安装和连接计算机各个部分的基本部件。主板的类型主要受 CPU 的架构形式所制约。由于技术和成本的限制，构成计算机的各个部件的工作速度各不相同，CPU 通过主板上的芯片组、总线来协调和控制内部存储器、显示器、硬盘、软驱、光驱、各种插槽以及各个扩展接口有序地运行。

笔记本计算机的主板除了有和普通台式计算机主板相同的构成之外，通常还将显示卡、声卡以及其他一些功能部件（如电源管理、温度控制芯片等）都集成在主板上，实现笔记本计算机结构紧凑的目标。由于没有统一的规范和标准，各个笔记本计算机厂家生产的主板都不完全相同，一般不能混用或替代。

目前，主板总线频率有 800 MHz、1 067 MHz 等，与 CPU 的内部主频匹配还需要通过设置倍频（通过硬件跳线或调整软件参数配置）来实现。

芯片组是主板的核心组成部分。移动芯片组市场份额最大的依然是 Intel，除此还有矽统 SIS、威盛 VIA、扬智 ALI，以及图形显示芯片霸主 ATI、NVIDIA。由于移动 Intel 主板芯片组价格昂贵，会直接导致笔记本的价格也会较高。

2. CPU

早期制造笔记本计算机的厂家为了成本,采用普通台式计算机的 CPU 来制造笔记本计算机,这样的计算机,在刚刚加电开始运行时还能够发挥出 CPU 的性能,但是随着运行时间延长,温度上升 CPU 的性能参数明显下降,甚至常出现重启与死机。因此,需要根据笔记本计算机的结构空间尺寸小、散热条件差、电池供电等特殊情况的要求,设计制造笔记本计算机专用 CPU。

笔记本计算机专用的 CPU 英文称 Mobile CPU(移动处理器),它除了追求性能,也追求低热量和低耗电,它的制造工艺往往比同时代的台式机 CPU 更加先进,因为 Mobile CPU 中会集成台式机 CPU 中不具备的电源管理技术,而且会先采用更高的微米精度。主要生产厂家有 Intel、AMD、全美达等,其标志如图 2-2-4 所示。

图 2-2-4　Intel 公司的迅驰和 AMD 公司的 Mobile Athlon 64 的标志

2014 年,英特尔 Intel 最主流的是 Intel 酷睿 i5-4570、Intel 酷睿 i7-4770K、Intel 酷睿 i3-4130 等处理器,采用的都是新 Haswell 架构及 22 纳米制程工艺。AMD 处理器最主流的是 AMD A10-6800K,新推出不久的 APU 强悍 CPU,性能非常强,主频高达 4.1GHz,并且是四核,性价比高。

2.2.3　笔记本计算机的存储器

1. 笔记本计算机的内存

由于笔记本计算机整合性高,设计精密,对于内存的要求比较高,笔记本内存必须符合小巧的特点,需采用优质的元件和先进的工艺,拥有体积小、容量大、速度快、耗电低、散热好等特性。出于追求体积小巧的考虑,大部分笔记本计算机最多只有两个内存插槽。对于一般用户,使用 2GB 内存就可以满足需要了,如果安装的是 Windows 7 的操作系统,那么最好要 4GB 内存以上。

笔记本计算机的内存现在常用有 DD2、DD3 等几种,其外形如图 2-2-5 所示。

图 2-2-5　笔记本计算机的 DDR3 内存条

2. 硬盘

笔记本计算机硬盘是专为像笔记本计算机这样的移动设备而设计的,具有小体积、低功耗、防振等特点。一般笔记本计算机硬盘都是 2.5 寸的,更小巧的做到了 1.8 寸。笔记本计算机硬盘是笔记本计算机中为数不多的通用部件之一,基本上所有笔记本计算机硬盘都是可以通用的。

但是笔记本计算机硬盘有个台式机硬盘没有的参数,就是厚度,标准的笔记本计算机硬盘有 7 mm、9.5 mm、12.5 mm、17.5 mm 四种厚度。9.5 mm 的硬盘是为超轻超薄机型设计的,12.5 mm 的硬盘主要用于厚度较大光软互换和全内置机型,至于 17.5 mm 的硬盘是以前单碟容量较小时的产物,现在已经基本没有机型采用了。

抗震性能是数据安全的命脉,由于笔记本计算机并不像台式机那样不需要经常移动。一般将笔记本计算机的硬盘当成是一个移动硬盘来看待。当今市场上使用固态硬盘还并不多见,绝大部分笔记本硬盘,都通过对其读/写磁头的控制来降低高强度振动对于硬盘的损坏。当然这样的抗振动能力是有限的。厂商所标称的 1 000 G 抗震等技术参数只适用于非运行状态,如果在磁盘运行过程中受到强烈的振动,那硬盘的损坏依然不可避免。IBM 公司开发出了由电子芯片参与的主动硬盘防振保护来进一步对用户脆弱的硬盘进行保护。

3. 笔记本计算机的光驱

笔记本计算机的光驱比台式机要薄得多,没有音量调节和耳机插口,DVD-ROM 已普遍应用在笔记本计算机中。笔记本计算机的光驱的托盘只能自动弹出,且只能弹出一部分,需要手工拉开,托盘才能全部伸出,不能自动闭合,使用时应十分仔细,这和台式机有很大的区别。弹开笔记本计算机的光驱,就可以清楚地看到读取光盘数据的激光头,将光盘卡在中间的卡头上,推入光驱托盘,就可以使用光驱了。

2.2.4 笔记本计算机的键盘和鼠标

1. 键盘

键盘是计算机最基本的输入设备,通过串行口或 PS/2 接口与计算机连接有 101 键或 103 键等几种类型之分。但是,它们的尺寸体积都比较大,不适宜于笔记本计算机。笔记本计算机通常采用 83~88 个按键的键盘,集成在笔记本计算机的机壳内。笔记本计算机的键盘不设专用数字小键盘,但增设了功能组合键,用它与键盘上有关按键(通常用蓝色在有关按键上印上相关功能的标志)配合使用实现一些特殊的功能。如连接投影仪时,需切换显示模式(用 LCD 显示、投影仪显示还是 LCD 和投影仪同时显示),调节 LCD 的亮度、对比度,音量开关控制,手控进入待机/挂起状态,设置电源管理等。

此外,可以通过 PS/2 或 USB 接口来扩展笔记本计算机的键盘。

2. 鼠标

鼠标是计算机系统中的一种光标指向设备,在计算机系统中装上鼠标,并配置相应的鼠标驱动程序,就可以用鼠标来移动计算机屏幕上的光标,操作运行计算机的各种程序,非常方便灵活。笔记本计算机可以安装普通台式计算机常用的鼠标,通常是采用 PS/2 或 USB 接口的鼠标作为笔记本计算机的外置式鼠标。除此之外,笔记本计算机还有自己独特的光标指向设备。目前,主要有两种:触控板和指点杆,都采用内置的方式配置在笔记本计算机之中，如图 2-2-6 所示。

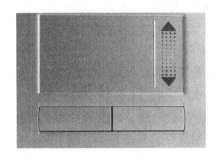 

图 2-2-6　笔记本计算机的触控鼠标板与指向杆

触摸板，英文为 TouchPad，是目前最广泛被采用的笔记本计算机控制设备，由 Apple 公司发明，由一块压感板和两个按钮组成，位于笔记本计算机键盘的下方，压感板能够感应手指运行轨迹，两个按钮的功能则相当于鼠标的左右键。触摸板的工作原理是当手指接触到板面时电磁感应板能感应手指在触控板上的移动并做出反应，从而控制屏幕光标的位置。和其早期的轨迹球相比，触摸板具有没有机械磨损、光标移动范围大而迅速、控制精度较高的优点，而且操作方便，初学者容易掌握，这也是触摸板广泛被采用的重要原因之一。触摸板的不足之处在于微调功能较差，另外由于触摸板的电子感应设计，用户在使用时要注意手指是否潮湿，在维修保养的时候不要轻易拆卸的。

触摸板的设计在不断改进，一些触摸板在触摸屏上设计了滚屏区，和 3D 鼠标的模式差不多。还有一些笔记本计算机的触摸板具有上下和左右方向的滚动功能，达到 4D 鼠标的水平。现在触摸板的设计已经到了第三代，在配合了特定的软件之后还可以支持手写输入功能，如 IBM 大部分产品都具备这个功能。触摸板越来越向人性化方向发展，在此也可以看到触摸板还具备较大的可塑性，按现在的发展趋势看来，触摸板应该是笔记本计算机控制设备未来的方向。

指向杆的英文名为 Track Point，指点杆由 IBM 公司发明，最早应用在 ThinkPad 系列机型，可以说是 IBM 笔记本计算机的一个标志，它位于键盘的 G、B、H 三键之间，由两个按钮组成，其中小按钮控制鼠标的移动轨迹，大按钮功能则相当于鼠标的左右键。手指在上面向哪一个方向移动，屏幕上的光标就会向那个方向移动。指点杆的工作原理是当指尖推动指点杆时，底部的陶瓷板产生细微的弯曲，而在陶瓷板上的传感器能感知力度的方向和大小，从而达到控制光标的目的。指点杆的特点是光标移动速度快，定位精确，但不易控制，特别是对一些新手，而一些老用户习惯了之后则都会觉得特别好用。另外指点的按钮外套用久了容易磨损脱落，不过用户可以自行方便地更换。

IBM ThinkPad 系列采用指点杆之后，华硕、东芝、索尼、富士通等一些厂商也相继采用了指点杆。对于指点杆还是触摸板更好的问题曾一度为笔记本制造商所苦恼，触控鼠标板和指点杆这两种光标指向设备所采用的技术不同，各有各的优点。指点杆占用的面积小，为机器的布局设计留下了很大的余地，但是用起来不是十分方便。而触控鼠标板使用起来灵活方便，但占有一定的面积，相对来说，使用的厂商较多，但后来有一些厂商则同时内置了这两种控制设备，如 HP 前几年的一些型号就有这种设计。

2.2.5　笔记本计算机的电池和 AC 电源适配器

使用可充电电池是笔记本计算机相对台式机的优势之一，它可以极大地方便在各种环境下笔记本计算机的使用。一般常用的电池有3种,分别为镍镉电池 NI-CD、镍氢电池 NI-MH、锂电池 LI。

镍镉 Ni-Cd 电池由于年代过早,虽然具有价格比较便宜、可充电次数比较多、可达 400～700 次等优点,但同时存在有了很多缺点,如体积大、分量重、容量小、寿命短、持续放电时间短、有记忆效应、使用不够方便等,现在已经不再使用。

现在的电池主要还是锂电池,具有体积小、重量轻、容量大、记忆效应低、充电时间短等优点,颇受用户喜爱,但锂电池的随意抛弃将造成环境污染。

电池的容量始终是很有限的。在有交流电源的地方,应尽量使用交流电(这时可拆下电池)。这就需要 AC 电源适配器,用它将交流电转换成符合要求的直流电,供给笔记本计算机使用。不同品牌、不同型号规格的交流电电源适配器的参数各不相同,不要混用,以免损坏笔记本计算机,电池与电源适配器外形如图 2-2-7 所示。

图 2-2-7　电池与电源适配器

2.2.6　笔记本计算机的接口

笔记本计算机配备了很多标准接口,而且还有一些特殊的扩展接口,可以连接许多外部设备而大大扩展功能,还可以通过扩展钨进一步扩充笔记本计算机的功能。也可以通过接口的扩展能力来协调笔记本计算机向小、巧、轻、薄方向发展与提升性能,加强功能之间的矛盾。

1. PS/2 接口

笔记本计算机都有一个标准的 PS/2 接口,它是一个圆形的五芯插口。当需要为笔记本计算机安装外接 PS/2 鼠标或外接 PS/2 键盘时都可以通过这个接口进行连接。

2. 外接显示器接口

笔记本计算机的另一个标准接口就是外接显示器 VGA 接口,外接显示器或投影仪的插头可以直接插入此接口。通过切换笔记本计算机上按键可以实现由 LCD 显示、外接设备显示或 LCD 与外接设备同时显示。现在很多的笔记本计算机也由 VGA 接口升级为 HDMI 接口。

3. USB 接口

目前,市场上的各种笔记本计算机基本上都配有多个 USB 端口,有的还配有 1～2 个 USB3.0 接口,可以方便地将具有 USB 接口的鼠标、键盘、扫描仪、打印机、数码相机、手写笔、游戏杆、绘图仪以及视频摄像头等计算机外部设备接笔记本计算机。

4. 红外通信口

红外通信口（IrDA），是一种通过 COM 口进行近距离数据快速传输端口。目前，部分笔记本计算机内置这个接口。在与另一台安装有红外通信口的笔记本计算机或手机等设备之间传输数据，不需要硬件的直接连接，直接利用红外线就可以传输数据。它传输速率高、稳定可靠，最大传输速率为 4 Mbit/s，实际的传输速率通常在 20 kbit/s 左右。在使用红外通信口传输数据时要注意笔记本计算机与其他红外设备之间的距离不宜过大，一般不要超过 3 m。由于从红外设备发出的红外线以锥形模式传播，因此两台设备的红外通信口必须面对面放置，相互保持在大约 30°的锥形范围内。并且，要注意保证使用环境内无强热源、强光源、无障碍物，否则会大大影响红外传输的效果。

红外传输数据的过程是非常安全的，通信规程可以确保只有被指定的用户，才能通过红外通信口进行通信，窃听者无法截取所传输的数据。

5. 电话线连接插口

笔记本计算机通常都安装了内置式调制解调器，只要建立了网络账户，连接好电话线就可以上网了，一般在笔记本计算机机壳的侧面可以找到电话线连接插口。它的形式与普通电话线插口是相同的，采用 RJ-11 接头，但只有其中两根线。现在较少配有这个接口。

6. 音频系统插孔

笔记本计算机的音频系统是实现多媒体功能不可缺少的组成部分，笔记本计算机安装有内置式的麦克风、内置式的扬声器以及音量调节旋钮，移动使用时非常方便。但是，若要获得优美的音效，还是必须采用外接音响设备，于是笔记本计算机设置了麦克风插孔、线路输入插孔和耳机插孔。

7. 读卡器接口

读卡器接口是近年来才兴起的一种接口类型，这是因为近来数码产品的逐步普及，而数码产品多数都采用存储卡来存储数据，用户如果要将存储卡上的数据下载到笔记本计算机里，该笔记本就必须具备同类型的接口，否则用户就必须额外购买一块能读取该存储卡的读卡器才行。读卡器接口大致分为单一功能型和多功能型，前者只能读取一种的存储卡上的数据，而后者则能读取两种以上的存储卡数据。目前可读的存储卡种类有 XD 卡、SD 卡、MMC 卡等。

8. IEEE1394 接口

也称 Firewire 火线接口，是苹果公司开发的串行标准。同 USB 一样，IEEE1394 也支持外设热插拔，可为外设提供电源，省去了外设自带的电源，能连接多个不同设备，支持同步数据传输。

IEEE1394 分为两种传输方式：Backplane 模式和 Cable 模式。Backplane 模式最小的速率也比 USB1.1 最高速率高，分别为 12.5 Mbit/s、25 Mbit/s、50 Mbit/s，可以用于多数的高带宽应用。Cable 模式是速度非常快的模式，分为 100 Mbit/s、200 Mbit/s 和 400 Mbit/s 几种，在 200 Mbit/s 下可以很快传输不经压缩的高质量数据电影。目前，一些高档的消费类笔记本计算机具备了这类的接口。

9. HDMI 接口

2002 年 4 月，日立、松下、飞利浦、Silicon Image、索尼、汤姆逊、东芝 7 家公司共同组建了 HDMI 高清多媒体接口组织，开始着手制定一种符合高清时代标准的全新数字化视频/音频接口技术。高清晰度多媒体接口(HDMI)是一种数字化视频/音频接口技术,是适合影像传输的专用型数字化接口,其可同时传送音频和影音信号,最高数据传输速度为 5 Gbit/s。同时无须在信号传送前进行数/模或者模/数转换。HDMI 可搭配宽带数字内容保护(HDCP),以防止具有著作权的影音内容遭到未经授权的复制。

2.2.7　笔记本计算机的外壳

笔记本计算机的外壳既是保护机体的最直接的方式,也是影响其散热效果、重量、美观度的重要因素。笔记本计算机常见的外壳用料有合金与塑料两类。合金外壳有铝镁合金与钛合金,塑料外壳有碳纤维、聚碳酸酯 PC 和 ABS 工程塑料。

铝镁合金一般主要元素是铝,再掺入少量的镁或是其他的金属材料来加强其硬度。因本身就是金属,其导热性能和强度尤为突出。铝镁合金质坚量轻、密度低、散热性较好、抗压性较强,能充分满足 3C 产品高度集成化、轻薄化、微型化、抗摔撞及电磁屏蔽和散热的要求。其硬度是传统塑料机壳的数倍,但重量仅为后者的 1/3,通常被用于中高档超薄型或尺寸较小的笔记本计算机的外壳,且银白色的镁铝合金外壳可使产品更豪华、美观、易于上色,可以通过表面处理工艺变成个性化的粉蓝色和粉红色,为笔记本计算机增色不少,这是工程塑料以及碳纤维所无法比拟的。因而铝镁合金成了便携型笔记本计算机的首选外壳材料,目前大部分厂商的笔记本计算机产品均采用了铝镁合金外壳技术。缺点:镁铝合金并不是很坚固耐磨,成本较高,比较昂贵,而且成型比 ABS 困难(需要用冲压或者压铸工艺),所以笔记本计算机一般只把铝镁合金使用在顶盖上,很少有机型用铝镁合金来制造整个机壳。

钛合金材质的可以说是铝镁合金的加强版,钛合金与铝镁合金除了掺入金属本身的不同外,最大的分别之处,就是还渗入碳纤维材料,无论散热、强度还是表面质感都优于铝镁合金材质,而且加工性能更好,外形比铝镁合金更加复杂多变。其关键性的突破是强韧性更强,而且变得更薄。就强韧性看,钛合金是镁合金的 3~4 倍。强韧性越高,能承受的压力越大,也越能够支持大尺寸的显示器。因此,钛合金机种即使配备 15 英寸的显示器,也不用在面板四周预留太宽的框架。至于薄度,钛合金厚度只有 0.5 mm,是镁合金的一半,厚度减半可以让笔记本计算机体积更小巧。钛合金唯一的缺点就是必须通过焊接等复杂的加工程序,才能做出结构复杂的笔记本计算机外壳,这些生产过程衍生出可观成本,因此十分昂贵。目前,钛合金及其他钛复合材料依然是 IBM 专用的材料,这也是 IBM 笔记本计算机比较贵的原因之一。

碳纤维材质是很有趣的一种材质,它既拥有铝镁合金高雅坚固的特性,又有 ABS 工程塑料的高可塑性。它的外观类似塑料,但是强度和导热能力优于普通的 ABS 塑料,而且碳纤维是一种导电材质,可以起到类似金属的屏蔽作用(ABS 外壳需要另外镀一层金属膜来屏蔽)。因此,早在 1998 年 4 月 IBM 公司就率先推出采用碳纤维外壳的笔记本计算机,也是 IBM 公司一直大力促销的主角。据 IBM 公司的资料显示,碳纤维强韧性是铝镁合金的 2 倍,而且散热效果最好。若使用时间相同,碳纤维机种的外壳摸起来最不烫手。碳纤维的缺点是成本较高,成型没有 ABS 外壳容易,因此碳纤维机壳的形状一般都比较简单缺乏变化,着色也比较难。此外,碳纤维机壳还有一个缺点,就是如果接地不好,会有轻微的漏电感,因此 IBM 在其碳纤维机壳上覆盖了一层绝缘涂层。

聚碳酸酯 PC 也是笔记本计算机外壳采用的材料的一种,它的原料是石油,经聚酯切片工厂加工后就成了聚酯切片颗粒物,再经塑料厂加工就成了成品,从实用的角度,其散热性能也比 ABS 塑料较好,热量分散比较均匀,它的最大缺点是比较脆,一跌就破,我们常见的光盘就是用这种材料制成的。运用这种材料较多的是 FUJITSU 了,在很多型号中都是用这种材料,而且是全外壳都采用这种材料。不管从表面还是从触摸的感觉上,像是金属。如果笔记本计算机内没有标识,单从外表面看不仔细去观察,可能会以为是合金物。

ABS 工程塑料即 PC+ABS(工程塑料合金),在化工业的中文名字叫塑料合金,之所以命名为 PC+ABS,是因为这种材料既具有 PC 树脂的优良耐热耐候性、尺寸稳定性和耐冲击性能,又具有 ABS 树脂优良的加工流动性。因此应用在薄壁及复杂形状制品,能保持其优异的性能,以及保持塑料与一种酯组成的材料的成型性。ABS 工程塑料最大的缺点就是质量重、导热性能欠佳。一般来说,ABS 工程塑料由于成本低,被大多数笔记本计算机厂商采用,目前多数的塑料外壳笔记本计算机都是采用 ABS 工程塑料做原料的。

2.2.8 笔记本计算机的发展趋势

1. 超轻超薄设计

小、巧、轻、薄是笔记本计算机发展的一特点。由于移动性仍然是笔记本计算机的根本特征,因此未来笔记本计算机在追求性能强大的同时,必须是以超轻超薄为前提。其发展方向是一种功能和性能完全可以与台式机相比的真正流动的办公室或移动工作站或无线局域网控制服务器。现在的笔记本计算机在重量上基本上在 2 公斤以上,厚度也普遍在 3 厘米左右。为了解决小、巧、轻、薄与完美的功能之间的冲突,采用可拆分的模组化设计思想,将一些部件做成可以互换的即插即用部件。模块化虽然结构使笔记本计算机做到了小巧玲珑、轻装便带,但光驱、硬盘、电池、Fax/Modem 等模块又给笔记本计算机带来了诸多不便,超薄超轻的全内置超强笔记本计算机是人们向往已久的移动设备,同时笔记本计算机的显示屏大小和分辨率与色彩能力必须充分保证。未来超薄超轻超强笔记本计算机,在保证性能完全可以与当时台式机相比的基础上,厚度只能在 2 公分以下,重量则在 1.5 公斤以下。

2. 美丽时尚的外观

时尚美观的造型,个性化的特征越来越受到人们的注意。用铝镁合金逐步替代 ABS 塑胶制造笔记本计算机外壳,造型典雅,色彩鲜艳,时尚大方。且铝镁合金的外壳坚固结实,有良好的导热散热性能,又能屏蔽环境电磁干扰,有利于保持工作稳定。

3. 功能更强,更方便易用

多媒体效果增加。由于笔记本计算机的固有缺陷,目前,大多数的笔记本计算机的多媒体效果非常单调。一般来说,除了笔记本计算机所带的 CD-ROM 还有点多媒体性质外,其他多媒体设备还是非常简单,比如声卡的芯片、功能简单以及音箱的单调、空洞的效果。未来的笔记本计算机的主流应该是多媒体计算机,如同现在的多媒体台式计算机一样,必向多媒体方向发展,这必将会给笔记本计算机带来更多的声色效果。

高速上网。未来的笔记本计算机将能够很方便地与 Internet 或移动通信网络互联在一起,这样笔记本计算机的网络通信能力的极大提高便成为未来笔记本计算机的发展趋势之一。目前解决移动办公最关键的问题是解决移动通信的问题,主要通过 4G 通信、红外线传输、蓝牙技术来进行实现。

方便、易用。这是当前笔记本计算机发展的又一特点,可使更多的非专业计算机人员更好地实现移动办公。在笔记本计算机中按某一个按钮就可以连接 Internet 进入某一功能,在机壳外设置了直接操作 CD-ROM 和音效系统的按钮,不用打开笔记本计算机也能够方便地使用光驱播放音乐。将触摸功能、笔书写输入功能应用在显示屏上,使它成为触摸式显示屏。设置一些快捷按键,触摸控制,操作便捷;配合中文识别软件直接在屏幕上手写输入汉字,非常方便。采用语音识别技术,用语音输入汉字,用语音操作计算机。

4. 裸眼立体显示

这是一种立体显示技术的革命,它的最大的特色是不需要透过任何立体眼镜即可呈现 3D 立体影像,在笔记本计算机上独特设计的按键能轻易切换 2D 和立体 3D 显示模式。裸眼 3D 立体显示技术开创了立体影像视觉的新世纪,忠实传达一般 2D 影像无法表现的真实感,非常适合计算机辅助设计、虚拟现实设计、博物馆、学术研究、娱乐、广告、广播以及立体电子书等应用。目前世界第一台配有 3D LCD 立体液晶面板的笔记本计算机(PC-RD3D),独创的先进技术是由 Sharp 总公司和欧洲实验室所共同研发成功的。预计这种技术将在以后广泛应用于笔记本计算机中。

5. 电力更持久

一方面,采用高技术减少笔记本计算机的耗电。另一方面加强对供电电池的改进,如采用高性能的锂离子电池取代早期使用的镉镍电池、采用新型燃料电池等,采用燃料电池和电池功能增强技术将使笔记本计算机的不充电工作时间延长 3～10 倍,同时,可更换燃料电池的使用寿命将更高,并且更加环保。

2.3 超极本

超极本(Ultrabook)是英特尔公司为与苹果笔记本 MBA(Macbook Air)、iPad 竞争,为维持现有 Wintel 体系,提出的新一代笔记本计算机概念,是英特尔继 UMPC、MID、上网本 Netbook、Consumer Ultra Low Voltage 超轻薄笔记本之后,定义的又一全新品类的笔记本产品,Ultra 的意思是极端的,Ultrabook 指极致轻薄的笔记本产品,即我们常说的超轻薄笔记本,中文翻译为"超极本",如图 2-3-1 所示为联想 yoga13 超极本。

根据英特尔公司对超极本的定义,Ultrabook 既具有笔记本计算机性能强劲、功能全面的优势,又具有平板计算机响应速度快、简单易用的特点。旨在为用户提供低能耗,高效率的移动生活体验。

超极本将会带来差异化竞争的优势。其集成了平板计算机的应用特性与 PC 的性能,也就是将苹果在 iPad 中的创新体验引入到 PC 中,但是,超极本就是电脑,不是上网本,也不是平板,所以它终于可以实现众多商务人士所需求的"iPad+PC"二合一的需求。

图 2-3-1 联想 yoga13 超极本

目前它是基于 32 nm 的 Sandy bridge 处理器,未来将是基于 22 nm ivy bridge 的处理器。简单地说,超极本与之前的笔记本计算机相比有如下几大创新:

(1) 启用 22 nm 低功耗 CPU,电池续航将达 12 小时以上;

(2) 休眠后快速启动,启动时间小于 10 秒,有的机器启动时间仅为 4 秒;

(3) 具有手机的 AOAC 功能(Always Online Always Connected),这一功能目前 PC 无法达到,休眠时是与 WiFi/3G 断开的,而超极本休眠时则会一直在线进行下载工作;

(4) 触摸屏和全新界面;通常超极本已经预装 Windows8;

(5) 超薄,根据屏幕尺寸不同,厚度至少低于 20 mm,有的甚至仅 13mm。

(6) 安全性:支持防盗和身份识别技术。

(7) 部分品牌的超极本还可以变形成平板电脑,进行 360°折叠。

超极本作为笔记本计算机的一种延伸和创新,在外设方面必然会有一定的不同。要想让超极本发挥出超高性价比,必备的周边产品必不可少。在超极本推出之后,各大配件厂商针对超极本不同特点和不足,纷纷推出了有各自特色的外设产品,像 USB 网卡、蓝牙无线鼠标、超极本音箱等。超极本在追求极致的轻、极致的薄的同时,在接口上就有点应接不暇,能内置的当然就内置了,忽略了对一些常用端口的设计,例如 LAN 口、VGA 接口,而这样的情况在国内是很不符合国情的。而蓝牙功能就是超极本中比较常见。蓝牙鼠标就显得比普通无线鼠标更加的方便及不占用端口。

2.4 平板电脑

平板电脑(Tablet PC)是 PC 家族新增加的一名成员,其外观和笔记本电脑相似,但不是单纯的笔记本计算机,它可以被称为笔记本计算机的浓缩版。随着苹果 iPad 的发布,平板电脑一夜间成为最热门的数码产品之一。

平板电脑外形介于笔记本和掌上电脑之间,但其处理能力大于掌上电脑,比之笔记本计算机,它除了拥有其所有功能外,还支持手写输入或者语音输入,移动性和便携性都更胜一筹,如图 2-4-1 所示。

图 2-4-1 平板电脑

2.4.1 平板电脑特点

平板电脑的优点如下。

(1) 平板电脑在外观上,具有与众不同的特点。有的就像一个单独的液晶显示屏,只是比一般的显示屏要厚一些,在上面配置了硬盘等必要的硬件设备。

(2) 主要应用在上网与娱乐。常用来浏览网页、看电影、听音乐,性能较好的可以运行一些休闲游戏或大型 3D 游戏。并可以辅助一些办公,如阅读电子书、看 PDF、Word 文档等。

(3) 有专用的操作系统,与传统的 PC 的操作系统不同。

(4) 扩展使用 PC 的方式,使用专用的"笔",在计算机上操作,使其像纸和笔的使用一样简单。同时也支持键盘和鼠标,像普通计算机一样的操作。

(5) 便携移动,它像笔记本计算机一样体积小而轻,可以随时转移它的使用场所,比台式机和笔记本计算机更具有移动灵活性。

(6) 数字化笔记,平板电脑可以配置手写笔,就像 PDA、掌上电脑一样,像普通的笔记本一样,随时记事,创建自己的文本、图表和图片。同时集成电子"墨迹"在 Office 文档等一些办公软件中留存自己的笔迹。

同时也存在着以下缺点。

(1) 因为屏幕旋转装置需要空间,平板电脑的"性能体积比"和"性能重量比"就不如同规格的传统笔记本计算机。

(2) 译码—编程语言不益于手写识别。

(3) 汉字输入(写工作报告等)—手写输入跟高达 30~60 个单词每分钟的打字速度相比太慢了。

(4) 另外,一个没有键盘的平板电脑(纯平板型)不能代替传统笔记本计算机,并且会让用户觉得更难(初学者和专家)使用计算机科技。(纯平板型是人们经常用来做记录或教学工具的第二台计算机。)

2.4.2 平板电脑分类

按操作系统分:iOS、Android、MeeGo、WebOS、Windows8 等。

1. iOS

20 世纪 90 年代,苹果公司就有手持手写设备出现,设计理念超前,却因为不可而知的原因未能广泛推广。

2010 年苹果发布 iPad,其 iOS 系统源于苹果的 iPhone,苹果对这款操作系统寄予了厚望。把经过几代发展的 iPhone 系统移植到平板上,iOS 的用户界面的概念基础上是能够使用多点触控直接操作。控制方法包括滑动、轻触开关及按键。与系统交互包括滑动、轻按、挤压及旋转。屏幕上方有一个状态栏能显示一些有关数据,如时间、电池电量和信号强度等,其余的屏幕用于显示当前的应用程序。

iOS 7 是 iOS 系统是继 iOS 3 至 iOS 4 以来最大一次升级,它采用全新的图标界面设计,总计有上百项改动,其中包括控制中心、通知中心、多任务处理能力等。iOS 7 是美国苹果公司开发的手机和平板电脑操作系统。2013 年 6 月 10 日于苹果公司全球软体开发者年会上发布并计划于 2013 年秋季推出。iOS 7 包括重新设计的用户界面及一些对操作系统功能的改进。

其应用的代表产品:苹果 iPad、苹果 iPad 2、iPad Air 2。

2. Android

依靠互联网起家的 Google,起先与苹果是一对很好的兄弟,那时 Google 想尽办法为每一种软件提供苹果的专门的版本,同样当时苹果的首选移动设备是 Google。可是,当 Android 诞生之后,Google 意识到自己必须要有发言权,于是与苹果分道扬镳。

Android 是基于 Linux 开放性内核的操作系统,它采用了软件堆层的架构,主要分为三部分。底层 Linux 内核只提供基本功能,其他的应用软件则由各公司自行开发,部分程序以 Java 编写。目前 Android 的最高版本为 Android 5,除了任务管理器可以滚动,支持 USB 输入设备(键盘、鼠标等),同时还会支持 Google TV,支持 XBOX 360 无线手柄,此外就是一些 widget 支持的变化,能更加容易地定制屏幕 widget 插件。

Android 的命名也很有意思，这个命名方法开始于 Android 1.5 发布的时候。作为每个版本代表的甜点的尺寸越变越大，然后按照 26 个字母数序：纸杯蛋糕、甜甜圈、松饼、冻酸奶、姜饼和蜂巢。

到 2013 年 9 月 4 日凌晨，谷歌对外公布了 Android 新版本 Android 4.4KitKat(奇巧巧克力)，并且于 2013 年 11 月 01 日正式发布，新的 4.4 系统更加整合了自家服务，力求防止安卓系统继续碎片化、分散化。

Android 5.0 将是下一代 Android 操作系统。谷歌将 Android 5.0 命名为 Android L，该系统将会带来全新的体验。这一系统正式的名称为 Android 5.0 Lollipop，昵称"棒棒糖"，分为 32 位版和 64 位版。

Android 5.0 系统使用一种新的 Material Design 设计语言。从图片上就能看到一些全新的设计。从图片上看，这套设计图对 Android 系统的桌面图标及部件的透明度进行的稍稍的调整，并且各种桌面小部件也可以重叠摆放。虽然调整桌面部件透明度对 Android 系统来说并不算什么新鲜的功能，但是加入了透明度的改进。Android 系统自 2008 年问世以来变化最大的升级。除了新的用户界面、性能升级和跨平台支持，全面的电池寿命增强及更深入的应用程序集成也令人印象深刻。

其应用的代表产品：三星 GALAXY Tab P1000、摩托罗拉 Xoom、宏碁 Iconia Tab A500。

3. MeeGo

世界上最大的通信设备供应商 NOKIA 随着 Android 和 iOS 系统兴起，Symbian 操作系统在市场上的份额逐年下滑，当年的雄风已不再。而全球最大的半导体芯片制造商 Intel 在移动市场混不下去了，苦心培养的 Atom 架构的上网本被平板电脑打回冷宫。于是，联合将各自的宝贝 Maemo、Moblin 合二为一，推出操作系统 MeeGo。

MeeGo 是一种基于 Linux 的自由及开放源代码的便携设备操作系统。它在 2010 年 2 月的全球移动通信大会中发布，主要推动者为诺基亚与英特尔。MeeGo 融合了诺基亚的 Maemo 及英特尔的 Moblin 平台，并由 Linux 基金会主导。MeeGo 主要定位在移动设备、家电数码等消费类电子产品市场，可用于智能手机、平板电脑、上网本、智能电视和车载系统等平台。2011 年 9 月 28 日，继诺基亚宣布放弃开发 MeeGo 之后，英特尔也正式宣布将 MeeGo 与 LiMo 合并成为新的系统：Tizen。2012 年 7 月，在诺基亚的支持下，Jolla Mobile 公司成立。并基于 Meego 研发 sailfish os，将在中国发布新一代 Jolla 手机。

2013 年 10 月诺基亚宣布，他们将在 2014 年 1 月 1 日正式停止向 MeeGo 和塞班两款操作系统提供支持。2014 年 1 月 1 日，诺基亚正式停止 NOKIA Store 应用商店内的塞班和 MeeGo 应用的更新，也禁止开发人员发布新应用。

4. WebOS

WebOS 是惠普的秘密武器。惠普作为全球最大的计算机生产商，在很早之前就发布过一款基于 Windows7 系统的平板电脑，但是表现不好。于是，惠普在 2010 年收购了红极一时的智能手机生产商 Palm 和它的 WebOS 操作系统。于是惠普在平板电脑操作系统中开始充当黑马。

WebOS 系统是一个运行在网页浏览器中的虚拟的操作系统。更精确地说，WebOS 是一个运行在网页浏览器中的应用程序集合，这项应用程序一同来模拟，代替或很大程度上来补充桌面操作系统环境。

WebOS 与 iOS 恐怕难分伯仲。出色的执行效率、优秀的内存控制、良好的电源管理、强大的信息整合以及优雅的卡片式多进程管理，几乎塑造了一个完美的移动设备操作系统可以看出 WebOS 在将来必定是惠普的杀手锏，惠普也将采用该系统全力去打造平板电脑，并且已经推出了惠普 TouchPad 平板电脑。在未来 WebOS 系统可能会在惠普的身上大放异彩。我们期待这个操作系统中的黑马能够笑傲江湖。

代表产品：惠普 TouchPad。

5．Windows 8

作为平板电脑概念最早的提出者，微软的境地十分尴尬，眼看着苹果"剽窃"了它的理念而无可奈何，但是身为全球最大的操作系统开发商，为了"平板电脑"概念发明者的尊严，微软必须要加入到这场战斗中，为此 Windows 7 需要先为微软杀出一条"血路"。

Windows 8 是继 Windows 7 之后的新一代操作系统，是由 Microsoft 公司开发的、具有革命性变化的操作系统。它支持来自 Intel、AMD 和 ARM 的芯片架构，由微软剑桥研究院和苏黎世理工学院联合开发。该系统具有更好的续航能力，且启动速度更快、占用内存更少，并兼容 Windows 7 所支持的软件和硬件。

Windows Phone 8 采用和 Windows 8 相同的 NT 内核并且内置诺基亚地图。2012 年 8 月 2 日，微软宣布 Windows 8 开发完成，正式发布 RTM 版本。北京时间 2012 年 10 月 26 日 Windows 8 正式推出，微软自称触摸革命将开始。

Windows 8 支持来自 Intel、AMD 的芯片架构，被应用于个人电脑和平板电脑上。

2.5 办公系统中的软件

2.5.1 操作系统

美国微软公司是全球最为强大的软件公司之一，其操作系统占有量全球第一，在最近的几十年来，它发布了较多的版本，如表 2-5-1 和图 2-5-1 所示。

表 2-5-1 微软公司操作系统发布大事件

1981 年 8 月 12 日	微软 16 位操作系统 MS-DOS 1.0 的个人计算机
1990 年 5 月 22 日	微软推出 Windows 3.0
1995 年 8 月 24 日	微软推出 Windows 95
1998 年 6 月 25 日	微软推出 Windows 98
2000 年 2 月 17 日	微软推出 Windows 2000
2001 年 10 月 25 日	微软推出 Windows XP
2003 年 5 月 22 日	微软推出 Windows 2003
2006 年 11 月 30 日	微软推出 Windows Vista
2009 年 10 月 22 日	微软正式发布 Windows 7
2012 年 10 月 26 日	微软正式发布 Windows 8
2014 年 10 月 1 日	微软发布 Windows Technical Preview(Windows10 预览版)

图 2-5-1 各版本的 Windows

1. Windows XP

XP 是微软公司推出供个人电脑使用的操作系统,包括商用及家用的台式计算机等。零售版于 2001 年 10 月 25 日上市。其名字"XP"的意思是英文中的"体验",是继 Windows 2000 及 Windows ME 之后的下一代 Windows 操作系统,也是微软首个面向消费者且使用 Windows NT 架构的操作系统。

2011 年 9 月底前,Windows XP 是世界上使用人数最多的操作系统,它的全球市场占有率达 42%。在 2007 年 1 月,Windows XP 在全球市场占有率达历史最高水平,超过 76%。2012 年 8 月份,统治操作系统市场长达 11 年之久的 Windows XP 最终被 Windows 7 超越。

2009 年 4 月,微软公司宣布取消对 Windows XP 主流技术支持,2011 年 7 月初,微软公司表示将于 2014 年 4 月 8 日起彻底取消对 Windows XP 的所有技术支持。微软公司宣布,2014 年 4 月 8 日,走过 4548 个日子的 Windows XP 已正式光荣退役。

如果哪个系统能代表微软公司的特色,那非 XP 莫属了。因为它太经典了,那开机的音乐现在都觉得那么的愉悦,那白云草地等。2014 年 1 月,微软公司宣布将会为 Windows XP 的用户提供 Security Essentials 防病毒方面的支持,直到 2015 年 7 月 14 日。

2. Windows 7

Windows 7 是由微软公司开发的操作系统,可供家庭及商业工作环境、笔记本计算机、平板电脑、多媒体中心等使用(图 2-5-2)。

其特色主要有以下几种。

(1) 易用:Windows 7 做了许多方便用户的设计,如快速最大化、窗口半屏显示、跳转列表(Jump List)、系统故障快速修复等。

(2) 快速:Windows 7 大幅缩减了 Windows 的启动时间。据实测,在 2008 年的中低端配置下运行,系统加载时间一般不超过 20 秒,这比 Windows Vista 的 40 余秒相比,是一个很大的进步。

(3) 简单:Windows 7 将会让搜索和使用信息更加简单,包括本地、网络和互联网搜索功能,直观的用户体验将更加高级,还会整合自动化应用程序提交和交叉程序数据透明性。

(4) 安全:Windows 7 包括了改进了的安全和功能合法性,还会把数据保护和管理扩展到外围设备。Windows 7 改进了基于角色的计算方案和用户账户管理,在数据保护和坚固协作的固有冲突之间搭建沟通桥梁,同时也会开启企业级的数据保护和权限许可。

(5) 特效:Windows 7 的 Aero 效果华丽,有碰撞效果、水滴效果,还有丰富的桌面小工具,这些都比 Vista 增色不少。但是,Windows 7 的资源消耗却是最低的。不仅执行效率快人一筹,笔记本的电池续航能力也大幅增加。

(6) 小工具:Windows 7 的小工具更加丰富,并没有了像 Windows Vista 的侧边栏,这样小工具可以放在桌面的任何位置,而不只是固定在侧边栏。

图 2-5-2　Windows 7 操作界面

3. Mac OS 操作系统

Mac OS 是一套运行于苹果 Macintosh 系列计算机上的操作系统,它是首个在商用领域成功的图形用户界面。现行的最新的系统版本是 Mac OS Tiger。

Mac OS 可以被分成操作系统的两个系列:一个是老旧且已不被支持的"Classic"Mac OS(系统搭载在 1984 年销售的首部 Mac 与其后代上,终极版本是 Mac OS 9)。采用 Mach 作为内核,在 OS 8 以前用"System x.xx"来称呼。新的 Mac OS X 结合 BSD UNIX、OpenStep 和 Mac OS 9 的元素。它的最底层建基于 UNIX 基础,其代码被称为 Darwin,实行的是部分开放源代码。

System 1.0 是在 1984—1985 年开发使用的第一个 Macintosh 操作系统。当时的 System 1.0 含有桌面、窗口、图标、光标、菜单和卷动栏等项目。所有系统文件夹仅 216K。后来相继开发了 System 2.0、System 6、System 7、Mac OS 8.0、Mac OS 9.0、Mac OS X。

Mac OS X 把世界上最优秀的两个操作系统合而为一:其中一个拥有地球上公认的,最友好、最完善的图形界面;另一个是拥有世界上最稳定的的核心。两者相加,形成了下列公式:Mac OS+UNIX=Mac OS X。于是,一个同时拥有稳定性与华丽界面的全新操作系统就诞生了,而且它还意味着 Mac、UNIX 还有 Java 的程序开发员都能为 Mac 机开发应用程序。

Mac OS 系统一共发展到现在经历了多次升级,经历猎豹(Cheetah)、美洲豹(Puma)、美洲虎(Jaguar)、黑豹(Panther)、虎(Tiger)、豹(Leopard)、雪豹(Snow Leopard)、狮(Lion)、美洲狮(Mountain Lion)、巨浪(Mavericks)、优胜美地(Yosemite)。

不过最新 10.0 系统升级已经开启了免费升级。用户可以直接通过 App Store 下载更新升级。苹果开始了免费的先河,那微软还会远吗,最受益的还是我们的消费者。

4. Linux/UNIX

Linux 的基本思想有两点:第一,一切都是文件;第二,每个软件都有确定的用途。其中第一条详细来讲就是系统中的所有都归结为一个文件,包括命令、硬件和软件设备、操作系统、进程等对于操作系统内核而言,都被视为拥有各自特性或类型的文件。至于说 Linux 是基于 UNIX 的,很大程度上也是因为这两者的基本思想十分相近。

Linux 是一款免费的操作系统,用户可以通过网络或其他途径免费获得,并可以任意修改其源代码。这是其他的操作系统所做不到的。正是由于这一点,来自全世界的无数程序员参与了 Linux 的修改、编写工作,程序员可以根据自己的兴趣和灵感对其进行改变,这让 Linux 吸收了无数程序员的精华,不断壮大。

Linux 完全兼容 POSIX1.0 标准:这使得可以在 Linux 下通过相应的模拟器运行常见的 DOS、Windows 的程序。这为用户从 Windows 转到 Linux 奠定了基础。许多用户在考虑使用 Linux 时,就想到以前在 Windows 下常见的程序是否能正常运行,这一点就消除了他们的疑虑。

Linux 支持多用户,各个用户对于自己的文件设备有自己特殊的权利,保证了各用户之间互不影响。多任务则是现在计算机最主要的一个特点,Linux 可以使多个程序同时并独立地运行。

Linux 同时具有字符界面和图形界面。在字符界面用户可以通过键盘输入相应的指令来进行操作。它同时也提供了类似 Windows 图形界面的 X-Window 系统,用户可以使用鼠标对其进行操作。在 X-Window 环境中就和在 Windows 中相似,可以说是一个 Linux 版的 Windows。

Linux 可以运行在多种硬件平台上,如具有 x86、680x0、SPARC、Alpha 等处理器的平台。此外 Linux 还是一种嵌入式操作系统,可以运行在掌上电脑、机顶盒或游戏机上。2001 年 1 月份发布的 Linux 2.4 版内核已经能够完全支持 Intel 64 位芯片架构,同时 Linux 也支持多处理器技术。多个处理器同时工作,使系统性能大大提高。

5. 国产操作系统

国产操作系统是以 Linux 为基础二次开发的操作系统。国内暂时还没有独立开发系统。

2014 年 4 月 8 日起,美国微软公司停止了对 Windows XP 操作系统提供服务支持,这引起了社会和广大用户的广泛关注和对信息安全的担忧。工信部对此表示,将继续加大力度,支持 Linux 的国产操作系统的研发和应用,并希望用户可以使用国产操作系统。国内有很多单位开了一些,代表的系统有如下几种。

(1) 深度 Linux

深度 Linux 是一个致力于为全球用户提供美观易用,安全可靠的 Linux 发行版。它不仅仅对最优秀的开源产品进行集成和配置,还开发了基于 HTML5 技术的全新桌面环境、系统设置中心,以及音乐播放器,视频播放器、软件中心等一系列面向日常使用的应用软件。Deepin 非常注重易用的体验和美观的设计,因此对大多数用户来说,它易用安装和使用,还能够很好地代替 Windows 系统进行工作与娱乐。

(2) 红旗 Linux

红旗 Linux 是由北京中科红旗软件技术有限公司开发的一系列 Linux 发行版,红旗 Linux 包括桌面版、工作站版、数据中心服务器版、HA 集群版和红旗嵌入式 Linux 等产品。但由于各方面原因,该公司现已解散。

(3) 银河麒麟

这是由国防科技大学、中软公司、联想公司、浪潮集团和民族恒星公司合作研制的闭源服务器操作系统。此操作系统是 863 计划重大攻关科研项目,目标是打破国外操作系统的垄断,银河麒麟研发一套中国自主知识产权的服务器操作系统。银河麒麟完全版共包括实时版、安全版、服务器版 3 个版本,简化版是基于服务器版简化而成的。

(4) 中标麒麟 Linux(原中标普华 Linux)

中标麒麟 Linux 桌面软件是上海中标软件有限公司发布的面向桌面应用的操作系统产品。

(5) 雨林木风操作系统(Ylmf OS)

Ylmf OS 是广东雨林木风计算机科技有限公司为纪念雨林木风工作室解散一周年,制作了 Ylmf OS 雨林木风工作室周年纪念版作为雨林木开源操作系统的初始发布版本,雨林木风操作系统界面换成了精仿的经典 Windows 主题,界面操作简洁明快。Ylmf OS 雨林木风开源操作系统基于 Ubuntu 9.10 版本定制,去除不常用系统软件包,增加中文语言包,增加最常用的应用软件。

(6) 凝思磐石安全操作系统

凝思磐石安全操作系统是由北京凝思科技有限公司开发,凝思磐石安全操作系统遵循国内外安全操作系统 GB17859、GB/T18336、GJB4936、GJB4937、GB/T20272 以及 POSIX、凝思磐石安全操作系统 TCSEC、ISO15408 等标准进行设计和实现。

(7) 共创 Linux 桌面操作系统

这是由北京共创开源软件有限公司(简称共创开源)采用国际最新的内核,Kernel2.6.16 版本开发的一款 Linux 桌面操作系统。共创 Linux 桌面操作系统可以部分地替代现有常用的 Windows 桌面操作系统。它采用类似于 Windows XP 风格的图形用户界面,符合 Windows XP 的操作习惯。

2.5.2 办公软件

1. Microsoft Office

Microsoft Office 是美国微软公司推出的办公套装软件,在办公活动中使用较多。它通常包括以下组件:Word、Excel、PowerPoint、Access 等。Office 办公套装软件的发展过程可以追溯到 20 世纪,已成为现代办公不可缺少的重要组成部分,是办公工作的得力工具。

Microsoft Office 从最早 Office 95 版本,到 1997 年发展到 Office 97,后来又经历了 Office 2000、Office XP、Office 2003、Office 2007、Office 2013 从办公人员使用的角度来说,其版本的升级,但不影响其使用。

在当前办公活动中,人们使用 Office 2003 与 Office 2007 最为常见。

Word 是全球通用的字处理软件，是 Office 里面使用率最高的组件。适于制作各种文档，如信函、传真、公文、报刊、书刊和简历等，其工作界面如图 2-5-3 所示。

2006 年 11 月底，微软公司在全球发布全新的办公软件 Office 2007。其主要特点如下。

① 功能强大。Office 2007 包括分布于 8 组套件之中的 13 个台式机应用软件，提供上百个特性，这些特性要么是新增的，要么是经过改进的，并纳入了 9 个服务器用软件。

② Office 外观更美。Office 2007 的 Ribbon 界面采用图标，而非下拉菜单和工具条。位于屏幕顶端的是新的浏览框，并且空间相对更为宽松。图标会根据你目前所进行的工作内容而变化。

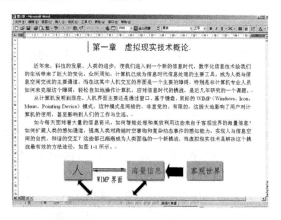

图 2-5-3 Word 工作界面

③ 简单的文档管理。Office 2007 提供一个检查程序，它通过对 Word、Excel 和 PowerPoint 文档进行扫描，而找到需要注释和修订之处，如此你就不会在不经意间将那些原本并未计划公开的内容分发出去。

④ 合理的开发模式。采用 Visual Studio Tools for Office 增强了开发人员的信心。

⑤ 应用程序之间的依赖性。某些应用程序及特性只有与 Office System 服务器一起使用时，才能正常运行。Office SharePoint Server 是其中的核心。

⑥ Office 2007 将成为微软的客户关系管理(CRM)和企业资源计划(ERP)应用的前台软件。

⑦ Office 2007 的文档管理功能日趋完善。企业可将之作为规章制度，用来提升档案管理工作的质量。系统管理员和用户可以凭之建立数据保存和数据删除政策。

⑧ Office 2007 不必非得运行于 Vista 操作系统之上，但二者协同工作会体现出更为丰富的特性。

2. WPS Office 金山办公软件

WPS Office 是由金山公司推出的我国第一套自主研发办公软件，与微软公司的 Office 相比，WPS Office 较为符合国人的操作习惯。另外，无论从对 PC 内存和硬盘等资源的要求上，WPS Office 的资源消耗要少一些。

1988 年，中国的 IT 界尚处于萌芽时期，一个名叫求伯君的普通技术人员在一个宾馆的出租房间里凭借一台 386 计算机写出了 WPS(Word Processing System)1.0，这几万行代码从此开创了中文字处理时代。1988 年到 1995 年的 7 年间，WPS 凭借技术的领先横扫大江南北，所向无敌。WPS 几乎成了计算机的代名词，其界面如图 2-5-4 所示。WPS 成为中国第一代计算机使用者的启蒙软件。

1998 年 8 月，联想公司注资金山公司，WPS 开始了新的腾飞。1999 年 3 月 22 日，金山公司在北京新世纪饭店隆重发布 WPS 2000，从此，WPS 走出了单一字处理软件的定位。

图 2-5-4 WPS for DOS 界面

在底层技术方面,与微软 Office 利用 OLE 技术集成的机制不同,WPS 2000 在字处理之上无缝集成了表格和演示的重要功能。如果说微软 Office 中三个产品的集成就像是在"三栋楼"之间"架天桥"的话,那么 WPS 2000 的集成就是在"同一栋楼"里的共享。WPS 2000 使用面向对象的排版引擎,因此,WPS 能够做到每一个文字框都可以横排竖排、分栏、互相绕排;此外,在应用方面,WPS 2000 集文字处理、电子表格、多媒体演示制作、图文排版、图像处理等五大功能于一身,拓展了办公软件的功能。

经过多年的市场探索,2001 年 5 月,WPS 正式采取国际办公软件通用定名方式,更名为 WPS Office。在产品功能上,WPS Office 从单模块的文字处理软件升级为以文字处理、电子表格、演示制作、电子邮件和网页制作等一系列产品为核心的多模块组件式产品。在用户需求方面,WPS Office 细分为多个版本,包括 WPS Office 专业版、WPS Office 教师版和 WPS Office 学生版,力图在多个用户市场里全面出击。

为了满足少数民族的办公需求,WPS Office 蒙文等版本发布。

2001 年 12 月 28 日,WPS Office 通过采用国家机关最新公文模板,支持国家最新合同标准和编码标准 GB18030 等实实在在的"中国特色",得到了政府部门的青睐,北京市政府采购 WPS Office 11143 套。从此,WPS Office 势如破竹,成为上至国务院 57 部委、下至全国 31 个省市机关的标准办公平台。

2002 年,金山彻底放弃 14 年技术积累,新建产品内核,重写数十万行代码,终于研发出了拥有完全自主知识产权的 WPS Office 2005。WPS Office 2005 具有以下特性:

(1) 障碍兼容、双向交换。

包含 WPS 文字、WPS 表格、WPS 演示三大功能软件,如图 2-5-5 所示。与 MS Word、MS Excel、MS PowerPoint 一一对应、无障碍兼容,用户随需从容切换。

- 应用 XML 数据交换技术,无障碍兼容.doc、.xls、.ppt 等文件格式。
- 熟悉的界面、熟悉的操作习惯呈现,用户无须再学习,零时间上手。
- 兼容 MS—Office 加密信息、宏文档。

图 2-5-5　WPS 文字与 WPS 演示工作界面

(2) 内容互联、知识分享——以提升效率为核心的互联网应用。

- 网聚智慧的多彩网络互动平台,单一用户随需随时分享天下人知识积累,悠然制作精美文档。
- 便捷的自动在线升级功能,无须用户动手,实时分享最新技术成果。
- 小巧、仅有 20M 的文件压缩包,网络下载瞬间完成,绿色安装,顷刻启动使用。
- 独创的 KRM 版权保护技术,文件授权范围随需指定。

(3) 随需应动、无限扩展——以想到就能做到为追求的应用无限扩展设置。
- 跨平台应用,不论是 Windows 还是 Linux 平台,完美应用无障碍。
- 按照 MS API 定义和实现的二次开发接口高达 250 类,无限扩展用户个性化定制和应用开发的需求。
- 无缝链接电子政务,文件随需飞翔政府内网中。
- 可扩展的插件机制,无限扩展大程序员想象和创造空间。
- 支持 126 种语言应用,包罗众多生僻小语种,保证文件跨国、跨地区自主交流。
- 体察到 PDF 文件已经成为全球流行的文件格式,开发应用支持直接输出 PDF 文件技术。

(4) 中文特色、安全易用——以体贴入微为目标的中文特色和人性化易用设计。
- 文本框间文字绕排、稿纸格式、斜线表格、文字工具、中文项目符号、电子表格支持中文纸张规格等中文特色一一体现,足量尊重中文使用者习惯。
- 应用领先技术,宏病毒拒之门外。
- 电子表格里面智能收缩、表格操作的即时效果预览和智能提示、全新的度量单位控件、批注框里面可以显示作者等人性化的易用设计,以用户为本。

(5) 新添功能、快乐体验——数百种新添功能,用户舒适享受办公乐趣。
- WPS 文字提供带圈字符、合并字符、艺术字、立体效果功能,用户在娱乐中处理文字。
- WPS 表格支持手动顺序双面打印、手动逆序双面打印、拼页打印、反片打印应用,用户想怎么打就怎么打。
- WPS 演示添加 34 种动画方案选择、近 200 种自定义动画效果,演示制作播放成为一种游戏。

2014 年推出 WPS 2013,应用各个系统平台,iOS、Android、Linux 实现文件的跨平台文档处理成为可能。

3. OA 办公系统

OA 办公系统即 OA,是 Office Automation 的缩写,OA 办公系统即管理平台,它是基于"框架+应用组件+功能定制平台"的架构模型,主体部分由多个子系统组成,包括信息门户、协同工作、工作流程、表单中心、视图管理、公文流转、公共信息、论坛管理、问卷调查、计划管理、会务管理、任务管理、关联项目、关联人员、文档管理、外部邮件、在线考试、车辆管理、物品管理、设备管理、常用工具、办理中心、在线消息、督办系统、短信平台、常用工具、人事管理、功能定制平台、集成平台、系统管理等,有很多的功能点,相关功能如图 2-5-6 所示。

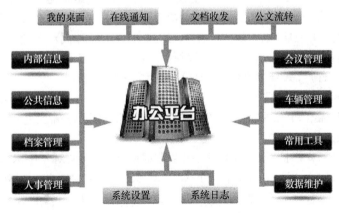

图 2-5-6　OA 办公系统相关功能

OA办公系统的核心是以公文流管理为核心,将企事业日常公文数据在信息数据链上的及时、准确地反映出来,对部门工作人员提供简单快捷的日常办公支持,对部门经理和决策者提供企事业内部资源数据支持。OA办公系统可最大限度地减少内部信息交流瓶颈,提高企事业的内部办公效率,减少企事业事务性工作的压力,减轻企事业人力投入,并对办公流程提供高效率信息支持。

OA办公系统也是企事业单位的内部网,系统及时反映内部公告、通知、企业文化、学习讨论园地等。整体协同管理企业内部办公流程,从而使整个企业的内部办公可以跟上市场的变化,以加强内部管理为核心的思想,也是目前先进管理思想在软件工具中的体现。

OA办公系统建成后,能为企事业的日常办公管理、公文管理、工作请示、汇报、档案、资料、预算控制等管理提供高效、畅通的信息渠道。同时也能大力推动公司内部的信息系统发展,提高企事业的办公自动化程度和综合管理水平,加快企事业信息的流通,提高企事业市场竞争能力。如图2-5-7所示,为典型的OA办公系统实例。

图2-5-7　OA办公系统实例

4. ERP

ERP(Enterprise Resource Planning)企业资源计划系统,是指建立在信息技术基础上,以系统化的管理思想,为企业决策层及员工提供决策运行手段的管理平台。ERP系统集信息技术与先进的管理思想于一身,成为现代企业的运行模式,反映时代对企业合理调配资源,最大化地创造社会财富的要求,成为企业在信息时代生存、发展的基石。

从管理思想、软件产品、管理系统3个层次给出它的定义:

- 是由美国著名的计算机技术咨询和评估集团Garter Group Inc提出的一整套企业管理系统体系标准,其实质是在MRP Ⅱ(制造资源计划)基础上进一步发展而成的面向供应链(Supply Chain)的管理思想;
- 是综合应用了客户机/服务器体系、关系数据库结构、面向对象技术、图形用户界面、第四代语言(4GL)、网络通信等信息产业成果,以ERP管理思想为灵魂的软件产品;
- 是整合了企业管理理念、业务流程、基础数据、人力物力、计算机硬件和软件于一体的企业资源管理系统。

ERP是将企业所有资源进行整合集成管理,简单地说是将企业的三大流:物流,资金流,信息流进行全面一体化管理的管理信息系统。它的功能模块以不同于以往的 MRP 或 MRP II 的模块,它不仅可用于生产企业的管理,而且在许多其他类型的企业如一些非生产、公益事业的企业也可导入 ERP 系统进行资源计划和管理。这里以典型的生产企业为例子来介绍 ERP 的功能模块。

在企业中,一般的管理主要包括三方面的内容:生产控制(计划、制造)、物流管理(分销、采购、库存管理)和财务管理(会计核算、财务管理)。这三大系统本身就是集成体,它们互相之间有相应的接口,能够很好地整合在一起来对企业进行管理。另外,要特别一提的是,随着企业对人力资源管理重视的加强,已经有越来越多的 ERP 厂商将人力资源管理纳入了 ERP 系统的一个重要组成部分。

(1) 生产控制管理模块

这一部分是 ERP 系统的核心所在,它将企业的整个生产过程有机地结合在一起,使得企业能够有效地降低库存,提高效率。同时各个原本分散的生产流程的自动连接,也使得生产流程能够前后连贯地进行,而不会出现生产脱节,耽误生产交货时间。

生产控制管理是一个以计划为导向的先进的生产、管理方法。首先,企业确定它的一个总生产计划,再经过系统层层细分后,下达到各部门去执行。即生产部门以此生产,采购部门按此采购,等等。

(2) 物流管理

它包括分销管理、库存控制、采购管理等。

分销管理是从产品的销售计划开始,对其销售产品、销售地区、销售客户各种信息的管理和统计,并可对销售数量、金额、利润、绩效、客户服务做出全面的分析。

库存控制是指用来控制存储物料的数量,以保证稳定的物流支持正常的生产,但又最小限度的占用资本。它是一种相关的、动态的、真实的库存控制系统,能够结合、满足相关部门的需求,随时间变化动态地调整库存,精确地反映库存现状。

采购管理是指确定合理的定货量、优秀的供应商和保持最佳的安全储备。能够随时提供定购、验收的信息,跟踪和催促对外购或委外加工的物料,保证货物及时到达。建立供应商的档案,用最新的成本信息来调整库存的成本,如供应商信息查询(查询供应商的能力、信誉等)。

(3) 财务管理模块

企业中,清晰分明的财务管理是极其重要的。因此,在 ERP 整个方案中它是不可或缺的一部分。ERP 中的财务模块与一般的财务软件不同,作为 ERP 系统中的一部分,它和系统的其他模块有相应的接口,能够相互集成,比如:它可将由生产活动、采购活动输入的信息自动计入财务模块生成总账、会计报表,取消了输入凭证烦琐的过程,几乎完全替代以往传统的手工操作。一般的 ERP 软件的财务部分分为会计核算与财务管理两大块。

会计核算主要是记录、核算、反映和分析资金在企业经济活动中的变动过程及其结果。它由总账、应收账、应付账、现金、固定资产、多币制等部分构成。

财务管理的功能主要是基于会计核算的数据,再加以分析,从而进行相应的预测、管理和控制活动。它侧重于财务计划、控制、分析和预测。

(4) 人力资源管理模块

以往的 ERP 系统基本上都是以生产制造及销售过程(供应链)为中心的。因此,长期以来一直把与制造资源有关的资源作为企业的核心资源来进行管理。但近年来,企业内部的人力资源,开始越来越受到企业的关注,被视为企业的资源之本。在这种情况下,人力资源管理,作为一个独立的模块,被加入到了 ERP 的系统中来,和 ERP 中的财务、生产系统组成了一个高效的、具有高度集成性的企业资源系统。它与传统方式下的人事管理有着根本的不同。

它通常包括：人力资源规划的辅助决策、人力资源规划的辅助决策、工资核算、工资核算、差旅核算等。

2.5.3 办公公文基础知识

1. 公文的概念

公文，即公务文书的简称，根据我国中共中央办厅1996年5月3日印发的《中国共产党机关公文处理条例》和国务院办公厅2000年8月24日发布的《国家行政机关公文处理办法》规定，办公公文是党和政府机关在处理公务和行政管理过程中所形成的具有法定效力和规范体式的公务文书，是传达贯彻党和国家的方针政策，发布行政法规和规章，施行行政措施，请示行政措施，请示和答复问题、指导、布置和商洽工作，报告情况，交流经验的重要工具。

根据《中国共产党机关公文处理条例》规定，党的机关公文共有14文种，即决议、决定、指示、意见、通知、通报、公报、报告、请示、批复、条例、规定、函、会议纪要。根据《国家行政机关公文处理办法》，国家行政机关公文共有13种：命令（令）、议案、指示、决定、公告、通告、通知、通报、报告、请示、批复、函、会议纪要。

公文除上述法定文种外，还包括党政机关常用应用文，如工作总结、计划、规划、工作要点、安排、方案、设想、调查报告、简报、讲话稿、讣告、悼词、章程、细则、制度、守则等。

2. 公文的格式

公文格式是指公文的规格样式及其组成要素。公文要保持庄重、大方的形象，必须有统一、规范的格式。

公文一般有版头、主体、文尾3个部分组成，有指定项目和选择项目两种。由发文机关、份号、秘密等级、紧急程度（等级）、发文字号、签发人、标题、主送机关、正文、附件说明、发文机关署名、成文时间、印章、附注、主题词、抄送机关、印发机关、印发时间和印发份数20项要素组成，如图2-5-8所示。

图 2-5-8 公文常用格式举例

（1）版头部分

公文的版头也称为公文眉首，一般指首页横线以上。包括文件名称、发文字号、份号、秘密等级、紧急程度（等级）、发文字号、签发人等要素。

① 文件名称。由发文机关全称或规范化简称加"文件"两字组成。

② 发文文号。是公文制发机关按发文顺序编列的公文代号，主要是便于对公文的统计、查询和引用。

③ 签发人。为督促各级领导认真履行职责，确保公文质量，同时便于上下级之间的直接联系，相互沟通，应在首页上注明签发人。

④ 秘密等级。文件密级分为绝密、机密、秘密3个等级，由发文机关根据《保密法》及有关规定确定。政府机关的文凭密级标注在文件首页右上角，党的机关文件密级标注在文件首页的

左上角。

⑤ 紧急程度(等级)。要紧急送达和办理的公文应注明紧急程序,通常分为特急、急件两种,政府机关的文凭密级标注在文件首页右上角,党的机关文件密级标注在文件首页的左上角。

(2) 主体部分

公文的主体部分,包括公文标题、主送机关、正文、附件说明、发文机关署名、成文时间、印章、附注、附件等要素。

① 公文标题。一般有发文机关、公文主题和文件3个部分组成。

② 主送机关。又称文件抬头,是公文主要行文的对象,是受文机关中的文件主办单位,负责受文的办理或答复。

③ 正文。是公文的核心,是表述公文的具体内容,阐明发文意图的部分。

④ 附件说明。公文如有附件,应在正文之下、文件落款之上注明附件顺序和名称。

⑤ 发文机关署名。发文机关署名应使用单位全称,位置放在正文的右下方,与正文末行一般空一行。

⑥ 成文时间。是指公文的生效时间,一般是用领导人最后签发的日期,用汉字将年、月、日标全;"零"写为"○"。

⑦ 印章。公文加印,是指制文机关确认公文效力的凭证。正式行文除"会议纪要"和印制有特定版头的普发性公文外,都应该加盖发文机关的印章与领导同志的签名章。

⑧ 附注。是指公文中需要附加说明的事项。

⑨ 附件。附件是根据正文的需要附加的公文或材料,用于对正文作补充说明或提供参考材料。

(3) 文尾部分

公文的文尾由主题词、抄送机关、印发机关、印发时间和印发份数等要素组成。

① 主题词。主题词用于公文检索,它是体现公文主题特征及其归属类别、能为计算机识别的名词或名词性词组。

② 抄送机关。是指除主送机关以外的其他需要告知公文内容的上级、下级和不相隶机关。

③ 印发机关的发文时间。印发机关和时间栏,设在文件末尾倒数第二行。印发机关指文件的制发(翻印)单位名称;印发时间指送往印刷厂的日期。

④ 印发份数。印发份数加圆括号放在印发时间的右下角。

3. 公文用纸

为了进一步规范我区各级行政机关公文用纸型号,适应形势发展的需要,根据相关文件规定,公文用纸一般使用纸张定量为 $60\sim80g/m^2$ 的胶版印刷纸或复印纸。纸张白度为 $85\%\sim90\%$,横向耐折度大于或等于 15 次,不透明度大于或等于 85%,pH 为 $7.5\sim9.5$。纸型采用国际标准 A4 型($210mm\times297mm$)纸,公文用纸天头(上白边)为:$37mm\pm1mm$,公文用纸订口(左白边)为:$28mm\pm1mm$,版心尺寸为:$156mm\times225mm$(不含页码)。公文的汉字从左到右横排,左侧装订,不能掉页。少数民族文字按其书写习惯排印。

4. 公文字号

字号一般按文件名称、标题、标识字符、正文等顺序从大到小选用。

文件名称推荐使用小标宋体字,用红色标识。字号由发文机关以醒目美观为原则酌定,但最大不能等于或大于 $22\ mm\times15\ mm$。

发文文号用 3 号仿宋体字,如需标识秘密等级、紧急程度,用 3 号黑体字。

正文用 3 号仿宋字,一般每面排 22 行,每行排 28 个字。签发人用 3 号仿宋体字,签发人后标全角冒号,冒号后用 3 号楷体字标识签发人姓名。公文如有附件,在正文下一行左空 3 字用 3 号仿宋体字标识附件,后标全角冒号和名称。

主题词用 3 号黑体字,居左顶格标识,后标全角冒号词目用 3 号小标宋体字,公文如有抄送,在主题词下一行;左空 1 字用 2 号仿宋体字标识"抄送",印发机关和印发时间,用 3 号仿宋体字。

未作特殊说明公文中图文的颜色均为黑色。

2.6　办公安全

2.6.1　微型机的日常使用与维护

微型机的应用在现代办公活动中,应用十分普遍,只有正确、安全地使用微型机,加强微型机维护和保养,才能充分发挥其功能,延长其使用寿命。

1. 微型机的使用环境

微型机的使用环境是指对微型机及其工作的物理环境方面的要求。一般的微型机对工作环境要求较低,通常在办公室和家庭中就能使用。但是为了使微型机更好地工作,提供一个良好的环境和日常维护是很重要。

如果微型机安置得不正确,会影响微型机的使用,在微型机的安置中应注意:微型机不要放在不稳定的地方,不要摇晃、易坠落;微型机应尽可能地避开热源与水源,如冰箱、水池、直射的阳光;微型机应尽可能放置在远离强磁强电、高温高湿的地方;微型机应放在通风的地方,离墙壁应有 20 cm 的距离。除此之外还应该注意:

(1) 环境温度

微型机工作的环境温度应在 15～28℃。温度过高或过低将使微型机受到损害并加速其老化,从而影响微型机的使用寿命。因此,微型机应放在易于通风或空气流动的地方,这样便于温度的调节,有条件的情况下,最好将微型机放在有空调的房间内。另外,不要把微型机放置在阳光能直接照射到的地方。

(2) 环境湿度

微型机工作的环境相对湿度应保持在 35%～80%。过分潮湿会使机器表面结露,引起计算机路板上的元器件、接触点及引线锈蚀发霉,造成断路或短路;而过分干燥则容易产生静电,造成集成电路等元器件的损坏。因此在干燥的秋冬季节最好能设法保护房间中的湿度达到计算机需求。因此,微型机的工作环境要尽可能保持干燥,要避开水和其他液体的侵蚀。在较为潮湿的环境中,如南方在梅雨季节,微型机每周至少要开机 2 小时,以保持机器的干燥,这和其他办公自动化设备的保养是一样的。

(3) 洁净要求

通常应保持微型机房的清洁,机房内过多的堵塞过滤器和致冷风道,造成机箱中温度升高,因而降低系统的可靠性,会影响磁头和磁盘,造成读/写错误,甚至损坏磁盘,丢失信息。因此,微型机最好放在通风较好的位置,不要靠近墙壁,不用时应盖好防尘罩,机器表面要用软布沾中性清洗剂经常擦拭。

(4) 电源要求

微型机的工作离不开电源,同时电源也是微型机产生故障的主要因素。对电源的要求是一要稳压、二要不间断。

首先,必须确保使用的是适当功率的电源。要注意它是否使用 220V 的电压,电源的电压一般为 220V/50Hz,通常电压变化是有规律的,如晚间半夜至清晨电压易偏高,如果电源电压总是偏高或偏低,则应购买一台稳压电源。

其次,微型机所使用的电源应与照明电源分开,微型机最好使用单独的插座。尤其注意避免与强电器或加热装置或大功率的电器使用同一条供电线路共用一个插座,因为这些电器设备使用时可能会改变电流和电压的大小,这会对微型机的电路板造成损害。有条件的用户,应配备稳压电源和不间断电源 UPS。在拔插微型机各部分的配件时,都应先断电,以免烧坏接口电路。电源电压不稳,易造成计算机的读/写和显示的故障。

(5) 防止静电与灰尘

一般比较干燥的地方或没有安装地线的地方,容易产生静电。静电如果达到 1 000 V 以上就会毁坏芯片。如果人可以感觉到静电的存在,这时静电至少在 3 000 V 以上。在气候干燥时,若拔插计算机的板卡,应先除去身上的静电,否则容易损坏器件。在拔插微型机的板卡前,最好先触摸一下与地相连接的金属物体,放掉身上的静电或在接触时带上专门防静电的手套。防静电的方法如下:

① 办公室内应当有一定的湿度,如果办公室太干燥,须使用加湿机,增加室内湿度;
② 微型机的电源最好有专用接地线;
③ 信噪比室内最好不要铺地毯,如果铺地毯最好是铺防静电的地毯,并良好接地;
④ 防止灰尘,并应定期除尘。

微型机的防尘很容易被大家所接受,灰尘容易受热、受高压和磁场的吸引,常附在元器件或电路板上,特别是显示器等含有高压的地方。灰尘附着后,会妨碍电器元件在正常工作时的热量散发,加速芯片和其他器件的损坏,引起计算机的各种故障。因此应隔一段时间清理各部件上附着的灰尘及毛絮,若平时不使用计算机,应使用专门的防尘罩将计算机各部件遮好。

2. 微型机的日常维护

微型机的日常维护对保持微型机的良好状态,延长其寿命,提高其使用效率具有重要的作用。通常注意以下几个方面的维护。

(1) 显示器的日常维护

显示器要确保稳固地放在主机箱或工作台上,保证显示器通风和散热良好。注意调节显示器的仰角度,直至眼睛和颈部都感到舒服为止;显示器的亮度不应调得过亮;整个画面的大小和方位应在屏幕的中央。

(2) 键盘与鼠标的日常维护

键盘是使用较多的输入部件,在按键时,动作要轻捷,特别是在玩游戏时,不要猛烈敲击按键。键盘暴露在空气中,容易落入灰尘,操作者的汗液会沾在键盘上,使键盘变脏。特别注意不能在微型机边吃食物,以免食物残渣掉入键盘中,也应经常擦拭键盘的表面,使之保持清洁。鼠标也是经常使用的部件,在点击鼠标按键时,不要过猛,机械式鼠标底部的滚动球要定期擦拭。

(3) 磁盘的日常维护

由于人们对微型机的依赖性越来越大,微型机上的数据也越显得重要,硬盘的无故障工作时间(MTBF)可超过2万个小时,按每天工作10小时计算其能正常使用5年以上,所以定期地对硬盘进行检查是非常有必要的,并且定期的磁盘整理也可以提高硬盘的运行速度和使用寿命。

当微型机启动后,硬盘就高速进行旋转,常见的是7 500转/分,所以在特别注意防振动,并且应在电源管理中设定硬盘关机时间,当微型机在这段时间中不用是,硬盘就会自动关闭,停止旋转,从而减少磨损,延长使用寿命。

建议使用不同的媒介定期对硬盘上的重要数据进行备份,并存放在不同的地方。重要文件可以在备份盘上放一份,可以打印一份,可以刻录成光盘。当然不提倡用软盘保存。

光盘在使用时,要拿盘片的边缘,不要用手触摸光盘的读写面。应避免光盘与硬质物体的接触,以免划伤光盘表面。光盘表面沾染灰尘后,会影响数据的读取,此时可用软布轻轻擦拭或使用专用光盘的清洗剂。

3. 笔记本计算机的使用与维护

LCD显示屏是笔记本计算机中最贵重也是最娇气的部件,要注意避免划伤、碰伤,避免重物压在LCD显示屏上,避免用手直接触摸屏幕表面,注意保持屏幕清洁。屏幕脏了,需要清洁时,只能使用柔软、洁净的干布,避免使用化学清洁剂。

笔记本计算机散热有一定的困难,使用过程中发热比较明显,而内部许多器件又有温度限制,所以使用时要注意通风降温,保持环境温度在0~40℃范围内。在接通电源状态下禁止插拔电池、硬盘和内存。笔记本计算机的各个组成部分都设计得非常紧凑,制造工艺非常精细,非专业人员不要贸然进行拆卸。需要安装或卸下一些可抽换部件或即插即用器件时,应仔细观察接插部位的结构,按导向槽或定位结构进行装卸。

虽然笔记本计算机的结构适应移动的需要,但仍然应注意防振的问题。避免强烈的振动或跌落。尤其是当硬盘正在读/数据时最好不要移动,避免硬盘磁头撞击硬盘碟片而造成损坏。

笔记本计算机的内置电池容量有限,一般是在没有外部电源的场合为笔记本计算机供电。在有交流电源的地方,应尽量使用交流电源。交流电源适配器在为笔记本计算机供电的同时还能够为电池充电。在办公室使用时可拆下内置电池。

移动办公场合,采用电池供电时要注意节约用电。在计算机开机状态下暂时不用时,可以按下挂起/恢复按钮或设置让计算机系统进入挂起状态。挂起状态将关闭屏幕,关闭CPU及所有可控制的外围设备的电源,大大减少耗电,同时保留挂起前的工作平台。当要再使用时,只需按下电源按钮或打开显示屏就可以恢复到挂起前的状态。适当降低显示屏幕的亮度,减少光驱的使用都是有效地节约用电的措施。

2.6.2 信息安全

随着全球信息化不断在我国加深和发展,电子政务、电子商务等的广泛应用,计算机信息安全问题的重要性日趋显现。无论在网络安全意识还是网络安全防护技术等诸多方面在各级单位的信息网络安全都是应该加强的环节。

目前我国有3个部门负责计算机信息网络安全的工作,第一是公安部,负责计算机网络安全;第二是国家保密局,负责计算机网络系统的信息保密;第三是国家密码委员会,负责密码的研制、管理和使用。

1. 规范操作

规范操作可以减少信息被泄露、保证信息安全。

(1) 加强信息安全意识

作为办公人员,应该定期参加网络知识和网络安全的培训,了解网络安全知识,养成注意安全的工作习惯,如使用安全密码、尽量不要在本地硬盘上共享文件、安装防火墙、防毒墙、防水墙等,加强信息安全意识,严格执行安全管理制度,从管理上保证信息安全。

(2) 备份重要文件

经常备份计算机操作系统的安全性文件,如初始化文件、硬盘分配表、注册表等,对重要的办公文档也必须采用在硬盘、光盘中保存多个备份。

(3) 防止用户误操作

办公人员在操作计算机时,如错误地删除了系统文件或重要文档,也会使计算机处于不安全状态要避免此类问题,可经常对硬盘中的文件进行整理,将系统文件等设为"隐藏"属性等。

如有需要也可使用硬件"硬盘还原卡"或采用与之类似的还原软件(如"还原精灵")。在此保护下,一旦发生故障等可对系统进行还原,使损失变得最小。

2. 网络应用安全措施

在现代办公中,离不开网络的应用,一方面网络的应用给现代办公带有了更多的资源,一方面给计算机信息安全带来有隐患。

(1) 保障数据传输的完整性与保密性

口令是访问控制的最简单而有效的方法,只要口令保持机密,非授权用户就无法使用该账号。因此口令的选择是十分重要的,好的口令应遵循以下原则:

① 选择较长的口令。口令越长,被猜中的和概率就小,口令中除了字母还可以加入数字与特殊字符,这样破解就更难。

② 使用一次性口令。这样的口令不会重复,也不会因为黑客的窃听而被破译。

③ 不要使用英语单词与特殊意义的字符来作为口令。很多用户采用生日、电话号码等作为口令,这是很不安全的,易被人猜出。

(2) 网络传输的数据加密

数据加密是保证计算机信息安全的重要手段之一。使用密码技术可以防止信息篡改、伪造和假冒。文件加密主要是应用于网络中的文件传输。加密是把称为"明文"的可读信息转换成"密文"的过程,解密则是把已加密的信息恢复成"明文"的过程。加密与解密均使用密码算法来实现。密码算法是用于隐藏与显露信息的计算机过程,算法越复杂,密文就越安全。

E-mail 是办公活动中应用最多的一项工作,最有效的保护 E-mail 的方法就是使用加密的数字签名,如使用 PGP(基于 PSA 公钥密码系统)等软件来进行邮件加密。

3. 防杀计算机病毒

计算机病毒是蓄意设计的一种软件程序,它旨在干扰计算机操作,记录、毁坏或删除数据,或者自行传播到其他计算机和整个 Internet。在网络普遍应用的现在,计算机病毒数量多、传播快、危害大,对计算机安全影响极大。

为了避免感染病毒,必须利用防病毒工具将计算机保持为最新,及时了解新近威胁,并在网上冲浪、下载文件和打开附件时遵循一定的安全规则。对未知来源的不明邮件,程序,短网址,注意防范。一旦计算机感染病毒,可以采用防杀毒软件来进行杀毒。

常见的防杀毒软件有:瑞星、金山毒霸、江民、趋势、KV、NORTON、McAfee、AntiVir、360杀毒,卡巴斯基、熊猫卫士等。新进杀毒序列的还有百度、腾讯,其因为有大的用户群,市场表现后发而先到。

(1) 瑞星

瑞星是国内最大的信息安全厂商之一,其产品在全球安全业界首次将商用"虚拟机"技术应用到杀毒引擎中,结合 Startup Scan(抢先杀毒)、未知病毒查杀等技术,对"多重加壳"等恶性顽固病毒的查杀能力实现重大突破,整体技术处于世界先进水平。新版有中(简、繁)、英、德、日、俄5种语言版本。由于今年的遍地的免费杀毒软件出现,瑞星市场不断萎缩,被其他厂家超出。其推出免费版本后,市场也并不买账,反应平淡。企业也逐渐往企业安全方向转移,其产品界面如图2-6-1所示。

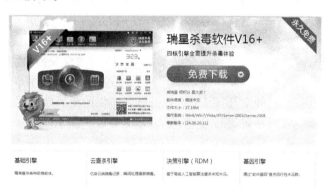

图 2-6-1　瑞星杀毒软件界面

(2) 金山毒霸

金山毒霸(Kingsoft Antivirus)现已更名为新毒霸,是中国著名的反病毒软件,从1999年发布最初版本至2010年时由金山软件开发及发行,之后在2010年11月金山软件旗下安全部门与可牛合并后由合并的新公司金山网络全权管理。金山毒霸融合了启发式搜索、代码分析、虚拟机查毒等技术。经业界证明成熟可靠的反病毒技术,以及丰富的经验,使其在查杀病毒种类、查杀病毒速度、未知病毒防治等多方面达到世界先进水平,同时金山毒霸具有病毒防火墙实时监控、压缩文件查毒、查杀电子邮件病毒等多项先进的功能。紧随世界反病毒技术的发展,为个人用户和企事业单位提供完善的反病毒解决方案。从2010年,金山毒霸(个人简体中文版)的杀毒功能和升级服务永久免费,但市场已经被其他厂家蚕食了。

2014年3月,金山毒霸发布新版本,增加了定制的XP防护盾,在2014年4月8日微软停止对Windows XP的技术支持之后,继续保护XP用户安全,其产品界面如图2-6-2所示。

图 2-6-2　新毒霸杀毒软件界面

(3) 360杀毒

360杀毒是360安全中心出品的一款免费的云安全杀毒软件。它创新性地整合了五大领先查杀引擎,包括国际知名的 BitDefender 病毒查杀引擎、小红伞病毒查杀引擎、360 云查杀引擎、360 主动防御引擎以及 360 第二代 QVM 人工智能引擎,为您带来安全、专业、有效、新颖的查杀防护体验。据艾瑞咨询数据显示,截至目前,360 杀毒月度用户量已突破 3.7 亿,一直稳居安全查杀软件市场份额头名。获得了主流机构认证,360 开启中国免费杀毒时代,其产品界面如图 2-6-3 所示。

图 2-6-3　360 杀毒软件界面

(4) 卡巴斯基

卡巴斯基是俄罗斯软件公司的产品,是一个在国外评价极高杀毒软件。它也有常驻于 System Tray 的自动监视功能,可帮助自动监视从磁盘、网络上、E-mail 文档中开启文件的安全性,亦有鼠标右键的快速选单,还附有 LiveUpdate 线上更新病毒码的功能。查杀效果好,国内的口碑最好。现在仍坚持收费模式,其产品界面如图 2-6-4 所示。

图 2-6-4　卡巴斯基杀毒软件界面

值得注意的是,病毒的发展是极快的,杀毒软件必须定期升级(甚至每天都要升级)。

计算机系统的安全漏洞是经常出现的,如操作系统 Windows、办公软件 office 等都要求用户经常下载其"补丁"程序,以弥补其产品中被发现的安全性问题。

习　题

1. 计算机分为哪几类,各有何特点?
2. 微型机分为哪几大类,各有何特点?
3. 简述台式微型机的分类,并调查其市场应用状况。
4. 在 Internet 网络上查找苹果计算机的硬件与软件发展历史。
5. 微型机的基本配置有哪些? 为满足一般小型办公需要,列出一份详细的配置单。
6. 列出 Intel 和 AMD 公司最新主流 CPU 的名称、主频,简述其性能。
7. MS Office 有哪些组件组成? 简述其基本功能。
8. WPS Office 有哪些组件组成? 简述其基本功能。
9. 简述 ERP 软件的功能。
10. 查看正式办公文件,了解其基本格式。
11. 了解常用计算机杀毒软件,并简述其特点。

第 3 章 微型计算机常用外部设备

在现代办公活动中,通常是以微型计算机为中心的一系列设备来进行实现,微型计算机的主要任务是对办公中的信息进行相关处理,很多工作如文字的输入、文件的打印还必须通过相关的输入与输出等外部设备来进行实现。

本章要点:

- ⊙ 针式、喷墨、激光3D打印机的工作原理与使用
- ⊙ 扫描仪的结构、工作原理与使用
- ⊙ 触摸屏的分类与工作原理
- ⊙ 投影仪的结构与工作原理
- ⊙ 电子白板的结构、工作原理
- ⊙ 高拍仪的结构与工作原理

微型计算机的外部设备简称外设,通常分为两类,即输入外部设备与输出外部设备。

常见的微型计算机输入外部设备有:键盘与鼠标、手写板、话筒、扫描仪、数码相机、高拍仪、摄像头、数码摄像机、视频展示台、触摸屏、MIDI键盘等。

常见的微型计算机输出外部设备有:显示器、打印机、投影仪、绘图仪、音箱等。

3.1 打印机

打印机作为微型计算机的最主要输出设备之一,它能简单、直接地获得硬拷贝,既便于长期保存又便于阅读,因此,打印机是计算机系统中不可缺少的基本配置。随着计算机的发展和用户提出的更高要求,打印机本身正朝着高速、低噪声、高印刷质量和彩色输出等方向发展。尤其是近年来,打印机技术取得了较大的进展,各种新型实用的打印机应运而生。目前,在打印机领域主要是针式打印机、喷墨打印机、激光打印机、3D打印机等产品,各自具有其优点,满足各级用户的办公需求。

3.1.1 针式打印机

针式打印机是打印机市场上较早出现的一种打印机,其外形如图 3-1-1 所示。20 世纪 80 年代到 90 年代中期,打印机市场曾经是针式打印机的一统天下;1995 年之后,随着喷墨打印机质量的提高与激光打印机价格的下降,二者的应用比例迅速上升。从 2001 年起,国内应用于办公领域的针打份额也有了

图 3-1-1 针式打印机

较大的滑坡,喷墨打印机和激光打印机占办公打印的主流机型。这主要是由于针式打印机打印速度慢、工作噪声大、打印效果差、彩色输出能力弱等的缺点造成的。

但是,在目前以至以后很长一段时间,针式打印机都还会在它所擅长的专用领域扮演重要角色,其主要原因有:①针式打印机的打印原理造就了其最大特点为击打式输出,这使得它可以集打印与复写功能于一体,即我们常说的"多层复写打印",一般均可实现1+3层打印(有的甚至能实现7层复写)。它的多层复写打印特点适应性很广,可以适应许多特殊的介质,如实现票据打印、存折打印、蜡纸打印等功能时,就必须使用击打方式的针式打印机。因此在高速集中打印以及专业打印领域应用较多。②针式打印机的工作原理简单,机器造价低廉、使用的耗材(色带)也很便宜,操作起来方便可靠。③1994年国家为加强增值税管理,打击虚开增值税专用票犯罪,开始提出并实施了"金税工程"。而"金税工程"四大子系统之一的增值税专用发票"防伪税控",要求开具万元以上发票时取消手工开具,必须使用计算机打印发票,配合软件与网络的支持,将有效地防止偷税、漏税。在这方面,针式打印机具有较好的优势,因此目前仍然广泛地应用于银行、医院、税务、证券、邮电、航空、铁路和商业领域的交通收费系统等领域。

1. 针式打印机的分类

大多数针式打印机从表面上看区别不大,但随着专用化和专业化的需要,出现了多种类型的针式打印机,其中主要有"通用针式打印机""存折针式打印机""行式针式打印机"和"高速针式打印机"等几种。

(1) 通用针式打印机

通用针式打印机是早期使用十分广泛的打印设备,打印头针数普遍为24针,有宽行和窄行两种,由打印头在金属杆上来回滑动完成横向行式打印。打印宽度最大为330 mm,打印速度一般在50个汉字/秒(标准),分辨率一般为180dpi,采用色带印字,可用摩擦和拖拉两种方式走纸,既可打印单页纸张,也可以打印穿孔折叠连续纸。

(2) 存折针式打印机

随着各行业电子化的发展,专门用于银行、邮电、保险等服务部门的柜台业务使用的存折针式打印机得到了迅速推广与应用,存折针式打印机也叫票据针式打印机,与其他通用型相比,其主要特点有以下几点。

① 平推式走纸:走纸通道的设计减少了纸张弯曲和卡纸造成的打印偏差,使纸张进退轻松自如,也使得处理超厚打印介质成为可能,打印存折等十分适用。

② 自适应纸厚:存折针式打印机的打印对象是存折等票据,而不同存折票据的厚度是不同的,所以存折针式打印机要求能根据厚度不同的打印介质自动调整打印间隙和击打力度,实现任何厚度的清晰打印效果。

③ 纸张定位及纠偏技术:在纸车托架上安装光电传感器来自动检测纸张的左右边界和页顶位置,保证纸张相对于打印底板绝对平整,并能自动调整打印介质,提高了打印准确度。

④ 磁条读写功能:提供可选的内置式磁条读/写器,可读/写存折上用户姓名、卡号、金额等信息,并支持 ANSI、ISO、NCR、IBM、HITACHI 等多种磁条格式。

⑤ 打印状态识别:能与主机进行双向通信,将打印机当前的状态、出现的错误及时准确地回送主机,并进行相应处理。另外,还设计有开盖自动停止打印等功能。

有些高档存折针式打印机还提供一些可选功能,如两个操作员共享打印机、自动识别条码页码、打印磁性等密码文字、提供保密和解密、银行专用符号打印以及能自动下载升级软件等。

(3) 行式针式打印机

行式针式打印机是一种高档的针式打印机,它可以满足银行、证券、电信、税务等行业高速批量打印业务的要求,具有较强的专业打印倾向。与一般通用型相比,其内部数据处理能力极强,由于打印头和走纸等控制复杂,一般采用主、从双 CPU 处理方式,既可极大地提高打印速度,又可全面地控制打印流程。

行式针式打印机的关键技术是打印头,它的出针频率高达 2 000 Hz,是通用型的 2 倍以上。针数普遍为 72 针、91 针、144 针,最多的有 288 针。为了保证行式针式打印机在持续高速打印时不出现因过热而断针,打印头内部的采用了很多措施来进行散热冷。同时它的打印针多,出针频率高,因而在降低噪声方面打印头也采用了许多有效措施和先进技术。

行式针式打印机是高档打印机,其打印针寿命在 10 亿次/针以上,但其寿命受打印纸和色带质量的影响。

(4) 高速针式打印机

高速针式打印机是介于普通针式打印机与行式针式打印机之间的产品,其主要特点是打印机速度很快。高速针式打印机的价格较高,但具有高打印质量、高打印速度、能承担打印重荷,在金融、邮电、交通运输及企业单位的批量专门处理打印数据领域占有重要的地位。

2. 针式打印机的性能技术指标

和其他类型的打印机不同,针式打印机有几种技术性能指标是它特有的,直接影响到针式打印机的实际应用能力。

(1) 打印针数

针式打印机的打印原理是通过打印针对色带的机械撞击,在打印介质上产生小点,最终由小点组成所需打印的文字和图像。而打印针数就是指针式打印机的打印头上的打印针数量,打印针的数量直接决定了产品打印的效果和打印的速度。

现在最常见的产品的打印针数为 24 针,而一些高端的产品则采用双打印头的,打印速度大大提高。

(2) 最高分辨率

最高分辨率是打印机最基本的一个技术指标。常用单位是 dpi,指在每平方英寸可以表现多少点,它直接关系到打印文字和图像的质量。最高分辨率指的是产品可以最高能够实现的分辨率。

针式打印机的水平分辨率和垂直分辨率一般都是相同的,因此在标识时用一个数字来标识。如分辨率为 360dpi,是表示其水平分辨率和垂直分辨率都是 360dpi。分辨率越高,数值越大,打印效果越好。

和喷墨打印机、激光打印机相比,针式打印机的最高分辨率要低得多,目前较为主流的针式打印机的最高分辨率一般在 180～360dpi。

(3) 打印速度

针式打印机的打印速度标识和喷墨打印机、激光打印机不同,不是用 ppm,而是使用的"字/秒"。在单位时间内能够打印的"字符数"越多,那么打印速度也就越快。不过需要注意的是,用"字/秒"来标识的产品,一般多指为标准 5 号的英文字符。

(4) 打印针寿命与色带寿命

由于针式打印机采用击打的方式,因此打印针不可避免会产生磨损,到了一定程度,便无法再使用。打印针寿命是指打印针进行多少次撞击后才报废的数值。目前的打印针寿命多达2亿次击打/针。

色带寿命是指打印机的色带能够支持正常的打印出的标准字符数。

与喷墨、激光打印机的耗材用完就完全无法使用了不同。针式打印机的色带过了使用寿命,也能打印,只是色彩淡一些,但实际上超过使用寿命的色带由于摩擦过度,表面会起毛,易造成打印机的挂针和折断。因此建议色带使用一定时间要及时更换。

(5) 打印厚度

在银行、商业等行业用来打印存折、票据、报表时,这些介质往往较厚,因此就要求打印机能够具有较宽泛的打印厚度,以便能适应不同的打印介质。一般来说如果需要用来打印存折或进行多份拷贝式打印的,打印厚度可达 1 mm 以上。

(6) 复制能力

在打印票据和报表时,打印机需要根据规定打印多份,如商业中的发票联、记账联、存根联等,这便涉及了打印机的复制能力。复制能力是指针式打印机能够在复写式打印纸上最多打出几份内容的能力,如复制能力标识为 1+3 的话,则表示打印机能够用复写式打印纸最多同时打出"4 联"。当然,在进行复制打印的同时还需要考虑打印机的打印厚度。

(7) 打印噪声

噪声指的是非自然固有的并且超出了一定限度的声音。噪声对于人的健康是会造成一定的影响。根据《中华人民共和国环境噪声污染防治法》的规定以居住、文教机关为主的区域,昼间 55dB、夜间 45dB;居住、商业、工业混杂区,昼间 60dB、夜间 50dB。根据这个规定,在办公室中,声音超过 60dB 就可以算是噪声了。

由于针式打印机是采用击打式方式进行打印,因此会产生较大的噪声,所以在选购时了解一下打印机的打印噪声大小是非常必要的。

3. 工作原理

针式打印机是由单片机、精密机械和电气构成的机电一体化设备。尽管外形不同,但其基本结构大同小异,可划分为机械部分和电路两大部分,其原理框图与结构示意图如图 3-1-2 所示。

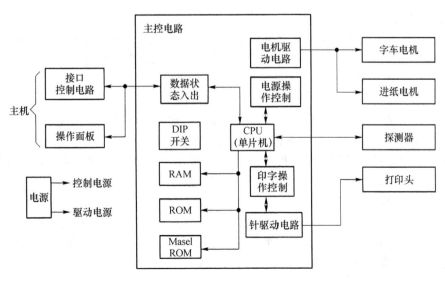

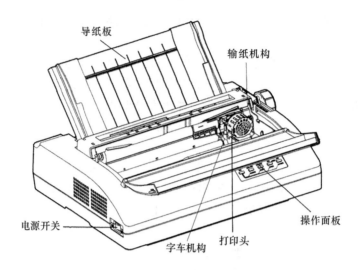

图 3-1-2　针式打印机基本结构框与结构示意图

针式打印机的基本工作原理针式打印机是利用机械和电路驱动原理,使打印针撞击色带和打印介质,进而打印出点阵,再由点阵组成字符或图形来完成打印任务的。打印机在联机状态下,通过接口接收 PC 发送的打印控制命令、字符打印或图形打印命令,再通过打印机的 CPU 处理后,从字库中寻找与该字符或图形相对应的图像编码首列地址(正向打印时)或末列地址(反向打印时),如此一列一列地找出编码并送往打印头驱动电路,激励打印头出针进行打印。

(1) 机械部分

① 打印头

打印头是成字部件,安装在字车机构上,用于打印出字,是打印机中的关键部件。针式打印机的打印速度、打印质量和可靠性在很大程度上取决于打印头的性能和质量。打印头可按打印头的针数和结构分类。通常为 24 针,按奇数和偶数分成二纵列。

打印头中广泛采用电磁铁作为动力源,驱动击打件(弹簧或簧片、衔铁、打印针构成的组件)及撞击打印纸和色带而形成字。按照打印头的结构(即电磁铁的型式),打印头又可分为螺管式、拍合式、储能式和音圈式等几种,常用的打印头有拍合式和储能式。

② 字车机构

字车机构是针式打印机用来实现打印字符/汉字的机构。字车机构中装有字车电机,采用字车电机作为动力源,在传动系统的拖动下,字车将沿导轨做左右往复直线间歇运动,从而使字车上的打印头能沿字行方向、自左至右或自右至左地完成一个字符/汉字的打印。

③ 输纸机构

输纸机构是驱动打印纸沿纵向移动以实现换行的机构。它采用输纸电机作为动力源,在传动系统的拖动下,使打印纸沿纵向前、后移动,以实现打印机全页打印。

输纸机构按照打印纸有无输纸孔来分,可分为两种:一种是摩擦传动方式输纸机构适用于无输纸孔的打印纸;另一种是链轮传动方式,适用于有输纸孔的打印纸。

④ 色带驱动机构

色带及驱动色带不断地做单向循环移动的装置称为色带机构。色带的作用是能使针击打的点痕在打印纸上显现出来。为了保证色带均匀使用,在打印过程中色带必须不断地周而复始地循环移动,以便改变色带撞击位置,否则色带极易疲劳损坏。

色带是在带基上涂黑色或蓝色油墨染料制成的,其可分为两类:薄膜色带和编织色带。薄膜色带的油墨转移较精确,因此可以打印细线,印字质量较好,字符清晰;另外,色带带基的平整度好,对打印针的磨损也较小。

针式打印机中普遍采用单向循环色带机构。色带机构有3种型式:盘式结构、窄型(小型)色带盒和长型(大型)色带盒。

(2) 控制电路

① 控制电路的功能

控制电路是打印机的控制中心,其主要功能如下。

- 连接到微型计算机,通过USB接口接收来自计算机的打印信息和控制命令,同时把打印机的状态信号和应答信号送给微型计算机。
- 控制字车横向左、右移动,控制输纸机构工作。如输纸、换行、换页、调整行距以及反向输纸等。
- 控制打印头出针操作。按照控制命令打印各种字符、数字、汉字、图形,并变换字体、字形大小和格式等。
- 通过操作面板上的开关状态控制打印机联机/脱机、换行、换页等。
- 控制打印机的自检功能。即在脱机状态下,人工输入自检命令,令其执行ROM中的自检程序,以检测打印机的功能是否正常。

② 控制电路的组成

打印机的主控电路本身可以说是一个完整的微型机,由微处理器、读/写存储器(RAM)、只读存储器、地址译码器和输入/输出电路等组成。另外还有打印头控制电路、字车电机控制电路和输纸电机控制电路等。微处理器是控制电路的核心,由于当前微电子技术的高速发展,简称单片机已将微型机的主要部分如微处理器、存储器、输入/输出电路、定时/计时器、串行接口和中断系统等集成在个芯片上,所以有许多打印机都用高性能的单片机替代微处理器及其外围电路。

③ 检测电路

检测电路在工作检测位置等相关信息,主要有:字车初始位置检测电路;纸尽检测电路;机盖状态检测电路;输纸调整杆位置检测电路;压纸杆位置检测电路;打印辊间隙检测电路;打印头温度检测电路等。

④ 电源电路

电源电路主要是将交流输入电压转换成打印机正常工作时所需要的直流电压。打印机的电源电路都要输出+5V、12V等直流电压,它是打印机控制电路中各集成电路芯片工作所必需的电源电压。电源电路还要输出一个较高值的直流电压,被称为驱动高压,它主要用于字车电机、走纸电机、针驱动电路的工作电源。

4. 操作使用

(1) 打印机的连接

打印机与微型计算机的连接十分简单,只需要连接电源线与信号线,如图3-1-3所示,信号线现在常采用USB接口或并口。

(2) 针式打印机的自检

① 确认已装入打印纸并且打印机电源已关闭。要注意每次关闭打印机后,都要至少等5秒钟才能再将其打开,否则容易损坏打印机。

② 要使用草图字体(draft)进行自检,请在打开打印机电源的同时按住换行/换页按键。要使用打印机的信函质量字体进行自检,请在打开打印机电源的同时按住进纸/退纸按键。两种自检都能帮助您确定打印问题的原因;但是,草图自检比信函质量自检要快一些。几秒钟之

后,打印机自动装入打印纸并开始打印自检。打印机打印一串字符。

③ 要想暂停自检,不要关闭打印机电源,应该按下暂停按键。要想继续自检,则再次按下暂停按键。

④ 如果打印机中仍有打印纸,按下进纸/退纸按键退出打印页,然后关闭打印机电源。

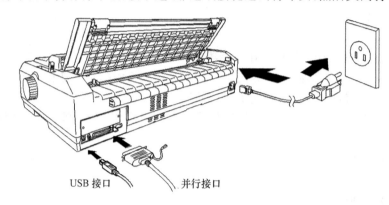

图 3-1-3　打印机的连接示意图

（3）操作面板与使用

作为连续十多年针式打印机销售领先的保持者,EPSON 公司一向致力于科技创新和产品改进,不断针对金融、商业、电信、邮政、教育、交通等各类行业的需求推出系列产品,并始终以杰出的品质和高度的可靠性,赢得市场一致的推崇和广泛的信赖,奠定了其产品在针式打印机市场的主导地位。

爱普生 LQ-790 K 是现市场上常见产品,功能强大,具有应对多种介质打印的性能,能处理 3.6 mm 的超厚介质处理能力,专备 32 米原装色带,可支持 1 千万字符打印,打印字迹清晰且保持时间持久。超强的介质处理能力,它可以自动适应介质厚度,最大可达 3.6 mm,从而避免卡纸情况发生,确保打印顺畅,通打各类证件。配合两种进纸方式：摩擦进纸和拖纸器进纸,可轻松完成证卡、票据甚至报表的打印转换,用途更广泛,其主要性能参数如表 3-1-1 所示,外形如图 3-1-4 所示。

表 3-1-1　爱普生 LQ-790K 主要性能参数

基本参数	产品类型	平推针式打印机
	打印方式	点阵击打式
	打印方向	双向逻辑查找
	打印宽度	106 列
	打印针数与打印头寿命	24 针　4 亿次/针
	色带性能	S015630 黑色带架,S010079 黑色带芯;32 米色带,1000 万字符
打印性能	复写能力	7 份(1 份原件＋6 份拷贝)
	缓冲区	128 KB
	行间距	1/6 英寸或以 1/360 英寸为增量进行编程
	接口类型	一个双向并行接口,一个 USB2.0 接口
介质规格	进纸方式	摩擦进纸(前部、后部进纸)、拖纸器进纸(后部进纸)
	介质类型	单页纸、单页拷贝纸、连续纸、信封、明信片、带标签的连续纸、卷纸、存折
	介质宽度	单张纸:90～304.8 mm,连续纸:101.6～304.8 mm
	介质厚度	0.065～3.6 mm

续表

其他参数	平均无故障时间　20000 小时 产品尺寸与重量　480×370×221 mm　约 7.7 公斤 系统平台　Windows 7/2000/XP/Vista 电源电压　AC 220-240V,50/60Hz 电源功率　信函模式：约 40W　　睡眠：约 2.9W 工作噪声　约 57dB(ISO 7779 模式),约 55dB(低噪声模式)

其操作面板按钮和指示灯,如图 3-1-4 所示。

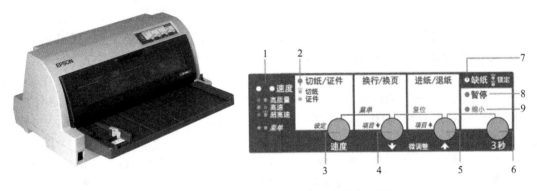

图 3-1-4　爱普生 LQ-790K 打印机及操作面板

① 打印速度指示灯

指示当前的打印速度设置。分别为高质量、高速、超高速。在默认设置下指示灯保持亮。

② 切纸/证件指示灯

当连续纸位于切纸位置时指示灯闪烁。打印机处于存折(证件)模式时,此指示灯亮。

③ 切纸/证件/速度按钮

当微调整模式有效时,选择打印速度;将连续打印纸进到切纸位置;从切纸位置退回连续纸到页顶位置;当打印一张存折(证件)时,按下此按钮。

④ 换行/换页按钮 *

如果没有装入单页纸,不操作(发出一个缺纸错误)。

如果装入了单页纸,当快速按下此按钮时一行一行进纸,或当持续按着此按钮时退出单页纸。如果装入卷纸,插入一个分页符。

如果未装入连续纸,装入打印纸。

如果已装入了连续纸,当快速按下此按钮时一行一行进纸,或当持续按着此按钮时插入一个分页符。

⑤ 进纸/退纸按钮

如果已装入单页纸,退出单页,从备用位置装入连续纸,将连续纸返回备用位置;如果没有装入单页纸,不操作(发出一个缺纸错误)。

⑥ 暂停按钮

暂时停止打印,再次按下此按钮时可继续打印。当按着此按钮 3 秒或更多时,微调整模式和打印速度打开。要关闭此模式,再次按下此按钮。

⑦ 缺纸指示灯

当未在所选的纸张来源中装入打印纸或未正确装入打印纸时,此灯亮。连续纸没有完全退出时闪烁。

⑧ 暂停指示灯

打印机暂停时,此指示灯亮。当启用微调整和打印速度时闪烁。当在打印头变热状态中停止打印时闪烁。

⑨ 压缩指示灯

当选择压缩模式时指示灯亮。当未处于压缩模式时,指示灯灭。

* 微调模式:按住暂停按钮 3 秒钟后,打印机进入微调模式。在此模式下,可以按下"换行/换页"和"进纸/退纸"按钮调整页顶位置或切纸位置。

5. 针式打印机的维护与维修

(1) 保证打印机正常工作的环境。针式打印机必须放在平稳、干净、防潮、无酸碱腐蚀的工作环境中,并应远离热源、震源、电磁场和避免日光直接照晒。针式打印机工作的正常温度范围是 10~35℃,正常湿度范围是 30%~80%。工作环境应保持相当的清洁度,要注意打印时打印头的温度,打印一段时间后,若打印头的温度升得太高,应让它停止一会,以保护打印头。有的打印机有自动保护功能,在打印头达到一定温度时,会自动停止打印,待其冷却后,才能继续工作。

(2) 要保持清洁。要经常用在稀释的中性洗涤剂(尽量不要使用酒精等有机溶剂)中浸泡过的软布擦拭打印机机壳,以保证良好的清洁度;定期用吸尘器清除机内的纸屑、灰尘等脏物,用软布擦拭打印头字车导轨并加适量的润滑油,以减少打印头字车的摩擦阻力,防止字车导轨变形,减缓字车电机线圈老化造成电机输出功率下降。同时要注意,在打印机开机过程中,不能用手拨动打印头字车。

(3) 要选择高质量的色带。色带是由带基和油墨制成的,高质量的色带的连接处是用超声波焊接工艺处理过的,带基没有明显的接痕,油墨均匀;应定期检查色带,发现色带起毛后就不要再使用,应及时更换新的色带,否则易造成断针。

(4) 定期清洗打印头。打印头是打印机的关键部件,因此办公人员要加倍爱护。联系售后服务支持。

(5) 要尽量避免打印蜡纸。因为蜡纸上的石蜡会与打印胶辊上的橡胶发生化学反应,使橡胶膨胀变形。另外石蜡也会进入打印针导孔,易造成断针。同时要注意定期用沾有中性洗涤剂的软布擦洗打印胶辊,以保证胶辊的平滑,延长胶辊和打印头的寿命。

(6) 针式打印机并行接口电缆线的长度不能超过 2 米。各种接口连接器插头都不能带电插拔,以免烧坏打印机与主机接口元件,插拔一定要关掉主机和打印机电源,(带电拔插会造成电路损坏,导致不能联机打印),不要让打印机长时间地连续工作。

(7) 正确使用操作面板上的进纸、退纸、跳行、跳页等按钮,在打印过程中,严禁人为地转动压纸滚筒,以免断针。若发现走纸或小车运行困难,不要强行工作,以免损坏电路及机械部分。

(8) 打印时,要根据所用纸的厚度调节打印纸厚调整杆。打印头与滚筒的间距过大会造成打印字迹太淡,且易断针;间隙过小,会因击打力度过大而缩短色带和打印头的寿命。

3.1.2 喷墨打印机

喷墨打印机是打印机家族中的后起之秀,是一种性能价格比较高的彩色图像输出设备。其实这种印字技术早在 20 世纪 50 年代就开始研究,但是由于存在喷墨量的控制、墨水对纸张的浸润污染、墨滴扩散、喷嘴堵塞等问题,发展较慢。直到 20 世纪 60 年代末 70 年代初才形成商品进入市场。进入 20 世纪 80 年代,由于市场对廉价轻便的打印机需求量增大,使得喷墨印字技术得到较大发展。进入 20 世纪 90 年代后,由于喷墨打印机结构简单、工作噪声低、体积小、重量轻、价格低,而它有着接近激光打印机的输出质量,应用范围十分广泛,既能满足专业设计或出版公司苛刻的彩色印刷要求,又能胜任简单快捷的黑白文字和表格打印任务。在整个纷繁复杂的打印机市场中,它在产品价格、打印效果、色彩品质以及体积、噪声等方面都具有一定的市场竞争综合优势,是目前办公打印中的常用产品之一。

1. 喷墨打印机的分类

喷墨打印机按照喷墨方式分为连续式和随机式两大类,如图 3-1-5 所示。随机式喷墨打印机中的墨水只有在打印时才喷射,是按需打印。它与连续式相比,结构简单,成本低,可靠性高。但是,随机喷墨系统因受射流惯性的影响,墨滴喷射速度低,为了弥补这一缺点,许多喷墨打印机采用了多喷嘴的方法来提高打印速度。早期的喷墨打印机和当前大幅面喷墨打印机采用的都是连续喷墨技术,而当今流行的大多数喷墨打印机还是采用随机喷墨技术较为常见。

2. 喷墨打印机的性能技术指标

(1) 最高分辨率

所谓最高分辨率就是指打印机所能打印的最大分辨率,也就是所说的打印输出的极限分辨率。目前一般喷墨打印机的分辨率均在 600 dpi×600 dpi 以上。

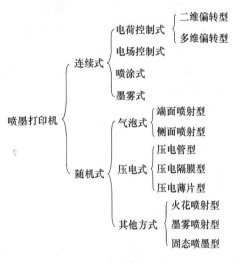

图 3-1-5 喷墨打印机的分类

打印分辨率一般包括纵向和横向两个方向,它的具体数值大小决定了打印效果的好坏与否,喷墨打印机在纵向和横向两个方向上的输出分辨率相差很大,一般情况下所说的喷墨打印机分辨率就是指横向喷墨表现力。如 4 800 dpi×1 200 dpi,其中 4 800 表示打印幅面上横向方向显示的点数,1 200 则表示纵向方向显示的点数。分辨率不仅与显示打印幅面的尺寸有关,还要受打印点距和打印尺寸等因素的影响,打印尺寸相同,点距越小,分辨率越高。现在高端打印机分辨率已经达到了 9 600 dpi×2 400 dpi。

(2) 墨盒类型

墨盒类型指的是产品墨盒配置的基本情况,主要有采用的颜色的数量,墨盒的容量和是否采用独立的墨盒。虽说从理论上通过"三原色"可以调制出所有的颜色。但是在实际的操作中,仅仅依靠"三原色"的话会产生较为明显的色彩,打印黑色也会有黑得不够透彻的情况。因此如今的喷墨打印机早已经淘汰了 3 色墨盒的产品,黑、青、洋红、黄四色墨盒成了最基本的要求。现在为了进一步提高打印的效果,中高端的产品已经普遍采用了黑、青、洋红、黄、淡青、淡洋红的六色墨盒。目前还有的产品再增加了一种淡黑色,达到了七色,也有的则增加了深灰和浅灰或是把黑色分为粗面黑和照片黑,再增加红色和蓝色,最后配以亮光墨从而达到了八色。墨盒的颜色数量越多对于色彩的还原性也就越好,尤其是在一些黑白作品的打印上灰度平衡淡的表现力接近了完美。但是墨盒颜色的增加,产品的价格自然也会增加。不同厂家的墨盒各有各个的不同,国产联想和爱普生、佳能、惠普等厂家形成两个体系。

连续供墨系统简称连供,它是最近几年在喷墨打印机领域才出现的新的供墨方式。连续供墨系统,它采用外置墨水瓶再用导管与打印机的墨盒相连,这样墨水瓶就源源不断地向墨盒提供墨水,正所谓"连供"。连续供墨系统最大的好处是实惠,价格比原装墨水便宜很多。其次供墨量大,加墨水方便,一般一色的容量100ml,比原装墨盒墨水至少多5倍。其三连供墨水质量正稳步上升,较好的连供墨水也不会堵喷头,有断线清洗几次也就OK了,这为连供的生存发展提供了有力的保障。针对市场上连供的需求,爱普生公司直接推出了原厂带墨仓的产品供消费者选购。如有使用量上的大需求,推荐购买带墨仓的机型,耗材成本降低很多。

(3) 打印速度

打印速度是指打印机每分钟打印输出的纸张页数,目前所有打印机厂商为用户所提供的标识速度都以打印速度作为标准衡量单位。

打印速度指的是在使用A4幅面打印纸打印各色碳粉覆盖率为5%情况下的打印速度。PPM标准通常用来衡量非击打式打印机输出速度的重要标准,而该标准可以分为两种类型,一种类型是指打印机可以达到的最高打印速度;另一种类型就是打印机在持续工作时的平均输出速度。不同款式的打印机在其相应的说明书上所标明的PPM值可能所表示的含义不一样。PPM值是若仅指只打印一页,还需要加上首页预热时间。

目前喷墨打印机市场上,普通产品的打印速度可以达到20ppm。对喷墨打印机来说,主要取决于以下几个因素的共同影响:打印机的缓存的大小、数据传输的接口方式、墨盒喷头大小和喷嘴多少等。常用型号目前能达到彩色5~10张,黑色20~30张。

(4) 喷头配置

喷墨打印机的打印核心部件是打印头。打印头上有许多极其微小的小孔,称为喷头或喷嘴,打印时墨水由喷头中高速喷射而出,从而在打印介质上成像。而喷嘴头的数量直接决定着打印的效果和速度。喷头的数量多就可以获得更高的打印分辨率之外,对于打印对象的一些细节之处的表现也能够更加充分。同时喷头数量越多,打印速度也就越快。

喷嘴数目越多,使打印机单位时间内的喷墨量大为增加,从而显著提高打印速度。墨盒的喷头大小也是影响打印速度的主要因素,准确地说这个指标应该是所有喷嘴集合的总宽度。喷头越大,一个喷射周期形成的图像面积也就越大,这样就可以减少总的喷射次数,从而提高打印速度。

(5) 最大打印幅面

最大打印幅面是指打印机可打印输出的最大面积。目前,喷墨打印机的打印幅面主要有A3、A4、B5等幅面。打印机的打印幅面越大,打印的范围越大。

不同用途的打印机所能处理的打印幅面是不尽相同的,不过正常情况下,打印机可以处理的打印幅面主要包括A4幅面以及B5幅面这两种。但也有一些特殊幅面,例如在处理数码影像处理打印任务时,都有可能使用到A6幅面的打印机。

(6) 介质类型

介质类型即喷墨打印机可以打印处理的纸张类型。可以分为:普通打印纸、高光喷墨打印纸、光面相片纸、光泽打印纸、信纸等。但近几年随着小型彩色喷墨打印机和数码相机进入家庭与小型办公场所,彩色喷墨打印纸也随之诞生。

彩色喷墨打印纸是喷墨打印机喷嘴喷出墨水的接受体,在其上面记录图像或文字。它的基本特性是吸墨速度快、墨滴不扩散。具体要求:①有良好的记录性,吸墨力强、吸墨速度快、墨滴直径小,形状近似圆形;②记录速度快,即密度高、阶调连续、画面清晰;③保存性好,画面有一定耐水性、耐光性,在室内或室外有一定的保存性及牢;④涂层有一定牢度和强度,涂层不易划伤、无静电,有一定滑度、耐弯曲、耐折叠。

彩色喷墨打印纸是一种新型记录纸,因为发展快,还没有统一的质量标准。彩色喷墨打印纸与一般纸张有很大区别,这是因为彩色喷墨印刷通常使用水性油墨,而一般纸张接收到水性油墨后会迅速吸收扩散,结果无论从色彩上还是从清晰度上都达不到印刷要求(使用吸水性差的材料又不能吸收油墨);彩色喷墨打印纸是纸张深加工的产物,它是将普通印刷用纸表面经过特殊涂布处理,使之既能吸收水性油墨又能使墨滴不向周边扩散,从而完整地保持原有的色彩和清晰度。常用彩色喷墨打印纸的种类及其特点如下。

- 普通打印纸

最常见的打印介质指平时专门用于打印、复印各类文本文件的纸张。

- 光面相片纸

这种光面相片纸,主要是用来打印彩色图片,同时制作贺卡也十分合适。这种纸有一面有光泽、比较白,打印时应该选择这一面打印,效果十分出色。

- 高光喷墨打印纸

高光喷墨打印纸支持体为 RC(涂塑纸)纸基,适于色彩鲜明、有照相画面效果的图像输出。有较高分辨率,可达 720dpi。其打印的图像清晰亮丽、光泽好,在室内陈设有良好耐光性和色牢度。一般配用高档喷墨打印机。

- PVC 喷墨打印纸

PVC 喷墨打印纸支持体为塑料薄膜和纸的复合制品,机械强度好、输出的画面质量高、吸墨性好,有良好的室内耐光性,适于有照相效果的画面输出。这种纸主要用于证卡的制作。

- 高亮光喷墨打印纸

高亮光喷墨打印纸用厚纸基,有照片一样的光泽,纸的白度极高,有良好的吸墨性。特别适于照片影像输出和广告展示版制作。输出的图像层次丰富、色彩饱满。

- 亚光喷墨打印纸

亚光喷墨打印纸支持体为 RC 纸基,有中等光泽,分辨率较高,适于有照相效果的图像输出,色彩鲜艳饱满、有良好耐光性。

- 光盘

有些打印机可以打印光盘的封面,如爱普生 R230、R270 等。

3. 喷墨打印机的工作原理

办公活动中,喷墨打印机的最大优点是可以高质量地彩色化输出。其彩色形成原理如下。

(1) 彩色打印原理

理论上来说,自然界中的色彩几乎都可以由选定的红、蓝、绿 3 种颜色以适当的比例混合得到,这 3 种选定的颜色被称为三原色,各三原色相互独立,其中任一种基色是不能由另外两种基色混合而得到,但它们相互以不同的比例混合,就可以得到不同的颜色,例如黄色加蓝色等于绿色,而红、蓝、绿怎样混合也不可以得到红、蓝、绿。

在喷墨打印机中的彩色墨盒正是由几种纯净单一颜色组成,常见的三色墨盒打印机通常就是采用性质比较稳定的青色、红紫色、黄色来混合不同的颜色。而四色打印机,通常就加上一种黑色,用于纯黑色的打印。随着技术的发展,出现了六色墨盒,就是在原有的四色(CMYK)上再加上浅蓝绿色和浅红紫色(即 CcMmYK 和 CMYKcm)。

将墨盒中的原色分别抽取不同的比例,再喷射到近似同一个点上,这个近似点便可以根据各原色不同的比例显示出不同的颜色,这就是彩喷的原始原理。如何将不同比例的墨水精确地喷射到同一个点上,这就有赖于打印机的整体结构,通常把喷墨打印机分为机械和电路两大部分。

(2) 机械部分

机械部分主要由喷头和墨盒、清洁机构、字车部分和走纸部分等组成。字车部分用于实现打印位置定位。走纸机构提供纸张输送功能,运动时它必须和运转机械很好的配合才能完成全页的打印,而传感器是为检查打印机各部件工作状况而设的。这些部件中以喷头和墨盒最为关键。

① 喷头和墨盒

喷头和墨盒是打印机的关键部件,打印质量和速度在很大程度上取决于该部分的质量和性能。喷头和墨盒的结构分为两类。一类是喷头和墨盒做在一起,墨盒内既有墨水又有喷头,墨盒本身即为消耗品,当墨水用完后,需更换整个墨盒,所以耗材成本较高。另一类是喷头和墨盒分开,当墨水用完后仅需要更换墨盒,耗材成本较低。常见喷头和墨盒如图 3-1-6 所示。

图 3-1-6　常见喷头和墨盒

② 清洁机构

喷墨打印机中均设有清洁机构,它的作用就是清洁和保护喷嘴。清洗喷嘴的过程比较复杂,包括抽吸和擦拭两种操作。抽吸是借助防止喷嘴内的墨水干涸与泄漏的橡皮盖实现的,具体是利用与喷头相连泵单元的抽吸作用,将喷嘴中一些多余墨水排到废弃墨水吸收器中,目的是用新的墨水替换含有气泡和杂质的残余墨水,保证打印质量;擦拭是通过擦刷在喷嘴表面的移动,去除喷嘴表面的残存墨水和纸纤维,达到清洗喷嘴表面的目的。

③ 字车部分

喷墨打印机的字车部分与针式打印机相似,字车电机通过齿轮的传动作用,使字车引导丝杠转动,从而带动字车在丝杠的方向上移动,实现打印位置的变化。当字车归位时,引导丝杠又转动而推动清洁机构齿轮,同时完成清洗工作。

④ 走纸部分

走纸部分是实现打印中纵向送纸的机构,通过此部分的纵向送纸和字车的横向移动,实现整张纸打印。走纸部分的工作原理是:走纸电机通过传动齿轮驱动一系列胶辊的摩擦作用,将打印纸输送到喷嘴下,完成打印操作。

(3) 电路结构

喷墨打印机的电路部分主要由主控制电路、驱动电路、传感器检测电路、接口电路和电源部分构成。

① 主控制电路

主控制电路主要由微处理器单元、打印机控制器、ROM、RAM 等组成。ROM 中固化了打印机监控程序；RAM 用来暂存主机送来的打印数据；打印机控制器和接口电路、传感器检测电路、操作面板电路、驱动电路连接，用以实现接口控制、指示灯控制、面板按键控制、喷头控制、走纸电机和字车电机的控制。

② 驱动电路

驱动电路主要包括喷头驱动电路、字车电动机驱动电路、走纸电动机驱动电路。这些驱动电路都是在控制电路的控制下工作的。喷头驱动电路把送来的串行打印数据转换成并行打印信号，传送到喷头内的热元件。喷头内热元件的一端连到喷头加热控制信号，作为加热电极的激励电压，另一端和打印信号相连，只有当加热控制信号和打印信号同时有效时，对应的喷嘴才能被加热。字车电机控制与驱动电路的功能是驱动字车电动机正转和反转，通过齿轮的传动使字车在引导丝杆上左右横向移动。走纸电机控制与驱动电路的功能是驱动走纸电机运转，经过齿轮的传递作用带动胶辊转动，执行走纸操作。

③ 传感器检测电路

传感器检测电路主要用于检测打印机各部分的工作状态。喷墨打印机一般有以下几种传感器：纸宽传感器、纸尽传感器、字车初始位置传感器、墨盒传感器、打印头内部温度传感器、墨水传感器等。

④ 接口电路

微型计算机和打印机是通过各种接口相连接的，打印接口一般为 USB 接口。

⑤ 电源

电源电路一般输出 3 种直流电压，+5V 用于供给逻辑电路，还有两种高压电源分别供给喷头加热和驱动电机。

(4) 喷墨技术

根据喷墨打印机喷墨方式的不同，可以分为压电晶体式喷墨及热泡式喷墨两种技术。其原理如图 3-1-7 所示。EPSON(爱普生)使用的是压电喷墨式技术，HP(惠普)、Canon(佳能)和 Lexmark(利盟)公司采用的是热泡式技术。

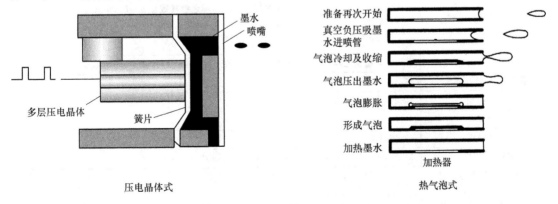

图 3-1-7　喷墨技术示意图

① 压电晶体式喷墨

EPSON采用独创的多层压电晶体式喷墨技术,这种方式在色彩稳定性上显示了优异的性能。它采用墨盒与喷头分离的结构,耗材相对比较低廉,是目前国内市场中占有率最大的品牌。

喷头由多层压电、空间、墨水供给管、震动板、过滤器、喷嘴板和喷嘴组成。其中空间用于储存由墨盒而供给的墨水。

压电式喷墨打印机的喷头内装有墨水,在喷头上下两侧各装有一块压电晶体,在压电晶体上施加脉冲电压,使其变形后产生压力,从而挤压喷头喷出墨滴,每个喷头上的压电晶体通过电路连到打印机数据形成电路。所有喷嘴的喷墨管道连到一个墨水盒,为了避免墨水干涸及灰尘堵塞喷嘴,在喷头部装有一块挡板,不打印时盖住喷嘴,在喷嘴的头部还有一块保持恒温的喷嘴导致孔板,用以保持喷嘴头部的温度不变,从而使打印出来的点阵大小不受环境温度的影响。

② Canon、HP和Lexmark喷墨打印机采用气泡式喷墨技术

气泡式技术的工作原理是通过喷墨打印头上的加热器,在3微秒内急速加热到300℃,使喷嘴底部的液态油墨汽化并形成气泡,有蒸汽膜将墨水和加热元件隔离,避免将喷嘴内墨水全部加热。加热信号消失后,加热陶瓷表面开始降温,但残留余热仍促使气泡在8微秒内迅速膨胀到最大,由此产生的压力压迫一定量的墨滴克服表面张力快速挤压出喷嘴。随着温度继续下降,气泡开始呈收缩状态。喷嘴前端的墨滴因挤压而喷出,后端因墨水的收缩使墨滴开始分离,气泡消失后墨滴与喷嘴内的墨水就完全分开,从而完成一个喷墨过程。

热喷墨技术的缺点是在使用过程中会加热墨水,而高温下墨水很容易发生化学变化,质不稳定,所以打出的色彩真实性就会受到一定程度的影响;另外由于墨水是通过气泡喷出的,墨水微粒的方向性与体积大小很不好掌握,打印线条边缘容易参差不齐,一定程度地影响了打印质量。

4. 喷墨打印机的操作使用

EPSON Photo 1390是一款功能强大的A3+数码照片打印机。在配置方面更加出色强劲,而该打印机输出质量高,色彩还原逼真,操作简单,同时拥有强大和专业的调整功能,甚至可以调整和打印许多由更先进的数码相机照出的RAW格式图片文件,同时还能节省耗材,是一款为商务办公的出色产品。EPSON Photo1390主要技术参数如表3-1-2所示。

表 3-1-2　EPSON Photo1290主要技术参数

产品类型	数码照片打印机
最高分辨率	5 760 dpi×1 440 dpi
墨盒类型	六色墨盒户(黑色、洋红色、青色、黄色、淡青色、淡洋红色)
黑白/彩色打印速度	15 ppm/15 ppm
喷头配置	喷嘴数量配置共540个,黑色喷嘴数量90个,彩色喷嘴数量90个×5色(洋红色、青色、黄色、淡青色、淡洋红色)
最大打印幅面	A3+
介质类型	普通纸,超级光泽照片纸,高级光泽照片纸,高级亚光照片纸,重磅粗面纸,双面粗面纸
供纸方式、纸张容量	自动、120张
接口类型	USB 2.0(高速)
缓存	64KB
工作噪声	47 dB
兼容操作系统	Microsoft Windows2000/Me/XP,Mac OS 8.5或更高版本
电源电压、频率与功率	AC220~240 V,50~60 Hz,15 W
外形与重量	223 mm×615 mm×314 mm,11.5 kg

EPSON Photo 1390 的外形示意图如图 3-1-8 所示,其操作过程如下。

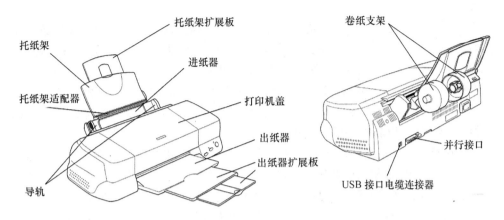

图 3-1-8　EPSON Photo 1390 喷墨打印机

(1) 将可打印纸面朝上将介质装入送纸器。装纸前注意哪一面为可打印面,某些类型的介质具有切角,可帮助确定正确的装纸方向。

(2) 在应用程序产生了一个文档之后,就可以设置打印机软件了。在文件菜单中单击打印或打印设置。将出现打印对话框,确保打印机出现在打印对话框中。

(3) 可以在主窗口菜单上进行介质类型、模式、墨水和打印预览设置,如图 3-1-9 所示。通过打印菜单中设置,可以改变纸张尺寸、设置打印份数及其他参数、指定打印方向和调整可打印区域、进纸器或卷纸选择为纸张来源设置。也可以在版面菜单中进行缩放、双面打印、多页和水印设置。

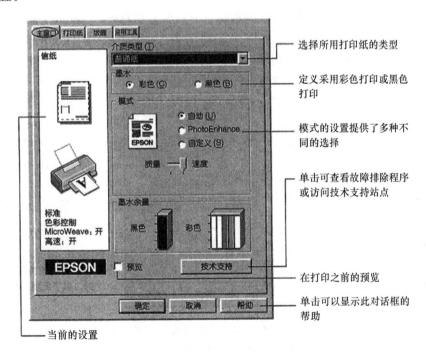

图 3-1-9　打印操作界面

(4) 选择"确定"按钮,开始打印。

5. 喷墨打印机的维护

(1) 使用注意事项

① 喷墨打印机的理想工作环境是清洁且没有灰尘,因为灰尘的长期积累会导致小车导轴及其他运动部件表面脏污,使打印喷头及其他运动部件的移动受阻或不畅,造成打印出图像、文字的畸形,甚至无法打印,长期下去还会使打印机损坏。

② 喷墨打印机的摆放必须确保在一个稳固的平台上工作,如果长期摆放不正会影响其打印速度和打印质量。另外,不要在打印机上放置任何物品,以防止掉入一些物品阻碍打印机小车等部件的正常工作,引起不必要的故障。

③ 如果喷墨打印机是使用并口,禁止带电插拔打印电线,以免损坏打印机接口电路以及计算机的并口。在不使用打印机或将其移动之前,要确定打头已回到初始位置。让喷嘴复位和墨水盒盖上,再关闭打印机电源,这样做一方面可以使打印头在初始位置受到保护罩的密封,使喷头不易堵塞;另一方面也可以避免下次开机时打印机重新进行清洗打印头操作浪费墨水。如果在工作时出现非正常断电,应使打印头回复到停机位置,以避免打印头喷孔干涸造成堵头。

④ 尽量使用质量好的打印介质,很多用户为了降低成本,会使用质量较差的普通纸打印,时间长了打印头很容易粘附上普通纸的杂质和细小纤维,从而造成打印机喷头的堵塞。在使用打印机介质时,首先要确定正确送纸方向,纸张重叠厚度不应超出打印机上导轨标记。

⑤ 当喷墨打印机墨盒内的墨水用尽后,其检测指示灯会给出提示,这时应及时更换墨盒。不同品牌型号的打印机更换墨盒的方法有一些区别,一般按照打印机使用说明给出的正确方法更换即可。在更换墨盒时要注意,不能用手触摸墨盒出口处,以免杂质进入墨盒,不要将墨水漏洒在电路板上,防止由于墨水的导电性造成部件损坏。墨盒更换后,要打印喷嘴测试线。将打印好的测试线与屏幕上所显示的图案进行对照。如果出现断线、跳线等现象则要再次进行清洗,直到打印的测试线和屏幕显示的图案完全一致为止。

⑥ 应尽量避免长时间连续打印,因为连续打印时间过长使打印喷头过热,其他部件也会疲劳。这样会对打印机喷嘴的使用寿命有影响,还会对打印质量和打印精度产生严重影响,因此,打印量过大时最好能让打印机作适当休息。

(2) 定期清洁保养

① 一般的清洁保养。养成定期清洁保养喷墨打印机的好习惯,可以使打印机保持良好的工作状态。一般的清洁保养工作包括以下步骤:打开喷墨打印机的盖板,仔细清洁内部,清除打印机内部灰尘、污迹、墨水渍和碎纸屑。尤其要重视小车传动轴的清洁,可用干脱脂棉签擦除导轴上的灰尘和油污,清洁后可在传动轴上滴两滴缝纫机油。在做清洁工作时注意不要擦拭齿轮、打印头及墨盒附近的区域,不要移动打印头,也不能使用稀释剂、汽油等挥发性液体,以免加速打印机机壳或其他部件的老化甚至损坏。

② 打印头的清洗。现在的喷墨打印机开机后都会自动清洗打印喷头,并设有对打印喷头的清洗按钮,也可通过计算机中打印驱动选项来清洗喷头,清洗方法依据不同机型方法也有所区别,可以参照喷墨打印机操作手册中的步骤进行,然后打印测试页测试结果。

如果使用打印机的自动清洗功能还不能解决问题,就需要对打印喷头进行手工清洗:先取下打印小车,除去墨盒及护盖,用脱脂棉将喷头擦拭干净。将喷头放进一个盛满清水(最好是蒸馏水)的小容器,浸泡 8 小时左右,再将墨盒装进喷头上继续浸泡 3 小时左右。然后用医用针筒装入没有杂质的清水对准喷头上面的供墨孔,慢慢注入清水。观察喷头上出墨孔出水情况,清水如果能从每个喷孔喷洒而出,就可以确定打印喷头已经畅通。在清洗过程中动作准确,用力适度,不要触碰字车的电气部分,更不要沾上水。如有少量的水洒在上面时,应尽快用柔软的布擦除并晾干。

3.1.3 激光打印机

由于激光打印机技术的不断发展,激光打印机的价格趋于合理,逐渐摆脱了其"贵族身份",开始在办公领域普及,精美的打印质量、低廉的打印成本、优异的工作效率以及极高的打印负荷是黑白激光打印机最为突出的特点,这也决定了它成为当今办公打印市场的主流。激光打印机是近年来增长速度最快的机种。

1. 激光打印机的分类

激光打印机一般可以分为黑白激光打印机和彩色激光打印机两大类。

黑白激光打印机的价格相对喷墨打印机要高,功能又比多功能一体机单一,可是从单页打印成本以及打印速度等方面来看,它具有绝对优势,仍然会是追求效率的商务办公人士的首选。随着科技产品的发展,未来的黑白激光打印机将不再是一种简单的具有打印功能的独立外设产品,而将逐步发展成一种在网络中的智能化、自动化的文件处理输出终端设备,其外形如图 3-1-10 所示。

过去的彩色激光打印机由于一直是面对专业领域,成本方面彩色激光打印机的整机和耗材价格也均不菲。到目前为止,彩色激光打印机的主机与耗材价格是很多用户最终舍弃激光打印机而选择彩色喷墨打印机的主要原因。但彩色激光打印机具有打印色彩表现逼真、安全稳定、打印速度快、寿命长、总体拥有成本较低等特点,相信随着彩色激光打印机技术的发展和价格的下降,会有更多的企业办公会选择彩色激光打印机。

国内激光打印机市场占据份额较多的有:惠普(HP)、爱普生(EPSON)、佳能(Canon)、利盟(Lexmark)、柯尼卡美能达(Minolta)、富士施乐(XEROX)、联想(Lenovo)、方正(Founder)等品牌。

图 3-1-10 激光打印机

2. 激光打印机的主要技术指标

激光打印机与其他类型打印机不同,其有些技术指标是专有的,常见的有以下几种。

(1) 打印速度

激光打印机的速度是以 ppm 或 ipm 为计量单位的。ppm 是英文 PagesperMinute 的缩写;ipm 是 ImagesperMinute 的缩写,意为"每分钟图像数"。大部分打印机制造商所提供的打印速度一般是指打印机的最高打印速度,这个速度往往就是打印引擎(打印机内运送纸张的机械装置)的最大速度。

打印速度是衡量打印机应用场合的重要指标。一般地,个人用的激光打印机一般在

6ppm 左右,而小型工作组用的打印速度为 12ppm。如果一台打印机共享的人数比较多,即用在 30 个人的工作组办公环境中,应考虑购买打印速度在 24ppm 的打印机,这样能够保证打印作业处理的快速性。

(2) 分辨率

分辨率是指激光打印机在一定的区域内所能打出的点数。激光打印机打出的图像实际上就是点的矩阵,这样产生出的图像被称为"位图图像"。现在绝大多数的激光打印机在每平方英寸内都可打印出 300×300(即 9 万)个点。由于大多数情况下,激光打印机打印点的数量在横向与纵向上没有区别,便逐渐用来表示打印机的分辨率。比如说某台激光打印机的分辨率为 600dpi,这是指这台激光打印机能在每平方英寸内打出 600×600 个点。

(3) 首页输出时间

首页输出指的是在打印机接受执行打印命令后,多长时间可以打印输出第一页内容的时间。一般来讲,激光打印机在 15 秒内都可以完成首页的输出工作,测试的基准为 300dpi 的打印分辨率,A4 打印幅面,5% 的打印覆盖率。

(4) 硒鼓质量

激光打印机最关键的部件是硒鼓,也称感光鼓。它不仅决定了打印质量的好坏,还决定了使用成本。在激光打印机中,大部分的成像部件集中在硒鼓周围,打印质量的好坏实际上在很大程度上是由硒鼓决定的。硒鼓型号就是指该款打印机可以使用的硒鼓的型号,一般情况下,都必须使用厂商推荐的与打印机相匹配的硒鼓型号。

硒鼓一般由铝管和感光材料组成,其表面一般由 3 层物质组成,而一些特别硒鼓,其表面则会有 4~5 层物质。除了普通硒鼓的前三层外,第四、第五层设计用来保护感光层,以此来保障硒鼓的超长寿命。

硒鼓有整体式(一体式)和分离式两种。一体化硒鼓在设计上主要是把碳粉暗盒及感光鼓等装在同一装置上,当碳粉被用尽或感光鼓被损坏时整个硒鼓就得报废。用这类硒鼓的机型主要是 HP(惠普)及 Canon(佳能)机型,这种独特的设计加大了用户的打印成本,且对环境污染的危害很大,却给生产商带来了丰厚的利润。分离式硒鼓碳粉和感光鼓等各置在不同的装置上,而感光鼓一般的寿命都很长,一般能打印达到两万张的寿命。只需换上被耗掉的碳粉就行了,这样用户的打印成本就大大地降低了。

在更换硒鼓时,常见有三种:原装硒鼓、重灌装的硒鼓、通用硒鼓。从打印质量来说,原装硒鼓显然是最佳选择。它在设计过程中精心考虑了与打印机其他部件的整合,制造工艺好,打印效果大大好于其他兼容产品,但相对成本较高。而重灌装的硒鼓由于制造过程中采用手工方式,打印质量更是良莠不齐,难以得到保证,但其成本较低。一般的通用硒鼓在打印质量上可以说基本能够达到了打印机的输出要求。

根据感光材料的不同,目前常用的硒鼓有 3 种:OPC 硒鼓(有机光导材料)、Se 硒鼓和陶瓷硒鼓。在使用寿命上,OPC 硒鼓一般为 3 000 页左右,Se 硒鼓为 10 000 页,陶瓷硒鼓为 100 000 页。

3. 激光打印机的工作原理

(1) 基本结构

激光打印机一般分成 6 大系统:电源系统、直流控制系统、接口系统、激光扫描系统、成像系统、搓纸系统。

① 电源系统

电源系统的输出为其他 5 个系统服务,根据需要,输入的交流电被变为高压电、低压电、直流电。高压电一般作用于成像系统,许多型号的打印机都单独的高压板。但随着集成化的提高,很多打印机的高压板、电源板以及直流控制板被集成在一起。低压电主要用来驱动各个引擎马达,其电压根据需要而定。直流电主要用来驱动直流板上的各种型号的传感器、控制芯片以及CPU等。

② 直流控制系统

直流控制系统主要用来协调和控制打印机的各系统之间的工作:从接口系统接收数据,驱动控制激光扫描单元、测试传感器、控制交直流电的分布、过压/欠流保护、节能模式、控制高压电的分布等。其电路构成比其他5个系统都复杂,涉及很多电路,如放大电路、反馈电路、整流电路等。

③ 接口系统

接口系统是打印机和微型计算机连接的桥梁,它负责把微型计算机传递过来的一定格式的数据翻译成直流板能处理的格式,并传递给直流板。接口系统的构成一般有3个部分:接口电路、CPU、BIOS电路。在接口电路里主要有一些负责产生稳压电流的芯片(为保护和驱动其他芯片)。CPU主要任务是翻译接口电路传递过来的数据,控制信号灯以及传递给直流板翻译过的数据。有些型号的打印机,其接口电路也集成在CPU中。BIOS电路这部分主要保存有打印机自身的一些配置,以及生产厂家的一些相关信息。

④ 激光扫描系统

激光扫描系统的主要作用是产生激光束,在感光鼓表面曝光,形成静电潜象。激光扫描系统主要有3个部分:多边形旋转马达、发光控制电路、透镜组。旋转马达主要通过高速旋转的多棱角镜面,把激光束通过透镜折射到感光鼓表面。发光控制电路主要是产生调控过的激光束,主要有激光控制电路和发光二极管组成。透镜组主要通过发散,聚合功能把光线折射感光鼓表面。

⑤ 成像系统

成像系统的工作过程大致上分为两个过程:前期的准备工作和后期的定影成形工作。其整个工作过程大致分为充电、曝光、转印、分离、定影、清洁等几个步骤。

⑥ 搓纸系统

操作系统主要由进纸系统和出纸系统构成。现有的大部分机型都可扩充多个进纸单元,而出纸系统也是根据打印介质的需要,设置成两个出纸口。打印纸在整个输纸路中的走动都是有严格的时间范围,超出了这个时间范围,打印机就会报卡纸错误。而对具体位置的监控则是通过一系列的传感器监测完成的。目前激光打印机中的传感器大部分是光敏二极管元件构成的。

(2) 黑白激光打印机的工作原理

当计算机通过联机电缆线向打印机发送数据时,打印机首先将接收到的数据暂存在缓存中,当接收到一段完整的数据后,再发送给打印机的处理器,处理器将这些数据组织成可以驱动打印引擎动作的类似数据表的信号组,对激光打印机而言,这个信号组就是驱动激光头工作的一组脉冲信号。

激光打印机的核心技术就是所谓的电子成像技术,这种技术融合了影像学与电子学的原理和技术,核心部件是一个可以感光的硒鼓。激光发射器所发射的激光经字码调制器调制后,这个带有字码信息的激光照射在一个棱柱形反射镜上,随着反射镜的转动,光线从硒鼓的一端到另一端依次扫过(中途有各种聚焦透镜,使扫描到硒鼓表面的光点非常小),硒鼓以1/300英寸或1/600英寸的步幅转动,扫描又在接下来的一行进行。硒鼓是一只表面涂覆了感光材料的圆筒，预先带有电荷，当有光线照射时，受到照射的部位会发生电阻的变化。计算机所发送来的数据信号控制着激光的发射，扫描在硒鼓表面的光线不断变化，有的地方受到照射，电阻变小，其上面所带的电荷就会消失，有的地方没有被光线照射到的，仍保留有电荷，在硒鼓表面就形成了由电荷组成的静电潜像，如图 3-1-11 所示。

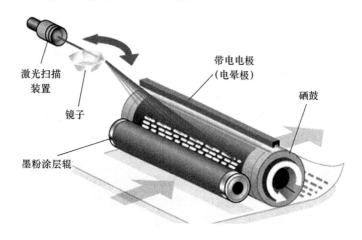

图 3-1-11 黑白激光打印机成像示意图

墨粉是一种带电荷的细微塑料颗粒，其电荷与硒鼓表面的电荷极性相反，当带有电荷的硒鼓表面经过涂墨辊时，有电荷的部位就吸附了墨粉颗粒，潜影就变成了真正的影像。硒鼓转动的同时，另一组传动系统将打印纸送进来，经过一组电极，打印纸带上了与硒鼓表面极性相同但强得多的电荷，随后纸张经过带有墨粉的硒鼓，硒鼓表面的墨粉被吸引到打印纸上，就在纸张表面形成了图像。此时，墨粉和打印机仅仅是靠电荷的引力结合在一起，在打印纸被送出打印机之前，经过高温加热，塑料质的墨粉被熔化，在冷却过程中固着在纸张表面。

将墨粉转印给打印纸之后，硒鼓表面继续旋转，经过一个清洁器（清洁刮板），将剩余的墨粉去掉，以便进入下一个打印循环。

(3) 彩色激光打印机的成像原理

彩色激光打印机的成像原理和黑白激光打印机相似的，如图 3-1-12 所示。它们都是利用激光扫描原理，在硒鼓上形成静电潜影，然后吸附墨粉，再将墨粉转印到打印纸上，只不过黑白激光打印机只有一种黑色墨粉，而彩色激光打印机要使用黄、品、青、黑 4 种颜色的墨粉。4 种颜色，彩色打印要进行 4 个打印循环，基于 CMYK 色系，每次处理一种颜色。这 4 个打印循环有两种处理方法，一种是利用转印胶带，每处理一种颜色，将墨粉从硒鼓转到转印带上，然后清洁硒鼓再处理下一种颜色，最后在转印带上形成彩色图像，再一次性地转印到纸张上，经加热固着；另一种方法就是如某些惠普彩色激光打印机所使用的方法，处理完一种色彩，墨粉就吸附在硒鼓上，接着处理下一种色彩，最后一次性地转印到打印纸上。

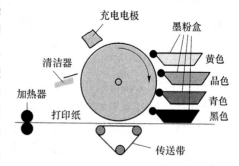

图 3-1-12 彩色激光打印机成像示意图

彩色激光打印机的关键技术是色彩的合成。电视、电影是通过自身发光来合成颜色的，其合成法则被称为"加法原理",其三原色为红、绿、蓝,辅助色为"白"。印染、涂料则是通过吸收某些光线而形成颜色,因此其法则被称为"减法原理",其三原色为青、品、黄,辅助色为"黑"。

在彩色激光打印机中,以惠普的技术为例。ImageRet2400色彩分层技术是惠普所采用的技术。若确定打印的基本分辨率为600 dpi,可以算出600 dpi分辨率的图像,其像素之间的中心间距为42微米。惠普使用直径为5微米的Ultra Precise超精细碳粉,实际上可以实现2 400 dpi效果,2 400 dpi的分辨率时像素之间的中心间距约为10微米。也就是说,若最后彩色打印的结果是600 dpi的像素分辨率,那么在一个像素点上,可以使用16×16个青、品、黄、黑的4种墨粉颗粒再加上空白来调制该像素点的颜色,由于人眼已无法分辨这些细微的颜色颗粒,所以人眼看到的是混色后的总效果。这种技术能提供上百万种色彩。

最新彩色激光打印技术是所谓"一次成像"技术。这一技术的关键是需要把激光发光管做得足够小,在现有一个发光管的位置要放下对应于4种颜色的4个发光管。

4. 激光打印机的操作使用

美国惠普公司在激光打印机领域一直处于领先地位,HP LaserJet系列激光打印机是HP公司经典产品,在办公室的用户量较大。惠普LaserJet 5200Lx是一款A3幅面黑白激光打印机,该机拥有打印速度快、操作简便等特点,比较适合企业的大量财务数据报表、A3幅面的产品宣传材料、建筑业中的CAD制图的校样等打印工作,外形如图3-1-13所示。

图3-1-13 彩色激光打印机惠普LaserJet 5200Lx

(1)主要技术参数(表3-1-3)

表3-1-3 惠普LaserJet 5200Lx性能指标

类型	黑白激光打印机
最高分辨率	1 200 dpi×1 200 dpi
黑白打印速度	35 ppm
最大打印幅面	A3
介质类型	打印纸(普通纸、预打印纸、信头纸、预穿孔纸、证券纸、再生纸、彩纸、糙纸、轻质纸、牛皮纸、粗纸)、投影胶片、标签、信封、卡片
供纸方式	自动
进纸盒容量	500张
硒鼓型号与硒鼓寿命	Q7516A,12 000张
接口类型	USB 2.0
缓存	48 MB,最大可扩展到256MB
首页出纸时间	10秒
工作噪声	54 dB
适用平台	Windows 98/Me/2000/ XP或以上
电源	220~240 V,50 Hz,打印时720 W,待机时36 W
外观参数	490 mm×563 mm×275 mm,20 kg

(2) 安装与使用操作

① 将打印机接通 220V 交流电源。

② 将打印机的 USB 接口插头连接到计算机的 USB 接口中,此时计算机提示安装打印机驱动程序,将驱动程序光盘放入计算机中,按提示操作完成驱动的安装。此时打印机就可正常工作。

5. 激光打印机的维护保养

虽然激光打印机的型号很多,但由于其工作原理和使用的材料都基本相同,只是有些规格不同而已,因此,对于激光打印机的一般维护,基本上都能适合各种激光打印机。在进行维护工作之前,必须先关掉激光打印机的电源。

(1) 激光扫描系统的维护

当激光扫描系统中的激光器及各种反光镜或镜头被粉尘等污染后,将造成打印件底灰增加,图像不清楚或黑白反差不大。可用脱脂棉花将它们擦拭干净,但应注意不要改变它们的原有位置。

(2) 定影器部分的维护

定影器部分的维护主要有定影加热辊(包括橡皮辊)、分离爪、热敏电阻和热敏开关。

① 定影加热辊的维护

定影加热辊在长期使用后将可能粘上一层墨粉,一般来说,加热辊表面应当是非常干净的,若有脏污则就会影响打印效果。如果打印出来的样稿出现黑块、黑条,以及将图文的墨粉粘带往别处,这表示热辊表面已被划伤,若较轻微,清洁后可使用(但不宜用于输硫酸纸),若严重,则只有更换加热辊了。与加热辊相配对的橡皮辊,长期使用后也会粘上废粉,一般较轻微时不会影响输出效果,但若严重时,会使输出的样稿背面变脏。清洁加热辊和橡皮辊时,可用脱脂棉花蘸无水酒精小心地将其擦拭干净。但不可太用力擦拭加热辊,更切忌用刀片及利物去刮,以免损坏定影加热辊。而橡皮辊的擦拭可简单一些,只需将其表面擦干净即可。

② 分离爪的维护

分离爪是紧靠着加热辊的小爪,其尖爪平时与加热辊长期轻微接触摩擦,而背部与输出的纸样长期摩擦,时间一长,会把外层的膜层摩掉,会粘上废粉结块,这样一方面会使其与加热辊加大摩擦损坏加热辊,另一方面,背部粘粉结块后变得不够光滑,阻止纸张的输送,从而使纸张输出时变成弯曲褶皱状,影响打印品质,甚至会纸张无法输出而卡在此处。因此,如发现输出纸张有褶皱时应注意清洁分离爪。方法是小心地将分离爪取下,仔细擦掉粘在上面的废粉结块,并可细心地将背部磨光滑,尖爪处一般不要磨。擦拭干净后即可小心地重新装上。如有不易清除的结块,可使用酒精浸泡,不可使外力强硬清除,防止损坏。

③ 热敏电阻和热敏开关的维护

热敏电阻和热敏开关都是与加热辊靠近的部件,早期的激光打印机其装在加热辊近中心部位,后来改进的都是装在加热辊的两头,这两个部件平常无须维护,但在使用较长时间(输出量较大)的打印机,由于热敏电阻外壳(外包装壳)上会粘上废粉及一些脏物,影响它对温度的感应,使其对加热辊的感温灵敏度会发生变化,从而使加热辊的表面温度加大,这首先会影响加热辊的寿命,加速橡皮辊的老化和分离爪等部件的磨损,加大预热等时间,从而使定影灯管的使用寿命减小。其次,温度太高会使纸张发生卷曲或变黄而影响输出质量,有时甚至会使硫酸纸、铜版纸等起泡而不能使用。情况严重时甚至会使加热辊烧坏。

维护的方法是要小心地拆下定影器,取下热敏电阻和热敏开关,用棉花蘸些酒精将其外壳的脏物擦拭干净,操作时一定要小心,不要将其外壳损坏,然后小心地将其装回,装上时一定要注意热敏电阻与加热辊的距离,以免感温太高损坏部件等。一般来说,要将热敏电阻尽量地接触靠近加热辊,热敏开关可适当离开一点距离。

(3) 光电传感器的维护

光电传感器被污染,会导致打印机检测失灵。如手动送纸传感器被污染后,打印机控制系统检测不到有、无纸张的信号,手动送纸功能便失效。此时应该用脱脂棉花把相关的各传感器表面擦拭干净,使它们保持洁净,始终具备传感灵敏度。

(4) 硒鼓的维护

激光打印机的硒鼓为有机硅光导体,工作时间久了会产生疲劳,因此,连续工作时间不可太长,若打印量很大,可在工作一段时间后停一下再继续打印。间隔时间控制在 3～5 分钟为宜,有的用户用两个粉盒来交替工作,也是一种办法。

硒鼓的保养维护,一般可这样进行:

① 小心地拆下硒鼓组件,用脱脂棉花将表面擦拭干净,注意不能用力,以防将硒鼓表层划坏。

② 用脱脂棉花蘸硒鼓专用清洁剂擦拭硒鼓表面。擦拭时应采取螺旋划圈式的方法,擦亮后立即用脱脂棉花把清洁剂擦干净。

③ 用装有滑石粉的纱布在鼓表面上轻轻地拍一层滑石粉,即可装回使用。滑石粉不宜过多。

④ 平常在更换墨粉时要注意把废粉收集仓中的废粉清理干净,以免影响输出效果。因为废粉堆积太多时,容易出现"漏粉"现象,即在输出的样稿上(一般是纵向上)出现不规则的黑点、黑块,若不及时排除而继续使用,过一段时间在"漏粉"处会出现严重底灰(并有纵向划痕)。产生这种故障的原因是起先废粉堆积过满,使再产生的废粉无法进入废粉仓,而废粉仓中的废粉也会不断"挤"出来而产生"漏粉"现象,同时,由于废粉中包含着纸灰、纤维等脏物,较粗糙,与硒鼓长时间摩擦,而且越来越紧,压力越来越大,最终将硒鼓表面的感光膜磨掉了,会损坏硒鼓。

(5) 传感器条板及传输器锁盘的维护

用软布略蘸清水,将各传感器上积存的纸灰等异物擦拭干净,以确保清洁。如使用水过多,请及时擦干,并通风晾干,不可用其他设备加热烘烤,或带水通电工作。

(6) 其他传输部件的维护

其他传输部件如搓纸轮、传动齿轮、输出传动轮等一些传动、输纸通道。这些部件不要特殊的维护,平常只要保持清洁就可以了。对于搓纸轮,如若发现搓纸效果不好(即搓不进纸张)或一次搓进多张时,可检查所用纸张质量是否太差或纸张潮湿,尽量不要使用质量不好的纸,此外,同时可用棉花蘸些酒精擦拭搓纸轮,即可解决上述问题。如若搓纸老化严重,可用细砂纸横向砂磨搓纸轮,亦可解决一段时间,当然,老化的搓纸轮最终还是要更换的。其他传动橡皮轮的维护一般也和搓纸轮的维护相同。

3.1.4 三维打印机

三维打印机(3D Printers)是近年来新兴的一类打印机,如图 3-1-14 所示,是由一位名为恩里科·迪尼(Enrico Dini)的发明家设计的一种神奇的打印机,它是一种累积制造技术,即快速成形技术的一种机器,以一种数字模型文件为基础,运用特殊蜡材、粉末状金属或塑料等可黏合材料，通过打印一层层的黏合材料来制造三维的物体。

三维打印机堆叠薄层的形式有多种多样。三维打印机与传统打印机最大的区别在于它使用的"墨水"是实实在在的原材料，堆叠薄层的形式有多种多样，可用于打印的介质种类多样，从繁多的塑料到金属、陶瓷以及橡胶类物质。有些打印机还能结合不同介质，令打印出来的物体一头坚硬而另一头柔软。

3D 打印带来了世界性制造业革命，以前是部件设计完全依赖于生产工艺能否实现，而三维打印机的出现，将会颠覆这一生产思路，这使得企业在生产部件的时候不再考虑生产工艺问题，任何复杂形状的设计均可以通过三维打印机来实现。

3D 打印无须机械加工或模具，就能直接从计算机图形数据中生成任何形状的物体，从而极大地所缩短了产

图 3-1-14　三维打印机

品的生产周期，提高了生产率。尽管仍有待完善，但 3D 打印技术市场潜力巨大，势必成为未来制造业的众多突破技术之一。

3D 打印使得人们可以在一些电子产品商店购买到这类打印机，工厂也在进行直接销售。科学家们表示，三维打印机的使用范围还很有限，不过在未来的某一天人们一定可以通过三维打印机打印出更实用的物品。

1. 工作原理

三维打印机的工作原理和传统打印机基本一样，都是由控制组件、机械组件、打印头、耗材和介质等架构组成的，打印原理是一样的。三维打印机主要是打印前在计算机上设计了一个完整的三维立体模型，然后再进行打印输出。

3D 打印与激光成型技术一样，采用了分层加工、叠加成型来完成 3D 实体打印。每一层的打印过程分为两步，首先在需要成型的区域喷洒一层特殊胶水，胶水液滴本身很小，且不易扩散。然后是喷洒一层均匀的粉末，粉末遇到胶水会迅速固化黏结，而没有胶水的区域仍保持松散状态。这样在一层胶水一层粉末的交替下，实体模型将会被"打印"成型，打印完毕后只要扫除松散的粉末即可"刨"出模型，而剩余粉末还可循环利用。

2. 3D 打印机相关技术

3D 打印技术目前各国最新研制出的主要技术有：选择性激光烧结、直接金属激光烧结、熔融沉积成型、立体平版印刷、数字光处理、熔丝制造、电子束熔化成型、选择性热烧结、粉末层喷头三维打印等。

（1）熔融沉积快速成型（Fused Deposition Modeling，FDM）

又叫熔丝沉积，它是将丝状热熔性材料加热融化，通过带有一个微细喷嘴的喷头挤喷出来。热熔材料融化后从喷嘴喷出，沉积在制作面板或者前一层已固化的材料上，温度低于固化温度后开始固化，通过材料的层层堆积形成最终成品。

在 3D 打印技术中，FDM 的机械结构最简单，设计也最容易，制造成本、维护成本和材料成本也最低，因此也是在家用的桌面级 3D 打印机中使用得最多的技术，而工业级 FDM 机器，主要以 Stratasys 公司产品为代表。

FDM 技术的桌面级三维打印机主要以 ABS 和 PLA 为材料,ABS 强度较高,但是有毒性,制作时臭味严重,必须拥有良好通风环境,此外热收缩性较大,影响成品精度;PLA 是一种生物可分解塑料,无毒性,环保,制作时几乎无味,成品形变也较小,所以国外主流桌面级三维打印机均以转为使用 PLA 作为材料。

FDM 技术的优势在于制造简单,成本低廉,但是桌面级的 FDM 打印机,由于出料结构简单,难以精确控制出料形态与成型效果,同时温度对于 FDM 成型效果影响非常大,成品效果依然不够稳定。此外,大部分 FDM 机型制作的产品边缘都有分层沉积产生的"台阶效应",较难达到所见即所得的 3D 打印效果,所以在对精度要求较高的快速成型领域较少采用 FDM。

(2) 光固化成型(Stereolithigraphy Apparatus,SLA)

光固化技术是最早发展起来的快速成型技术,也是研究最深入、技术最成熟、应用最广泛的快速成型技术之一。主要使用光敏树脂为材料,通过紫外光或者其他光源照射凝固成型,逐层固化,最终得到完整的产品。

光固化技术优势在于成型速度快、原型精度高,非常适合制作精度要求高,结构复杂的原型。使用光固化技术的工业级三维打印机,最著名的是 objet,该制造商的三维打印机提供超过 123 种感光材料,是目前支持材料最多的 3D 打印设备。

光固化快速成型应该是 3D 打印技术中精度最高,表面也最光滑的,objet 系列最低材料层厚可以达到 16 微米。但此技术也有两个不足,首先光敏树脂原料有一定毒性,操作人员使用时需要注意防护,其次光固化成型的原型在外观方面非常好,但是强度方面尚不能与真正的制成品相比,一般主要用于原型设计验证方面,然后通过一系列后续处理工序将快速原型转化为工业级产品。此外,SLA 技术的设备成本、维护成本和材料成本都远远高于 FDM。

(3) 三维粉末粘接(Three Dimensional Printing and Gluing,3DP)

3DP 技术由美国麻省理工学院开发成功,原料使用粉末材料,如陶瓷粉末、金属粉末、塑料粉末等,3DP 技术工作原理是,先铺一层粉末,然后使用喷嘴将黏合剂喷在需要成型的区域,让材料粉末粘接,形成零件截面,然后不断重复铺粉、喷涂、粘接的过程,层层叠加,获得最终打印出来的零件。

3DP 技术的优势在于成型速度快、无须支撑结构,而且能够输出彩色打印产品,这是其他技术都比较难以实现的。3DP 技术的典型设备,是 3DS 旗下 zcorp 的 zprinter 系列,也是 3D 照相馆使用的设备,zprinter 的 z650 打印出来的产品最大可以输出 39 万色,色彩方面非常丰富,也是在色彩外观方面,打印产品最接近于成品的 3D 打印技术。

但是 3DP 技术也有不足,首先粉末粘接的直接成品强度并不高,只能作为测试原型,其次由于粉末粘接的工作原理,成品表面不如 SLA 光洁,精细度也有劣势,所以一般为了产生拥有足够强度的产品,还需要一系列的后续处理工序。此外,由于制造相关材料粉末的技术比较复杂,成本较高,所以 3DP 技术主要应用在专业领域。

(4) 选择性激光烧结(Selecting Laser Sintering,SLS)

该工艺由美国得克萨斯大学提出,于 1992 年开发了商业成型机。SLS 利用粉末材料在激光照射下烧结的原理,由计算机控制层层堆结成型。SLS 技术同样是使用层叠堆积成型,所不同的是,它首先铺一层粉末材料,将材料预热到接近熔化点,再使用激光在该层截面上扫描,使粉末温度升至熔化点,然后烧结形成粘接,接着不断重复铺粉、烧结的过程,直至完成整个模型成型。

激光烧结技术可以使用非常多的粉末材料,并制成相应材质的成品,激光烧结的成品精度好、强度高,但是最主要的优势还是在于金属成品的制作。激光烧结可以直接烧结金属零件,也可以间接烧结金属零件,最终成品的强度远优于其他 3D 打印技术。SLS 家族最知名的是德国 EOS 的 M 系列。

激光烧结技术虽然优势非常明显,但是也同样存在缺陷,首先粉末烧结的表面粗糙,需要后期处理,其次使用大功率激光器,除了本身的设备成本,还需要很多辅助保护工艺,整体技术难度较大,制造和维护成本非常高,普通用户无法承受,所以应用范围主要集中在高端制造领域。

3. 工作流程

(1) 软件建模

先通过计算机建模软件建模,如果有现成的模型也可以,如动物模型、人物或微缩建筑等。然后通过 SD 卡或者 USB 优盘把它复制到三维打印机中,进行打印设置后,打印机就可以把它们打印出来,

(2) 三维设计

先通过计算机建模软件建模,再将建成的三维模型"分区"成逐层的截面,即切片,从而指导打印机逐层打印。

设计软件和打印机之间协作的标准文件格式是 STL 文件格式。一个 STL 文件使用三角面来近似模拟物体的表面。三角面越小其生成的表面分辨率越高。PLY 是一种通过扫描产生的三维文件的扫描器,其生成的 VRML 或者 WRL 文件经常被用作全彩打印的输入文件。

(3) 打印过程

打印机通过读取文件中的横截面信息,用液体状、粉状或片状的材料将这些截面逐层地打印出来,再将各层截面以各种方式黏合起来从而制造出一个实体。

传统的制造技术如注塑法可以以较低的成本大量制造聚合物产品,而三维打印技术则可以以更快、更有弹性以及更低成本的办法生产数量相对较少的产品。一个桌面尺寸的三维打印机就可以满足设计者或概念开发小组制造模型的需要。

3.2 扫描仪

扫描仪(Scanner)是获取数字图像文件的一种重要设备。它是一种通过扫描捕捉图像(照片、文本、图画、胶片、三维图像),并将其转化为计算机可以显示、编辑、储存和输出格式的数字化文件的输入设备,是继键盘、鼠标之后的多媒体计算机的新型输入设备。在高速同时,配合文字识别软件(OCR),可汉字输入。

扫描仪是一种精密的集光学、机械、电子于一身的高科技产品,其外形如图 3-2-1 所示。自 1984 年第一台扫描仪问世以来,在技术上和功能上都有了突飞猛进的发展。扫描仪由过去比较单一的型号发展成为现在种类丰富、档次齐全、性能各异的高科技产品。它的技术性能也由黑白两色扫描过渡到灰度扫描,直到现在的 36 位真彩色扫描。如今,扫描仪已被广泛应用于各类图像处理、出版、印刷、广告制作、艺术设计、办公自动化、多媒体制作、图文数据库、图文通信和工程图纸输入等专业领域。随着多媒体计算机日益普及,扫描仪已开始进入各种办公领域。

图 3-2-1 扫描仪

3.2.1 扫描仪的分类

目前,市场上扫描仪的种类很多,按不同的标准可分成不同的类型。按其扫描原理不同,可将扫描仪分为平板式扫描仪、手持式扫描仪、滚筒式扫描仪和胶片扫描仪;按其扫描的图纸幅面大小不同,可分为小幅面的手持式扫描仪、中等幅面的台式扫描仪和大幅面的工程图扫描仪;按扫描图稿的介质不同,可分为反射式(纸材料)扫描仪、透射式(胶片)扫描仪和反射透射两用扫描仪;按用途不同,可分为用于各种图稿输入的通用型扫描仪和专门用于特殊图像输入的专用型扫描仪(如条码扫描仪、卡片阅读机等)。

一般主要是根据扫描仪工作原理来进行划分为以下几种。

1. 平台式扫描仪(平板式扫描仪)

平板式扫描仪又称为平台式扫描仪、台式扫描仪,这种扫描仪诞生于1984年,平板式扫描仪是扫描仪家族中用途最广、种类最多,同时也是销量最大的产品,是目前办公用扫描仪的主流产品。

平台式扫描仪大多具有扫描各种大小的平面物件,也可扫描小的三维物件的多种功能。平台式扫描仪一般光学分辨率在300~8 000 dpi,色彩位数在24~48位。

2. 手持扫描仪

手持扫描仪是最低档的扫描仪,其外观很像一只大的鼠标,一般只能扫描4英寸宽。其体积较小、重量较轻、携带比较方便,但扫描精度较低、扫描质量较差,随着平板式扫描仪的价格逐渐走低,已经没有太多优势了。而且,手持式扫描仪多采用反射式扫描,它的扫描头较窄,只可以扫描较小的稿件或照片,分辨率较低,一般在600dpi以内;彩色手持式色彩位数不超过24位,更多是黑白的,现在,除了超市等环境用它来扫描条形码以外,其他领域很难再看见手持式扫描仪的身影了。

3. 胶片扫描仪

由于诸如幻灯片之类的物件在扫描时,需要光源经过物件而不是物件将光源进行反射,并且由于物件一般尺寸较小,从而导致了专业胶片扫描仪的诞生。并且有许多的产品专门针对35 mm胶片扫描,这种类型的扫描仪应用于专业领域如医院、高档影楼、科研单位等。一般分辨率要求高,扫描区域较小,具备针对胶片特性的处理功能,多数产品还会有配套的输出设备,可实现照片级质量的输出。

4. 业滚筒扫描仪

在平台扫描仪出现之前,大多的图像是通过滚筒扫描仪进行扫描的。滚筒扫描仪是由一套光电系统为核心,通过滚筒的旋转带动扫描件的运动从而完成扫描工作。优点是处理幅面大、精度高、速度快。一般只有专业彩色印前公司才使用这种扫描仪。使用滚筒扫描仪的时候,办公人员须小心地扫描物件放入一个玻璃圆柱筒内,扫描时,扫描原件围绕中间的感光器进行高速旋转。到现在,滚筒扫描虽然价格下降很快,但还是最高档的扫描仪,并且价格远高于普通扫描仪。其原因在于其使用的感光元件是最昂贵的光电倍增管,光学分辨率在1 000~8 000 dpi,色彩位数在24~48位。由于滚筒式扫描仪占地面积大且相对造价昂贵,所以应用较专业化。

5. 三维扫描仪

随着科技的进步,应用的需求,3D扫描的设备出现,并逐渐被人们熟知。三维扫描仪(3D scanner)是一种科学仪器,用来侦测并分析现实世界中物体或环境的形状(几何构造)与外观数据(如颜色、表面反照率等性质)。收集到的数据常被用来进行三维重建计算,在虚拟世界中创建实际物体的数字模型。这些模型具有相当广泛的用途,在工业设计、瑕疵检测、逆向工程、机器人导引、地貌测量、医学信息、生物信息、刑事鉴定、数字文物典藏、电影制片、游戏创作素材等都可见其应用。

以MakerBot为代表的3D扫描产品应用较多。其中的MakerBot Digitizer 3d是一款是一款桌面型扫描产品,能迅速把实物转化为可编辑的并改进的3D模型,其外形如图3-2-2所示。

图3-2-2　3D扫描仪

3.2.2　扫描仪的主要技术指标

1. 分辨率

分辨率是表示扫描仪对图像细节的表现能力,即分辨率是扫描仪对原稿细节的分辨能力。它是扫描仪的关键指标。一般用每英寸的像素点来衡量。对扫描仪而言,分辨率指标当然是越高越好。高的分辨率意味着扫描仪可以更清楚地表现出图像的细微部分。如果分辨率比较低,即使原稿再清晰,扫描仪也不能清楚地再现原稿的内容,会使原稿中的一些细节丢失。决定分辨率高低的最直接因素是用于光电转换的CCD器件。

2. 色彩位数

色彩位数作为衡量扫描仪色彩还原能力的主要指标,主要有42bit、48bit,而30bit以上的色彩位数才能保证扫描仪实现色彩校正,准确还原色彩,

3. 感光元件

现在扫描仪的感光元件主要有 CCD 与 CIS 两种。

(1) CCD 的中文名称是电荷耦合器件,与一般的半导体集成电路相似,它在一块硅单晶上集成了成千上万个光电三极管,这些光电三极管分成三列,分别被红、绿、蓝色的滤色镜罩住,从而实现彩色扫描。光电三极管在受到光线照射时可产生电流,经放大后输出。采用 CCD 的扫描仪技术经多年的发展已相当成熟,是市场上主流扫描仪主要采用的感光元件。

CCD 的优势在于,经它扫描的图像质量较高,具有一定的景深,能扫描凹凸不平的物体;温度系数较低,对于一般的工作,周围环境温度的变化可以忽略不计。CCD 的缺点有:由于组成 CCD 的数千个光电三极管的距离很近(微米级),在各光电三极管之间存在着明显的漏电现象,各感光单元的信号产生的干扰降低了扫描仪的实际清晰度;由于采用了反射镜、透镜,会产生图像色彩偏差和像差,需要用软件校正;由于 CCD 需要一套精密的光学系统,故扫描仪体积难以做得很小。

(2) 接触式图像感应装置(Contact Image Sensor,CIS)。它采用触点式感光元件(光敏传感器)进行感光,在扫描平台下 1~2 mm 处,300~600 个红、绿、蓝三色 LED(发光二极管)传感器紧紧排列在一起,产生白色光源,取代了 CCD 扫描仪中的 CCD 阵列、透镜、荧光管和冷阴极射线管等复杂机构,把 CCD 扫描仪的光、机、电一体变成 CIS 扫描仪的机、电一体。用 CIS 技术制作的扫描仪具有体积小、重量轻、生产成本低等优点,但 CIS 技术也有不足之处,主要是用 CIS 不能做成高分辨率的扫描仪,扫描速度也比较慢。

4. 光学字符识别(Optic Character Recognize,OCR)技术

OCR 技术是在扫描技术的基础上实现字符的自动识别。在获得纸面上反射光信号后,由 OCR 内部电路识别出字符,并将字符代码输入到计算机中。

如果被识别的是正规的铅印字符,一般可利用与基准图像重合比较的方法来识别字符,不必抽取字符图像中的特征。若是手写字符,则需利用轮廓跟踪法抽取相应的字符特征。抽取的特征是识别的依据,如笔画的长度、角度、端点、笔画分布、四周特征等,它们以多维数据的形式表示。作为识别标准的学习图形,也以多维矢量的形式存放在识别词典中。

所谓判决就是将事先保存的基准字符特征与抽取的字符特征进行比较,直至找到相应的基准字符为止。

OCR 技术在识别数字、英文字符及印刷体汉字方面已获得成功,并得到广泛应用。

此项技术对复原古文献资料,有着巨大作用,能快速对资料保存和存储。

3.2.3 扫描仪的工作原理

以平板式扫描仪为例介绍扫描的工作原理。平板式扫描仪在扫描时,将图稿放在扫描平台上由软件控制自动完成扫描过程,速度快、精度高。有些平板式扫描仪还可以加上透明胶片适配器,使其既可以扫描反射稿又可以扫描透明胶片,实现一机两用。

扫描仪的整体结构由顶盖、玻璃平台和底座构成。其外壳由塑料压模成型,玻璃平台用于放置扫描图稿,塑料上盖内侧有一黑色(或白色)的胶垫,在顶盖放下时用以压紧被扫描的文件,当前大多数扫描仪采用了浮动顶盖,以适应扫描不同厚度的对象。

透过扫描仪的玻璃平台,能看到安装在底座上的机械传动机构、扫描头及电路系统(电路板)。机械传动机构的功能是带动扫描头沿扫描仪纵向移动,扫描头的功能是将光信号转换为电信号,电路系统的功能是处理、传输代表图像的电信号。使用电子感光器件的扫描头由光源(条

形灯管)、条形平面反射镜、聚焦透镜(透镜组)和电子感光器件组成。条形灯管和条形平面反射镜在扫描头上沿水平方向放置。扫描仪工作时,条形灯管发出的平行光线经图稿、条形平面反射镜反射后,通过聚焦透镜(或透镜组)照射在电子感光器件上,再由电子感光器件将光信号转换为与其光强度成正比的模拟电信号。扫描仪原理示意图如图3-2-3 所示。

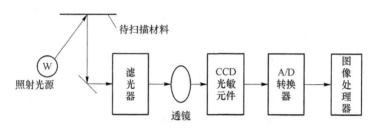

图 3-2-3　扫描仪工作原理框图

扫描仪电路系统的作用是转换、处理、传输图像信号。扫描仪电路系统主要由模数转换器、电机驱动电路、图像处理器、缓冲器和输出接口电路组成。步进电机驱动电路、图像处理器、缓冲器和输出接口安装在扫描仪后侧的电路板上,感光元件 CCD、模/数转换器装在扫描头后侧的电路板上。模/数(A/D)转换器负责接收 CCD 器件输出的模拟电信号,并将它转换成为二进制数字信号后,送图像处理器处理。

图像处理器将 A/D 转换器输出的二进制数字信号进行运算,处理后经接口电路送往计算机。将数字图像信号传送给计算机之前,扫描仪要先校正好图像的白平衡、亮度、对比度等参数。扫描仪的一些新技术如色彩提升、硬件去网纹功能等,也要求扫描仪对图像信号进行更多的处理。由于不同的扫描仪生产厂商处理图像的技术、运算方法不同,因此,扫描输出的图像有相当大的差异。

3.2.4　扫描仪的操作使用

HP Scanjet5470c 是惠普公司推出的一款面向普通办公的产品,它具有 2 400 dpi 的高分辨率和 48 位色彩深度,既能满足文稿图片的扫描,又可对胶片进行精细透扫,是办公图文处理好帮手。

1. 主要技术参数(表 3-2-1)

表 3-2-1　HP Scanjet 5470c 主要参数表

产品类型	平板	产品类型	平板
扫描元件	CCD	扫描速度	<41 秒
最大幅面	A4	可扫描介质	照片,文件
光学分辨率	2 400 dpi×2 400 dpi	透扫	不支持
色彩	48 位	接口	USB1.1/全速 USB2.0
光源	冷阴极灯管		

2. 安装与操作使用

HP Scanjet 具有多种照片格式化模板。轻触前面板上的照片翻印键,可瞬时将照片按软件中的各种模版排列成不同尺寸组合;或将几张 4×6 英寸照片合理安排在一张纸上,从而轻松地最大程度利用像纸空间。在光盘刻录机的帮助下,完成预扫描后,可直接在扫描菜单中选定"扫描至光盘"的功能,将更多的照片和图像扫描并存储到光盘中,令工作效率倍增,其外形如图 3-2-4 所示。

(1) 硬件安装。该款扫描仪采用的是 USB 的接口模式,与计算机相连的 USB 口相连接。

(2) 驱动程序扫描应用软件安装。装硬件完成后,再安装运行其驱动程序与应用软件。全部完成后,可运行其应用程序,将要扫描的资料放好,点击开始新扫描,可将进行预扫描,将需要扫描的部分内容用光标画出选择区域,如图 3-2-5 所示。

图 3-2-4 HP5470C 扫描仪及彩色负片扫描附件

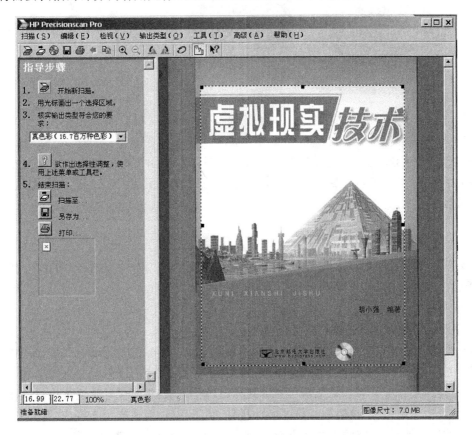

图 3-2-5 扫描的操作界面

(3) 选择输出文件的格式要求,有"真色彩""256 种色彩""灰度""黑白位图""可编辑文件(OCR)""文字与图像"等可选项,一般情况下,如扫描图片可选择"真色彩"。如果要将扫描图像中识别成汉字或英文,就必须选择"可编辑文件(OCR)"。

(4) 单击结束扫描中 "扫描到的..",出现如图 3-2-6 所示对话框,选择 Adobe Photoshop 6.0,再单击"扫描(S)"按钮,便开始实现扫描。

扫描完成后,会自动启动 Photoshop 等软件对扫描获取的素材进行编辑,直到达到满意的效果。

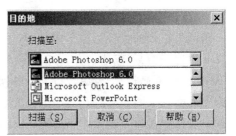

图 3-2-6 扫描过程的提示框

3.3 投影仪

投影仪是一种可以将视频信号与计算机信号等进行显示的大屏幕投影系统设备。它可以同步显示高分辨率的计算机和工作站的图像,又能接录像机、电视机、影碟机、VCD 和 DVD 以及视频展示台等视频图像信号的输入,已广泛地应用于教育、办公领域,其外形如图 3-3-1 所示。

图 3-3-1 多媒体投影仪

目前,投影仪产业发展迅速,各品牌的机型繁多,人们通常按照以下几种方式对其进行分类:习惯上根据投影仪的成像技术不同划分为基于阴极射线管(CRT)显示技术的投影仪、基于液晶(LCD)显示技术的投影仪、基于数字光输出(DLP)显示技术的投影仪。按照投影仪与屏幕的关系,可分为正投式投影仪和背投式投影仪,根据安装适用方式又分为便携式、吊装式和便携吊装两用式。

3.3.1 投影仪的分类

投影仪主要通过 3 种显示技术实现,即 CRT 投影技术、LCD 投影技术、DLP 投影技术。CRT 投影技术产品由于其体积大、耗电大,现已淘汰。

1. 液晶投影仪

LCD 投影仪分为液晶光阀和液晶板两种。

液晶光阀投影仪是采用液晶光阀作为成像器件。为了解决图像分辨率与亮度间的矛盾,它采用外光源,也叫被动式投影方式。一般的光阀主要由 3 个部分组成:光电转换器、镜子、光调制器,它是一种可控开关。将光信号照射到光电转换器上,将光信号转换为持续变化的电信号;外光源产生一束强光,投射到光阀上,由内部的镜子反射,能过光调制器,改变其光学特性,紧随光阀的偏振滤光片,将滤去其他方向的光,而只允许与其光学缝隙方向一致的光通过,这个光与信号相复合,投射到屏幕上。它是目前亮度、分辨率较高的投影仪,亮度可达 6000 流明,分辨率为 2 500 dpi×2 000 dpi,适用于环境光较强,观众较多的场合,如超大规模的指挥中心、多媒体教室、会议中心及大型娱乐场所,但其价格高、体积大,光阀不易维修。

液晶投影仪的成像器件是液晶板,也是一种被动式的投影方式。利用外光源金属卤素灯或 UHP(冷光源),若是三块 LCD 板设计的则把强光通过分光镜形成 RGB 三束光,分别透射过 RGB 三色液晶板;信号源经过模数转换,调制加到液晶板上,控制液晶单元的开启、闭合,从而控制光路的通断,再经镜子合光,由光学镜头放大,显示在大屏幕上。目前市场上常见的液晶投影仪比较流行单片设计(LCD 单板、光线不用分离),这种投影仪体积小、重量轻、操作及携带极其方便,价格也比较低廉,但其光源寿命短,色彩不很均匀、分辨率较低,最高分辨率为 1 024 dpi×768 dpi,多用于临时演示或小型会议、多媒体教室。这种投影仪虽然也实现了数字化调制信号,但液晶本身的物理特性,决定了它的响应速度慢,随着工作时间的变长,性能有所下降。

2. DLP 投影仪

DLP 译作数字光处理器,这一新的投影技术的诞生,使我们在拥有捕捉、接收、存储数字信息的能力后,终于实现了数字信息显示。DLP 技术是显示领域划时代的革命,正如 CD 在音频领域产生的巨大影响一样,DLP 将为视频投影显示翻开新的一页。它以 DMD(Digital Micromirror Device)数字微反射器作为光阀成像器件。DLP 投影仪的技术关键点如下:首先是数字优势。数字技术的采用,使图像灰度等级达 256~1 024 级,色彩达 2 563~10 243 种,图像噪声消失,画面质量稳定,精确的数字图像可不断再现,而且历久弥新。其次是反射优势。反射式 DMD 器件的应用,使成像器件的总光效率达 60% 以上,对比度和亮度的均匀性都非常出色。在 DMD 器件上,每一个像素的面积为 16 $\mu m \times 16 \mu m$。根据所用 DMD 的片数,DLP 投影仪可分为单片机、两片机、三片机。

3.3.2 投影仪的性能技术指标

投影仪的性能指标是区别投影仪档次高低的标志。投影仪的性能指标有很多,这里介绍几个主要指标。

1. 亮度与对比度

亮度是指投影仪输出的光能量,是指屏幕表面受到光照射发出的光能量与屏幕面积之比,亮度常用的单位有流明、LUX 等。当投影仪输出的光通过一定时,投射面积越大亮度越低,反之则亮度越高。决定投影仪光输出的因素有投影及荧光屏面积、性能及镜头性能,通常荧光屏面积大,光输出大。

对比度最基本的理解是亮区与暗区两者所占的比例,但实际内容更多,良好的对比度使画面显得有更高的分辨率,有助于观察画面的细节,它反映了一个画面明暗区域与黑暗区域的层次变化。

2. 水平扫描频率(行频)

电子在屏幕上从左至右的运动叫作水平扫描,也叫行扫描。每秒钟扫描次数叫作水平扫描频率,视频投影的水平扫描频率是固定的,为 15.625 kHz(PAL 制)或 15.725 kHz(NTSC 制)数据和图形投影仪的扫描频率不是同个频率频段;在这个频段内,投影仪可自动跟踪输入信号行频,由锁相电路实现与输入信号行频的完全同步。水平扫描频率是区分投影仪档次的重要指标。

3. 垂直扫描频率(场频)

电子束在水平扫描的同时,又从上向下运动,这一过程叫垂直扫描。每扫描一次形成一幅图像,每秒钟扫描的次数叫作垂直扫描频率,垂直扫描频率也叫刷新频率,它表示这幅图像每秒钟刷新的次数。垂直扫描频率一般不低于 50 Hz,否则图像会有闪烁感。

4. 视频带宽

投影仪的视频通道总的频带宽度,其定义是在视频信号振幅下降至 0.707 倍时,对应的信号上限频率。0.707 倍对应的增量是 −3 db,因此又叫作 −3 db 带宽。

5. 分辨率

在投影仪指标中,分辨率是较易混淆的一个概念,投影仪技术指标上常给出的分辨率有:可寻址分辨率、RGB 分辨率、视频分辨率 3 种。

RGB 分辨率是指投影仪在接 RGB 分辨率视频信号时可达到的最高像素,如分辨率为 1 024×768,表示水平分辨率为 1 024,垂直分辨率为 768,RGB 分辨率与水平扫描频率、垂直扫描频率及视频带宽均有关。

视频分辨率是指投影仪在显示复合视频时的最高分辨率。为了提高图像质量,需要提高垂直分辨率,要求相应地提高水平扫描频率。可见,水平扫描频率是投影仪的一个重要技术指标。

6. 投影仪光源

灯泡是投影仪唯一的耗材,由于其价格较高,是选购投影仪时必须主要考虑的因素,目前投影仪普遍采用的灯泡有:金属卤素灯泡、UHE 灯泡、UHP 灯泡。

金属卤素灯泡的优点是价格便宜,缺点是半衰期短,一般使用 2 000 小时左右亮度就会降低为原来的一半,并且发热高,对投影仪的散热系统要求高,导致投影仪工作时风扇噪声大。

UHE 灯泡的优点是价格适中,在使用 2 000 小时以前亮度几乎不衰减由于发热量低,UHE 灯泡常被称为冷光源,是中高档投影仪中广泛使用的一种理想光源。

UHP 灯泡的优点是使用寿命长,一般可正常工作在 4 000 小时以上,并且亮度未减小,也是一种较为理想的光源,但由于价格较高,常用于高档投影仪上。

3.3.3 投影仪的使用与维护

1. 投影仪的安装

各种投影仪均可进行正向、背向和倒向 3 种方式的投影,其中正向和倒向投影时指投影仪安装在与观众同一侧,通常放在桌面上或吊顶安装,这种方式受环境光影响较大,光线易受阻挡。背投是将投影仪安装在后面,可提高亮度和色彩还原性,但占场地较大,现在采用的方法是用一次折射两次反射来缩短背投距离。另外,不同的投影幕在投影效果上也不同,投影的拼接是一种能够在保证亮度、分辨率的情况下,有效增大投影面积的方法,而且可随时、随意平滑调整各画面之间的大小。

投影仪与台式计算机或笔记本计算机的连接如图 3-3-2 所示,投影仪也可与录像机、摄像机、VCD 机、DVD 机等进行视频连接。

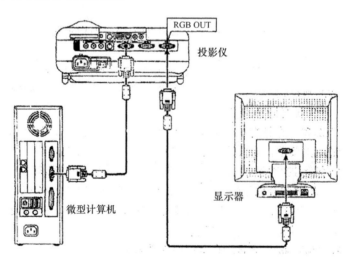

图 3-3-2 投影仪与微型计算机的连接

2. 投影仪的使用

连接好投影仪的电源线,通常在投影仪上有 2 个开关:主电源开关和 Power(ON/Stand BY)键(遥控器上的 Power ON 键和 Power OFF 键),按住投影仪上的主电源开关,数秒后会打开电源,电源指示灯为绿色,投影仪开始工作。

选择投影仪的输入信号源,一般投影仪有 RGB、视频、HDMI 端等多种接口,可根据需要选择,当使用计算机输出时,则选择"RGB"信号源。有些投影仪可自动选择有信号输入源。

使用完毕后,按投影仪主机上的 Power(ON/Stand BY)键或遥控器上的 Power OFF 键至少 2 秒钟,电源指示灯由绿色转为橙色。此时,投影仪的冷却风扇仍然继续工作数十秒后,电源指示灯转为绿色后,才能关机,拔去投影仪的电源线。

3. 投影仪的维护

投影仪的日常维护主要是清洁机身与镜头。

(1) 关闭投影仪电源,用中性清洁剂清洁机器外壳。

(2) 使用气泵或镜头纸清洁投影仪的镜头,并注意使用时间长时,可清除投影仪机器内部的灰尘,特别是光路部分。

3.4 触摸屏

触摸屏(touch screen)作为一种多媒体输入设备,用户可通过手指直接在屏幕上指点或触及屏幕上的菜单、光标、图符等按钮,完成对计算机的操作,具有直观、方便的特点,就是从没有接触过计算机的人也能立即使用,有效地提高了人机对话效率,其外形如图 3-4-1 所示。

图 3-4-1 触摸屏

触摸屏能赋予多媒体系统崭新的面貌,是极富吸引力的全新多媒体交互设备。对相关应用领域的计算机而言,触摸屏成为常用的设备。触摸屏交互技术构造的应用系统非常适合以下领域:

(1) 自动控制及监测

用于管理系统或控制系统中,提供直观、简捷的人机接口。

(2) 展示系统

利用触摸屏构成计算机展示(演示)系统,用于各种展览场合,介绍企业形象与产品。

(3) 信息检索和查询

用于房地产业务、酒店信息查询、商场导购、旅行社导游、城市导览、交通信息查询(机场、港口、车站)等公共场所。

(4) 培训和教育

提供直观、快速、联机的求助功能。

触摸屏是一种输入定位设备,工作时,为了操作上的方便,人们用触摸屏来代替鼠标或键盘。触摸屏系统首先必须用手指或其他物体触摸安装在显示器前端的触摸屏,然后系统根据手指触摸的图标或菜单位置来定位选择信息输入。触摸屏由触摸检测部件和触摸屏控制器两个部分组成;触摸检测部件安装在显示器屏幕前面,用于检测用户触摸位置,接受后送触摸屏控制器;而触摸屏控制器的主要作用是从触摸点检测装置上接收触摸信息,并将它转换成触点坐标,再送给微型计算机,它同时能接收微型计算机发来的命令并加以执行。

3.4.1 触摸屏的分类

触摸屏按安装方式可以分为外挂式、内置式和整体式。外挂式触摸屏就是将触摸屏系统的触摸检测装置直接安装在显示设备的前面,这种触摸屏安装简便,非常适合临时使用。内置式触摸屏是把触摸检测装置安装在显示设备的外壳内,显像管的前面。在制造显示设备时,将触摸检测装置制作在显像管上,使显示设备直接具有触摸功能,这就是整体式触摸屏。按照触摸屏的工作原理和传输信息的介质,通常把触摸屏分为 4 种,它们分别为电阻式、电容式、红外线式以及表面声波式。每一类触摸屏都有其优缺点,要了解哪种触摸屏适用于哪种场合,关键就在于要懂得每一类触摸屏技术的工作原理和特点。

1. 电阻式触摸屏

电阻触摸屏是利用压力感应来进行控制。它的主要部分是一块与显示器表面非常配合的电阻薄膜屏,这是一种多层的复合薄膜,它以一层玻璃或硬塑料平板作为基层,表面涂有一层透明氧化金属(透明的导电电阻)导电层,上面再盖有一层外表面硬化处理、光滑防擦的塑料层,它的内表面也涂有一层涂层,在内外表面之间有许多细小的(小于 1/1 000 英寸)的透明隔离点把两层导电层隔开绝缘。当手指或其他硬物触摸屏幕时,两层导电层在触摸点的位置就会产生形变使它们相互接触,此时它的电阻就会发生变化,在 X 和 Y 两个方向上产生信号,然后送触摸屏控制器。控制器侦测到这一接触点并计算出 (X,Y) 的位置,再模拟鼠标的方式运行。

电阻式触摸屏常用的透明导电涂层材料有:ITO(氧化铟)涂层和镍金涂层,如图 3-4-2 所示。

电阻式触摸屏提供了一种对外界完全隔离的工作环境,不怕灰尘和水汽,它可以用任何物体来触摸,可以用来书写与画画,比较适合工业控制领域及办公室内有限人的使用。电阻触摸屏的缺点是因为复合薄膜的外层采用塑胶材料,太用力或使用锐器触摸可能划伤整个触摸屏而导致报废。

2. 电容式触摸屏

电容式触摸屏是利用人体的感应进行工作的,其外形如图 3-4-3 所示。电容式触摸屏是一块四层复合玻璃屏,玻璃屏的内表面和夹层各涂有一层 ITO,最外层是一薄层矽土玻璃保护层,夹层 ITO 涂层作为工作面,四个角上引出四个电极,内层 ITO 为屏蔽层以保证良好的工作环境。当手指触摸在金属层上时,由于人体电场,用户和触摸屏表面形成一个耦合电容,对高频电流来说,电容是直接导体,于是手指从接触点吸走一个很小的电流。这个电流分从触摸屏的四角上的电极中流出,并且流经这四个电极的电流与手指到四角的距离成正比,控制器通过对这四个电流比例的精确计算,得出触摸点的位置。

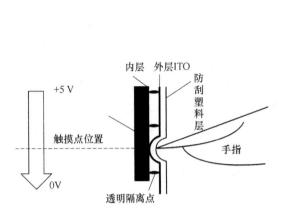

图 3-4-2　电阻式触摸屏

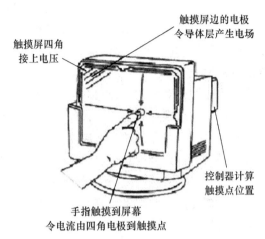

图 3-4-3　电容式触摸屏

电容触摸屏的透光率和清晰度优于四线电阻屏,当然还不能和表面声波屏和五线电阻屏相比。电容屏反光严重,而且电容技术的四层复合触摸屏对各波长光的透光率不均匀,存在色彩失真的问题,由于光线在各层间的反射,还造成图像字符的模糊。电容屏在原理上把人体当作一个电容器元件的一个电极使用,当有导体靠近与夹层ITO工作面之间耦合出足够量容值的电容时,流走的电流就足够引起电容屏的误动作。电容屏的另一个缺点用戴手套的手或手持不导电的物体触摸时没有反应,这是因为增加了更为绝缘的介质。

电容屏更主要的缺点是漂移:当环境温度、湿度改变时,环境电场发生改变时,都会引起电容屏的漂移,造成不准确。电容触摸屏最外面的矽土保护玻璃防刮擦性很好,但是怕指甲或硬物的敲击,敲出一个小洞就会伤及夹层ITO,不管是伤及夹层ITO还是安装运输过程中伤及内表面ITO层,电容屏就不能正常工作了。

3. 红外线式触摸屏

红外线式触摸屏是利用 X、Y 方向上密布的红外线矩阵来检测并定位用户的触摸,如图 3-4-4 所示。红外触摸屏在显示器的前面安装一个电路板外框,电路板在屏幕四边排布红外发射管和红外接收管,一一对应形成横竖交叉的红外线矩阵。用户在触摸屏幕时,手指就会挡住经过该位置的横竖两条红外线,因而可以判断出触摸点在屏幕的位置。任何触摸物体都可改变触点上的红外线而实现触摸屏操作。

早期产品中,红外触摸屏存在分辨率低、触摸方式受限制和易受环境干扰而误动作等技术上的

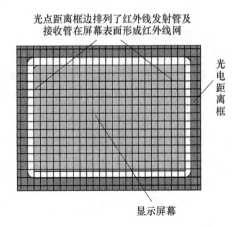

图 3-4-4　红外线式触摸屏原理图

局限,曾一度淡出过市场。而此后第二代红外屏部分解决了抗光干扰的问题,第三代和第四代在提升分辨率和稳定性能上亦有所改进,但都没有在关键指标或综合性能上有质的飞跃。但是,红外触摸屏不受电流、电压和静电干扰,适宜恶劣的环境条件,红外线技术是触摸屏产品最终的发展趋势。采用声学和其他材料学技术的触摸屏都有其难以逾越的屏障,如单一传感器的受损、老化,触摸界面怕受污染、破坏性使用,维护复杂等问题。红外线触摸屏只要真正实现了高稳定性能和高分辨率,必将替代其他技术产品而成为触摸屏市场主流。过去的红外触摸屏的分辨率由框架中的红外对管数目决定,因此分辨率较低,而最新的技术第五代红外屏的分辨率取决于红外对管数目、扫描频率以及差值算法,分辨率已经达到了 1 000 dpi×720 dpi。第五代红外线触摸屏是全新一代的智能技术产品,它实现了 1 000 dpi×720 dpi 高分辨率、多层次自调节和自恢复的硬件适应能力和高度智能化的判别识别,可长时间在各种恶劣环境下任意使用,并且可针对用户定制扩充功能,如网络控制、声感应、人体接近感应、用户软件加密保护、红外数据传输等。红外触摸屏另外一个主要缺点是抗暴性差,其实红外屏完全可以选用任何客户认为满意的防暴玻璃而不会增加太多的成本和影响使用性能,这是其他的触摸屏所无法效仿的。

4. 表面声波触摸屏

表面声波触摸屏是超声波的一种,在介质(如玻璃或金属等刚性材料)表面浅层传播的机械能量波,如图 3-4-5 所示。通过楔形三角基座(根据表面波的波长严格设计),可以做到定向、小角度的表面声波能量发射。表面声波性能稳定、易于分析,并且在横波传递过程中具有非常尖锐的频率特性,近年来在无损探伤、造影和退波器方向上应用发展很快,表面声波相关的理论研究、半导体材料、声导材料、检测技术等技术都已经相当成熟。表面声波触摸屏的触摸屏部分可以是一块平面、球面或是柱面的玻璃平板,安装在CRT、液晶显示器的前面。玻璃屏的左上角和右下角各固定了竖直和水平方向的超声波发射换能器,右上角则固定了两个相应的超声波接收换能器。玻璃屏的四个周边则刻有 45°由疏到密间隔非常精密的反射条纹。

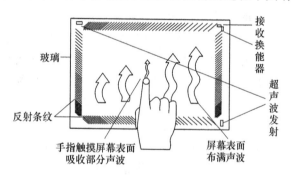

图 3-4-5 表面声波式触摸屏原理图

表面声波触摸屏的优点是清晰度较高、透光率好、抗刮伤性良好(相对于电阻、电容等有表面镀膜的产品)、反应灵敏,不受温度、湿度等环境因素影响,分辨率高,寿命长(维护良好情况下 5 000 万次);透光率高(92%),能保持清晰透亮的图像质量;没有漂移,只需安装时一次校正;有第三轴(即压力轴)响应,目前在公共场所使用较多。

表面声波触摸屏需要经常维护,因为灰尘、油污甚至饮料的液体沾污在屏的表面,都会堵塞触摸屏表面的导波槽,使波不能正常发射或使波形改变而控制器无法正常识别,从而影响触摸屏的正常使用,用户须严格注意环境卫生,必须经常擦抹屏的表面以保持屏面的光洁,并定期清洁。

3.4.2 触摸屏的性能技术指标

1. 屏幕类型

触摸屏通常采用 CRT 显示器和液晶显示器两种,目前液晶显示器大多都是 TFT 型液晶显示器。

2. 触摸屏尺寸

触摸屏尺寸指所采用显示器的可见部分的对角线尺寸。触摸屏的显示面积都会小于显示器面积的大小。显示器的大小通常以对角线的长度来衡量,常见的有 19 英寸、24 英寸等几种。

3. 透光率

透光率是指透进触摸屏的光照量与环境光照量的百分比,它直接影响到触摸屏的视觉效果和灵敏性。大多数触摸屏是多层的复合薄膜,仅用透明一点来概括它的视觉效果是不够的,决定它还有另外 3 个特性:色彩失真度、反光性和清晰度。

4. 感应力度

感应力度是触控屏灵敏度的表现,触摸屏是通过力度感应来定位的,所谓感应力度,就是指触摸屏在手指触摸下是否可以感应到并正确反应的范围,只要力度在这个范围之内触摸屏都可以正常感应和工作。

5. 触摸寿命

触摸寿命是指触摸屏在正常使用的环境下屏幕每个点可以承受的点击次数,在这个点击次数内触摸屏不会发生感应不灵敏,根据触摸屏类型不同,屏幕的触摸寿命也有一定差距。

6. 硬度

硬度是指触摸屏抗磨损的能力,一般用摩氏硬度来表示,1822 年德国矿物学家摩氏选出 10 种矿物,按其硬度从低到高排列成 10 等级硬度计:①滑石;②石膏,琥珀;③方解石,珍珠(2.5);④孔雀石;⑤磷灰石;⑥正长石,松石,长石(6~6.5);硬玉(6.5~7),软玉(6~6.5)。⑦石英石,榴石(6.5~7.25),橄榄石(6.5~7),电气石(6.5~7.5);⑧黄玉,绿柱石,尖晶石;⑨刚玉;⑩金刚石。除了 10 种标准矿物外,指甲硬度为 2.5,铜针 3,小刀 5.5。

7. 定位精度

触摸屏是绝对坐标系统,要选哪就直接点哪,是与鼠标这类相对定位系统的本质区别,它是一次到位的坐标系统。绝对坐标系统的特点是,每一次定位坐标与上一次定位坐标没有关系,触摸屏在物理上是一套独立的坐标定位系统,每次触摸的数据通过校准转为屏幕上的坐标,这就要求触摸屏这套坐标系统不管在什么情况下,同一点的输出数据是稳定的,如果不稳定,那么触摸屏就不能保证绝对坐标定位的精确。

优派 TD2420 触摸屏显示器性价比超级高,外观简洁大方,时尚感足。采用黄金石等级的 8H 高硬度强化玻璃,配合光学多点触控科技让您直觉式操作效率加倍。独创的节能模式设计,令其可以节省 50% 的电力。丰富的接口方便用户选配各种主板或显卡,更便捷地享受不同设备带来的乐趣。各类办公都非常合适,壁挂设计让其拥有更广阔的摆放空间,优秀的性能能够满足所有日常办公所

图 3-4-6 优派 TD2420 触摸屏显示器

需,外形如图 3-4-6 所示,其性能参数如表 3-4-1 所示。

表 3-4-1　优派 TD2420 触摸屏显示器

屏幕类型	电容式触摸屏	屏幕类型	电容式触摸屏
分辨率	1 920 dpi×1 080 dpi	动态对比度	2 000 万∶1
产品尺寸	23 英寸	响应时间	4 ms
表面硬度	等同玻璃,摩氏硬度等级为 7 级	可视角度	178°/178°
有效触摸区域	509.184 mm×286.416 mm	输入端口	D-Sub(VGA),DVI-D
亮度	250cd/m²	人体工学	倾斜 15°~60°
点距	0.265 2	多点触摸	十点电容触摸
对比度	3 000∶1	外观参数	575.38 mm×406.06 mm×43.7 mm

3.5　电子白板

电子白板是电子感应白板及感应笔等附件与白板操作系统的集成。简单地讲,它是计算机的一个外围设备或终端,它既可像传统黑板一样的使用,又可作为投影仪的幕布,同时它还是一个大型的计算机触摸屏。它融合了计算机技术、微电子技术与电子通信技术,成为计算机的一种输入输出设备,成为人(用户)与计算机进行交互的智能平台。我们可以将它看作是一种数字化聚合的产品,即具有普通黑板的功能,又具有网络多媒体计算机的功能,真正实现了数字化技术的有效整合,可以实现无纸化办公及教学。

一个电子白板不单单是一块白色的板,它是由 3 个部分构成:微型计算机、投影仪、交互白板。三者的结合将电子白板变成一个超大的计算机屏幕,使用电子白板笔(有些压感式电子白板可以利用手指),用户可以在白板上书写或者控制计算机程序。交互白板非常适合于教学、培训、会议使用,避免了产生很多人围在计算机屏幕前讨论的现象。

虽然电子白板是一项比较新的设备,但是它的使用却远非想象的那么复杂,只要用户能够熟练操作个人计算机,就会发现使用电子白板也同样简单。例如,在计算机上双击鼠标启动某个程序的动作,在电子白板上只要用电子白板笔双击程序图标一样可以实现。电子白板由普通白板发展而来,最早出现的电子白板为复印型电子白板,随着技术的发展及市场的需要,出现了许多类型的电子白板,如图 3-5-1 所示。电子白板通常可应用于下列领域中。

图 3-5-1　电子白板及应用

(1) 多媒体教室

传统的教学工具——黑板和粉笔在现代教学中已变得无法适应,取而代之的是在黑板的基础上引进投影仪形成了多媒体投影教室。它可以很好地解决了课件展示等问题,但在讲解过程中,不仅要有人在计算机边上协助教师操作计算机,而且当教师有一些即时的想法需要表达,或需要对某一个问题展开讲解时,就显示出交互性差的问题,而采用电子白板后,不仅可实现与黑板相同的书写、绘画和擦除功能,而且又加强了多媒体投影教室的交互性。操作时,教师只要在电子白板旁边就可用手指或教鞭在电子白板上操作计算机,并可在任何的应用软件或操作界面中启动标注功能,对原来的文档进行批注,展开详细的讲解,并可进行存盘,非常方便。它能够真正解决教师被"鼠标"牵着鼻子走的现象,在一定程度上体现了以人为本的理念,较好地适应了课堂上教师"边走、边说、边写"的行为习惯,而且教师和学生免受粉笔灰的污染。

(2) 多媒体会议室

当会议演讲时,利用电子白板的触摸屏的交互、批注功能,讲演者可以在电子白板上轻松自由地论述他的技术观点,并能够把全部会议书写过程记录且能重播会议书写过程的每一细节,因而不需要专人记录会议过程。

(3) 远程会议系统

在远程会议系统中,在本地的白板上书写和操作的内容是可以在远端的计算机或者白板上显现出来,并可以即时地进行操作和修改白板上的本地内容,这样双方或者多方就可以进行问题的共同讨论了。

3.5.1 电子白板的种类与工作原理

目前市场上主要有复印式与交互式电子白板这两种,常见的安装形式有:壁挂式、滑道式、移动式、壁橱式。

1. 电子白板的种类

(1) 复印式电子白板

所谓复印式电子白板即通过用户的简单操作便可将白板上书写的内容通过一定的方式扫描并打印出来。其功能完成过程与普通的复印过程一样,首先用图像传感器件对白板上的内容进行采集,采集信号经过一定的图像处理后,最后用热敏、喷墨或其他打印方式输出。

输出的纸张一般为A4幅面。这种电子白板的图像传感器件一般是CCD,扫描方式采用CCD模块运动和白板膜运动两种。打印输出方式一般有热敏纸输出及喷墨普通纸输出,颜色上有黑白及彩色输出两种。除了复印功能外,一些厂家还在此基础上添加了与计算机相连的功能,即可将白板的内容扫描到计算机中,功能表现上相当于一台扫描仪。目前复印型电子白板的厂家有日本的松下和普乐士等。

(2) 交互式电子白板

交互式电子白板可以与计算机进行信息通信,将电子白板连接到PC,并利用投影仪将PC上的内容投影到电子白板屏幕上,在专门的应用程序的支持下,可以构造一个大屏幕、交互式的协作会议或教学环境(如图3-5-2所示)。利用特定的定位笔代替鼠标在白板上进行操作,可以运行任何应用程序,可以对文件进行编辑、注释、保存等在计算机上利用键盘及鼠标可以实现的任何操作。

交互式电子白板也支持复印,将电子白板直接与打印机连接,通过特定的白板笔进行板书,需要打印时,只需按下面板上的打印键即可实现彩色或黑白打印。还可以作为PC白板使用,将电子白板与微型计算机相连,此时的电子白板就相当于一个面积特别大的手写板,可以在上面任意书写、绘画并即时地在微型计算机上显示,文件保存为图形文件。此功能一般需要一个专用的应用程序支持。如果通过特定的应用程序如 Microsoft 的 Netmeeting,交互式电子白板就可以通过网络与其他办公室、会议室进行交流,实现网络会议。

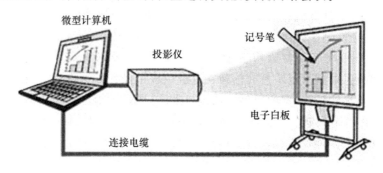

图 3-5-2　交互式电子白板工作原理图

2. 电子白板的工作原理

电子白板的核心在于使用者可以直接在上面进行输入,和计算机系统实现交互,目前国内外的电子白板采用的技术主要有以下 5 种。

(1) 压感技术

使用压感技术的电子白板,用户可以将其理解为一块超大规模的计算机触摸屏。其原理是在电子白板上有一层由一系列的电阻膜、绝缘网格、导电膜组成的压力膜感应层。当感应层上的一点接收到压力时该点就会接通电路(也有的产品采用的是相反的方式,使该点造成短路),电子白板的控制器就会检测出受压点的坐标值,然后输入计算机系统进行处理。压感技术的优点在于无须使用专用的笔,使用不尖锐的笔状物即可,同时对于供电的要求也较低,使用 USB 接口供电即可。不过它也存在劣势,那就是书写时需要用力,时间长了使用者会较累,反应速度也稍有延迟,同时白板的尺寸也有限制,不能做得太大。

(2) 电磁感应技术

电磁感应技术是电子白板的表面有水平和垂直两个方向的接收线圈膜,膜的大小与需要显示的区域相同。与之相配套的是一支可以发射电磁波的笔,使用时会按间歇方式发射电磁波,当笔靠近接收线圈膜的时候,线圈就会感应到笔发射的电磁波。离笔最近的线圈组感应到的电动势最高,离得远的电动势则低,根据横向和纵向感应到的电动势的高低,通过控制器的计算获得坐标位置。电磁感应技术的优点是定位准确,同时反应速度快、延迟时间短。而它的缺点则是抗干扰性差,比如在使用中容易受到手机信号的干扰,同时设备的发热量也比较大。

(3) 激光技术

激光技术是在电子白板的两侧安装激光发射器。设备启动后,激光发射器发出的激光扫射电子白板的表面,使用具有激光感应功能的特制笔在电子白板上进行操作,激光发射器就会感应到相对应的位置坐标,然后输入计算机进行处理。激光技术的优点是定位准确,但是相对而言成本较高。

(4) 超声波技术

超声波技术是在电子白板的两侧放置按照固定距离分布的超声波接收装置,用于定位的笔则是一个超声波发射器,当笔在电子白板的表面移动时,所发射出的超声波被接收器所检测到,然后根据接收到的时间来计算出笔和两侧的接收器之间的距离,从而来进行定位。超声波技术的优点是定位准确,缺点则是受温度的影响相对较大,同时需要使用专用的笔。

(5) 红外线技术

红外线技术是在电子白板的周围装有红外线接收器和发射管,从而构成水平和垂直方向的扫描网格。当有物体阻挡住网格中的某对水平和垂直组成的扫描交叉点时,就可以通过被阻挡的水平和垂直方向的红外线位置定位坐标。红外线技术定位准确,精度也比较高,制作成本也比较低,同时不需要使用专用的笔,但是在使用中却容易受到强光和其他强红外线的影响。

3.5.2 电子白板的主要技术指标

1. 输出类型

电子白板可将白板上书写的内容通过一定的方式扫描并打印出来。其功能完成过程与普通的复印过程一样,首先由图像传感器件对白板上的内容进行采集,采集信号经过一定的图像处理后,最后用热敏、喷墨或其他打印方式输出。普通电子白板是利用外接的打印输出设备来完成这一过程,复印式电子白板自带打印输出系统,可以直接完成输出打印这一过程。打印输出的方式一般有热敏、喷墨和色带等。

2. 有效读取尺寸

这是指电子白板可以书写使用的有效尺寸,在这个区域内可以任意书写和进行复印输出,它的尺寸一般要比实际面板尺寸要小。

3. 面板尺寸与面板数量

面板尺寸是指电子白板的实际尺寸大小,单位是毫米,通常是指电子白板的长×宽。

一般情况下电子白板会配有1~4块面板,面板数量在2块以上可以方便进行屏幕循环,并支持多屏内容展示,可以多面连续书写,方便用户使用。

4. 复印系统

电子白板一般以热敏和喷墨两种复印方式输出。热敏的方式是用加热的方式使涂在打印纸上的热敏介质变色,热敏复印系统接收到打印数据后,将复印数据转换为位图数据,然后按照位图数据的点控制复印系统机芯的发热元件通过电流,这样就把复印数据变成复印纸上的复印内容了。喷墨的方式就是通过将墨滴喷射到复印介质上来形成文字或图像。

5. 复制速度与连续复制张数

复制速度是指电子白板每分钟能够复制的张数,它的单位是张/分。

连续复制是指对同一稿件不需要进行多次设置,电子白板可以一次连续完成的复制的最大的数量。连续复制因为可以避免了对同一稿件的重复设置,节省了每次作为首页复制多花时间,因此对于经常需要对同一对象进行多份复制用户是相当实用。连续复制的标识方法为1~×张,×代表该款产品连续复制的最大能力。

6. 计算机接口

接口类型指的是电子白板与电脑系统采用何种方式进行连接。目前电子白板与电脑连接常见的接口类型有 USB 接口和蓝牙接口。

3.5.3 电子白板的操作使用

松下 KX-BP800CN 是一款具备普通纸打印功能、操作简单且能多重复印的电子白板,它能一机多用,是多媒体教室的良好解决方案,其主要性能参数如表 3-5-1 所示。

表 3-5-1　KX-BP800CN 主要性能参数

电源	AC220～240 V,50/60 Hz
面板尺寸	900 mm×1 400 mm(35.4"×55.1") 实际的屏幕尺寸
重量(不带落地支架)	34.0 kg
记号笔的颜色	黑、红、蓝 3 色(普通白板功能),黑、红、蓝、绿 4 色(交互式功能)
扫描系统	CCD 图像感应器系统
打印系统	热转印类型
复印浓度/复印颜色	8 点/毫米(203 点/英寸)/黑色
可连续复印的最大页数	1～9 页
纸张种类及大小	标准或循环再生纸(60～90 g/m²),A4
交互式功能的接口连接线	RS-232-C 串行口电缆(9 针)
电子笔/擦板电池及使用时间	LR03("AAA"大小)× 2"Alkaline 电池",48 小时
投影模式(交互式功能)	鼠标操作:左键单击、右键单击、左键双击和拖放。可设定笔的颜色、宽度以擦板的尺寸。可对 PC 桌面的记录并播放
白板模式(交互式功能)	在 PC 上的白板窗口内实时画图,设定笔的颜色、宽度以及擦板的尺寸。记录和播放:记录和播放绘图,导入记录的已绘制图像的剪贴板内容

　　将微型机中的影像投影到 KX-BP800 的屏幕上之后,就可以用白板附带的电子笔对基于"视窗"环境下的所有应用程序进行操作,如同在桌面上使用鼠标一样。只要一触按键,松下电子扫描板可复印任何写在、画在甚至贴在屏幕上的信息。适合各种办公环境,可壁挂或用支架;控制盘带自动裁纸刀;并带有计算机和打印机接口。

　　我国的交互电子白板正处于萌芽期,但发展速度很快,年增长率超过 100%。特别是短焦距投影仪配电子白板的黄金组合方式受到教育界广泛推崇,成为许多教室互动教学的不二之选。但是,进入 2010 年,一种结合了液晶显示与互动一体的新型电子白板——电视白板的出现,有力地威胁了短焦距投影仪配电子白板在教学领域的地位。

　　目前,在国内电子白板市场,商用领域已经明确表现出更青睐平板介质产品的倾向,平板式电子白板成了最大的看点,对大多数客户而言,平板式白板在会议室、教学使用中具有明显优于传统电子白板的优势,相信在市场需求的推动之下,平板式电子白板必将成为未来电子白板发展的一个趋势。

3.6　高拍仪

3.6.1　高拍仪的简介

　　高拍仪,也称高速影像拍摄仪,是最新研发出来的一款超便携低碳办公用品,也是一款办公领域革新性产品。它具有折叠式的超便捷设计,能完成一秒钟高速扫描,具有 OCR 文字识别功能,可以将扫描的图片识别转换成可编辑的 Word 文档。它可以进行拍照、录像、复印、实物投影、网络无纸传真等操作。它完美的办公解决方案让办公更轻松、更快捷、更环保。目前正广泛应用于政府部门、医学机构、航天航空、金融行业(银行、证券、保险)、学校等有文件需扫描归档或复印存档的领域。主要的品牌有良田、紫光、哲林、方钻、点易拍等,外形如图 3-6-1 所示。

3.6.2 高拍仪的性能技术指标

1. 扫描参数

高拍仪的扫描方式基本上都是 CMOS 方式,CMOS 光电传感器经光电转换后直接产生电信号,信号读取十分简单。目前绝大部分高拍仪摄像头的标准分辨率能达到 2 048 dpi×1 536 dpi 以上。扫描幅面有 A3、A4、A5 不等规格,A4 是目前市面上的高拍仪扫描幅面主流产品。

图 3-6-1 高拍仪

2. 扫描介质

高拍仪能扫描的介质类型有文档、单据、身份证、笔记、图片、照片、杂志书籍、立体实物等。有的高拍仪在自然光的条件下下不能完成资料电子化的工作,因此许多高拍仪都会配置 LED 辅助灯,来避免扫描时光线不足导致的扫描效果不好的情况发生。

3. 输出格式

高拍仪对不同扫描介质所搜集到的资料,形成的输出格式也各不相同。扫描图片格式:JPG、TIF、PDF、BMP、TGA、PCX、PNG、RAS;输出文档格式:PDF、WORD、TXT;录像格式:AVI、WMV。

使用高拍仪记录文件资料后,根据不同的格式进行不同方式的保存与传输。

3.6.3 高拍仪的主要功能

在工作与生活中,传统扫描仪扫描一份文件需要 10 秒以上,并且在录入大量文稿和比较破旧的纸张时,普通扫描仪显得无用武之地,因为慢,并且破旧的纸张不能自动走纸,从而就诞生了用数码相机拍摄文稿,然后上传到计算机。鉴于这种理念,高拍仪诞生了,它就是一款能够用这种原理直接高速拍摄文件文稿、实物,并直接保存在计算机中,保证清晰度好,色彩丰富、不变形的扫描仪。

1. 文件扫描

高拍仪采用 USB2.0 接口,传输速度可达到 480 Mbit/s,200\300\500 万像素传感器配备 300\500\800 万高清晰镜头,提供高质量扫描,最大扫描尺寸可达 A3 幅面,不管是彩色书籍,还是票据身份证或者文稿文件之类,都可轻松获取 JPG 或者设定的格式文件存盘电脑。通过对书本的翻页拍摄,自动整理成一本 PDF 文件格式电子书,硬盘储存,方便保存、传送。

2. 实物拍摄

通过对高拍仪的折叠,能方便进行实体对象拍摄,包括拍摄人、实物等,并可以将其数据存盘,同时可进行连续拍摄,时间间距自己设定。无论是手动拍照,还是定时间隔连拍,都能出色地、稳定地拍摄到高质量的数码照片,具备数码相机的功能,还提供了实时 DV 录像功能,操作简单,录像质量高,录像时间长短可根据硬盘大小自行设定。

3. 实物投影机

拥有活动结构的高拍仪,能对空间的任何物品进行拍摄,最终显示在电脑屏幕上,配合投影仪可直接投影到幕布上。无论是授课、开会、展示产品等场合,高拍仪都会带来便利,节省使用者的开支和时间。

4. 复印传真邮件

高拍仪能快速地获取纸张文件、物体等实体文件的影像资料,也提供了快速打印预览视频中的影像的功能,无须存储,节省空间与时间。可由黑白或彩色打印机实时打印,或者直接用网络传真发送出去。

5. 图像处理功能

高拍仪提供了功能强大的图片处理功能,实现了许多图像处理软件的常用功能,不但为您提供了图片添加文字、框选、镜像、旋转、裁切、改变图像大小、反色、灰度图、二值图、抖动处理、颜色变换、伽马校正、增加亮度、降低亮度、增加饱和度、降低饱和度等功能,还提供了专业级的直方图处理、线性和非线性滤波,内容包括:模糊、锐化、高斯、浮雕、边缘、去除红眼、去除阴影等功能。除此之外,高拍仪还提供了对文档图像进行文字识别提取文字的功能,将文档图像转化为可以编辑的文本文件。

近两年来,高拍仪在办公领域起到了重要的作用,例如银行金融机构中客户业务办理的电子化存档,政府部门中重大事件记录文档电子化,教育行业中教师备课、多媒体教学,医疗行业中的病例、处方电子化存档等。高拍仪的投入使用,大大地提高了办公的效率,减少了办公的资源浪费。

3.6.4 高拍仪的结构与原理

通常来说,高拍仪是由镜头、调节灯、转抽、可伸缩杆、升降按钮、底座、USB 插口和开关灯部件组合而成的。

高拍仪利用相机拍摄原理设计而成,通过支架将摄像头高悬与被扫物体上方,扫描被扫物体并将其保存至电脑。由于高拍仪采用的扫描原理与传统扫描设备不相同,因此其在扫描方面的应用也与一般的扫描仪有很大的区别。高拍仪因为摄像头同被扫物体直接有一定距离,理论上只要不高过摄像头与地平面的三角区域,高拍仪皆可扫描,因此也就放宽了高拍仪扫描的尺寸,无论是 A3 的图片、图纸,还是 3D 实物,均可使用高拍仪完成扫描。

高拍仪扫描软件是高拍仪完成扫描任务最重要的工具之一。通过高拍仪扫描所得的图片,必须通过该软件导出,才能保存。除此之外,用户还可通过该软件及时了解所扫描物品或者图片角度是否合适,并及时做出矫正和裁剪。

习 题

1. 打印机的种类有哪些,各有何特点?
2. 简述喷墨打印机的使用。
3. 简述激光打印机的工作原理。
4. 简述扫描仪的工作原理。
5. 简述 DLP 投影仪的工作原理。
6. 简述投影仪的使用注意事项。
7. 触摸屏的应用领域有哪些?
8. 简述电子白板的具体应用及发展趋势。
9. 高拍仪的应用领域有哪些?

第 4 章　影像设备

随着科技的发展与社会的进步,办公信息中的一部分文字已被图像所取代,如网络新闻报道中,如果采用了图像等媒体,新闻的可信度就大幅度提高。因此,摄像机与照相机等影像设备已成为人们日常办公中一类重要的设备。

本章学习要点:

- 数码照相机的结构、工作原理与使用
- 数码摄像机的结构、工作原理与使用

4.1　数码照相机

数码照相机(Digital Camera,DC),这是一种新型的数码影像输入设备。数码照相机可以很方便地与微型计算机连接,所获得的数字化影像可以在微型机中进行处理,从而成为一种常见的输入设备,是获得数字图像的一种重要工具。早在 1981 年,美国就已经开始研制可视相机,即第一代数码照相机。1984 年完成样机研制,1988 年实现了商品化而进入市场。日本约在 1985 年开始研制数码照相机,1992 年实现了商品化。随着光学、电子和计算机技术的发展,数码照相机的整体技术也有了新发展。一方面表现在数码照相机的分辨率大幅度提高;另一方面表现在图像彩色的记录能力上。随着这几年技术的发展,其价格下降也极为迅速,应用十分广泛。图 4-1-1 是常见的几种数码照相机。

图 4-1-1　常见的数码照相机

数码照相机与传统光学照相机在以下几个方面存在不同之处。

(1) 感光材料与存储介质

传统光学照相机的感光材料是采用胶卷或胶片,数码照相机的感光材料是电子元件,这是二者最根本的区别。正是因为这种区别,数码照相机在拍摄后可立即得到影像,并且无须再冲洗扩印等胶片化学流程,从而降低了拍摄成本,提高了工作效率。

数码照相机摄取的图像以数字方式存储在记忆卡介质上,而传统照相机的影像则是以化学方法记录在胶片上。

(2) 液晶显示屏

从外观上区别数码照相机与传统照相机,最简单的方法就是看照相机背面的液晶显示屏。数码照相机因为是电子元件感光,所以它能将镜头框定的内容直接显示到照相机背面的液晶显示屏上,并可在拍摄后用液晶显示屏立即看到拍摄的照片。如果拍摄效果不好,可删除再进行新的拍摄。

(3) 图像质量

用传统照相机拍摄的图像的晶状格会远远小于电子感光器采集的图像像素数。其次,传统相机的卤化银胶片可以捕捉连续色调和色彩,而数码照相机的采集原理只能是亮或暗两种情况。此外,数码照相机的电子感光器在较晴或较亮的光线下会丢失部分细节,这种现象称为"限幅",且有时很难纠正;在使用单调光、使用闪光灯等光源拍照时,效果较好,但在色彩较多且光源复杂的情况下(如照风景时),拍摄效果与传统照相机有一定差距,但这几年随着科技的高速发展,现在数码照相机拍摄的效果完全可满足日常办公的需要。

(4) 输入/输出方式

数码照相机拍摄的影像可直接输入微型计算机,经处理后打印出来。传统照相机的影像必须在暗房里进行显影、定影、彩扩后才能成像,要想进行图像处理必须通过扫描仪输入微机中,而扫描得到的图像质量也受到扫描仪精度的影响。另外,数码照相机可以输出到电视机、投影仪上观看,十分方便。

数码照相机有着快速、便捷等优点,在新闻出版、广告拍摄等行业使用较为广泛。

4.1.1 数码照相机的分类

现在数码照相机的种类大致分为民用、专业和数码机背 3 种。

(1) 民用型数码照相机

这一类型的数码照相机大致分为高、中、低三档。

低档民用数码照相机结构紧凑,但像素不高,一般在 300 万左右,出于成本的考虑,这些相机一般不具有光学变焦而采用多倍的数码变焦,从功能来讲,属于"傻瓜机"系列,适于家庭、多媒体、保安和制证等方面,由于分辨率太低不适用于肖像摄影、商业摄影、摄影创作等场合。

中档民用数码照相机的像素一般在 800 万左右,这些照相机中有的采用高像素、数码变焦;一般都具有 3 倍光学变焦。这些照相机有的已经具有一些传统照相机功能,如光圈/快门优先等,可以适合一些要求不高的商业用途。

高档民用数码照相机的像素 1 400 万以上,清晰度接近或超过传统相机。有的还加上了录音、动态图像等功能。常应用于商业摄影、公安、科研等一些要求较高的办公场合。

(2) 专业数码照相机

通常有专业单反照相机与微单照相机。

专业数码单反相机是在现成的 35 mm 单反相机的机体上加上电子感光器等相关部件组成一个整体构成,它们的像素一般在 800 万以上,甚至达 1 600 万像素,它可以使用传统光学相机的专业镜头,目前被广泛用于新闻等专业摄影领域,这类相机也被越来越多地用于制作各类的文献或产品样本。目前数码单反相机所拍摄的照片性能已基本上能与传统胶片的照片相比拟。

微单相机,是一种介于数码单反相机和卡片机之间的跨界产品。2010 年 6 月,索尼首推微单相机 NEX-5C。具有卡片式数码相机的轻便机身,却能够像单反相机一样更换镜头,并可提供和单反照相机同样的画质。

(3) 数码机背

数码机背通常加用于中幅相机和大型相机上,可方便地将现有中幅相机数字化,在机身上装卸也极为方便,可随时进行数码照相与传统照相方式的转换。数码机背主要用在要求苛刻的商业摄影、广告摄影方面,因为可获得极高的分辨率,有的像素水平达 3 000 万,所摄的效果足以打出 A0 幅面以上的高质量图像,或打出大幅面报纸。

4.1.2 数码照相机的主要技术指标

(1) 电子感光器件及尺寸

电子感光器是数码照相机的核心,也是最关键的部件。它是一个感光器件,相当于传统光学相机的胶卷。目前数码照相机的核心成像部件有两种:一种是广泛使用的 CCD(电荷耦合)元件;另一种是 CMOS(互补金属氧化物导体)器件。对数码照相机来说,影像感光器件成像的因素主要有两个方面:一是感光器件的面积;二是感光器件的色彩深度。

(2) 最大像素与有效像素

所谓最大像素是经过插值运算后获得的。插值运算通过设在数码照相机内部的 DSP 芯片,在需要放大图像时用最临近法插值、线性插值等运算方法,在图像内添加图像放大后所需要增加的像素。插值运算后获得的图像质量不能够与真正感光成像的图像相比。

有效像素数是指真正参与感光成像的像素值。最大像素的数值是感光器件的真实像素,这个数据通常包含了感光器件的非成像部分,而有效像素是在镜头变焦倍率下所换算出来的值。

(3) 最高分辨率与图像分辨率

数码照相机能够拍摄最大图片的面积,就是这台数码照相机的最高分辨率。图像分辨率为数码照相机可选择的成像大小及尺寸,常见的有 3 840×2 560、5 760×3 840 等。

(4) 光学变焦与数码变焦

数码照相机的光学变焦是依靠光学镜头结构来实现变焦。其光学变焦方式与传统光学相机相同,就是通过镜片移动来放大与缩小需要拍摄的景物,光学变焦倍数越大,能拍摄的景物就越远。数字变焦也称为数码变焦,数码变焦是通过数码照相机内的处理器,把图片内的每个像素面积增大,从而达到放大目的。这种方法如同用图像处理软件把图片的显示面积放大,只不过程序在数码照相机内进行,把原来电子感光器上的一部分像素使用"插值"处理手段来放大,将电子感光器上的像素用插值算法将画面放大到整个画面,没有很大的实用价值。

(5) 测光方式

数码照相机的测光系统一般是测定被摄对象反射回来的光亮度,也称之为反射式测光。测光方式按测光元件的安放位置不同一般可分为外测光和内测光两种方式。

外测光:在外测光方式中,测光元件与镜头的光路是各自独立的。这种测光方式广泛应用于平视取景镜头快门照相机中,它具有足够的灵敏度和准确度。单镜头反光照相机一般不使用这种测光方式。

内测光:这种测光方式是通过镜头来进行测光,即所谓 TTL 测光,与摄影条件一致,在更换相机镜头或摄影距离变化、加滤色镜时均能进行自动校正。目前几乎所有单镜头反光相机都采用这种测光方式。

(6) 防抖功能

由于手抖会造成影像模糊的现象,所以数码照相机就具备防抖系统的功能,使拍摄出来的影像更稳定。常见的方法有光学防抖与电子防抖。

作为光学防抖技术,并不是让机身不抖动,它是依靠特殊的镜头或电子感光器的结构最大程度地降低操作者在使用过程中由于抖动造成影像不稳定。通过镜头组实现防抖主要是以佳能和尼康为代表,它们依靠磁力包裹悬浮镜头,从而有效克服因相机振动产生的图像模糊,这对于大变焦镜头的数码照相机所能起到的效果更加明显。

通常,镜头内的陀螺仪侦测到微小的移动,并且会将信号传至微处理器立即计算需要补偿的位移量,然后通过补偿镜片组,根据镜头的抖动方向及位移量加以补偿,从而有效地克服因相机的振动产生的影像模糊。

光学防抖功能的效果是相当明显的,一般情况下,开启该功能可以提高 2～3 挡快门速度,使手持拍摄不会产生模糊不清的现象,对初学者来说效果非常明显,另外在长焦型数码照相机中,效果也是立竿见影的。

电子防抖,是针对电子感光器上的图像进行分析,然后利用边缘图像进行补偿,就像光学变焦和数字变焦一样,它只是对采集到的数据进行后期处理,治标不治本,并没有什么实际作用;相反,对于画质有一定程度的破坏。

4.1.3 数码照相机的工作原理

数码照相机一般组成由光学镜头、电子感光器(CCD)、A/D(模/数转换器)、MPU(微处理器)、内置存储器、液晶显示器(LCD)、外部存贮卡(可移动存储器)和接口(计算机接口、电视机接口)等部分组成,如图 4-1-2 所示。

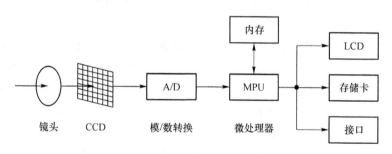

图 4-1-2 数码照相机原理方框图

数码照相机利用 CCD 代替传统的胶卷,实现感光成像。数码照相机在拍摄照片的过程中需要经过影像捕捉、信号转换、数字文件存储和图像输出几个主要步骤。

(1) 在数码照相机的影像捕捉过程中,光线通过镜头到达电子感光器上,由电子感光器完成光图像的捕捉。数码照相机的镜头和传统相机一样,都是由多透镜组合而成,其作用是调整焦距,将图像清晰地照射在感光体上。

(2) 完成影像捕捉后,数码照相机将捕捉到的影像信息转换为数字信号。在这个过程中,电子感光器捕捉影像后将每个像素转换成一个与该点所感受到的光线强度对应的模拟电信号,然后由 A/D 转换电路读入这些模拟电信号,将其转换成具有一定位长的数字信号。数码照相机中的照片是以二进制数据文件的形式存储的。一般来说,A/D 转换后的数据位数越多,误差越小,成像质量越好。

(3) 生成数据文件后,由 MPU 对数字信号进行压缩并以一定格式将其存入存储器中。压缩芯片用于将文件以一定格式压缩,存储器用于存储文件。

(4) 数码照相机的图像数据输出分有 3 路:第一路是输出接口是利用数据线将数据传送给计算机或通过视频线输出到电视机或投影仪;第二路是通过内部芯片输出到存储卡中;第三路是输出到液晶显示器,许多数码照相机都有 LCD 液晶显示屏,因此不需要将图像文件输出到其他设备上,就可以在数码照相机上直接观看所拍摄的图像效果,看到被拍摄下来的画面质量不理想时可以马上删除、重拍。大多数数码照相机的液晶显示器还具有取景器的作用,可以辅助构图。

4.1.4 数码照相机的操作使用

数码照相机在市场上有很多种类与品牌,常见的品牌有索尼(SONY)、佳能(Canon)、尼康、奥林巴斯(Olympus)、联想、方正等,在此以较为常见的尼康 D7000 数码照相机为例来进行介绍,在中端数码单反市场上,尼康 D7000 无疑是性价比极高的产品,主要因其拥有非常出色地性能配置及画质表现,外加颇具竞争力的价格,使得其成为众多预算万元内用户的首选。作为尼康中端单反的主力机型,尼康微 D7000 加入了诸多最新的技术,这也使得它在各方面的表现都十分出色,在机身用料上也更为考究。D7000 的机顶以及机背的骨架都采用了高强度的镁合金材料,而这样的设计可以使得 D7000 能够在保持相对较轻的体重同时,又具备坚固耐用的特性。另外,防尘防滴溅的设计也让这款机器能够适应更多的恶劣拍摄环境。如图 4-1-3 所示是尼康 D7000 数码照相机。

图 4-1-3　尼康 D7000 数码照相机

(1) 数码照相机的结构

其性能参数如表 4-1-1 所示。

表 4-1-1　尼康 D7000 的性能参数

分类	项目	参数
一般参数	相机类型与定位	单反（APS-C 画幅）、中高级单反照相机
	有效像素数与最高分辨率	1 620 万、4 928 dpi×3 264 dpi
	传感器类型与尺寸	CMOS、23.6 mm×15.6 mm、Nikon DX 格式 CMOS 感应器
技术参数	焦距（相当于 35 mm 相机）	换算倍率为 1.5 倍
	对焦方式	Multi-CAM 4800DX 自动对焦模块，39 个对焦点（自动对焦，单次伺服，连续伺服，自动伺服，手动对焦）
	镜头型号与对焦	视镜头而定
	手动曝光	支持
拍摄功能	自拍与连拍功能	支持 2 秒、5 秒、10 秒、20 秒延迟拍摄，6 张/秒
	防抖功能与面部识别	机身不具备防抖功能，支持面部识别功能
	防红眼	支持防红眼闪光拍摄
	图像尺寸	4 928×3 264、3 696×2 448、2 464×1 632
	视频拍摄	640×424（30 帧/秒）、1 280×720（30 帧/秒）、1 920×1 080（24 帧/秒）
	高清格式	支持 1080P 高清视频拍摄
取景及显示	快门类型与速度	电子控制焦平面快门、30-1/8000
	液晶屏尺寸与像素	TFT LCD 显示屏、3 英寸、92 万、高清屏
	取景器类型	眼平五棱镜
	取景器放大比率	0.94 倍
	屈光度调节	−3.0～+1.0m−1(dpt)
曝光控制	曝光模式	自动，场景模式，程序自动，快门优先，光圈优先，手动
	曝光补偿	±5EV（1/2 或 1/3EV 步进调节）
	曝光测光	矩阵测光，中央重点测光，点测光
	场景模式	人像，风景，运动，近摄，夜间人像
	感光度范围	自动，ISO 100～6400，最高扩展为 25600
	白平衡调整与预设	自动，手动，预设白炽灯，荧光灯，直射阳光，闪光灯，阴天，阴影等
闪光灯	相机闪光灯	内置，可外接闪光灯
	闪光模式	前帘同步，慢速同步，后帘同步，防红眼，防红眼慢速同步
	外置闪光灯	支持尼康 SB 系列外接闪光灯
	闪光指数	GN12（ISO 100，以米/英尺为单位）
存储参数	存储介质	SD/SDHC/SDXC 卡
	照片格式	JPEG，NEF（RAW）
	视频格式	MOV（H.264），支持视频输出（NTSC/PAL）
	音频输入	单声道音频输入
其他特性	尺寸与重量	长 132×高 105×厚 77　　690g
	电源与续航时间	可充电锂离子电池、1050 张（CIPA 标准）
	连接类型	高速 USB 2.0、A/V 输出、HDMI 输出
	遥控功能	无线遥控器 ML-L3

(2) 输出接口

为了方便下载数码照相机中的文件,数码照相机和 PC 的连接有多种方式,常见的就是 USB 接口和 A/V 输出、HDMI 输出。

当然现在的数码照相机中都是使用移动式存储器,可以将相机中移动式存储器取出,放到相应用的读卡器上将相片数据读入计算机中。

此外,在数码照相机上还有 A/V 输出和 HDMI 输出接口,即视频输出接口,可在电视机(投影仪)上欣赏所拍摄的图片。将视频电缆通过数码照相机的 Video out 连接到电视机或投影仪、监视器的"视频输入"插口,同时将照相机调到"查看"模式。

(3) 数码照相机的拍摄

① 开启照相机,操作面板将开启且取景器中的显示将亮起,可以查看到电池电量级别、剩余可拍摄张数等。

② 选择拍摄模式。相机中有 AUTO(全自动)、P(程序自动曝光)、S(速度优先)、A(光圈优先)、M(手动)、场景模式等,一般拍摄时可采用 AUTO 模式。

③ 构图。保持照相机稳定。选择所需要构图,先将快门按钮按下一半,此时处于自动对焦状态,停顿一下,绿灯亮起再按下,当光线不足时,照相机会自动启动闪光。

④ 平稳地完全按下快门释放按钮以释放快门并拍摄照片。当正在将照片记录到存储卡上时,存储卡插槽盖旁的存取指示灯将会点亮。

⑤ 欣赏照片。拍摄完成后,按照相机中播放按钮,结合控制按钮的"前""后"键来欣赏所拍影像。

⑥ 将所拍摄的照片上传到微型机,通常有两种方法:一是将照相机与微型机通过 USE 连接线相连接,相机会成为微型机中的一个驱动盘,可将图像文件传送到计算机中;二是将照相机中的存储卡取出来,用读卡器插入微型机中来读取数据。

4.1.5 数码照相机的日常保护

1. 镜头

一般来说,镜头上有一小块的尘土并不会影响拍摄质量,只有在非常必要时才对镜头进行清洗,过多的擦拭及不正确清洗方法会损坏镜头。手指印对镜头的色料涂层非常有害,应尽快清除。在不使用时,最好盖上镜头盖,以减少清洗的次数。

清洗时,用软刷和吹气球清除尘埃,先使用软刷和吹气球去除尘埃颗粒,然后再使用镜头清洗布。滴一小滴镜头清洗液在拭纸上(注意不要将清洗液直接滴在镜头上),并用专用棉纸反复擦拭镜头表面,然后用一块干净的棉纱布擦净镜头,直至镜头干爽为止。如果没有专用的清洗液,可以采用纯净水,虽然效果不如清洗液,但同样能使镜头干净。(注意不能采用酒精来清洗,容易损坏镜头上的增光膜。)

另外,注意不能用硬纸、纸巾或餐巾纸来清洗镜头。这些物品中含有刮擦性的木质纸浆,会严重损害相机镜头上的易损涂层。在清洗照相机的其他部位时,切勿使用溶剂苯等挥发性物质,以免使数码照相机外壳变色。

2. 电池

数码照相机主要是靠锂电池提供电源,注意做好电池的保养,特别是不用时,也要定期充放电。

在使用充电之前,请使用柔软干布清洁电池两端的接触点,尽量让电池两端接触点保持干净,这样就可以确保电池可以完全地充足电量。如果电池的电极有出现氧化的情形时,需将其擦拭干净。

3. 液晶显示屏

彩色液晶显示屏是数码照相机的重要特色部件,不但价格很贵,而且容易受到损伤,因此在使用过程中需要特别注意保护。

在使用、存放中,要注意不让彩色液晶显示屏表面受重物挤压,彩色液晶显示屏表面脏了,使用干净的软布轻轻擦拭,不要用有机溶剂清洗。

在温度相当低时,液晶显示屏显示的亮度将会很低,一旦温度回升,亮度又将自动恢复正常。

4.1.6 数码照相机周边设备

1. 存储卡

在数码照相机中,不是采用传统的胶卷来记录影像,而是采用可反复擦写的存储卡来进行记录。存储卡是利用闪存(Flash Memory)技术达到存储电子信息的存储器,一般应用在数码照相机、掌上电脑、MP3 等小型数码产品中作为存储介质,所以体积小巧,像一张卡片,所以称之为存储卡。根据不同的生产厂商和不同的应用,存储卡大概有 CF 卡、SM 卡、MMC 卡、SD 卡、记忆棒、XD 卡等。目前主流的存储主要是 CF 卡、SD 卡、记忆棒等,这些存储卡虽然外观、规格不同(表 4-1-2 所示),但是技术原理都是相同的。

表 4-1-2 常见主流存储卡性能

类型	CF 卡	SD 卡	记忆棒
	Type I	Type II	
长	43	43	32
宽	36	36	24
高	3.3	5	2.1
工作电压			2.7～3.6V
接口	50 针	50 针	7 针
重量	14 克		
价格	低	低	高

(1) CF 卡(Compact Flash)

CF 卡是存储卡市场的最早的产品,其外形如图 4-1-4 所示,1994 年由 Sandisk 公司 SanDisk 最先推出第一套标准。以 Sandisk 及柯达、佳能、尼康、奥林巴斯等影像巨头为核心组成的 CF 卡标准组织现有成员约 250 家,涵盖了几乎所有数码照相机生产厂商,使用 CF 卡的数码照相机产品已经超过 300 款,CF 卡还被 PDA、掌上游戏机、MP3 播放器等便携设备所采用。

图 4-1-4 CF 卡

图 4-1-5 SD 卡

但 CF 卡存在着以下缺点是与其他种类的存储卡相比,CF 卡的体积略微偏大,这也限制了使用 CF 卡的数码照相机体积,很多流行的超薄数码照相机大多放弃了 CF 卡,而改用体积更为小巧的 SD 卡。

(2) SD 卡(Secure Digital)

在各种存储卡标准中,SD 卡使用最普遍,直译成"安全数字卡",SD 之所以成为 SD 就是因为引入了数据保密机制,它将 DVD 的保密技术移植到存储设备中来,数据加密存储,有利于保护数据安全和知识产权。

SD 卡是一种基于半导体快闪记忆器的新一代记忆设备,其外形如图 4-1-5 所示。SD 卡由日本松下、东芝及美国 SanDisk 公司于 1999 年 8 月共同开发研制。大小犹如一张邮票的 SD 记忆卡,但却拥有高记忆容量、快速数据传输率、极大的移动灵活性以及很好的安全性。

SD 卡的结构能保证数字文件传送的安全性,也很容易重新格式化,所以有着广泛的应用领域,音乐、电影、新闻等多媒体文件都可以方便地保存到 SD 卡中。

SD 卡分为高速和低速卡。SD 卡协会制定了"SD 速度等级"作为速度性能的标准。使用的设备和卡上分别标有"SD Speed Class",这样就可以很容易地选择关于传输速度的卡。"SD 速度等级"中有 Class2、Class4、Class6、Class10 四种,如表 4-1-3 所示。

表 4-1-3 SD 速度等级

图示	读/写速度	适用场合
无标记	低于 2 Mbit/s	早期 MP3 等
CLASS2	读/写时的数据传输速度最低 2 Mbit/s	观看 MPEG2 的电影、SDTV、数码摄像机拍摄
CLASS4	读/写时的数据传输速度最低 4 Mbit/s	高清电视(HDTV)、数码照相机的连拍
CLASS6	读/写时的数据传输速度最低 6 Mbit/s	单反相机的连拍、专业设备
CLASS10	读/写时的数据传输速度最低 10 Mbit/s	

TF 卡(Trans Flash)是由世界著名存储设备商 SanDisk 开发的一种全球最小闪存卡,常用于手机、PDA 等设备,其尺寸约为 SD 卡的 1/4,和一片指甲差不多大小。只要其加上 SD 卡的卡套,就可以当成 SD 卡在设备上使用。

(3) 记忆棒(Memory Stick)

记忆棒全是由日本索尼(SONY)公司研发的移动存储媒体,其外形如图 4-1-6 所示,它采用精致醒目的蓝色外壳,并具有写保护开关。记忆棒为索尼公司专用存储设备,主要用于索尼公司的数码照相机、MP3 播放器、数码摄像机、电子玩具、PDA、笔记本计算机等。

于 1998 年 10 月推出市场,它亦被概括了整个 Memory Stick 的记忆卡系列。这个系列包括了 Memory Stick PRO(容许更佳的最大储存容量和更快的传输速度)、Memory Stick Duo(Memory Stick 的小型格式版本,包括 PRO Duo)、和比 Duo 更小的 Memory Stick Micro(M2)。记忆棒家族非常庞大,种类也很多,一般来说分为以下几种:蓝色的记忆棒俗称"蓝条",是使用得最多的记忆棒,多用于数码照相机和数码摄像,它具备版权保护功能,多用于索尼公司的数码随身听;"Memory Stick Pro"是新发布不久的一种记忆棒规格,它不但和白条一样具备版权保护功能,而且速度非常快,容量更是高达 32GB;"Memory Stick DUO"是目前记忆棒家族中体积最小巧的,它可以通过适配器与记忆棒接口兼容,它也分蓝色和白色两种,蓝色的名为"Memory Stick DUO",白色的名为"Memory Stick PRO MAGICGATE",具备版权保护的功能,容量也更大。

除了外形小巧、极高稳定性、版权保护功能及方便使用等特点外,记忆棒的优势还在于索尼推出的大量利用该项技术的产品,如数码摄像机、数码照相机、个人计算机、IC 录音机、液晶电视等,而 PC 卡转换器和 USB 读/写器等附件使得记忆棒可轻松实现与 PC 及苹果机的连接。

在数码照相机的周边设备中,还有很多设备,如三脚架、备用电池、各种镜头(定焦、变焦等)、各种滤镜(UV 镜、偏光镜、灰镜、星光镜、增倍镜、近摄镜、广角镜等)、外接闪光灯等。

2. 照相机镜头

在摄影拍摄时,镜头是非常重要的一个部件,通常只有一个机身,但往往有很多镜头,各有不同的用途。镜头的分类方法很多,一般有以下几种。

① 按焦距固定否可以分为两类:定焦镜头和变焦镜头。

② 按照品牌可以分为两类:原厂镜头和副厂镜头。如尼康的镜头、佳能的镜头、宾得镜头、SONY 的镜头,但这些品牌的镜头之间都是不能直接换用的。

③ 按焦距的长短分可以分为:广角镜头、超广角镜头、鱼眼镜头、标准镜头、中长焦镜头、超长焦镜头。

④ 按特殊用途来分,还有微距镜头、增距镜头等。

(1) 标准镜头

标准镜头:以适用于 35 毫米单反照相机的镜头为例,标准镜头通常是指焦距在 40~55 mm 的镜头,我们通常所说的标准镜头多指 50 mm 焦距,如图 4-1-7 所示,它是所有镜头中最基本的一种摄影镜头。

图 4-1-6 SONY 记忆棒

图 4-1-7 索尼、尼康、佳能标准镜头

(2) 定焦镜头

定焦镜头特指只有一个固定焦距的镜头,只有一个焦段,定焦镜头没有变焦功能,如图 4-1-8 所示。对焦速度快,成像质量稳定。不少拥有定焦镜头的数码相机所拍摄的运动物体图像清晰而稳定,对焦非常准确,画面细腻,颗粒感非常轻微,测光也比较准确。

(3) 变焦镜头

变焦镜头是一种很有魅力的镜头,它的镜头焦距可在较大的幅度内自力调节,如图 4-1-9 所示,就是一个变焦范围很大的镜头,这就意味着拍摄者在不改变拍摄距离的情况下,能够在较大幅度内调节底片的成像比例,也就是说,一只变焦镜头实际上起到了若干只不同焦距的定焦镜头的作用。变焦镜头最大的优点是一只变焦镜头能代替若干定焦镜头的作用,因而携带方便,使用简便,既不必在拍摄中不断更换镜头,也不必为摄取同一对象不同景别的画面而前后跑动。

图 4-1-8　尼康 35 mm 定焦镜头

图 4-1-9　尼康 18～200 mm 变焦镜头

变焦镜头的主要缺点是它的口径通常较小,会因此而给拍摄带来麻烦,如想用高速快门速度时、想用大光圈时等,往往不能满足需要。但随着技术的不断提高,尼康、佳能等厂商也生产了如 24-70/2.8、70-200/2.8 等高质量镜头,与定焦的成像效果相差无几。

(4) 广角镜头

指焦距短于、视角大于"标头"的镜头。以全幅 135 单反相机来说,焦距在 30 mm 左右、视角在 70°左右的镜头称为"广角镜头",焦距小于 22 mm,视角大于 90°的镜头称为"超广角镜头",如图 4-1-10 所示。

广角镜头具有:视角范围大,可以涵盖大范围景物;焦距短,景深长;能强调前景和突出远近对比等特点。

(5) 鱼眼镜头

一种极端的超广角镜头,以全幅 135 单反相机来说,焦距在 16 mm 以下,视角在 180°左右的镜头就可称为"鱼眼镜头",如图 4-1-11 所示。

图 4-1-10　尼康 14-24 广角镜头

图 4-1-11　尼康 6 mm 鱼眼镜头及所拍照片

鱼眼镜头具有特点为:①视角大,拍摄范围极广;②透视感获得极大的夸张;③鱼眼镜头存在严重的畸变,但可以获得戏剧性的效果;④第一片镜片向外凸出,不能使用通常的滤镜,取而代之的是"内置式滤镜"。

4.2　数码摄像机

从功能上来说,数码摄像机就是一台可以连续拍摄的数码照相机,所以从其结构、原理上来说,与数码照相机相似。数码摄像机完成的是对一段活动电影的记录。在办公活动中,常用来拍摄会议录像、动画资料等。

4.2.1 数码摄像机的分类

随着数码摄像机存储技术的发展,目前市面上数码摄像机依据记录介质的不同可以分为以下几种:Mini DV(采用 Mini DV 带记录)、Digital 8 DV(采用 D8 带记录)、超迷你型 DV(采用 SD 或 MMC 等扩展卡存储)、专业摄像机(摄录一体机)(采用 DVCAM 带记录)、DVD 摄像机(采用可刻录 DVD 光盘存储)、硬盘摄像机(采用微硬盘存储)和高清摄像机(HDV)和 3D 摄像机,如图 4-2-1 所示。这几种摄像机的操作功能和用途大同小异,只是在记录方式有所区别。

(a) 硬盘摄像机　　　　(b) 高清摄像机　　　　(c) 3D摄像机

图 4-2-1　数码摄像机

1. 硬盘摄像机

硬盘摄像机就是采用硬盘作为存储介质的数码摄像机,因为有别于以往使用 MiniDV 磁带或 8cm DVD 光盘作为存储介质的摄像机而得名。

硬盘摄像机具备很多优点,尤其外出拍摄时不用再携带大量 MiniDV 磁带或 DVD 光盘,让外出拍摄变得更加简便,而且可以节省大量资金。大容量硬盘摄像机能够确保长时间拍摄,让长时间拍摄不会有任何后顾之忧,也很方便向计算机传输拍摄素材,也不再需要 MiniDV 磁带摄像机时代那样烦琐、专业的视频采集设备,仅需应用 USB 连线与计算机连接,就可轻松完成素材导出。

微硬盘体积和 CF 卡一样,卡槽可以和 CF 卡通用,大小与磁带和 DVD 光盘相比体积更小,使用时间上也是众多存储介质中最可观的。微硬盘采用比硬盘更高技术来制作,这样保证了它的使用寿命,可反复擦写 30 万次。

但目前硬盘式摄像机也存在体积大、重量重、怕震、价格高等缺点。采用 SD 卡记录是摄像机的一个发展方向。

2. 专业摄像机

专业摄像机指的是摄像机中摄录放一体机一类产品,又被称为 DVCAM。DVCAM 格式是由索尼公司在 1996 年开发的一种视音频储存介质,其性能和 DV 几乎一模一样,不同的是两者磁迹的宽度,DV 的磁迹宽度为 10 微米,而 DVCAM 的磁迹宽度为 15 微米。由于记录速度不同,DV 是 18.8 毫米/秒,而 DVCAM 是 28.8 毫米/秒,所以两者在记录时间上也有所差别,DV 带可以记录 60~276 分钟的影音,而 DVCAM 带可以记录 34~184 分钟。

在视频和音频的采录方面,DV 和 DVCAM 基本相同,记录码率为 25 Mbit/s,音频采用 48 kHz 和 32 kHz 两种采样模式,都可以通过 IEEE1394 火线下载到计算机上进行非编剪辑。

3. 高清摄像机

2003 年,由索尼、佳能、夏普、JVC 四家公司联合宣布了 HDV 标准。2004 年,索尼发布了全球第一部民用高清数码摄像机。

数字高清晰度电视是指在拍摄、编辑、制作、播出、传输、接收等一系列电视信号的播出和接收全过程都使用数字技术。数字高清晰度电视是数字电视(DTV)标准中最高级的一种,简称为 HDTV。它具有水平扫描行数至少为 720 行的高解析度,宽屏模式为 16∶9,并且采用多通道传送。HDTV 的扫描格式共有 3 种,即 1 280×720p、1 920×1 080i 和 1 920×1 080p,我国采用的是 1 920×1 080i。

HDV 的标准是新开发一种家用便携式摄像机,它可以方便录制高质量、高清晰的影像。HDV 标准可以和现有的 DV 磁带一起使用,以其作为记录介质。这样,通过使用数字便携式摄像机,可以降低开发成本,提高开发效率。高清晰度数码摄像机可以保证"原汁原味",播放录像的时候不降低图像质量。按照该标准,可以在常用的 DV 带上录制高清晰画面,音质也更好。

4. 3D 摄像机

3D 摄像机,如图 4-2-2 所示。利用的是 3D 镜头制造的摄像机,通常具有两个摄像镜头以上,间距与人眼间距相近,能够拍摄出类似人眼所见的针对同一场景的不同图像。3D 摄像机本身的功能就像人脑一样,可以将两个镜头所拍摄的图像变成一个 3D 图像,从而形成一段 3D 的影像。观看者若想在 3D 电视上浏览这些图像、影像,需要佩戴主动式快门眼镜进行观看。这种眼镜能够以 60 次/秒的速度令左右眼镜的镜片快速交错开关,呈现出 3D 的效果。当然 3D 摄像机也可以当作 2D 摄像机使用。

图 4-2-2　3D 摄像机

3D 摄像机有以下几个特点。

(1) 3D 摄像机也有两个并排镜头。3D 摄像机本身的功能就像人脑一样,可以将两个图像融合在一起,变成一个 3D 图像。

(2) 这些图像可以在 3D 电视上播放,观众佩戴所谓的主动式快门眼镜即可观看,也可通过裸眼 3D 显示设备直接观看。3D 快门式眼镜能够以 60 次/秒的速度令左右眼镜的镜片快速交错开关。这意味着每只眼睛看到的是同一场景的稍显不同的画面,所以大脑会由此以为其是在欣赏以 3D 呈现的单张照片。

(3) 迄今 3D 技术面临的一个主要问题是内容,电影电视节目源相对缺乏。

目前市面上的 3D 摄像机都达到了 1 080p,1 920×1 080 的高清规格。3D 摄像机的应用领域主要有 3D 电视节目的制作、3D 电影素材拍摄和 3D 网络视频电话等。

4.2.2　数码摄像机的主要技术指标

1. 图像感光器元件与像素

数码摄像机的感光器件也即感光成像的部件,能把光线转变成电荷,通过模/数转换器芯片转换成数字信号。目前主要有两种:CCD 和 CMOS。

在前几年,不管是数码照相机还是摄像机其拍摄成像过程中都离不开对 CCD。但各个设备对此要求不同,目前低档的数码照相机都采用 500 万像素以下的的 CCD,而绝大多数 DV 的 CCD 像素还在 80 万～130 万像素左右。其主要是因为两者在输出要求上不尽相同。数码摄像机拍出来的影像最终还是要在电视机上播放,因此它的分辨率说主要与电视机的分辨率相匹配,由于目前普通家庭所使用的电视机屏幕分辨率大都在 40 万像素以下,真正能够用在显示图像上的也不会超过 40 万像素,所以 DV 不搭配高像素的 CCD 其最直接的原因是不需要那么高的像素,而不是技术上不能够做到高像素。当然有些数码摄像机由更高像素,主要是用于防抖动等功能。

随着 CMOS 在制造工艺和影像处理技术上的不断突破,业内对 CMOS 的前景预测也越来越乐观。高清数字影像的普及更是 CMOS 技术发展的一个难得机遇。而且,与 CCD 相比,CMOS 的制造原理更加简单,体积更小,功耗可以大大地降低,图像传感器即将进入"CMOS 时代",应用越来越广泛。

2. 图像感光器尺寸

图像感光器尺寸就是电子感光器的面积大小。感光器件的面积越大,捕获的光子越多,感光性能越好,信噪比越低。

超薄、超轻的数码摄像机一般电子感光器的尺寸也小,而越专业的数码摄像机,电子感光器的尺寸也越大。

3. 感光器件的像素

图像感光器数量即数码摄像机感光器件 CCD 的数量。多数的数码摄像机采用了单个或 3 个 CCD 作为其感光器件。

单 CCD 和 3CCD 的区别在于两者的取光。数码摄像机所拍摄到的影像,是通过光所产生出来的。我们知道,任何颜色都能由三原色调出来,而我们看到的光也是从三原色混合而产生的。即光是由原色所构成,这三种原色分别为红色、绿色及蓝色。而所谓 3CCD 的数码摄像机是通过特有的三棱镜把光线分解为 3 种颜色(红、绿、蓝),然后经过 3 块独立的 CCD 影像感应器处理。确保达到高分辨率及精确的色彩重现效果。而现在市面上大部分都是单 CCD 摄像机,即通过 4 种辅助颜色把色彩重现。但从辅助颜色转化成原色必须通过数码摄像机进行演绎,而演绎的过程却会引致色彩误差。因为 3CCD 影像感应器几乎可以原封不动地显示影像的原色,所以不会因经过摄像机演绎而出现色彩误差的情况。

单 CCD 和 3CCD 几乎可以作为划分"专业"和"非专业"数码摄像机的标志。但一般而言,喜欢用数码摄像机拍摄家庭录影带,或用作普通办公的用户,单 CCD 的数码摄像机已经足够了。而 3CCD 因为其成像的优秀特性,是电视台等专业办公用户的必选产品。

4. 水平清晰度

水平清晰度是一个很重要的参考标准。一台数码摄像机的成像质量,由它的电子感光器的像素、电子感光器的尺寸、电子感光器的个数和水平清晰度决定。

用摄像机拍摄的影音资料是需要在电视上播放,也通常以水平清晰度来衡量。通常把电视上的画面以水平方向分割成很多"线",线数越多越好。

5. 光学变焦与数码变焦

光学变焦指数码摄像机依靠光学镜头结构来实现变焦。数码摄像机的光学变焦方式与传统相机差不多,就是通过镜片移动来放大与缩小需要拍摄的景物,光学变焦倍数越大,能拍摄的景物就越远。

由于数码摄像机有比数码照相机更大的体积,内部的镜片和感光器移动空间更大,所以变焦倍数也更大。一般办公用的数码摄像机的光学变焦倍数大多在10倍以上。

数码变焦是通过数码摄像机内的处理器,把图片内的每个像素面积增大,从而达到放大目的。通过数码变焦,拍摄的景物放大了,但它的清晰度会有一定程度的下降,所以数码变焦并没有太大的实际意义。

6. 显示屏尺寸

即数码摄像机显示屏的大小,常见有3英寸、3.5英寸等。数码摄像机有两个取景器,一个是光学取景器;另一个是液晶取景器,也就是显示屏。对于小型的数码摄像机来说,大部分使用者都会选用液晶屏来取景,这样可以更加直观地构图取景。数码摄像机显示屏越大,一方面可以令摄像机更加美观,取景更加直观方便;另一方面,显示屏越大,使得数码摄像机的耗电量也越大。

7. 最低照明度

最低照明度Lux是测量摄像机感光度的一种方法,是摄像机能在多黑的条件下可以看到可用的影像。

1Lux的摄像机是指在一支蜡烛的光亮下离物体大约3米以外的地方拍摄到亮度正常的影像。虽然许多摄像机就能做到,但是所得到的图像质量并不好,可能画面全是雪花般的噪点,清晰度和色彩还原都不好。

影响画面的主要是DV镜头的聚光能力。1Lux是入射光即投射在物体上的光的大小,也是照相机捕捉到并记录了反射回来的光,即射到物体上又由物体反射给镜头的光。浅色的、反射性的物体表面比暗色的物体表面在弱光下拍摄出的效果要好。一般来说,感光器件尺寸越大,就越能在低Lux的环境下拍摄优秀的画质,另外3CCD也能在低Lux的环境下有好的表现。

8. 防抖功能

由于数码摄像机拍摄的是连续的动态画面,同时DV的镜头都具有较大的变焦能力,当使用中、远距离的焦距拍摄时,对画面的稳定性要求很高。而大多数数码摄像机的使用者都是以手持方式进行拍摄,难免会因拍摄者手持摄像机时抖动而引起画面的晃动,所以DV的防抖(画面稳定)性能也是值得重点关注的。

和数码照相机一样,防抖方式有光学和电子之分。光学防抖的实现是依靠数码摄像机的镜头组中特别设计的电磁感应结构来驱动,而电子防抖则是利用电子感光器的面积和像素来补偿震动。从效果上分析,光学防抖更为出色,而电子防抖经过多年的发展不断进步,前抖效果已经大有改观。但是电子防抖一方面是一种事后补偿,另一方面在开启了电子防抖后,快门速度受到了一定程度的限制,在某些光线条件不是很好的环境里,电子防抖带来了画质下降的副作用。相对光学防抖而言,电子防抖唯一的优势在于成本低廉。

9. 夜摄功能

数码摄像机在黑暗或者光线不足的情况下,可以特殊地设置其功能,补偿画质的损失,这种功能被称为夜摄功能。为了应付昏暗的环境下,拍摄画质不清、噪点过多的问题,很多数码摄像机,都拥有夜摄功能。常用的数码摄像机上的夜摄功能有红外夜摄、彩色夜摄和"夜眼"功能。

4.2.3 数码摄像机的工作原理

数码摄像机大多将摄像部分和录像部分合为一体,即为摄录一体机,其内部基本结构可以概括为3个部分:光电转换摄像头部分、数字化处理部分、数字化存储和录像部分。

1. 光电转换部分

镜头相当于摄像机的眼睛,它由透镜系统组合而成,包含许多片凹凸不同的透镜。拍摄物体时,被摄物体的光线透过摄像机的镜头感应在固体摄像器件板上。可影像通过镜头聚焦成像,透过光学过滤器落在带有电子感光器上,然后将信息转化为电流信号。

光电转换部分是摄像机的核心,其中的固体摄像器件即电荷耦合器便是摄像机的"心脏",上面排列上万个像素点。通常摄像机都使用一块 1/5～1/3 英寸大小的 CCD,像素数为 80 万～2 040 万。

2. 数字化处理部分

数码摄像机的数字化处理部分多采用大规模集成电路进行数字运算处理。由于摄像机记录的是活动的彩色图像信息,图像数据量非常大,因此必须采用压缩处理技术才能把大量的数据记录到存储器上。

3. 数字化存储和录像部分

DV 格式的数码摄像机采用帧内压缩技术,大大提高了压缩和解压缩的效率,其记录方式直接影响图像信号和声音信号的质量。

DV 格式的数码摄像机其录像系统将数字分量视频信号压缩到原始数据量的 1/5,同时还能保证卓越的数字质量和较长的记录时间。

4.2.4 数码摄像机的使用

松下 HC-X920M 是一款高清摄像机,具有 3D 摄像功能。搭载一枚 849 万有效像素的传感器,尺寸为 1/2.3 英寸,镜头采用了徕卡 Dicomar 镜头,支持 12 倍光学变焦及 40 倍数码变焦,最大光圈为 F1.5～F2.8,它内置 32GB 存储,同支持 SD/SDHC 卡/MS 记忆棒等存储进行扩展。下面以松下 HC-X920M 摄像机为例进行介绍,其外形如图 4-2-3 所示。

图 4-2-3 松下 HC-X920M 摄像机和外加的 3D 镜头 VW-CLT2

1. 主要性能参数(表 4-2-1)

表 4-2-1 松下 HC-X920M 摄像机主要性能参数

基本性能	产品类型 高清摄像机,无线摄像机,闪存摄像机 传感器类型 3MOS、传感器尺寸(1/2.3)英寸 最大像素:3 828 万 有效像素:动态模式:849 万像素(283 万像素×3)[16:9] 静态模式:849 万像素(283 万像素×3)[16:9]

续表

镜头参数	数字变焦 40/700 倍 镜头特点徕卡 Dicomar 镜头、滤镜直径 49 mm
显示参数	液晶屏尺寸 3.5 英寸、115.2 万像素
拍摄性能	对焦方式自动对焦,手动对焦 最低照明度 1.6 流明(场景模式,低照度,1/25),1 流明 建议照明度 1 400 流明 白平衡自动,预设(室内,日光,阴天,白平衡预设) 闪光灯(摄影灯)内置(冷插拔热靴)
录制参数	录制格式视频:[AVCHD] AVCHD 3D/Progressive[iFrame] MP4 动态影像1080/50p(28Mbit/s/VBR),(1 920×1 080) 　　　　　PH(24Mbit/s/VBR),(1 920×1 080) 　　　　　HA(17Mbit/s/VBR),(1 920×1 080) 　　　　　HG(13Mbit/s/VBR),(1 920×1 080) 　　　　　HE(5Mbit/s/VBR),(1 920×1 080) 　　　　　iFrame(28Mbit/s/VBR),(960×540) 　　　　　AVCHD 3D(28Mbit/s/VBR),(1 920×1 080) 　　　　　SbS(17Mbit/s/VBR),(1 920×1 080) 静态影像:[16:9] 2 040 万像素(6 016×3 384),940 万像素(4 096×2 304),210 万像素(1 920×1 080) [3:2]1600 万像素(4896×3264),800 万像素(3456×2304),200 万像素(1 728×1 152) [4:3]1510 万像素(4 480×3 360),580 万像素(2 784×2 088),30 万像素(640×480)[3D]210 万像素 (1 920×1 080)[16:9] 同时录制[16:9]2040 万像素(6 016×3 384),940 万像素(4 096×2 304),210 万像素(1 920×1 080) [3D]210 万像素(1 920×1 080) 麦克风内置(5.1 声道环绕,变焦,聚焦以及立体声麦克风) 扬声器支持(电动型) 录音系统:1080/50p、PH、HA、HG、HE、杜比数字(5.1 声道/双声道) iFrame:AAC(双声道)
功能参数	防抖性能:主动模式的混合光学防抖+光学防抖锁定,水平拍摄功能 无线性能 Wi-Fi,标准:IEEE 802.11b/g/n,频率:2.4 Hz 3D 拍摄模式:3D 转换镜头,VW-CLT2 体积:73 mm×59 mm×82 mm 重量:189g F 值:F2.0,焦距:f=1.64 mm、等效 35 mm:36 mm 最短拍摄距离:1.2m 最低照度:12 流明(1/25,低照度,场景模式)
接口性能	USB2.0 接口、AV 输出、HDMI、Mini HDMI
存储性能	存储介质:SD/SDHC/SDXC 卡、存储容量 32GB
电池性能	耗电量最大 9.3W(录制),最大 10.3W(充电)
外观设计	产品尺寸 67 mm×72 mm×150 mm、产品重量 419g(仅机身)
摄像机附件	交流电源适配器、交流电源接线、直流电源接线、充电电池、HDMI 线(微型)、AV 线、标配软件 HD Writer AE 5.0

2. 数码摄像机的使用

(1) 拍摄录像

① 将电源适配器和电源线连接到摄像机和墙上电源插座进行充电。

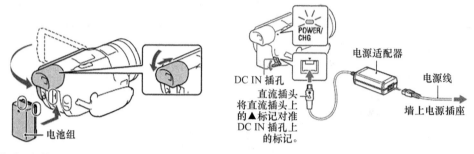

② 初次使用时,打开摄像机的液晶显示屏,然后打开电源。按照液晶显示屏上的说明操作,选择语言、地区、夏时制、日期格式以及日期和时间。打开存储卡盖子,然后插入存储卡,直到发出咔嗒声。

③ 打开液晶显示屏,然后按 START/STOP 开始录制。推动"电动变焦控制杆",控制焦距。W 是往广角端变焦(镜头向前推),T 是往长焦端变焦(镜头向后拉)。

④ 若要停止录制,请再按一次 START/STOP。

(2) 拍摄静像(数码照相机功能)

① 开液晶显示屏,选择[MODE]模式中的 📷(照片)模式。

② 轻按 PHOTO 按键调节对焦,适当调节对焦后,液晶显示屏上会出现 AE/AF 锁定指示。

③ 完全按下 PHOTO 按键,听到快门音照片拍摄完成。

(3) 播放

① 打开液晶显示屏并按摄像机上的 ▶(观看影像)按钮进播放模式。

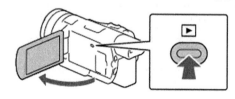

②选择[<]/[>]将所需事件移到中央,然后选择图中圈出的部分进行浏览。

③如果在电视机上播放图像,使用附带的 HDMI 连接线将本机的 HDMI OUT 插孔连接电视的 HDMI IN 插孔上。将本机连接到具有安全设置的接入点,按下摄像机上的[▶](观看影像),然后选择[MENU][编辑/复制]→[在电视上观看]→要播放的图像类型。

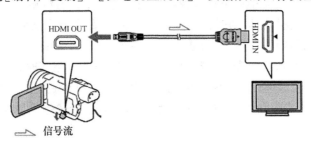

3. 使用注意事项

(1) 拍摄时避免镜头长时间直对阳光。虽然摄像机使用的电子感光器对光强度有较大的容许范围,但长时间处在大型聚光灯或太阳的强光照射下会损伤电子感光器,造成不可恢复的损伤。

(2) 谨防受潮。摄像机保存时应放置在干燥箱中,避免机器受潮;应尽量避免在雨、雪天拍摄,如要拍摄应妥善防护。在雨雪中或海边使用时,应小心勿让摄像机进水,否则摄像机可能会受损,有时这种故障会导致无法修复。在海边或沙尘较大的地方使用时,小心勿让沙子或微小尘埃进入摄像机内,沙子和尘埃可能会损坏摄像机。切勿使摄像机长时间与橡胶或塑料制品相接触。

(3) 避免高温、低温环境。在高温、低温或过于潮湿的环境下长时间拍摄,容易使机器老化。摄像机在 40℃ 以上高温环境中使用,可能会出现信噪比下降、疵点数目增加和固定图形杂波加重等现象。也不能用棉布等包住摄像机,否则会产生热量并集聚在摄像机内部。

(4) 防止结露。寒冷的冬天从室外进入室内(反之亦然),机器容易结露,正确的方法是将摄像机罩在密封的塑料袋中,待机器与室内温度一致时再取出(约 1 小时)。

(5) 避免电池的记忆效应。对于镍镉电池与镍氢电池充电时,一定要待电能使用完后再充电,防止产生记忆效应。锂电池一般无记忆效应。

(6) 避免长时间工作,长时间工作会导致内部温度升高,有可能导致功能失常。一般数码摄像机在 5 分钟时间不进行操作会自动关机。不要将摄像机用作监视器和其他工业目的。使用中若想节省电源,应尽量少变焦,关闭液晶显示屏,关闭摄像机的录像工作电指示灯等。

4.2.5 数码摄像机的维护与保养

数码摄像机需要经常清洁,定期进行测试和维护,才能保证处于最佳状态,让拍摄更有质量,更加精彩。摄像机的维护与保养注意的有以下几个方面。

1. 外壳的保护

现在数码摄像机的外壳样式彰显潮流时尚,很多摄像机的外壳如同工艺品一样美观精致,而且色彩方面也日新月异、层出不穷,摄像机外壳已经成为数码摄像机的一个重要卖点。最关键的是,摄像机的外壳起着保护机身以及摄像机内部零件的重要作用,所以我们在使用摄像机的时候始终要注意对外壳的保护。保护摄像机的外壳主要从以下 3 个方面注意。

(1) 平常在使用摄像机拍摄的时候,不要让摄像机与比较硬的物体发生摩擦、碰撞,如桌子、栏杆、墙、树等,这些物体都可能将摄像机的外壳划出一道道的"伤痕"。因此在拍摄之前要事先熟悉环境,避免在拍摄过程中将摄像机与硬物发生碰撞,出现外壳破损的情况从而导致摄像机内部零部件的故障。

(2) 尽量避免在雨雪天气拍摄。雨雪天气会让摄像机的外壳处于潮湿状态,而且其中夹杂着许多沙土,那么在拍摄完毕后擦拭摄像机外壳的过程中极易将摄像机的外壳造成损坏。

(3) 不使用摄像机进行拍摄的时候一定要将摄像机妥善保管起来,不要放在有腐蚀性的物品旁边。因为现在摄像机的外壳的材质主要是两种,一种是塑料,另一种是金属,都极易被具有腐蚀性的物体腐蚀,造成外壳原材料变形或是锈迹斑斑。保管时也不要将摄像机放在有明显棱角的物品的附近,以防止不小心碰到这些物品或是摄像机,造成碰撞,致使外壳损坏。比较好的办法是配一个合适的摄像包,拍摄之后将机器装在摄像包里妥善保存起来。

2. 电池的养护

数码摄像机主要是靠电池提供电源,使用电池也有很多要注意的地方。

(1) 电池的清洁。为了避免电量流失的问题发生,要保持电池两端的接触点和电池盖子的内部干净。如果表面很脏的话要使用柔软、清洁的干布轻轻地拂拭,绝不能使用清洁性或是化学性等具有溶解性的清洁剂(例如稀释剂或是含有酒精成分的溶剂)来清洁电池。

(2) 电池的充电。对于充电时间,则取决于所用充电器和电池,以及使用电压是否稳定等因素。通常情况下给第一次使用的电池(或好几个月没有用过的电池)充电,一定要充满电,激活电池,而且电池还有残余电量时,尽量不要重复充电,以确保电池寿命。

(3) 电池的使用。使用过程中要避免出现过放电情况。过放电就是一次消耗电能超过限度。否则即使再充电,其容量也不能完全恢复,对于电池是一种损伤。由于过放电会导致电池充电效率变坏,容量降低,为此摄像机均设有电池报警功能。因此在出现此类情况时应及时更换电池,尽量不要让电池耗尽而使摄像机自动关机。

(4) 电池的保存。如果打算长时间不使用摄像机时,必须要将电池从数码摄像机中或是充电器内取出,并将其完全放电,然后存放在干燥、阴凉的环境,而且尽量避免将电池与一般的金属物品存放在一起。为了避免电池发生短路问题,在电池不使用时,应以保护盖将其保存。此外,新电池一定要按照说明书要求,前两次充电达到一定时间,这样才能使电池使用得更加长久,更加耐用。

有条件的单位,应将摄像机放至干燥箱中保存。

习 题

1. 简述数码照相机与传统照相机的异同。
2. 简述数码照相机的使用方法。
3. 如何保养好数码照相机?
4. 数码摄像机与投影仪如何连接?
5. 数码照相机与数码摄像机各有何优点?
6. 简述数码摄像机的发展趋势。

第 5 章　文件复印设备

复印设备已经成为现代办公不可或缺的一种设备。它们是机电一体化产品,是集机、电、光和化学等多种学科技术成果的综合体,为科学研究以及国民经济各部门提高工作效率的一种实用的设备,其使用范围十分广泛。

本章要点:
- 复印机的分类
- 复印机的结构与工作原理
- 复印机的安装与使用
- 复印机的维护与保养
- 速印一体机的工作原理
- 速印一体机的使用与维护

在现代办公活动中,纸质文件的复印是一项极为常见的工作,这就离不开复印技术。复印技术是随着现代科学技术的发展而产生和发展起来的一门新技术。它的诞生同历史上印刷术的出现一样,对人类文明起了一定的促进作用。文件复印设备能够快速、准确、清晰地再现文件资料以及图样的原型,具有可以很好地保存重要文件,实现资料与信息的共享、保存以及传递等,具有方便快捷、价格低廉等优点,从而给人们的科研、生产等办公活动及生活带来了极大的方便。

5.1　复印机

早期的复印技术,一种是采用银盐摄影的方法,原稿正面与表面涂有银盐半透明负片合在一起,曝光后将负片与复印纸贴在一起,经液体显影后负片上的银盐即扩散到复印纸上形成黑色图像。其缺点是手续较为烦琐、速度慢、成本高。另外一种是重氮复印,在进行图纸复制时,首先需把原图用墨汁描绘在透明的描图纸上作为复制的底图,然后将底图铺在重氮盐感光纸上,用玻璃晒图板夹紧,在阳光或强灯光下曝光,然后用氨水熏制成白底褐线图,或用其他化学感光纸复印成蓝底白线的方法。在工程设计图纸中至今仍多采用此法晒图,具有复制方法简便、技术要求低、易掌握、复制速度快、成像一次性完成、复制成本低等优点,但要求原稿必须是透明纸,否则就不能够复印。

在 20 世纪 30 年代,美国物理学家切斯特·卡尔逊发明了"静电复印法"。1944 年人们又发明了采用静电照相技术的复印机,其后又发明了无定型硒光电导材料,采用电晕充电法,利用色粉和载体混合组成的显影剂,以及色粉图像电量转移等静电技术。1950 年,美国施乐(Xerox)公司首次出售手工操作的晒板静电复印机。它与其他种类的复印机比较,具有操作方法简便、时间快、成本低,对原稿的纸质无特别要求等优点。因此静电复印技术在半个世纪以来得到了非常迅速的发展,成为复印技术的主流,静电复印机目前已经成为全世界最广泛应用的一种复印机。

在20世纪60年代人们开始了彩色复印的研究,所用方法是三基色分解,另加黑色后成为四色复印。在20世纪70年代后期,第三次国际静电摄影会议上发表了用光电泳方法一次彩色成像的研究报告,这比以前所采用的方法又前进了一步。到了20世纪90年代又出现了激光彩色复印机。

5.1.1 复印机的分类

自从20世纪50年代美国施乐公司推出第一台商用复印机以来,复印机已经历了半个多世纪的历程,复印技术也日趋完善。

从目前的市场与工作原理来划分的话,静电复印机主要可以分为模拟复印机和数码复印机。

1. 模拟复印机

模拟复印机的生产和应用的时间已经比较长了,其原理简单来说就是通过曝光、扫描将原稿通过光学系统直接投射到已被充电的感光鼓上产生静电潜像,再经过显影、转印、分离、定影等步骤来完成复印过程。

2. 数码复印机(复印复合机)

数码复印机比起模拟复印机是一次质的进步,其实数码复印机实质上是扫描仪和激光打印机的组合体,首先通过电子感光器对通过曝光、扫描产生的原稿的光学模拟图像信号进行光电转换,然后将经过数字技术处理的图像信号输入到激光调制器,调制后的激光束对被充电的感光鼓进行扫描,在感光鼓上产生由点组成的静电潜像,再经过显影、转印、定影等步骤来完成复印过程。

由于数码复印机采用了先进的数码技术,所有原稿经数码一次性扫描存入复印机存储器中,使其可以进行复杂的图文编辑,大大提高了复印机的工作效率和复印质量,降低了复印机的故障发生的概率。目前数码复印机已取代传统的模拟复印机,同时很多数码复印机在复印基础上增加了打印、扫描、传真功能,因此又称数码复印机为复印复合机。

与模拟复印机相比,其优点主要有以下几点:

(1) 数码复印机只需对原稿进行一次性扫描,存入复印机存储器中,即可多次复印。它与模拟复印机相比,减少了光学扫描的次数,减少了光学扫描部件产生的磨损及噪声,同时减少了卡纸的机会,大大地提高了多份复制的速度。

(2) 由于传统的模拟复印机是通过光反射原理成像,因此会有正常的物理性偏差,造成图像与文字不能同时清晰的表达。数码复印机就具有图像和文字分离识别功能,在处理图像与文字混合的文稿时,复印机能以不同的处理方式进行复印,因此文字可以鲜明地复印出来,而照片则以细腻的层次变化的方式复印出来。而且数码复印机还支持文稿、图片/文稿、图片、复印稿、低密度稿、浅色稿等多种模式,及多达256级的灰色浓度,充分体现出复印件的清晰整洁。

(3) 在复印量很大时,特别是每份页码很多时,复印件很容易实现电子分页,并且一次复印后的分页数量远远大于模拟复印机加分页器所能达到的份数。

(4) 因为数码复印机是采用数码处理,因此能提供更为强大的图像编辑功能,例如,自动缩放、单向缩放、自动启动、双面复印、组合复印、重叠复印、图像旋转、黑白反转、25%~400%缩放倍率等多种编辑效果。

(5) 采用先进的环保系统设计,使数码复印机无废粉、低臭氧、自动关机节能,图像自动旋转,减少废纸的产生。

(6) 功能扩充方便。数码复印机内部增配传真组件,就能升级成为A3幅面的高速激光传真机。如果增配打印组件,就能升级成为A3幅面的高速激光打印机。安装网络打印卡并连接于局域网后便可作为高速网络打印机,实现网络打印。

5.1.2 复印机的基本结构

由于复印机的生产厂家和具体型号不同,产品也千差万别,但工作原理基本相同,所以其外形结构也大同小异。从整体结构上来看,静电复印机外形可以分为两种形式:贝壳式和抽屉分列式。贝壳式结构如同河蚌一样,中间可以分开,露出机器内部的感光鼓、电晕器、清洁器等,便于机器的维修、调整与更换;抽屉分列式结构则是将感光鼓、显影器、电晕器、清洁器等部件设计成抽屉式的独立部件分列于机内,调整、更换或维修时,只能将各部件从机内单独抽出即可。从维修的角度来看,抽屉式结构比贝壳式结构更优越。这是因为贝壳式结构的复印机一旦分开,就不能工作;而抽屉式结构的静电复印机,打开前门可看见机器的运转情况,容易找到故障点。

图5-1-1所示为静电复印机的外部结构示意图。操作面板和显示器件在机身的上前方,便于复印操作的设定和控制;机身的上部主要是光学部件,右侧是供纸盒和手动供纸部;左侧是定影部接纸盘;中部主要有感光鼓、电晕器、显影部件、转印部件、清洁部件、输纸部件等;后部侧主要是驱动部件和微处理器控制电路等。整机除传动部件、光学部件外,感光鼓、电晕器、显影部件、清洁部件、定影部件等都能方便地进行拆装,便于清洁和维修保养操作。

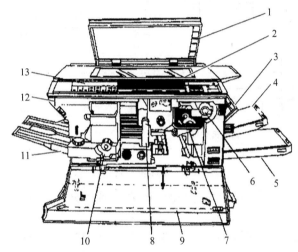

1—原稿台盖板;2—原稿台;3—手动送纸盘;4—上纸盒;5—下纸盒;6—墨粉筒;
7—显影部分;8—感光鼓;9—前门;10—部件;11—接纸盘;12—主电源开关;13—操作面板

图5-1-1 静电复印机的结构图

5.1.3 复印机的基本工作原理

静电复印是现在应用最广泛的复印技术,它是用硒、氧化锌、硫化镉和有机光导体等作为光敏材料,在暗处充上电荷接受原稿图像曝光,形成静电潜像,再经显影、转印和定影等过程而成。

静电复印主要有直接法和间接法(卡尔逊法)两种。直接法是在涂有光导材料的纸张上形成静电潜像,然后用液体或粉末的显影剂加以显影,图像定影在纸张表面之后即成为复印品;间接法则先在光导体表面上形成潜像并加以显影再将图像转印到普通纸上,定影后即成为复印品。20世纪70年代以后,间接法已成为静电复印的主流和发展方向,在现在办公设备中,基本上都是基于这种间接法的静电复印机。

从功能结构上来看,静电复印机是由控制系统、曝光系统、成像系统和供输纸系统4大部分组成的。控制系统主要是操作面板和电路控制部分;曝光系统主要是原稿台、曝光灯和光路部分以及附加的手动或自动输稿器;成像系统主要是静电潜像的形成部分、感光鼓充电部分、显影部分、鼓清洁器及废粉回收部分、感光鼓及鼓加热器;供输纸系统主要是上下供纸盒、手动供纸部分、转印、分离、输纸、定影和接纸盘及附加的自动分页器等。其原理框图如图 5-1-2 所示。

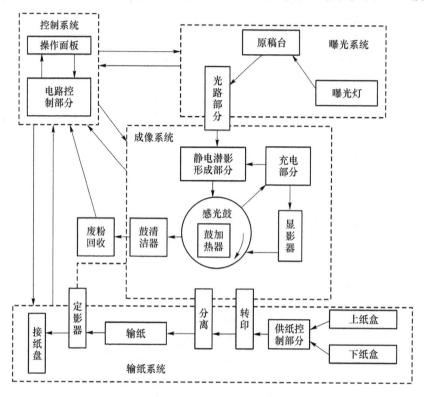

图 5-1-2 复印机原理框图

复印机成像主要有 3 个部分:原稿的照明和聚焦成像部分;光导体上形成潜像和对潜像进行显影部分;复印纸的进给、转印和定影部分。

复印机的工作原理主要包括以下两个基本原理:光学扫描原理与静电成像原理。

1. 光学扫描

复印复合机与模拟复印机的区别主要是在光学扫描与静电潜像方式上,如图 5-1-3 所示。复印复合机由光学系统对原稿扫描所产生的光学模拟图像信号经过透镜聚焦后首先照在光电转换器件 CCD 上,由 CCD 将光信号转变为电信号,然后经过数字图像处理电路对图像信号进行处理,最后将经过处理的图像信号输入到激光调制器,使激光束被图像信号所调制。调制后的激光束对感光鼓进行扫描曝光,在感光鼓上就形成由许多点子组成的静电潜像。当然,感光鼓在接受激光束扫描前必须先经过充电,使其表面均匀带电。潜像形成后,再经过显影、转印、定影等过程,便可获得所需的复制品。

复印复合机的光学图像信号在输入到成像机构前要经过两次变换:即光信号变为电信号,电信号又恢复为光(激光)信号(模拟复印机的光图像信号是由光学系统经平面反光镜直接投射感光鼓上)。模拟复印机与复印复合机光学系统差异如图 5-1-3 所示。复印复合机的这种设计,实际上使它变成了可分离的两部分,其上部相当于一台图像扫描仪,下部相当于一台激光打印机,两者之间通过电信号来连接。而模拟复印机的原稿扫描机构和复印印刷机构是一个整体,是不可分离的。

2. 静电成像原理

在现在使用的复印机中,主要是采用间接法(卡尔逊),间接法静电复印的过程本质上是一种光电过程,它所产生的潜像是一个由静电荷组成的静电像,其充电、显影和转印过程都是基于静电吸引原理来实现的。由于其静电潜像是在光照下光导层电阻降低而引起充电膜层上电荷放电形成的,所以要求感光鼓具有非常高的暗电阻率。这种感光鼓在无光照的景况下能较长时间地保存电荷;而在光照的情况下,其电阻率应下降很快,使得感光鼓的表面电荷很快释放而消失。卡尔逊静电复印法所使用的感光鼓主要由硒和硒合金、氧化钵、有机光电导材料等构成,一般是在导电基体上(如铝板或其他金属板)直接涂敷或蒸镀一薄层光电材料。

卡尔逊静电复印法工作过程依次可分为充电、曝光、显影、转印、分离、定影、清洁、消电 8 个基本步骤,如图 5-1-4 所示。其成像原理示意图如图 5-1-5 所示。

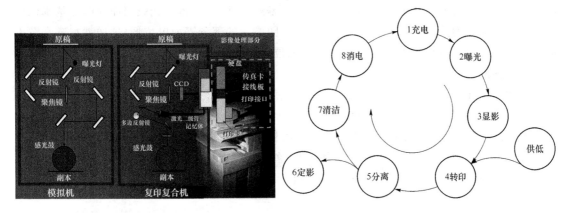

图 5-1-3 模拟复印机与复印复合机的光学系统差异图　　图 5-1-4 复印机成像工作步骤示意图

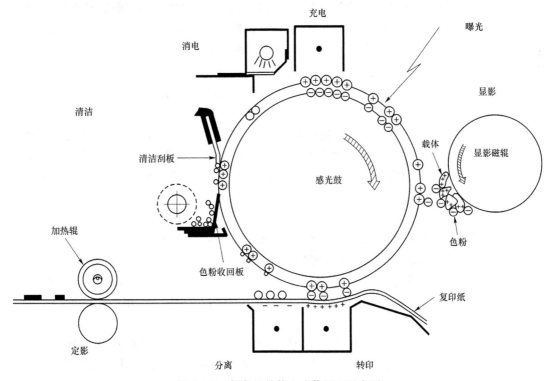

图 5-1-5 复印机的静电成像原理示意图

(1) 充电

充电是指在黑暗中的感光鼓处在某一极性的电场中,使感光鼓表面均匀地带上一定极性和数量的静电荷,具有一定表面电位的过程。这一过程实际上是感光鼓的敏化过程,使原来不具备感光性的感光鼓具有较好的感光性。充电过程只是为感光鼓接收图像的光信息做准备,但它是在感光鼓的表面形成静电潜像的前提和基础。

(2) 曝光

曝光就是利用感光鼓在黑暗处时电阻大,为绝缘体;在明亮处时电阻小,为导体的特征。

进行曝光时,原稿图像经光照射后,图像光信号经光学成像系统投射到感光鼓表面,光导层上受光照射的部分称为"明区",而没有受光照射的部分称为"暗区"。在明区,光导层的电阻率迅速降低,由绝缘体变成了导体,使感光鼓表面的电位因光导层表面的电荷与界面的反极性电荷的中和而迅速降低。而在暗区,光导层依然是绝缘状态,使得感光鼓表面的电位基本保持不变。感光鼓上对应图像浓的部分表面电位高,图像淡的部分表面电位低,这样就在感光鼓表面形成了一个与原稿图像浓淡相对应的表面电位起伏的静电潜像。

(3) 显影

显影是指用带电的色粉使感光鼓上的静电潜像转变成可见的色粉图像的过程。显影色粉所带电荷的极性与感光鼓表面静电潜像的电荷极性相反。显影时,在感光鼓表面静电潜像电场力的作用下,色粉被吸附在感光鼓上。静电潜像电位越高的部分,吸附色粉的能力越强;静电潜像电位越低的部分,吸附色粉的能力越弱,这样感光鼓表面不可见的静电潜像,就变成了可见的与原稿浓淡一致的不同层次的色粉图像。

(4) 转印

转印是指将感光鼓表面的色粉图像转移到复印介质(复印纸)上的过程。目前静电复印机中通常采用电晕装置对感光鼓上的色粉图像进行转印。当复印纸与感光鼓表面接触时,在纸张背面使用电晕装置对其放电,该电晕的极性与色粉所带电荷的极性相反。由于转印电晕的电场力比感光鼓吸附色粉的电场力强得多,因此在静电的吸引力的作用下,感光鼓上的色粉图像就被吸附到复印纸上,从而完成了图像的转印。在静电复印机中为易于转印和提高图像色粉的转印率,通常还采用预转印电极或预转印灯装置对感光鼓进行预转印处理。

(5) 分离

分离是指将复印纸与感光鼓分开的过程。在前面的转印过程中,复印纸由于静电的吸附作用,紧紧地贴在感光鼓上,接下来的工作是将紧贴在感光鼓表面的复印纸从感光鼓上剥落(分离)下来。在静电复印机中一般采用分离电晕(交、直流)、分离爪或分离带等方法等进行纸张与感光鼓的分离。

(6) 定影

定影是把复印纸上的不稳定、可抹掉的色粉图像固着在纸中的过程。通过转印、分离过程转移到复印纸上的色彩图像极易被擦掉,须经定影装置对其进行固化,以形成最终的复印品。目前的静电复印机多采用加热与加压相结合的方式,对热熔性色粉进行定影,将色粉渗入到纸纤维中。定影装置加热的温度和时间以及加压的压力大小,对色粉图像的黏附牢固度有一定的影响。

(7) 清洁

清洁是清除经转印后还残留在感光鼓表面色粉的过程。在转印过程中,其转印效率不可能是 100%,那么在感光鼓表面经转印后仍残留有一部分色粉,如果不及时清除将影响到后续复印品的质量。因此必须对感光鼓进行清洁,使之在进入下一复印循环前恢复到原来的状态。

在静电复印机中一般采用刮板、毛刷或清洁辊等装置对感光鼓的表面残留色粉进行清除,并将废粉回收到废粉仓中。

(8) 消电

消电是指消除感光鼓表面残余电荷的过程。由于充电时在感光鼓表面沉积的静电荷,并不因所吸附的色粉微粒转移而消失,在转印过程后仍残留在感光鼓表面,如果不及时清除,会影响后续的复印过程。因此,在进行第二次复印前需对感光鼓表面进行消电,使感光鼓表面电位恢复到原来状态。静电复印机中一般采用曝光装置来对感光鼓进行全面曝光,或用消电电晕装置对感光鼓进行反极性充电,以消除感光鼓上的残余电荷。

5.1.4 复印机的主要技术指标

1. 预热时间

复印机进行复印的基本技术原理利用光导材料的光敏特性和静电电荷库仑力作用。因此复印机在进行复印时首先需要对感光材料进行充电,利用电晕放电的方法使感光材料的表面带上一定数量的静电电荷,从而能够进行正常的复印工作。这个过程所花费的时间就称之为复印机的预热时间。

一般来说复印机是处于预热状态,还是已经完成了预热可以进行正常的工作,产品上都有指示标志,用户可以做到一目了然。

2. 首张复印时间

首张复印时间是指在复印机完成了预热处于待机的状态下,用户完成了在稿台放好复印原稿,盖好盖板等一切准备工作后,从按下"复印键"按钮向复印机发出复印指令到复印机输出第一张复印稿所花费的时间。

首张复印时间对于复印量较小,同一复印原稿每次只复印张数较少的用户就显得尤为重要。因为当复印量为2张以上时,从第二张开始复印的速度便会大大地提高,特别是数码复印机。

3. 复印速度

复印速度是指复印机每分钟能够复印的张数,它的单位是张/分。由于复印机预热需要时间,首张复印也需要花费比较长的时间,因此复印速度在计数时一般应该从第二张开始。复印机的复印速度和复印机中复印装置的运行速度、成像原理、定影系统都有直接的关系。

4. 复印比例

复印比例是指复印机能够对复印原稿进行放大和缩小的比例范围,使用百分比(%)表示。如果某款复印机的复印比例标识为50%~200%,便意味着该款产品能够将原稿等比例最小缩至原稿的50%,最大放大至原稿的200%后复印输出。

5. 最大原稿尺寸与最大复印尺寸

最大原稿尺寸是指复印机对放置在稿台上的复印原稿扫描曝光能够最大涉及的范围。一般来说,复印机扫描曝光并不能涉及整个稿台,也就是说复印机的最大原稿尺寸肯定小于复印机的稿台面积。目前市场上主流复印机的最大原稿尺寸是A3幅面。

在复印机的原稿台边上都有相关刻度标识。一方面这是为了帮助操作人员在放置原稿时能够更加准确,以保证复印的质量;另一方面也是为了让操作人员了解产品的可接受的最大原稿尺寸,原稿超出最大刻度的部分,是不能被复印出来的。

6. 感光材料

感光材料是指一种具有光敏特性的半导体材料,因此又称之为光导材料或是光敏半导体。目前复印机上常用的感光材料有有机感光鼓(OPC)、无定形硅感光鼓、陶瓷感光鼓、硫化镉感光鼓和硒感光鼓。其中,OPC鼓使用范围最广,大部分复印机和激光打印机都是这种鼓,无毒无放射性。

感光材料的特点就是在无光的状态下呈绝缘性,在有光的状态下呈导电性。复印机的工作原理正是利用了这种特性,它是复印机的核心部件。同时,由于其使用一段时间会疲劳,需定期更换,是常见的耗材。

7. 供纸方式

供纸方式是指复印机在进行复印工作时,是通过何种方式来获得所需要的纸张的。一般来说供纸方式分为手动送纸和自动供纸两类。

对复印机来说,采用手动送纸的供纸方式是最为稳妥的,即在复印时,用户手持纸张直接由复印机的进纸口送入。但是,手动送纸每次只能送入一张,效率非常低。如果复印量较大,尤其是在进行连续复印时会严重地影响到工作效率,此时就采用纸盒进行自动供纸。

自动供纸则是指由通过一定的自动机械装置对复印机进行供纸,目前最为常见的是采用供纸盒进行供纸。自动供纸既能够使复印时更加方便,又提高工作效率,尤其在连续复印时体现得十分明显。纸张的容量是供纸盒最为重要的技术指标,一般来说,供纸盒的纸张容量和产品的复印速度成正比。

8. 复印介质

复印介质指的是复印机能够对其进行复印的对象的种类。原稿的种类中除了单页纸之外,有的产品还支持书本和立体事物的原稿。因为书和单页的纸相比有一定的厚度,在扫描曝光时,光的折射和反射都是不同的。因此能够支持单页纸原稿的,未必都能够支持书本原稿。复印机的扫描、曝光装置会根据光的折射、反射情况来调整光的强度,以正确、清晰的复印。如果复印介质超出了遮光板可以承受的厚度的话千万不要采用强按的办法,否则会损坏遮光板,同时建议采用白色纸把稿台其余部分遮去。

5.1.5 复印机的安装与使用

1. 安装环境

用户选购复印机后,首先应当选择一个能使机器正常工作的环境。不良的使用条件将对机器的复印质量和寿命产生很大影响。安装机器的场地一般应满足下列要求。

(1) 安放条件

复印机应水平置于机台或桌面上,因为复印机体积较大、重量较重,支撑物必须坚固,不会随机器的运转而晃动。一般办公室都另外购置一个复印柜,放在复印机下面。复印柜通常内有电热设备,可对复印纸进行烘干,保证复印纸不会因潮湿而影响复印。机器后部应距墙面10 cm以上,同时应考虑留有适当的操作空间,保证日常保养时不至于经常移动机器。复印机应避免放在阳光直射或强光照射的地方。

(2) 环境温度与湿度

机器使用环境的温度应在5~35℃,应远离热源,避免高温、高湿。温度过高时,机器散热不利,影响各发光、发热器件的寿命;温度过低,一些器件的性能会受影响,预热时间也会延长。

室内相对湿度应在20%~85%,不可将机器安装在自来水龙头、热水器、加湿器、电冰箱等附近。湿度过高时,空气极易被击穿,影响电晕充电的效果,甚至造成电极损坏、感光薄层击穿等故障。复印纸放置于潮湿环境中,也会使其内部的电荷数下降,影响纸张的转印效果。

(3) 通风问题

复印机使用时会产生臭氧,对人体的健康不利,因此要求机房内应保证通风良好。安装大型机器且复印工作量又大的室内,应安装通风设备,以保证室内空气新鲜。应避免使用在有腐蚀性气体的房间,如有汽油、酸、碱、氨水、有机溶剂等,这些气体会损害感光鼓、镜头、反射镜及其他精密机件。

(4) 电源和接地要求

首先要特别注意其电源电压值,电压范围应在 220～240 V,其次必须注意电源插座的功率,复印机的耗电较大,一般产品耗电高达 1 500 W。

应尽量使用机器原装的三芯插头,与带地线的插座配合使用。一些进口机器的电源插头与国内通用的插座类型不符,无法满足复印机的接地要求,则需要改装。如果机器接地不良,则会影响机器的正常运转,使复印品质量欠佳。因为纸张在充电、转印过程中会带上大量电荷,这些电荷是通过安装在纸上和出纸口等处的静电消除刷或消电针直接消除的,因此若没有地线,复印纸就容易粘在一起,不易分开,也容易发生卡纸故障。此外,机器的金属架、外壳均连为一体,由地线引出接地,可防止机器积累大量静电后放电伤人,发生触电事故。

2. 操作使用

复印机在使用过程中,操作人员首先应通过操作面板上显示的各种符号和提示来判断机器的工作状态,根据不同的需要键入各种指令,来对复印机进行操作和控制。复印机的按键一般采用各种符号来表示相关的功能,或用各种提示符来表示某些信息或机器的状态,因此要熟练操作各种型号的复印机,就必须对操作面板上的各种显示符号及提示符号的含义了解清楚。复印机的按键和指示器都有统一的符号来表示其功能和作用。

夏普 1808S 是一款独特外观设计的商务高效办公设备产品,简单亮丽的外观设计十分大气美观,出色的表现更加令消费者们满意,高效的办公速率也能提高商家办公速率,非常适合商务人士选购,而且小巧精致的机身也方便摆放。其可支持复印、打印、扫描 3 种工作方式,该机使用的 SPLC 打印语言,可以有效降低打印作业的数据量,加快数据传输和打印进程,以提高工作效率。其主要技术指标如表 5-1-1 所示,其外形如图 5-1-6 所示。

表 5-1-1 夏普 AR-1808S 主要技术指标

产品类型	黑白复印复合机	产品类型	黑白复印复合机
涵盖功能	打印/复印/扫描	最大复印尺寸	A3
内存容量	64 MB	进纸盘容量	350 张(250 张的纸盒和 100 张的手送纸盒),最大 1 100 张
原稿类型	纸张、书、物体	预热时间	25 秒
复印速度	18 张/分	电源及功耗	220～240 V AC,50/60 Hz,1 200 W
首张复印时间	7.2 秒	重量	28.6 kg
复印比例	25%～400%(以 1% 为单位)	外形(mm)	568(长)×5508(宽)×420(高)
最大原稿尺寸	A3		

复印机的操作过程如下。

(1) 机器预热

复印时首先是打开复印机主电源开关,使机器进入预热状态,操作面板上出现预热待机信号。这时热辊定影加热灯点亮对热辊加热,当定影温度上升到规定温度时,面板上的预热待机信号灯由原来闪烁发光(或红色)变为常亮(或绿色),就表示机器预热结束,可以进行复印操作。

(2) 放置原稿

放置原稿前,要仔细看一下原稿上字迹、图像的清晰度和色浓度,以作为调节复印浓度的参考。原稿放置在稿台上,不

图 5-1-6 夏普 1808S 外形示意图

同型号的复印机有不同放置原稿的方法。一般有两种:一种是将原稿放置在稿台的中间;另一种是靠边放置在定位线上,具体可视各种复印机原稿台上的标志来放置。

(3) 复印纸尺寸选择

根据所需复印件的尺寸要求,将复印纸装入相应的纸盒里,按"纸盒选择"键,选中所需复印纸尺寸的那个纸盒即可。如果机器带有自动选纸功能,那就不必再按"纸盒选择"键了,机器会自动检测原稿尺寸或根据特殊操作要求自动选择纸盒。当然也可以实行单页送纸,用手动送入。

(4) 设定复印倍率

一般复印机都带有复印缩放倍率的功能。使用时可根据原稿件的尺寸与所需复印件的尺寸,来选择合适的复印倍率。复印机的复印倍率有两种方式:一种为固定缩放倍率,缩放只有固定的几挡,如 A4-A3、B5-B4、A4-B5 等;另一种为无级缩放倍率,它是用百分比来表示的,如一般复印机的缩放倍率可在 50%~200%任意改变,即表示原稿件尺寸与复印件尺寸之比可在 50%~200%随意选择,这给实际应用带来了极大的便利。一般不进行选择时,默认为 100%,既不放大也不缩小。

(5) 调节复印浓度

复印机都带有浓度调节键,使用时可根据原稿件的纸张、字迹的色调深浅来选择复印浓度。通常纸张底色较浓,如画片之类可将复印浓度调浅些;如字迹、线条较淡,则可将复印浓度调深些。如果复印机带有自动浓度选择功能,应优先采用自动方式,当采用自动方式不能满足复印要求时,可再用手动方式来选择适合的复印浓度。

(6) 设定复印份数

试印后,查看复印件的质量,被认可后,就可用"数字"键输入所需复印的份数,默认为 1 份。如果按错了复印份数可按"清除"键,然后再重新设定。一切就绪,按下"复印"键即可开始复印。

5.1.6 静电复印机的维护与维修

1. 复印机的消耗材料

(1) 复印纸

用特殊方法生产,可以防止油墨污染,并具有吸附或半吸附性的复印机用纸,均称为复印纸。复印纸按照复印成像的方式不同可分为涂层纸和普通纸两种。涂层纸用于直接法复印机,普通纸用于间接法复印机(即普通纸静电复印机)。

在复印工作中,静电复印机经常发生卡纸的现象,这是静电复印机不易避免的问题。原因是多方面的,除了机器本身结构问题外,还与操作方法、机器所处的工作环绕的温度和湿度、使用纸张以及机器的日常维护保养等因素有关。因此,选好、用好、保存好复印纸对于保证复印品的质量和复印机的使用寿命是至关重要的。

性能优良的复印纸应当从以下几个方面体现。

① 纸的规格:是指纸张制成后,经过修整切边所裁成的一定尺寸。根据国务院发布的自 2001 年 1 月 1 日起施行的《国家行政机关公文处理办法》,对公文用纸要求采用国际标准 A4 型(210 mm×297 mm)用纸,左侧装订的规范。除此外,在国际上主要采用 A 型、B 型和 C 型。常用到的是 A 型系列纸和 B 系列型纸,A0 纸的幅面为 841 mm×1 189 mm,B0 纸的幅面为 1 000 mm×1 414 mm。如果将 A0 纸沿长度方向对开成两等份,便成为 A1 规格的纸格,再将此纸沿长度方向对开成两等份,便成为 A2 规格的纸张,如此对开可到 A8 规格。B0 纸张也可按此法对开到 B9 规格。其中日常办公中最常用办公用纸的规格有 A3、A4、B4、B5。

② 纸的厚度:通常是以质量(重量)来进行表示,单位为克/平方米,一般静电复印机用纸

的厚度为 64~80 g/m²。

③ 纸张湿度：如果湿度太高，那么墨粉就不可能完全粘在纸上，然而湿度太低则静电荷变得过强，纸张就会缠绕在机器的各种表面上，其结果是造成卡纸。同时，纸张也会卷曲或者表面凹凸不平，也会由此而产生不良的复印件和卡纸现象。为确保复印纸合适的湿度，应采取防潮包装，以免受环境温度、湿度的影响。

④ 纸张的挺度：即纸张的软硬度，这是保证复印过程中不发生卡纸的主要原因之一。纸张过软，会出现卡纸故障；纸张过硬，又可能跳出规定流经的路线产生不希望出现的后果。假如纸张突然跳开，会将松散的墨粉抖落，从而损坏了影像的质量，因此纸张不可过软也不宜过硬。

⑤ 纸的电性能：纸的绝缘电阻应在 100~2 000 MΩ。如果纸张绝缘电阻太大，同时又太干燥，在复印过程中，由于摩擦等原因，会使纸带静电过大，不易分离，产生卡纸，供纸时还会出现双张，因此就要求纸的电性能一定要好。

⑥ 纸张的平整度：纸要平整，表面光洁，裁切整齐，纸的四角要均为直角，四边平直，无毛边，长、宽尺寸要标准。当纸张通过机器特别是在被加热定影时，纸张才不会弯卷。

综上所述，复印时应当使用正规的复印纸，不要用其他类型的纸张来代替。复印纸的保管必须正确，因为纸的状态不良会造成复印的图像质量差、复印品起皱和卡纸等故障，这就要求在保存复印纸中要注意防潮，避免放在有阳光直射和尘土太大的地方，要注意通风，切勿堆放在地上，最好堆放在专用纸架上。堆放时要十分平整，防止用线绳捆绑，避免纸张压成折痕或破裂。

(2) 墨粉与载体

目前显影材料有两种类型，一种叫双组份，由"墨粉"和"载体"组成（显影粉呈黑色，所以叫墨粉）；另一种叫单组份，是不需要载体的。现在复印复合机中双组份较多。

静电复印中，携带墨粉并使墨粉与静电潜像充分接触和吸附的介质称为载体。根据显影方法的不同，光导体表面极性或墨粉极性要求的不同，载体的形式也有所不同。常用的载体有：玻璃球、钢球和铁粉，以及二氧化硅、钙、钱、铅的硅酸盐粒子等材料。载体在显影剂中有着重要的作用：①使用载体可减少墨粉的飞扬；②静电墨粉与载体相互摩擦，能使静电墨粉带上电荷，载体起到了中间介质作用。载体虽然是循环反复使用的，但有一定使用寿命，一般为 2 万~6 万张不等，所以也是一种不可缺少的消耗材料。

(3) 感光鼓

感光鼓又叫硒鼓，是当初在刚刚诞生的时候，曾经用过无机材料——硒材料来制作感光鼓，把硒通过蒸度在鼓基上附着，制成感光鼓。但实际上硒鼓中几乎是没有硒的成分或是只含极微量的硒（硒的价格比黄金还贵）。

硒鼓的基本结构由铝制成的基本基材，以及基材上涂上的感光材料所组成。根据感光材料的不同，感光鼓的额定寿命一般在 6 000~500 000 张左右，在经过长期使用以后，当发现输出的稿件图像浅淡、有严重黑斑条纹，这时可进行一些保养修补，如果还不行就需要进行更换了。

2. 复印机的保养

复印机对光、磁、电和灰尘都有很强的敏感性，所以复印机不能长期工作在多尘、强磁、强光照射的环境中，否则容易引起电路短路、光导体快速老化等故障。如常见的线路板短路、光导体消磁不净而影响复印质量等。复印机的很多调节装置用来调节其复印效果，如充电时间过长，可通过调节复印机的高压发生器，但若调整过度，往往使充电电压过高而发生打火现象，结果使光导体击穿损坏。另外复印机的机械部分需要加注润滑油，加油过多往往使油迹污染电路板而出现短路故障，如污染了电磁离合器，将造成离合器打滑而出现机器失控故障。由于许多静电复印机部件的表面精度要求很高，如光学元件、光导体等在工作时不能有任何污染，因此，办公人员每天都应在复印工作前及复印结束后进行例行保养。保养工作的范围如下。

(1) 复印工作前，先查看工作电源的电压是否符合复印机要求。特别注意如使用国外的复印机(如日本二手复印机)，要注意电压，如为110V等，必须加装调压设备。

(2) 将复印机室打扫干净，打开窗户，保持室内空气清新。

(3) 揭开复印机外罩后，将复印机稿台盖板表面及其他外表面清洁干净。

(4) 将需进行复印的复印纸抖松，避免复印时纸张贴合过紧，搓纸困难或一次进2张。

(5) 揭开稿台盖板，清洁稿台玻璃。同时检查电晕丝和光导体是否有污迹或残粉，如有则应该用清洁棉或毛刷清洁，并注意定期清理废粉。

(6) 复印完毕后，关闭复印机主电源，等散完热后，罩上外罩。但不要拨下复印机的电源插头，因为尽管复印复合机关机了，但感光鼓有个加热器，无论复印机工作与否都需通电加热以保证感光鼓有一定温度，可以延长感光鼓的使用寿命。

复印复合机除日常保养的项目外，还需要根据一定的复印张数和复印工作时间，进行定期保养，定期保养可分为三级：

一级保养由操作人员来完成。一般在复印份数达到2 000张时，就应进行一次一级保养。如果日复印量达3 000张以上，则当天复印工作结束后，就应进行一次一级保养。

二级保养由维修人员与操作人员一起完成。二级保养的间隔时间主要以复印份数的多少来决定。由于复印机结构和性能有差异，型号不同，因此，两次二级保养间隔期中的复印份数也不相同，通常复印数达到15 000~20 000张时即应保养一次。当然，也可按照维修手册中的期限规定进行保养。

三级保养又称强行保养，由维修人员来进行。静电复印机通常达到光导体规定的使用寿命期限时，如当晒合金鼓复印10万张，硫化镉鼓复印5万张，氧化镉鼓复印0.25万张时，复印机就必须进行三级保养。

3. 复印机的日常维护

复印机的故障通常出现的部位是：①光学部分，其故障主要是各反射镜面受到污染，激光组件受到污染，光路有异物堵塞等；②电器部分，主要问题是各电晕电极的接触不良或受污染，电极丝断裂及电晕电极上有异物等，造成电晕电极放电困难；③纸路系统，此处出现的问题最为多见，主要是卡纸现象，一般出现在机器的纸盒部位、转印及输入定影部位和定影输出部位。因此在日常使用复印机时要注意以下几个方面的维护。

(1) 复印机的光学系统的清洁

复印品出现质量问题，多数是因复印机受到污染而引起的。那么，造成这些污染的原因主要是：显影过程当载体载带墨粉向光导体输送时，少量墨粉在机内飞扬，造成机内其他部件的污染；转印过程中残留在光导体上的墨粉，仍会有少量墨粉在机内飞扬；操作人员在清洁复印机的过程中，由于疏忽，用不干净的手去碰触机中的主要部件(如光导体等)。光学系统的清洁，可采用以下几种方法：

① 用橡皮气球把光学元件(透镜和反光镜)表面的灰尘及墨粉吹去，也可用软毛刷(最好是专用的镜头毛刷)轻轻弹刷，把嵌在各个缝隙中的灰尘除去。

② 用光学脱脂棉或镜头纸，轻擦光学元件表面。如果表面较脏则不能用此方法，因为有较大的硬颗粒灰尘留在光学零件表面时，擦拭反而会损伤表面，此时必须用橡皮气球将灰尘完全拂去后才能擦拭。

③ 光学零件表面如果有油污、手指印等污迹，可用光学脱脂棉蘸少量的清洁液擦洗。

(2) 复印机使用材料方面的日常维护

① 定期保养。对复印机进行全面的清洁保养是保证复印效果,减少卡纸率的最有效的手段。定期保养应是复印机保修单位的基本职责。

② 防潮、防静电。受潮的纸张在复印机内热后会变形,造成卡纸,在双面复印时尤为严重。秋、冬两季天气干燥,易产生静电,复印纸经常两三张粘在一起,造成卡纸。建议在北方空气干燥时,复印机附近放置一台加湿器。

③ 清洁与消边。如果经常发生复印纸搓不上来的卡纸现象,则可以用一块的脱脂棉(不要蘸水太多)擦拭搓纸轮。在复印底色较深的原稿时,常会造成复印件呈扇状卡在复印机出纸口。使用复印机的消边功能,可以减少卡纸的概率。

4. 复印机常见故障的维修

(1) 复印机卡纸

卡纸,在复印机的故障中占 80% 以上,频繁地出现卡纸故障会导致纸张、墨粉和其他消耗材料的严重浪费,影响复印工作的效率和复印机的使用寿命,加快设备部件的过早损坏。卡纸的危害性既然不可忽视,就应当采取一定的措施来防止或减少卡纸情况的发生。由于工作原理所限,复印机卡纸是不可避免的。我们所能做的只是采取各种措施尽量减少卡纸的发生。就技术角度而言,卡纸并不是很严重的故障,但它对用户的影响却很大,事实上,如果掌握一些窍门,用户自己就能摆脱卡纸的困扰。

如果复印机卡纸了,此时复印机操作面板上卡纸指示灯会亮,并指示卡纸的大致位置,这时需打开复印机前门或左(定影部分)、右(进纸部分)侧板,释放一些相关的部件,取出卡纸,注意检查纸张的完整,不完整时应找出纸的其他部分,关闭好前门恢复到复印状态。

(2) 故障现象

复印品全黑,与打开原稿台盖板复印出的纸张相同。

产生故障原因:包括光学系统和充电部件两个方面的原因。

① 光学系统的原因

- 原稿没有曝光。曝光灯管损坏飞断线或灯脚与灯座接触不良,使之不能发光;曝光灯控制电路出现故障,导致曝光灯不亮或不作扫描运动,使感光鼓表面没有曝光,表面电位没有变化,无法形成静电潜像。首先观察曝光灯是否发光,不发光时可检查灯脚接触是否良好。灯脚接触无问题时再更换灯管;如不是灯管损坏,可测量灯脚间是否有电压,无电压时应检查控制曝光灯的电路是否有故障,有故障更换此电路极。
- 复印机的光学系统被异物遮住,使曝光灯发出的光线无法到达感光鼓表面。常见的原因是卡纸后未及时清除,从而遮挡了光路。只要清除掉异物,并对光路进行适当清洁,光线即可透过。
- 反射镜太脏或损坏,以及反光角度改变。如果光线偏离,无法使感光鼓曝光。这时可以清洁或更换反射镜,调整到适当角度。反射镜表面出现老化现象时,必须更换反射镜。
- 光缝开得太小,同时曝光灯管老化,机内光学系统污染严重,调节光缝宽度的拉线断开,使光缝处于关闭状态,都会造成复印品全黑。处理时要开大光缝,增加光量,必要时更换曝光灯管,同时还要对光学系统进行全面清洁。
- 扫描驱动或曝光控制电路出现故障,使扫描部件不运动或曝光灯完好而不亮,这时要分别更换相应的电路板。
- 复印机由冷的环境中移到热的室内,或由于室内湿度过高,使感光鼓、镜头及反射镜表面结上雾,也会出现黑色复印品,但不十分均匀。解决的办法是清洁光路部件,将机器预热一段时间。

② 充电部件的原因

如果复印品黑度均匀,则说明直流消电或交流消电电极的绝缘端被放电击穿。检查时可发现电极两端的绝缘块上有烧焦的痕迹,一般呈一条不规则的线状,这是因为电极与金属屏蔽物连通,造成漏电。击穿不严重时,可将电极丝拆下,并取下绝缘块击穿的一端,用小刀或砂纸清除掉烧焦的表面,直到露出新的一层为止。严重时,则要更换击穿一端的绝缘块。对前一种情况,清洁后可在绝缘块与电极金属屏蔽物之间用透明胶片或绝缘胶带贴住,以增加此处的绝缘效果。要注意的是,消电电极击穿的主要原因是电压过高,空气湿度太大。因此,修复后必须将高压发生器的输出电压调低一些,同时注意室内通风,避免空气过于潮湿。

此外,消电电极未插入机器,或接触不良,电极丝断开,也会发生类似现象。高压发生器消电电压没有输出,现象也是如此,必须认真查找故障原因,对症处理。

(3) 复印品无图像

故障现象:复印品上无任何图像,与没有复印过的纸张一样。产生复印品无图像故障的原因有 3 个方面。

① 操作上的原因

- 稿台上没有原稿,使感光鼓表面全部受到光照,均呈高衰减,无法形成高低不同的表面电位。
- 复印纸含水量过大,难以转印。其原因是转印电压透过复印纸被加到了感光鼓表面。这时必须更换复印纸或将其烘干。

② 充电部件的原因

- 充电电极安装不牢、接触不良,或电极丝断开,电极绝缘块击穿,使感光鼓表面没有充电,无法形成高电位乃至静电潜像。充电电极与高压发生器电路中断,没有高压来源,或高压发生器本身发生故障,无高压输出,也会导致复印品全白。遇到这种情况,应首先检查本身是否漏电、击穿。如无问题,可继续检查电极与高压发生器的连线是否松动断路,画画如仍无故障,再更换高压发生器。
- 感光鼓表面有图像,而复印品全白,多由于没有转印电晕造成。常见的故障是转印电极接触不良,转印电极丝断路,高压发生器到转印电极的电路断开或与转印有关的电路有故障,使感光鼓上的墨粉图像不能转印到复印纸上。首先从电极开始检查,发现接触不良应接牢;如果电极丝断路,应换上新的电极丝;以上部位均无故障时,应更换高压发生器。

(4) 其他假性故障

假性故障是指复印机本身并没有问题,而是由于操作者使用不当而引起某些功能性障碍,这类故障在新机中表现得比较多。对于这类故障,首先应了解使用者进行了那些操作出现了什么情况,根据这些情况进行操作一般能够将其复原。常见的假性故障如下。

① 开机后复印的图像偏淡或偏黑,这类故障多因刚开机时,光导体的预热还未达到最佳温度范围,因而图像浓度有偏差。这类故障只有等到光导体温度正常即可自动排除。如不能排除,即说明鼓温度检测器有问题,需对鼓温度检测器进行进一步的检修,不属于假性故障的范围。

② 复印较厚的书或装订本时,有墨条边带。这是因为原稿太厚,原稿台无法将光线全部挡住而漏光所致,可用白纸将原稿盖边缘全部盖住即可消除故障。

③ 停止复印时间较长时,再次复印要等一段时间才能进行复印。这是因为一般的复印机都具有节电功能,待机时间过长时,机器将自动关闭电源,需重新开机并进行预热才能进行复印。有的机器只要打开原稿台盖板或按下任一按键,机器马上可进行复印。

④ 复印多色原稿时,有些颜色特敏感,有些颜色不敏感。这是因为不同的复印机对原稿的颜色的感色性不同而引起图像质量问题,一般地说,某种复印机的光导体对某种颜色特敏感,复印该种颜色时就会显得很淡。

⑤ 选择好缩放比例后未马上复印,结果复印出来的图像没有缩放效果,有时甚至停机。这是因为该机具有自动复原功能,超过该功能的执行时间即自动恢复初始状态,有时甚至自动停机,还有的机器没有自动恢复功能,需清除该功能,否则再次复印时又会有缩放效果。

⑥ 原稿与复印稿之间存在很大的反差,这是由于复印浓度调节不当引起,只要调节好复印浓度即可排除故障,调节时最好选用一张多色原稿反复调节,以确定最佳浓度。

⑦ 复印图像出现白斑条或模糊不清现象,这类故障大多是由于环境潮湿、光导体表面有水气或复印纸受潮所致。

5.2 速印一体机

速印一体机又简称速印机,是一种新型的现代化办公设备,它是一种介于复印机与油印机之间一种复印设备,操作步骤类似于复印机、使用费用接近油印机,可以理解为传统油印机的数字化。它集制版、印刷为一体的油印设备,它通过数字扫描、热敏制版成像的方式工作,实现高清晰印刷质量,印刷速度在 100 张/分钟以上的印刷设备。速印一体机还具有对原稿进行缩放印刷、拼接印刷及自动分纸控制等多种功能,绝大多数机型还支持计算机直接打印输出功能,是学校企事业单位的理想办公设备,特别适用一次性印刷量在数百上千张而且低于数千张的单位使用。

从外形上看,速印一体机和复印机非常相似,尤其在制版时,同样也是将原稿放在玻璃稿台上。在功能上,速印一体机与复印机也有许多相似之处,但速印一体机的工作原理和复印机有着本质上的差别。

速印一体机的是从手刻蜡纸发展来成的,其发展历程:传统钢板手刻蜡纸(采用墨辊手推印刷)→誊影机(双滚筒手摇油印机)→热敏制版机(单滚筒全自动速印机)→数码制版印刷一体机→IT 时代的网络一体机。

速印一体机的印刷首先需要通过光学和热敏制版的原理,把需要印刷的内容印制在印版上,然后再通过印版进行印刷。印刷完成后,这张印版也就报废了。复印机则主要通过光学和半导体感光成像的原理来进行复印,在复印结束之后,通过放电等手段可以消除感光板上的图像,从而可以反复使用。

速印一体机除了复印平均成本比较低廉以外,还有以下几个特点。

(1) 印刷速度快且可任意调节

速印一体机的预热时间短,复印机需要先预热在硒鼓成像,通常需要 1 分钟左右时间。而速印机利用板纸成像,最快速度只需要 16 秒左右,且成像一次板纸,就可以印刷上千份,而复印机由于工作的原理,每印一次都要新成像一次。速印一体机的最高复印速度可达 130 张每分钟,并可以自动调节,有的机型可以提供多达 5 级变速(60 张/分钟、80 张/分钟、100 张/分钟、120 张/分钟、130 张/分钟)选择。

由于速印机在印刷第一张文件的时候包括了制版(即数字化刻制蜡纸)的过程和印刷文件的过程,因此需要的时间较长,大约要 20 秒左右。

(2) 原稿范围宽,缩放比例大

速印一体机可以复印的原稿尺寸范围比较大,一般机型可复印的原稿尺寸范围为从 A3 纸大小到名片大小;用于复印的纸张只寸范围为一般相当于最大纸张面积的80%。速印一体机还提供多级缩放比例,如有的机器提供了94%、87%、82%、71%4个缩放比例供用户选择使用。

(3) 使用成本低

速印一体机电量消耗低,一般情况下,速印一体机工作只需要220W,而复印机则耗电1 000W以上;由于速印一体机的工作原理,其使用的耗材(板纸和油墨)价格十分便宜,机器维护成本也很低,而且速印的份数越多,成本就越低。

(4) 可与计算机连接使用

速印一体机像传统的一体机一样,不仅可以对原稿进行扫描、制版印刷,而且还可以对计算机输出直接进行制版印刷。有些型号的机器内置了计算机打印接口,就像一台超高速、大幅面、高精度打印机一样,可以快速、大量印制计算机文档资料。有些机型还可以接入到网络环境中去,实现网络的共享印刷(局域网)和远程印刷(远程通信)。

5.2.1 速印一体机的基本工作原理

速印一体机从功能上来划分,一般由原稿扫描、制版、进纸、印刷、出纸、控制电路和操作面板等7个部分组成。基士得耶 CP6202c 一体机外观简洁时尚,是一台高可靠性的数码印刷机,更是各院校老师的得力印刷好帮手。其继承了前几代机型简便操作,极具竞争力的规格及价格的优势外,更增添了自动关机功能这个强有力的节能环保卖点,符合国家环保要求。其外形如图5-2-1所示。

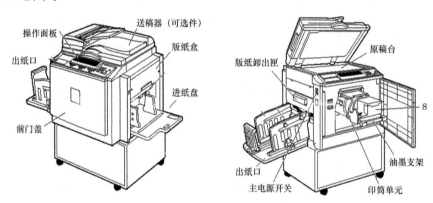

图 5-2-1 基士得耶 CP6202C 一体化速印机

其主要技术指标如表 5-2-1 所示。

表 5-2-1 基士得耶 CP6202C 一体化速印机的主要技术指标

制版方式	全自动印筒制版印刷系统	制版方式	全自动印筒制版印刷系统
最高印刷速度(ppm)	60~90	最大印刷面积(mm)	250×395
首页印刷时间(s)	42	缩小比率	71%,82%,87%,93%
分辨率(dpi)	300×300	放大比率	115%,122%,141%
原稿类别	单页、书本	供纸器容量(张)	500
印刷颜色	黑色	进纸方式	全自动控制
原稿尺寸(mm)	275×395/90×140	重量与外观(mm)	55kg、1 232(长)×672(宽)×519(高)
用纸尺寸(mm)	275×395/90×140	电源	AC220~240(V)、50/60 Hz,制版:<175W 印刷:<140W(60张/分)<175W(90张/分) 待机:<35W

速印一体机的工作原理方框图如图 5-2-2 所示,当在操作面板中输入的操作命令时,首先将需要印刷的原稿的图像进行扫描,经光电扫描后,得到数字化的图像信号。接着进行制版,将扫描得到的数字化的图像信号经电热敏头在版纸上产生与原稿一致的图像,并自动地将版纸装在印刷滚筒上。此时,通过一个进纸搓动轮搓动,自动将印刷用纸一张一张地送入印刷部分。将滚筒版纸上的图像转印到进纸部分送进来的纸张上,将速印好的印刷件一张一张地送到出纸口。

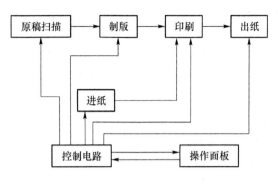

图 5-2-2　速印一体机原理方框图

5.2.2　速印一体机的主要技术指标

1. 制版方式

目前几乎所有的速印一体机都是采用热敏头制版。热敏头制板也可以分为两类:热熔解型和热交联型。

(1)热熔解型:通过用半导体激光二极管,熔去图文部分,露出下面的亲油层,除去版上的残留物,就可准备上机印刷。它是一种非化学处理过程,较为环保,可在明室下工作。虽说耐印力稍低了一些,只有 5 万印左右,但是对于速印机来说已经是足够了。同时由于成本比较低,因此多被速印机所采用。

(2)热交联型:通过红外线的热量而非光谱,达到一定温度后,感光层中的部分高分子发生热交联反应,形成潜像;再加热,使图文部分的分子化合物进一步发生交联反应,其目的在于使图文部分在碱性显影液中不被溶解。值得一提的是,预热时空白部分也发生了部分反应,因此显影时要去除空白部分的影像。温度过高,在印版上会形成热雾状;温度过低,淡化或削弱了图文部分。图文部分的性质很稳定,即使曝光后 6 个月,印版仍旧可用;对光的感光度很低,可在明室下工作,但是成本较高,因此多用于专业印刷领域。

2. 首页印刷

首页印刷时间指的是速印一体机在完成了预热和制板之后,已处于待机的状态下,用户在确认无误,做好了如加纸等一切准备工作后,从按下按钮向速印一体机发出指令到输出第一张印刷品所花费的时间。目前主流产品的首页印刷时间都可以控制在 30 秒钟之内。

3. 最高印刷速度

最高印刷速度是速印一体机每分钟能够最多印刷的张数(以 A4 纸为标准)。和复印机一样,在工作时速印一体机也需要一个预热过程,首张复印也需要花费比较长的时间,因此复印速度在计数时一般应该从第二张开始。同样,速印一体机的印刷速度是可以进行调节的,这里的最高印刷速度自然是指产品的最大值,用户在印刷时也可以选择中间值或是最小值来印刷,这样印刷的质量可以相应的提高一些。

和复印机相比,速印一体机一个最大的优势就在于它的印刷速度。目前绝大多数的速印机都可以达到每分钟 100 张以上的印刷速度。

4. 印刷颜色

印刷颜色是指速印一体机可以印制出的产品的颜色,不过目前速印一体机的印刷颜色还都是黑色。

5. 分辨率

分辨率指的是速印一体机印制的清晰度,它直接关系到印刷的质量,和打印机一样也是用 dpi 来标识的,它是用垂直分辨率和水平分辨率相乘来表示,如一台产品的分辨率表示为 300 dpi×400 dpi,就是表示此台速印一体机在一平方英寸的区域内水平 300 个点,垂直 400 个点,总共 12 000 个点。不过速印一体机的精度指标不需要像打印机这么高,一般来说 300~400 dpi 就已经足够了。

6. 最大印刷面积

对一般的印刷品来说,印刷品上印制的内容一般不会充满整个印刷的纸张(除非是照片、广告之类的印刷品),就像我们在使用 Word 时都会有页边距的设置一样。最大印刷面积指的是速印一体机能够在纸上印制出来的最大的面积。毫无疑问,最大印刷面积肯定小于用纸尺寸。

7. 放大比率与缩小比率

和复印机、多功能一体机等产品一样,速印一体机同样也是可以对原稿进行放大或者是缩小后进行制版印刷的。缩小比率和放大比率是指速印一体机能够对需要印刷的原稿进行放大和缩小的比例范围,使用百分比(%)标识。不过和复印机、多功能一体机的那种无级调节(也就是可以在可缩放的范围内任意选择一个比例)不同,速印一体机的缩小和放大比率是固定的。产品提供了几个相对固定的方法和缩小比例供用户进行选择。用户需要对原稿进行放大或是缩小只能在这几个固定的比率中进行选择。

8. 供纸器容量

供纸器容量指的是速印一体机的存储印刷纸张的供纸器最大可以存放的纸张的数量。

由于速印一体机的印刷速度快,印刷量大,它的用纸量远远要大于复印机,因此它的供纸器的容量要求要比较大。一般来说,至少要在千张以上。

5.2.3 速印一体机的使用

1. 速印前准备

先装纸,小心打开进纸盘,向前移动进纸导板锁定杆;调校导板以配合纸张大小;把纸装到进纸盘上,注意确保进纸导板与纸张轻轻接触,向后移动锁定杆。再来设定输出纸盘,略微抬起输出纸盘,然后轻轻地向下放;提起纸张输出导板,调校到配合纸张大小的位置;提起纸张输出挡板,移到配合纸张大小的位置。降低或提起纸张对齐翼片,打开主电源开关。

2. 标准印刷

提起曝光玻璃盖,将原稿面朝下放置在曝光玻璃上。原稿应与左后角对齐,放下曝光玻璃盖。

当启用自动循环时:

(1) 确保选择了自动循环模式。

(2) 用数字键输入印件数量。如要改变输入的数字,可按【清除/停止】键,并输入新数字。

(3) 按【启动】键。输出印件后,印刷工作会自动进行。

当禁用自动循环时:

(1) 确保没有选择自动循环模式。

(2) 按【启动】键,印件被传送到输出纸盘。

(3) 按【试印】键,并检查印件的图像浓度和图像位置。

(4) 用数字键输入印件数量,如要改变输入的数字,可按【清除/停止】键,并输入新数字。

(5) 按【印刷】键。

5.2.4 速印一体机的维护与保养

(1) 清洁热敏头

每用完两卷版纸应清扫一次热敏头。其方法是:提起扫描台,打开制版机组,然后用软布或薄纸轻轻擦拭热敏头数次。为更有效地清扫,擦拭前先在软布或薄纸上蘸少许酒精,由于热敏头非常精密,要避免硬物划碰。

(2) 清洁扫描台玻璃或扫描台盖

如果扫描台玻璃或扫描台盖脏污,印刷将会出现不良效果。其清洁方法是,用软布或薄纸擦拭扫描台玻璃和盖。

(3) 清洁压力辊

橡胶压力辊把印刷纸压在滚筒上。若压力辊弄脏了,污点则会出现在印刷件的背面,这时,要用沾有酒精的软布彻底擦拭压力辊或者利用保密功能在装空白版纸的滚筒下过来清洁压力辊。

(4) 清洁速印机外壳

定期用软布擦拭机器外壳,去掉灰尘。要去污迹,请使用合适的清洁剂。因机器外是塑料的,切勿使用酒精或溶液进行清洗。

(5) 清洁自动进稿机组的扫描玻璃

打开自动进稿机组,扣住自动进稿机组释放杆,打开自动进稿机组。擦拭扫描玻璃用软布或薄纸轻轻擦拭扫描玻璃。因为扫描玻璃非常脆弱,所以要避免硬物划碰。有效地清扫,应先在软布或薄纸上蘸少许酒精。

(6) 清洁白色补偿辊

打开自动进稿机组,将白色补偿辊继续转回,用软布或薄纸轻轻擦拭白色补偿辊。

习 题

1. 简述数码复印机的优点。
2. 简述静电复印机工作过程。
3. 简述复印机的基本操作。
4. 复印机对复印纸张有何要求?
5. 简述复印机的保养。
6. 简述复印品全黑的原因。
7. 简述速印一体机的主要功能。
8. 简述速印一体机的基本操作步骤。
9. 试对复印机与速印一体机的使用成本进行分析。
10. 简述速印一体机的日常保养方法。

第 6 章　办公通信与网络设备

本章要点:
- 电话通信系统与电话机的使用
- 移动通信系统的相关技术
- 手机、对讲机的使用
- 传真机的工作原理
- 传真机的安装与使用
- 网络通信设备的简介
- Internet 网络应用

通信技术是办公自动化中重要技术之一,现代通信主要是通过有线方式与无线方式来进行通信。有线通信方式通常有模拟通信与数字通信两种,现阶段应用最多的是模拟通信网络,在模拟交换网络上传输的是模拟信号,它是一种利用模拟交换网络进行的通信,包括程控电话、图文传真以及本地计算机借助调制解调器与远程计算机进行通信等。数字通信是今后发展的一个方向,在数字通信网络上传输的是数字信号。

利用数字数据交换网络进行通信的网络包括各种计算机局域网、城域网以及广域网。在无线通信网络中,有移动电话、无线移动计算机通信设备等。这几类它们的工作方式不同,其设备和控制设备工作的传输协议也不同。

6.1　电话机

自从 1876 年美国波士顿大学贝尔教授发明电话以来,已有 100 多年发展历程。由于电话有着传递信息方便、快速及时、可远距离通信、通信资费低等特点,电话机一直是办公室的主要设备,被办公人员广泛使用,成为当今传递信息和人们不可缺少的通信工具。随着现代科学技术的发展与世界范围内电话通信网络的建立,以及越来越多新型电话的出现,其功能越来越多,使电话在现代办公中起着越来越大的作用。1949 年新中国成立之初,我国仅有固定电话用户 21.8 万户。2014 年 1 月,据工信部最新统计,电话总数突破 15 亿户大关,达到 15.01 亿户。其中,固定电话用户规模继续萎缩,占电话用户总数的比重降至 17.7%。移动电话用户在 3G/4G 通信带动下持续增长,总数达到 12.35 亿户。

6.1.1　电话通信与电话机的分类

1. 电话通信及其工作原理

电话是一种利用电流来传播声音的设备。电话通信是借助声电、电声转换和电信号的传播实现远距离语音通信的一种电信系统。

通常把声电变换装置称为送话器,简称话筒。把电声变换装置称为受话器,简称听筒。电话通信的基本工作原理是,首先把说话人的声音信号通过送话器转换成电流信号(话音电流),并送到2线电话线路上,然后经电话传输线路(信道),转送到收话人的受话器上,最后在受话器上将电话线路送来的电流信号转换成声音信号(语言声波),从而使收话人听到发话人的声音。由于电话机都设有话筒和听筒,因此,既能送话又能受话,从而实现了双向语音通信。

2. 电话通信网及电话交换机

从理论上来说,只要有两部电话机和一对(2线)电话线,就可以进行电话通信,但此时就需要在每个电话用户之间架设专线,这显然是很不经济与现实的。为此,我们在电话分布地区的中心地设立一个电话局,装设一部电话交换机,每个用户都有一对电话线接到交换机上,由交换机把需要通话的用户临时接通,进行通话。这样,局内任何用户之间都能进行电话通信。这种能为任何一对电话用户之间提供通话线路的网络称为电话通信网。电话通信网络又分为公用通信网和专用通信网。我国邮电部门建立的各种通信网是面向所有用户的,因此称为公用通信网。一些军事、机要、铁道部门等出于保密等需要建立的通信网是专为本系统的工作服务的,不能与本系统以外的单位进行通信的系统,故称为专用通信网。如图6-1-1所示为程控电话系统图。

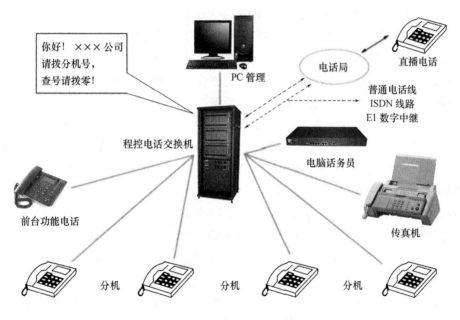

图 6-1-1 程控电话系统图

电话机是目前在办公室中使用最为普遍的一种通信设备,电话通信网是全世界应用最广泛的有线通信网,利用电话可实现全球的有线通信。目前,电话网不但用于电话交换,而且越来越多地被用于发送传真以及网络通信。

电话通信网中的交换系统是通信网中不可缺少的主要组成部分,是整个通信网的核心枢纽。我们把在通信网的交换系统中实现交换功能的设备称为交换机。电话交换机的作用是沟通本交换机所连接的所有电话用户之间电话通信,以及他们与外网的电话通信。在过去的100多年中,电话交换设备经历了从人工到自动、从机械到计算机程序控制的过程。

电话交换机可分为磁石、共电和自动电话交换机3种。前2种交换机的电话转接需要人工操作,而自动电话交换机的转接,则是根据用户拨的电话号码自动完成的。自动交换机按接续方式,大致又可分为步进制、纵横制和程控制3种类型。无论是步进制,还是纵横制交换机,用户电话间的接续都是靠机械动作来完成的,因此,它们可以统称为机电自动交换机。它们共有的缺点是结构复杂、体积庞大笨重、易出故障、工作噪声大、耗电量大、服务项目单一,所以它们已逐渐被先进的程控电话交换机所代替。

程控电话交换机是从20世纪70年代开始,逐步发展成的一种新型先进电话交换设备,它主要由计算机和许多集成电路组装而成。它是根据计算机预先编制好的程序来控制交换接续的,故称为程控交换机。程控交换机具有体积小、噪声小、接续速度快、接通率高、错误率低、质量可靠、故障少、服务功能多、便于开放数据和图像通信、便于实现维护和管理的自动化等优点。程控电话交换机自问世以来,已从模拟方式发展到分时数字方式。目前,程控数字交换系统已发展成为程控交换机的主流技术,向综合业务数字网(ISDN)过渡是通信技术发展的趋势。

3. 电话机的分类

电话机是电话通信中不可缺少的设备。电话机按其功能划分,又分为普通电话和特种电话。常用的特种电话有免提、扬声、录音、无绳、投币、磁卡、书写、可视电话等。

常用电话机有下列几种。

(1) 脉冲(HA-P)与音频按键式电话机(HA-T)

脉冲按键式电话机是一种以电子电路加导电橡胶按键号盘替代机械旋转号盘的自动电话机,在20世纪80年代开始普及,属于第三代电话机。其振铃电路、发号电路、通话电路又分立元件和集成电路两种;振铃信号输出有极化式电磁铃和音乐式电子铃两种。它的特点是按键号盘所发脉冲比较方便,还附着重拨键"♯"和暂停键"*",它以电子开关形式取代机械脉冲接点来发号,其速率是每秒10个脉冲(10PPS)。脉冲按键发号同样具有3个脉冲参数,已在发号集成电路中作了固定,一般不易发生错误。这种话机对通信电压有一定要求。在无线电干扰严重的环境下,有时会发生错号现象。该机种适用于步进制和纵横制式交换机。

音频按键式电话机(HA-T)是以双音多频拨号信号(DTMF)代替传统的脉冲拨号。这种话机的最大特点是缩短了发号时间,同时发号错误率低。在现在的电话机中,都是脉冲/音频兼容按键式电话机(HA-P/T),这种按键式话机除采用脉冲发号外,还可用双音多频方式发号。它在话机侧面设有一个转换开关(P/T)可供选择,一般都将转换开关设置为双音频方式。

(2) 录音电话机

目前录音电话机正逐步走入办公领域中,常用于公安、调度、电信服务等办公场合,利用录音电话机可以将其通话的过程记录下来,可达到有利于提高工作效率,加强对服务监控等作用。常见的录音电话机分为3种:"留言"电话机、电话录音机和自动应答录音电话机。办公时可以根据实际需要来选择使用。

"留言"电话机,主人预先把需通知对方的话录下来,当有电话时,振铃数次后可自动应答,把留言发送出去。一般这种留言较短,主要是向对方通知机主不在,请对方改用其他方式或稍后联系机主。

电话录音机,是电话机和磁带录音机的组合。使用时,由人工操作录下双方讲话内容,当需要重放时按下放音键。

自动应答录音电话机,这是自动应答和自动录音机结合的电话机。用户可以自由设定自动答录前的振铃次数,当电话来电振铃超过设定次数而用户没有摘机的情况下(一般为无人状态)。自动应答录音电话机自动启动,把磁带或存储器中的留言告诉对方,然后启动磁带录音装置,记录对方留言。当用户回来后可以用放音键收听对方留言。近年来,还出现了可遥控自动录音电话机,可以通过一部双音频电话机呼叫录音电话机,当录音电话机启动后,再输入密码,可通过这台双音频电话来控制自动应答录音电话进行录音、监听等操作。

自动应答录音电话机根据存储介质不同可分为数码录音电话和磁带录音电话。数码录音电话采用内置的闪存(Flash 芯片)作为存储介质,而磁带录音电话则一般采用小型磁带作为存储介质。采用数码存储技术的录音电话,选用 Flash 芯片作为存储介质,可以永久保存,掉电不丢失。而采用磁带介质的录音电话,注意平时保存磁带就可以了。录音电话提供强制录音、应答录音两种录音方式;强制录音是完全自动地所有通话进行录音,应答录音是根据用户按键来录制指定的通话内容,适应各种应用场合的需求。而且用户可以从电话机的液晶显示屏上看到来电的时间,已录通话次数、存储空间容量和使用情况。

(3) 可视电话机

可视电话机是一种能实现"面对面"谈话的电话设备。通过可视电话机打电话,不仅可以听到对方的声音,还可以看到对方的面容。

目前,可视电话在传输信道上可分为:PSTN(公用电话网)型、ISDN(综合业务数字网)型、专网型等多种方式。在 PSTN 网络上工作的可视电话,每秒钟可以传输 10~15 帧画面;在 ISDN 网络上工作的可视电话,每秒钟可以传输 15 帧以上的画面,如图 6-1-2 所示。

可视电话产品主要有两种类型,一类是以个人计算机为核心的可视电话,除计算机外还配置有摄像机(或小型摄像头)、麦克风和扬声器等输入/输出设备;另一类是专用可视电话设备(如一体型可视电话机),它能像普通电话一样,直接通过家用电话线进行可视通话。由于普通电话线普及率很高,因此在公用电话网上工作的可视电话很具发展潜力。

可视电话机由 4 个部分组成:电话机、显示屏、摄像头和控制装置。摄像头是用来拍摄送话者的图像,图像信号通过电话线路一起送出,在对方的可视电话中显示出来。

随着通信技术和电话技术的不断发展,新型的可视电话不断被推出。相信不久的将来将有更多的用户会使用可视电话。

(4) 无绳电话机

无绳电话机由主机(座机)和副机(手机)组成,也称子母机。主机和电话交换机之间采用有线通信方式相连,而副机和主机之间采用无线通信方式相连接。由于手机与座机之间没有一般电话机的四线绳,因此手机可以拿到远离座机的地方,自由运动。无绳电话机的手机内装有送话器、受话器、按键盘、蜂鸣器,用户利用这些功能部件可以像使用普通电话机一样呼叫电话网中的任一用户,也可以随时接收通过座机传送过来的其他用户的呼叫信号并与之通话。

功能较强的无绳电话机除具有无绳手机外,在座机上还配有一套通话装置(拨号盘、有绳手柄或免提通话装置),当手机拿走以后,座机本身可以像普通电话机一样使用。无绳电话机的座机和手机之间也可以进行内部通信联络,随时可以利用座机呼叫手机持有人并与之建立通话联系。有的无绳电话机采用了密码呼叫方式,即手机和座机相互接收到约定的密码后才能相互启动,减少了相距较近的无绳电话机之间发生错呼的机会。

无绳电话的工作频率是指电话在通话时声音中的信号在线路上传输时的工作频率。第一代无绳电话的工作频率为 46～49MHz，第二代无绳电话的工作频率的为 900MHz，第三代数字无绳电话的工作频率为 2.4GHz，其外形如图 6-1-3 所示。

图 6-1-2 可视电话机

图 6-1-3 无绳电话机

（5）网络电话

网络电话不是一个设备，它是电话通信的一种形式，又称 IP 电话，它是通过互联网协定（IP）来进行语音传送的。传统的国际电话是以类比的方式来传送的，语音先会转换为电信号，通过网线铜缆将声音传送到对方。网络电话则是将声音通过网关转换为数字信号，并被压缩成数据包，然后才从互联网传送出去，接收端收到数据包时，网关会将它解压缩，重新转成声音给另一方聆听。

目前网络电话联机方式一般来说可以分为 3 种：PC to PC、PC to Phone、Phone to Phone。网络电话利用 TCP/IP 协议，由专门软件将呼叫方的话音转化成数字信号（往往再经过压缩，这是网络电话软件好坏的技术关键点），然后打包，形成一个个小数据包，小数据包利用网络空闲信道，将语音数据传输到对方，对方的专门设备或软件接收到数据包后，做一个与语音转化成数据包的反过程，如果对方的接收器不一致，还要作技术处理以使语音能够还原。在通话的过程中，不用特意租用专门的线路，而只是利用网络的空闲时间来进行传输，大大节省通话费用。

但由于采用互联网来传输及文件打包、解包的形式，当网络拥挤时会出现通话质量不好、时延长等情况。

6.1.2　电话机的使用

1. 电话机外形与功能

在现代办公活动中，使用最多的是按键式电话。目前电话机的主要功能除了最基本的接听和拨打电话外，所具有的其他功能还有：数码录音；语音报号；双音频拨号与脉冲拨号兼容；可与各种交换机配合使用；来电防火墙；电信特殊服务功能；重复来电指示；来电、去电号码存储；IP 速拨功能，且可设置自动 IP；单键重拨功能；电话传呼；分机号码编码；分机记忆拨号；分机密码锁；呼叫等待、呼叫转移；通话录音等。图 6-1-4 为高科 HCD737TSDL 7E 电话机的外形。

图 6-1-4 高科 HCD737TSDL 7E 电话机的外形

高科 HCD737TSDL 型来电显示电话机,具有外观新颖、性能稳定、功能独特、使用方便等优点,各技术指标符合 GB/T15279-2002YDN069-1997 标准的要求,其主要功能特点如下。

- DTMF/FSK 双制来电显示自动检测。
- 50 组(8 位)来电显示,来电翻查、回拨、加"0"回拨。
- 16 组(8 位)拨出号码查号、查时。
- 3 组闹铃设置,每组闹铃声音不同。
- 铃声音量和免提音量电子调节。
- 1 首普通铃声,9 首和弦音乐铃声选择。
- 显示亮度可调。音频、脉冲拨号电子转换。
- 2 组手动 IP,1 组自动 IP。
- 防雷击功能。
- 使用条件:环境温度:−10℃～+40℃　　相对湿度:10%～95%
　　　　　　大气压力:86～106 kPa　　　　环境噪声:≤60 dB(A)
- 技术指标:解码标准:FSK/DTMF
　　　　　　工作频率:300～3 400 Hz
　　　　　　振铃声组:≥70 dB(A)
　　　　　　双音多频拨号:低频群电平−9±3 dBm(35 mA)
　　　　　　　　　　　　　高频群电平−7±3 dBm(35 mA)
　　　　　　频率组合中,高频分量比低频分量高(2±1)dBm,频偏≤±15%。

2. 使用方法

首先,请按电池的正负极性将电池装在电池盒里(用于来电显示等供电,不安装电池不影响接打电话)。接着,将电话插头(RJ-11)插在电话机的外线插座上,另一端与墙壁上的电话插座(市话网)连接。将弹簧曲柄线一端插在电话机座机旁边的插口,另一端插入手柄插口。

(1) 接断电话

听到电话铃声,拿起手柄或按座机上【免提】键,即可与对方通话,此时显示屏灯亮,在显示屏上会显示来电号码。

(2) 拨打电话

拿起手柄或按座机上【免提】键,电话机显示屏灯亮,听到拨号音,即可拨号。当听到语音提示或回铃音(断四秒续一秒的蜂音)时,表示线路已接通,等待对方应答。如果听到忙音(嘟…嘟…嘟…声),只需按【重拨/回拨】键,即可将刚才所拨的电话号码拨出去,通话完毕后要挂好手柄或按座机上【免提】键。

(3) 拨号限制

一般在电话机上都设有机械锁,可以来控制电话长途拨号。但它属于一般性控制设备,仅能锁正常使用情况下的首位拨"0"或其他限拨号码,不能防止采用技术性或破坏性方法盗打电话。如要可靠地限制拨号,需向当地电信局申请程控电话服务中的"呼出限制"业务。

当钥匙背旋至绿点位置时,按以"0"开头的号码不能拨出,禁止打长途电话。当钥匙背旋至红点位置时,为普通拨号状态,可打长途电话。

(4) 来电查询及回拨

按座机上的【上查/下查】键进入来电查询状态,此时可向上/向下翻查,显示屏上显示来电的号码、日期及时间等信息。若想对某来电回拨,只需按【回拨】键。若想加"0"回拨,需长按【回拨】键3秒(在开锁状态才能加"0"回拨)。

(5) 去电查询及回拨

按【去电】键进入去电查询状态,再按【上查/下查】键可循环查询最近提出的号码和时间。若想对某组号码再拨号,只需按【回拨】键。若想加"0"回拨,需长按【回拨】键3秒(在开锁状态才能加"0"回拨)。

3. 程控电话的服务

程控电话除了可提供语音、数据和图像通信及其他信息交换服务外,还能够提供多种服务功能,如缺席用户服务、缩位服务、拨号热线服务、呼出限制服务、闹钟服务、转移呼叫、遇忙回叫、免打扰服务、呼叫等待、三方通话(会议电话)、遇忙记存呼叫、主叫号码显示等多种服务功能。如果在办公时使用以上某项或几项电话服务功能,请到当地电信营业厅申请,并需支付相关的费用。其中在办公中较为常用的有下列几种服务。

(1) 缩位拨号:是电话号码用1~2位自编代码来代替的一种功能。此项服务可用于拨叫市内、国内、国际电话。使用缩位拨号功能可以减少拨号时间,便于记忆,减少差错。

使用方法:＊51＊缩位代号＊被缩位的电话号码♯(登记);＊＊＊缩位代号♯(使用);♯51＊缩位代号♯(撤销)。

(2) 热线服务:只要摘机后在规定时间(5秒)内不拨号,就会自动接到被置为"热线"的对方电话号码。一个用户所登记的热线服务只能有一个被叫用户,但可随时改变。已登记了热线服务的电话,照常可以拨叫和接听其他电话,只是在拨叫其他电话时,须在摘机后5秒钟内拨出第一位号码。

使用方法:＊52＊电话号码♯(登记),♯52♯(撤销)。

(3) 呼出限制:又称"发话限制"。使用该项服务性能,您可根据需要,限制呼叫国际和国内长途自动电话,但不限制市内电话。

使用方法:＊54＊四位密码♯(锁机),♯54＊四位密码♯(开机)。

(4) 转移呼叫:使用该服务,可以将所有呼叫您的话机的电话,自动转移到您临时指定的话机上,所以又称"电话跟踪"。

使用方法：*57*电话号码#（登记），#57#（撤销）。

(5) 遇忙回叫：使用此项服务，当您拨叫对方电话遇忙时，可以挂机等候，不用再拨号，一旦对方电话空闲，即能自动回叫接通。

使用方法：*59#（登记），#59#（撤销）。

(6) 免打扰服务：又称"暂不受话服务"，当您在某一段时间里不希望有来话干扰时，可以使用该项服务。您登记该项服务后，所有来话将由电话局代答，但您的呼出不受限制。登记免打扰服务不能同时登记转移呼叫服务、缺席用户服务、遇忙回叫服务。

使用方法：*56*（登记），#56#（撤销）。

(7) 呼叫等待：当A用户正与B用户通话，而C用户又呼叫A用户时，A用户在受话器中会听到一个呼叫等待音，表示另有用户等待通话。这时，A用户可以请B用户稍等而转与C用户通话，也可以请C用户稍等而继续与B用户通话。

(8) 三方通话：使用此项服务，当您与对方通话的情况下，如需要另一方加入通话，可在不中断与对方通话的情况下，拨叫出另一方，实现三方共同通话或分别与两方通话。

使用方法：在甲、乙用户通话中，如甲用户需和丙用户通话，按下"R"键（或拍一下叉簧），此时乙用户被保留等待，甲听到拨号音后，即可拨叫丙用户，接通后甲与丙通话。在甲、丙用户通话后，如仍需与乙用户通话并保留丙用户，则可按一下"R"键，听到拨号音后，按一下"2"字键即可。

4. 常用特服号码

为了适应一些特殊的业务需要，我国设立了一些全国统一的特别服务号码，以容易记、容易打（号码短）的特点，在办公活动与日常生活中使用较多，表6-1-1所示为常用特服号码，表6-1-2所示为常见高科技公司售后服务电话。

表 6-1-1 常用特服号码

号码	名称	号码	名称
110	公安机关专用报警电话	10000	中国电信电话客服中心（中国电信用户免费）
112	市话障碍申告台	10010	中国联通电话客服中心（中国联通用户免费）
114	号码百事通	10050	中国网通电话客服中心（中国铁通用户免费）
117	报时	10086	中国移动电话客服中心（中国移动用户免费）
119	火警	1258	数字移动通信网GSM短消息业务中心人工台
122	全国道路交通事故报警台	160	人工信息服务台
95119	森林火警	169	中国公众多媒体网接入码
95598	供电局	184	邮政编码查询台
96130	广播电视专用号码	185	特快专递业务查询台
96148	法律服务专用号码	189	业务受理特服台
12110	公安短信报警	200	中国电话卡自动密码计账长途直拨业务
12315	工商行政管理局	300	智能网计账卡呼叫业务接入码
12318	文化市场综合执法	400	企业直线主被叫分摊付费电话业务
12345	市长热线	600	智能网内虚拟专用网业务接入码
12358	价格投诉热线	800	国内被叫集中付费业务
201	校园卡接入码		

表 6-1-2　常见高科技公司售后服务电话

公司	售后服务电话号码	公司	售后服务电话号码
联想集团	Lenovo 产品 400-990-8888	TCL	400-812-3456
	Think 产品 400-100-6000	方正	800-810-1992
	打印机、多功能一体机、投影仪 400-810-1234	七喜	020-82253777
	智能电视 400-100-5001	长城	0755-26639997
	手机 400-818-8818	清华紫光	010-62789898
	服务器及存储产品 400-106-8888	明基	400-888-0333　400-888-0666
惠普	400-820-2255　400-610-3888	清华同方	800-810-5888　400-610-5888
戴尔	800-858-2311　400-881-1852	诺基亚	400-880-0123
索尼	800-820-9000	三星	400-810-5858
飞利浦	800-820-1201	联通 iPhone	400-677-8899
松下	800-810-0781	多普达	400-820-1668
爱普生	800-810-9977	摩托罗拉	800-810-5050
东芝	800-810-8208	索爱	400-810-0000
NEC	800-820-7007	LG	400-819-9999

6.2　移动通信设备

在现代办公活动中,信息的处理已不局限于办公室了,移动办公已变得较为普遍。要实现移动办公,必须要有移动通信来进行辅助。移动通信是近十几年来,国际上发展起来的一种新型通信方式,它是指通信双方或一方在移动中所进行的信息交换,如移动体(车辆、船舶、飞机或行人)与固定体之间、移动体与移动体之间的通信,均属于移动通信范畴。它是用户可实现随时随地、快速可靠进行各种信息(话音、数据等)交换的理想形式,移动通信正由一种辅助的通信手段变成为主要的通信手段之一。

随着社会文明的进步和超大规模集成电路技术、网络技术、软件技术的高速发展,各种高性能、小型化的移动通信设备不断涌现,价格越来越低廉,应用也越来越多,在日常生活与办公领域中成为不可或缺的工具。

移动通信设备主要包括移动电话(手机)、无绳电话、集群移动通信机、卫星海事电话、对讲机等。其中,移动电话在办公活动中应用最为普遍。

6.2.1　移动通信系统的分类

1. 第一代模拟移动通信

公众蜂窝式模拟移动通信网是第一代移动电话系统,国际上成熟的 900M 模拟移动通信系统制式有美国的 AMPS、日本的 HCMTS、英国的 TACS 制式,它们都是小区制的移动通信网络。

我国蜂窝移动通信系统为了能与其他国家与地区的 TACS 系统兼容工作,采用了 TACS 制式标准,始建于 1987 年,之后迅速发展,其基本原因有两个:一是采用了多信道共用和频率复用技术,频率资源利用率高;二是系统功能完善,具有越区切换、漫游等功能,与市话网互联,可以直拨国内、国际电话。

但随之而来,采用模拟移动通信的第一代移动通信系统也出现了一些不足:

(1) 模拟蜂窝系统体制混杂,不能实现国际漫游。

(2) 模拟蜂窝网不能提供 ISDN 等非话业务。

(3) 模拟系统设备价格高,其手机体积大、耗电大,一般只能持续工作 10 余小时,每天都须充电,给用户带来不便。

(4) 模拟系统网的用户容量受到限制,系统扩容非常困难。

因此,我国在 1998 年关闭了第一代模拟移动通信系统。

2. 第二代数字移动通信(2G)

为了克服第一代蜂窝系统的局限性,以满足移动通信网发展的需要。在 20 世纪 80 年代开始开发第二代数字移动通信系统,第一批系统于 20 世纪 90 年代初投入商用。

数字蜂窝系统在许多方面优于模拟系统。最引人关注之处是由于能更有效地利用无线频谱,从而提高了系统的容量。另一个优点是数字传输不仅可使话音而且可使数据通过无线电频谱传送,因而可支持短消息服务和电子邮件等增值业务。数字技术还可增强话音和数据传输的保密性。同时数字网要求的功率较低,因此手机可以做得更小、更轻,从而延长了电池的使用寿命。

主要制式有 GSM(全球移动通信系统)/DSC1800、CDMA IS-95、D-AMPS、PDC(个人数字蜂窝)。

GSM 是在 20 世纪 80 年代由欧洲提出来的最早投入商用的数字蜂窝系统。1989 年创建的欧洲电信标准学会一直负责 GSM 的标准化工作。芬兰移动运营公司 RADIOLINJA 于 1991 年建立了第一个 GSM 网。随之欧洲所有国家都采用了 GSM 标准,并在其他各大洲得到普遍应用,一直处于主导地位。

我国数字蜂窝移动通信网以 GSM 为主,其中也采用了 DCS1800 及 CDMA 制式。1994 年年底,广东省首先开通了 GSM 数字移动电话网。之后,在全国 GSM 发展非常迅速,并与全求绝大多数国家和地区开通了国际漫游。同时,中国移动还将不断扩大国际漫游通达范围。中国 GSM 移动电话网已成为世界上最大的 GSM 电话网,是当今世界上服务范围最广、业务种类最多型的移动电话网。

3. 第三代数字移动通信(3G)

第三代移动通信技术(3rd-generation,3G),是指支持高速数据传输的蜂窝移动通信技术。3G 服务能够同时传送声音(通话)及数据信息(电子邮件、即时通信等)。3G 的代表特征是提供高速数据业务,速率一般在几百 kbit/s 以上。3G 规范是由国际电信联盟(ITU)所制定的 IMT-2000 规范的最终发展结果。

国际电信联盟在 2000 年 5 月确定 WCDMA(欧洲版)、CDMA2000(美国版)、TD-SCDMA(中国版)三大主流无线接口标准,写入 3G 技术指导性文件《2000 年国际移动通讯计划》(简称 IMT—2000);2007 年,WiMAX 亦被接受为 3G 标准之一。CDMA(码分多址)是第三代移动通信系统的技术基础。第一代移动通信系统采用频分多址(FDMA)的模拟调制方式,这种系统的主要缺点是频谱利用率低,信令干扰话音业务。第二代移动通信系统主要采用时分多址(TDMA)的数字调制方式,提高了系统容量,并采用独立信道传送信令,使系统性能大大改善,但 TDMA 的系统容量仍然有限,越区切换性能仍不完善。CDMA 系统以其频率规划简单、系统容量大、频率复用系数高、抗多径能力强、通信质量好、软容量、软切换等特点显示出巨大的发展潜力。

(1) WCDMA

全称为 Wideband CDMA,意为宽频分码多重存取,这是基于 GSM 网发展出来的 3G 技术规范,是欧洲提出的宽带 CDMA 技术,它与日本提出的宽带 CDMA 技术基本相同,目前正在进一步融合。WCDMA 的支持者主要是以 GSM 系统为主的欧洲厂商,包括欧美的爱立信、阿尔卡特、诺基亚、朗讯、北电,以及日本的 NTT、富士通、夏普等厂商。该标准提出了 GSM(2G)-GPRS-EDGE-WCDMA(3G)的演进策略。这套系统能够架设在现有的 GSM 网络上,对于系统提供商而言可以较轻易地过渡。因此 WCDMA 具有先天的市场优势。WCDMA 已是当前世界上采用的国家及地区最广泛的,终端种类最丰富的一种 3G 标准,占据全球 80% 以上市场份额。

(2) CDMA2000

CDMA2000 是由窄带 CDMA(CDMA IS95)技术发展而来的宽带 CDMA 技术,它是由美国高通北美公司为主导提出,摩托罗拉、Lucent 和后来加入的韩国三星都有参与,韩国成为该标准的主导者。这套系统是从窄频 CDMAOne 数字标准衍生出来的,可以从原有的 CDMA-One 结构直接升级到 3G,建设成本低廉。但使用 CDMA 的地区只有日、韩和北美,所以 CDMA2000 的支持者不如 WCDMA 多。

(3) TD-SCDMA

TD-SCDMA(时分同步 CDMA),该标准是由中国大陆独自制定的 3G 标准,1999 年 6 月 29 日,中国原邮电部电信科学技术研究院(大唐电信)向 ITU 提出,但技术发明始于西门子公司,TD-SCDMA 具有辐射低的特点,被誉为绿色 3G。该标准将智能无线、同步 CDMA 和软件无线电等当今国际领先技术融于其中,在频谱利用率、对业务支持具有灵活性、频率灵活性及成本等方面的独特优势。另外,由于中国内地庞大的市场,该标准受到各大主要电信设备厂商的重视,全球一半以上的设备厂商都宣布可以支持 TD—SCDMA 标准。该标准提出不经过 2.5 代的中间环节,直接向 3G 过渡,非常适用于 GSM 系统向 3G 升级。

(4) WiMAX

全名是微波存取全球互通,又称为 802.16 无线城域网,是又一种为企业和家庭用户提供"最后一英里"的宽带无线连接方案。将此技术与需要授权或免授权的微波设备相结合之后,由于成本较低,将扩大宽带无线市场,改善企业与服务供应商的认知度。2007 年在国际电信联盟在日内瓦举行的无线通信全体会议上,经过多数国家投票通过,WiMAX 正式被批准成为继 WCDMA、CDMA2000 和 TD-SCDMA 之后的第四个全球 3G 标准。

三代移动通信系统相互比较如表 6-2-1 所示。

表 6-2-1 三代移动通信系统的比较

	第一代	第二代	第三代
制式	模拟(蜂窝)	数字(双模式,双频)	多模式,多频
通信内容	仅限话音通信	话音和数据通信	话音,中速数据之外的新业务
范围	仅为宏小区	宏/微小区	卫星/宏/微/微微小区
覆盖	主要用于户外覆盖	户内/户外覆盖	无缝全球漫游,供户内外使用
与固定 PSTN 异同	与固定 PSTN 完全不同	固定 PSTN 的补充	与 PSTN 综合,作为信息技术业务(数据网与因特网、VPN)的补充
用户	以企业用户为中心	企事业和消费者	通信用户
主要接入技术	FDMA	TDMA	CDMA
主要标准	NMT、AMPS、TACS	GSM、D-AMPS、PDC	WCDMA、DS、MC、TDD

4. 第四代数字移动通信(4G)

4G 是第四代通信技术的简称，4G 系统能够以 100 Mbit/s 的速度下载，比拨号上网快 2 000 倍，能满足几乎所有用户对于无线服务的要求，用户完全可以根据自身的需求确定所需的服务。2013 年 12 月，工业和信息化部正式发放 4G 牌照，宣告我国通信行业进入 4G 时代。中国移动、中国联通和中国电信分别获得一张 TD-LTE 牌照。另外，中国联通与中国电信还将各获得一张 FDD-LTE 牌照。

在国内三大通信运营商中，中国移动作为 TD-LTE 标准的主导运营商只运营 TD-LTE 网络，而中国联通和中国电信则采用 TD-LTE 与 FDD-LTE 混合组网的模式。

如果说 2G、3G 通信对于人类信息化的发展是微不足道的话，那么未来的 4G 通信却给了人们真正的沟通自由，并彻底改变人们的生活方式甚至社会形态。4G 通信技术有以下几个特点。

(1) 通信速度快

4G 研究的最初目的就是提高蜂窝电话和其他移动装置无线访问网络的速率，理论上能以 100 Mbit/s 的速度下载，以 20 M 的速度上传。从目前全球范围 4G 网络测试和运行的结果看，4G 网络速度大致可比 3G 网络快 10 倍，意味着能够传输高质量视频图像。

(2) 增值服务多

3G 移动通信系统主要是以 CDMA 为核心技术，4G 则以正交多任务分频技术(OFDM)最受瞩目，利用这种技术可以实现例如无线区域环路(WLL)、数字音讯广播(DAB)等方面的无线通信增值服务。

(3) 技术融合强

4G 不再局限于电信行业，还可以应用于金融、医疗、教育、交通等行业，使局域网、互联网、电信网、广播网、卫星网等能够融为一体组成一个通播网，无论使用什么终端，都可享受高品质的信息服务，向宽带无线化和无线宽带化演进。

6.2.2 移动通信的相关技术

1. WAP 技术

WAP(无线通信协议)是在数字移动电话、互联网或其他个人数字助理机(PDA)、计算机应用之间进行通信的开放全球标准。

通过这种技术，无论在何地、何时只要需要信息，就可以打开你的 WAP 手机，享受无穷无尽的网上信息或者网上资源。如综合新闻、天气预报、股市动态、商业报道、当前汇率等。电子商务、网上银行也将逐一实现。

此外，还可以随时随地获得体育比赛结果、娱乐圈趣闻以及幽默故事，为生活增添情趣，也可以利用网上预定功能，把生活安排得有条不紊。

2. GPRS

中文译为通用无线分组业务，具体来讲，GPRS 是一项高速数据处理的科技，即以分组的"形式"把数据传送到用户手上。因此，GPRS 技术可以令手机上网省时、省力、省花费。

GPRS 与 WAP 组合是当前令"手机上网"迈上新台阶的最佳实施方案：GPRS 是强大的底层传输，WAP 则作为高层应用，如果把 WAP 比作飞驰的车辆，那么 GPRS 就是宽阔畅通的高速公路。

GPRS 有三大突出优点：

(1) 高速数据传输

速度 10 倍于 GSM，更可满足您的理想需求，还可以稳定地传送大容量的高质量音频与视频文件。

(2) 永远在线

由于建立新的连接几乎无须任何时间(即无须为每次数据的访问建立呼叫连接),因而随时都可与网络保持联系。举个例子,若无 GPRS 的支持,当您正在网上漫游,而此时恰有电话接入,可以在通话完后自动重新拨号上网。

(3) 仅按数据流量计费

即根据传输的数据量(如网上下载信息时)来计费,而不是按上网时间计费也就是说,只要不进行数据传输,虽然一直"在线",也无须付费。它真正体现了少用少付费的原则。

3. 蓝牙

蓝牙(Bluetooth)是由东芝、爱立信、IBM、Intel 和诺基亚于 1998 年 5 月共同提出的近距离无线数字通信的技术标准。其目标是实现最高数据传输速度 1 Mbit/s(有效传输速度为 721 kbit/s)、最大传输距离为 10 米,用户不必经过申请便可利用 2.4 GHz 的 ISM(工业、科学、医学)频带,在其上设立 79 个带宽为 1MHz 的信道,用每秒钟切换 1 600 次的频率、滚齿方式的频谱扩散技术来实现电波的收发。

目前,蓝牙标准化集团 Bluetooth SIG(特别兴趣小组)的成员企业数已达到 2 000 家以上。除了原创的 5 家厂商之外,包括康柏(Compaq)、戴尔(Dell)、摩托罗拉(Motorola)、Qualcom、BMW 及卡西欧(Casio)等均已加入,所有厂商已达成知识产权共享的协议,以推广此项技术。在技术标准方面,蓝牙协会已在 1999 年 7 月推出 Bluetooth 1.0 之标准。而我国亦至少有 12 家厂商、组织已加入 Bluetooth 国际联盟,同时国内也在 1999 年年初成立国内的 Bluetooth SIG,以促进技术引进、市场及技术资讯扩展、应用推广等工作。

蓝牙是取代数据电缆的短距离无线通信技术,可以支持物体与物体之间的通信,工作频段是全球开放的 2.4 GHz 频段,可以同时进行数据和语音传输,传输速率可达到 10 Mbit/s,使得在其范围内的各种信息化设备都能实现无缝资源共享。蓝牙技术的应用被认为非常广泛而且极具潜力。它可以应用于无线设备(如 PDA、手机、智能电话、无绳电话)、图像处理设备(照相机、打印机、扫描仪)、安全产品(智能卡、身份识别、票据管理、安全检查)、消费娱乐(耳机、MP3、游戏)、汽车产品(GPS、ABS、动力系统)、家用电器(电视机、电冰箱、电烤箱、微波炉、音响、录像机)、医疗健身、建筑、玩具等领域。

6.2.3 移动通信的增值业务

按照我国信息产业部的界定,除语音通话这项基础业务外,所有的数据业务都属于增值业务的范畴。目前的移动通信的增值服务,主要包括移动通信网络上的各种娱乐与通信服务,如铃声、图片、游戏、新闻、天气预报和短信等。

我国移动增值业务市场从 2002 年开始,经过多年的快速发展,截至今年 3 月底,仅北京地区持增值电信业务许可证的单位已经达到 5 480 家,全年业务收入为 514.72 亿元,年增长率达到 38.5%。

1. 短信(SMS)

短信是伴随数字移动通信系统而产生的一种电信业务,通过移动通信系统的信令信道和信令网,传送文字或数字短信息,属于一种非实时的、非语音的数据通信业务。

短信是用户通过手机或其他电信终端直接发送或接收的文字或数字信息,用户每次能接收和发送短信的字符数,是 160 个英文或数字字符,或 70 个中文。

短信可以由移动通信终端(手机)始发,也可由移动网络运营商的短信平台服务器始发,还可由与移动运营商短信平台互联的网络业务提供商 SP(包括 ICP、ISP 等)始发。

短信作为手机上的一种业务,让本来具有语言传递功能的手机变成了电报式的解读工具,让耳朵闲置,让文字彰显更大的作用,短信作为用文字传递信息和沟通的一种方式,让拇指灵敏发达起来,现代电信业务具有了技术和文化的双重色彩。目前应用十分广泛,甚至可以说改变了人们的一些生活方式。

短信具有收费低廉、通信速度快等特点,它可以点对点发送,也可以群发,甚至定时发送,并在中国移动、中国联通、中国电信移动终端间实现互联互通,在多个领域中有广泛的应用。

2. 彩信(MMS)

彩信的英文名是 MMS,意为多媒体信息服务。彩信业务与普通短信业务类似,除常见的文本内容外,它最大的特色就是支持多媒体功能,能够传递功能全面的内容和信息,这些信息包括文字、图像、声音、数据等各种多媒体格式的信息。信息不仅能够在手机之间传送,还可通过电子邮件发送。它是中国移动通信于 2002 年 10 月正式开始商业应用的一个业务。

彩信在技术上实际并不是一种短信,而是在 GPRS 网络的支持下,以 WAP 无线应用协议为载体传送视频片段、图片、声音和文字。使用彩信业务,还能够正常接收电话,进行通话。手机关机或不在服务区时是无法接收彩信的,但彩信会在系统中保留 48 小时,在 48 小时之内一旦开机或进入网络服务区,彩信手机仍然可以正常接收到彩信。

彩信可以看作是短信的升级版本,拥有短信所不具有的优势,具有更丰富的表现形式、内容,有更多的感官冲击,更深刻的用户体验,是更先进的移动应用!虽然,就现在而言,费用还是比较高,应用范围和规模远不及短信,但却在一定程度上弥补了短信的不足,且代表着未来的发展趋势。

3. 彩铃

彩铃,又名个性化回铃音、炫铃、悦铃、七彩铃音,英文缩写为 CRBT。彩铃业务是中国移动推出的一项"移动梦网"新业用户开通这项业务,对方拨打该用户手机呼叫过程中,被叫客户摘机应答前,听到的就不再是古板的"嘟……嘟……"的回铃音,而是他所设置的音效(音乐、歌曲、故事情节、人物对话)等,并且彩铃铃声可以随意更换,可分时、分人来选择特殊音效。

回铃音跟手机振铃不同,它跟通话业务使用的是同一个通道,所以不受手机机型、品牌的限制。

4. 彩话

所谓彩话,即"个性多彩化语音通话",又叫背景音效业务,它是一种声音,一种出现在手机通话中对话双方以外的声音。是在传统语音通话过程中,主叫方根据需要选用不同的背景音乐和音效来烘托通话气氛。据悉,彩话这种业务最初出现于欧洲,主要应用在移动电话中,当时只是提供一些堵车、开会、地铁等音效,手机使用者可以借此向对方搪塞或开玩笑。随着此业务的不断发展完善,除了目前以音乐为主要内容之外,许多基于"彩话"的其他功能如卡拉OK、录音等也将逐渐被开发出来。

业内将彩话业务称为功能型增值服务。与目前流行的彩铃类似的是,彩话的用户也可以设置旋律、音乐、不同类型的音响效果、方言、幽默笑话等内容。但彩铃只是被叫方单方的享受,付费的主叫方是感受不到的,而"彩话"业务具有双向性,主叫方、被叫方都能得到享受,除了展示个性,更可以为通话营造气氛,甚至通过设置替主叫方表达情意,这也是其与彩铃等内容型增值业务的差异。

彩话的声音内容主要由两部分组成,它们分别是背景音和插播音。另外,在通话过程中用户还能对声音的音量、更换、暂停、插播、插录等进行调节和控制。

5. 手机定位

随着移动技术的发展,手机不仅仅只具有通话功能,还可以将它当作一个 GPS 定位系统。特别适合迷失方向,找不到自己所在的位置的老人、小孩等。

手机定位是指通过无线终端(手机)和无线网络的配合,确定移动用户的实际位置信息(经纬度坐标数据,包括三维数据),通过 SMS、MMS、语音发给用户或以此为基础提供某种增值服务。手机定位又叫作移动位置服务,它是通过电信移动运营商的网络(如 GSM 网、CDMA 网)获取移动终端用户的位置信息(经纬度坐标),在电子地图平台的支持下,为用户提供相应服务的一种增值业务。

(1) 手机定位原理

手机定位是利用 GSM 移动通信网的蜂窝技术来实现位置信息的查询,GSM 无线通信网是由许多像蜜蜂蜂窝一样的小区构建而成的,每个小区都有自己的编号,通过手机所在小区的识别号就可以知道手机所在区域。目前手机小区定位技术尚在完善之中,市区精度范围大致在 200 米左右,郊区精度范围大致在 1～2 千米,随着移动公司技术的不断发展,相信精度会进一步提高。它与卫星 GPS 的工作原理是不同的,二者的精度也是不同的。

(2) 手机定位的两种方式

目前手机定位有两种方式,短信和 WAP 版本。短信版的手机定位使用起来相对简单一点,WAP 版本的手机可以通过地图显示出具体位置。

① 短信版手机定位

只需要在中国移动登记此项业务且,发送相应操作命令查询(如发送 help 到 05555)就能得到相关信息。

短信版的手机定位可以在全国范围内使用,一般在省内能定位到较精确位置,出省区后可以定位到具体的地区名(按照区号来区别)。

② WAP 版手机定位

只要拥有一部支持 WAP 功能的手机,开通 WAP 功能后,可以通过无线方式直接联入互联网,获取自己当前的位置。

6. 微信

微信(WeChat)是腾讯公司于 2011 年 1 月 21 日推出的一个为智能终端提供即时通信服务的免费应用程序,微信支持跨通信运营商、跨操作系统平台通过网络快速发送免费(需消耗少量网络流量)语音短信、视频、图片和文字,同时,也可以使用通过共享流媒体内容的资料和基于位置的社交插件"摇一摇""漂流瓶""朋友圈""公众平台""语音记事本"等服务插件。

微信提供公众平台、朋友圈、消息推送等功能,用户可以通过"摇一摇""搜索号码""附近的人"、扫二维码方式添加好友和关注公众平台,同时微信将内容分享给好友以及将用户看到的精彩内容分享到微信朋友圈。

截至 2013 年 11 月注册用户量已经突破 6 亿,是亚洲地区最大用户群体的移动即时通讯软件。

微信在 iPhone、Android、Windows Phone、Symbian、BlackBerry 等手机平台上都可以使用,并提供有多种语言界面。

微信作为时下最热门的社交信息平台,也是移动端的一大入口,正在演变成为一大商业交易平台,其对营销行业带来的颠覆性变化开始显现。微信商城的开发也随之兴起,微信商城是基于微信而研发的一款社会化电子商务系统,消费者只要通过微信平台,就可以实现商品查询、选购、体验、互动、订购与支付的线上线下一体化服务模式。

(1) 基本功能

聊天：支持发送语音短信、视频、图片（包括表情）和文字，是一种聊天软件，支持多人群聊。

添加好友：微信支持查找微信号（具体步骤：点击微信界面下方的朋友们→添加朋友→搜号码，然后输入想搜索的微信号码，然后点击查找即可）、查看QQ好友添加好友、查看手机通讯录和分享微信号添加好友、摇一摇添加好友、二维码查找添加好友和漂流瓶接受好友等7种方式。

实时对讲机功能：用户可以通过语音聊天室和一群人语音对讲，但与在群里发语音不同的是，这个聊天室的消息几乎是实时的，并且不会留下任何记录，在手机屏幕关闭的情况下也仍可进行实时聊天。

(2) 微信支付

微信支付是集成在微信客户端的支付功能，用户可以通过手机完成快速的支付流程。微信支付向用户提供安全、快捷、高效的支付服务，以绑定银行卡的快捷支付为基础。

支持支付场景：微信公众平台支付、APP（第三方应用商城）支付、二维码扫描支付。

(3) 其他功能

朋友圈：用户可以通过朋友圈发表文字和图片，同时可通过其他软件将文章或者音乐分享到朋友圈。用户可以对好友新发的照片进行"评论"或"赞"，用户只能看相同好友的评论或赞。

语音提醒：用户可以通过语音告诉Ta提醒打电话或是查看邮件。

通讯录安全助手：开启后可上传手机通讯录至服务器，也可将之前上传的通讯录下载至手机。

QQ邮箱提醒：开启后可接收来自QQ邮件的邮件，收到邮件后可直接回复或转发。

私信助手：开启后可接收来自QQ微博的私信，收到私信后可直接回复。

漂流瓶：通过扔瓶子和捞瓶子来匿名交友。

查看附近的人：微信将会根据您的地理位置找到在用户附近同样开启本功能的人。

语音记事本：可以进行语音速记，还支持视频、图片、文字记事。

微信摇一摇：是一个随机交友应用，通过摇手机或点击按钮模拟摇一摇，可以匹配到同一时段触发该功能的微信用户，从而增加用户间的互动和微信粘度。

群发助手：通过群发助手把消息发给多个人。

微博阅读：可以通过微信来浏览腾讯微博内容。

流量查询：微信自身带有流量统计的功能，可以在设置里随时查看微信的流量动态。

游戏中心：可以进入微信玩游戏。

微信公众平台：通过这一平台，个人和企业都可以打造一个微信的公众号，可以群发文字、图片、语音3个类别的内容。

账号保护：微信与手机号进行绑定，已启动了全新的账号保护机制。

6.2.4 4G手机

2013年2月GSMA世界移动通信大会上中国移动以"融合4G世界"为主题高调亮相，向全球业界人士展示了其在4G的各种最新成果。2013年中国移动加速了4G网络建设。中国移动已在全国15个城市进行了4G扩大规模试验，试验城市包括北京、上海、杭州、广州、深圳、天津、南京、青岛、厦门、沈阳、宁波、成都、福州、温州和无锡，总覆盖面积超过3 000平方公里，已建设超过20万个基站，实现100个重要城市主城区的连续覆盖，其他城市主城区数据热点区域覆盖。预计在4年内将新建逾万个4G基站。

网络建设是 4G 开启的基础,而终端则是实现商用的关键。4G 手机,是指支持 4G 无线传输技术的移动终端(即手机)。4G 技术是集 3G 与 WLAN 于一体并且能够传输高质量视频图像,图像传输质量与高清晰度电视不相上下的技术产品。从外观上看,4G 手机真机外观与常见的智能手机无异,它们主要特点在于屏幕大、分辨率高、内存大、主频高、处理器运转快、摄像头高清。

有关部门对 TD-LTE 频谱规划使用做了详细说明:中国移动获得 130 MHz 频谱资源,分别为 1 880～1 900 MHz、2 320～2 370 MHz、2 575～2 635 MHz;中国联通获得 40 MHz 频谱资源,分别为 2 300～2 320 MHz、2 555～2 575 MHz;中国电信获得 40 MHz 频谱资源,分别为 2 370～2 390 MHz、2 635～2 655 MHz。

4G 手机都内嵌了 TD-LTE 模块,这也是我国自主研发 4G 技术的硬件核心。选择网络时,屏幕信号显示 4G'即代表已连接 4G 网络。

随着 LGG3、iPhone 5s、三星 S4 等 4G 手机接连面世,紧接着国内三大运营商拿到 4G 牌照,大批量 4G 手机被投放到市场。据国内市场研究公司赛诺发布的报告数据显示,2014 年 5 月份中国 4G 市场,国产手机市场份额取得大幅增长,中华酷联(中兴、华为、酷派、联想)四家国产大厂市场份额占比达 41.5%。

1. 4G 手机通信的特点

(1) 兼容性更好:4G 能兼容现有 2G、3G、4G 网络,"多模多频"成为 4G 手机的标配。

(2) 传输数速率快:移动的 TD-LTE 4G 手机最高下载速度超过 80 Mbit/s,达到主流 3G 网络网速的 10 多倍,下载一部 700M 的高清电影,用 4G 网络下载,最快只要 1 分多钟。

(3) 网络频谱更宽:4G 通信理论上达到 100 Mbit/s 的传输,4G 网络带宽比 3G 网络带宽高出许多。每个 4G 信道将占有 100 MHz 的频谱,相当于 3G 网络的 20 倍。

(4) 有自治的网络结构:4G 网络将是一个完全自治、自适应的网络,可自动管理、动态改变自己的结构以满足系统变化和发展的要求。

(5) 无线网络时延降低:使用时用户延时小于 0.05 秒,仅为 3G 的 1/4。即便在每小时数百公里的高速行驶状态下,移动 4G 仍能提供服务。

(6) 数据通信速度高:4G 网络的上行下行速度是 3G 的 10 倍左右,而且会提高周边环境的信息容量,提高周边用户的体验性能。上网速度更快,可视电话会更加流畅。

(7) 内容更广阔:3G 的核心应用为手机宽带上网、视频通话、手机电视、手机音乐、手机购物、无线搜索与手机网游等流媒体应用;4G 将提供更加高性能的手机汇流媒体内容,并通过 ID 应用程序成为个人身份鉴定设备。

2. 4G 手机简介

图 6-2-1 所示为国产的华为 Mate 7 手机,基本功能如表 6-2-2 所示。华为公司从 2013 年推出的第一代华为 Mate 开始,它就是以巨屏手机的形象示人的。华为 Mate 7 是华为最新的发布的超强大屏智能机,该机采用了 6 英寸的高清显示屏幕,视觉效果更加震撼。该机还有在机身背部拥有按压式指纹识别区域,相比较刮擦式指纹识别更为出众,该机还有 360 度全角度识别,更有访客模式可以支持,用户不必担心隐私的安全问题。华为 Mate 7 采用的指纹识别技术还有和支付宝展开合作进行指纹支付操作,其中识别数据都是通过硬件芯片在手机本地的安全 OS 中进行的。而支付宝方面的主要工作就是完成支付宝账号与终端数据的匹配,完全不会接触到保存在芯片中

图 6-2-1 华为 Mate 7 手机

的识别数据,保证了用户的数据安全,一键进行支付让手机支付更加的便利。

表 6-2-2 华为 Mate 7 基本功能

手机类型	4G 手机,3G 手机,智能手机,商务手机,平板手机
上市时间	2014 年 09 月
网络制式	GSM 850/900/1800/1900,支持 TD-SCDMA/移动 4G,支持 GPRS/EDGE,双卡,双通
3G 网络	移动 3G(TD-SCDMA),联通 3G(WCDMA,仅限国际漫游),联通 2G/移动 2G(GSM)
4G 网络	移动 TD-LTE,FDD-LTE(仅限国际漫游)
支持频段	2G:GSM 850/900/1800/1900;3G:TD-SCDMA 1880-1920/2010-2025;4G:TD-LTE B38/39/40/41MHz
WLAN 功能	双频 WIFI,IEEE 802.11 a/b/g/n
导航	GPS 导航,A-GPS 技术,GLONASS 导航
操作系统	EMUI 3.0(兼容 Android 4.4)
核心数	智能八核
中央处理器	海思 Kirin 925 1.8GHz
GPU 型号	Mali-T624
内存容量	3GB RAM,16GB ROM
主屏参数	6.0 英寸;1 920×1 080 分辨率;电容屏,多点触控,TFT 材质(IPS/LTPS 技术) 屏幕像素密度 367ppi
感应器类型	重力感应器,光线传感器,距离传感器,陀螺仪,电子罗盘,指纹识别传感器
SIM 卡类型	Micro SIM 卡,Nano SIM 卡
常用功能	计算器,收音机,电子书,闹钟,日历,录音机,情景模式,主题模式
商务功能	飞行模式,语音助手,骚扰拦截,文件加密
服务特色	杂志锁屏,镜子,Simple UI,K 歌特效,极限省电模式,熄屏快呼

3. 使用手机需注意的问题

(1) 特殊场合不能使用手机

由于手机在使用时会发射和接收高频电磁波信号,有可能会对周围的重要通信网络、导航系统造成不良影响,而引发安全事故,因此在某些特定的场合下禁止使用手机,并要求将手机关闭。例如,在乘坐飞机时,在加油站、爆破工地、油库和弹药库附近、液化气和煤气站附近、化学工厂的易燃易爆车间均应关闭手机。

此外,手机发射的高频电磁波信号还可能会对周围灵敏度较高的精密电子仪器产生严重干扰,影响其正常工作,因此在医院和某些科研实验室时也应关闭手机。

在驾驶机动车的途中,也应暂停接听手机,以免影响交通安全。

(2) 当一次电话呼叫失败后,要分析原因,若自己不在服务区域,则只能等回到服务区后再使用手机。若因系统忙、被叫占线或被叫关机等情况,则应稍候再拨。

(3) 注意保密安全。因公众移动电话通信属民用无线通信,凡涉及机密的内容应禁用手机传递。

(4) 要注意防止手机 PIN 密码与移动业务服务密码被盗。

4. 手机的维护保养

(1) 使用手机时应避免摔撞,可使用手机保护套。

(2) 避免让手机曝晒于烈日下或在雨中淋湿,若手机泡水或被雨淋,则尽快擦干外壳。严重进水时,切勿开机,以免烧坏内部零件,而应尽快送维修部门处理。

(3) 注意保持手机干燥。雨水、湿气和液体含有矿物质,会腐蚀电路板。若手机长期闲置不用,则需作防潮处理。尤其是在天气多雨潮湿的季节,手机内一旦聚集水气将会对零件造成伤害。适度地使用手机,让手机内部产生一定的温度,这样累积的水蒸气就被蒸发。

(4) 不要将手机存放在过热的地方。高温会缩短元器件的寿命,毁坏电池,也易使某些塑料部件变形。

(5) 切勿使用可溶性清洗剂或含有化学成分的家用清洗剂擦洗手机,否则会损坏机壳。

(6) 不要安装不合格的天线或改装零件。擅自安装不符合标准的天线或改动天线,将会损坏手机和影响通话质量。

(7) 手机电池的使用寿命与电池的种类及充电次数有关。如果使用镍氢电池,大约充电 500 次就必须购买新电池;锂电池可充电 300~500 次。电池每次充/放电间隔时间越长,则电池的寿命就越长。

(8) 手机用的废旧电池不要放入火中销毁处理,以免引起爆炸。

5. 手机常见问题的处理

(1) 手机无法开机的处理

检查电池是否已充电,连接电池的两极接点是否干净、接触是否良好。

(2) 手机无法接听/拨出电话的处理

先检查手机显示屏是否显示有服务信号及信号强度是否足够;再检查手机的"指定转换"和"限制通话"功能的设置,并检查 SIM 卡是否安装好。

(3) 通话中突然断信或接收信息微弱的处理

分别检查信号强度和电池电压是否正常。如有条件,可换一个地方再拨打。

(4) 无法设定/取消"来电转接"或"限制通话"的处理

先到接收信号较强的地区重新进行操作,再检查确认使用"来电转接"时"限制通话"是否被解除。

(5) 无法打出国际电话

若已申请国际电话服务却无法打出,则先检查是否拨了国际冠码,请键入国际拨号前置码+国码与区域码+电话号码。检查手机是否设定了"禁止打出国际电话"的功能。

(6) 通话时有杂音干扰的处理

远离有杂音的通话环境,变更发话的位置或方向试一试。

(7) 通话音量太低的处理

检查手机的音量设定是否太小。

(8) 手机响铃声太低的处理

检查铃声响度等级的设置情况。

(9) 充电器不能正常工作的处理

先检查充电器电源是否接上、电源指示灯是否点亮,再检查电池是否安装妥当、接点是否接触良好。

(10) 电池消耗速度太快的处理

检查充电时间是否足够,电池是否为新电池,新电池需经过 3 个充、放电周期,才能达到正常的效率。同时,检查所在的地区信号强度的大小,这对电池的消耗量也是影响极大的。

6.2.5 对讲机

1936 年,美国摩托罗拉公司研制出第一台移动无线电通信产品—巡警牌调幅车用无线电接收机,"二战"期间又推出了重达 16 公斤的 SCR300TM,第二次世界大战后对讲机的使用拓展到了民用市场,使对讲机有了无限广阔的发展,集成电路和数字技术的应用,使无线电对讲机成为一种集无线调度和数据信息处理的新型通信工具,手持对讲机与车载对讲机外形如图 6-2-2 所示。对讲机同移动电话相比有许多优越的地方。

图 6-2-2　手持对讲机与车载对讲机

（1）对讲机使用无须支付昂贵的通信费,只需每年只付很少频率占用费。

（2）对讲机不受网络限制,在网络未覆盖到的地方,对讲机也可以进行通话。

（3）对讲机提供一对一、一对多的通话方式,一按就说,操作简单,令沟通更自由,尤其是适合紧急调度和集体协作的办公场合。

正是因为对讲机所具有的特点,被广泛应用在公安、民航、运输、水利、铁路、制造、建筑、服务等行业,用于团队成员间的联络和指挥调度,提高工作效率和处理突发事件的快速反应能力。

1. 种类

根据对讲机的工作时的放置方式,可分为有手持式(手台)和车载式。一般采用按使用环境与用途来分类,可分为海用、数传与警用 3 种类型。

（1）海用无线对讲机

这是一种专门用于海上航行的在海事船舶上以及与岸上进行无线通信的无线对讲机也称为船舶电台。海用无线对讲机是专业性特别强的对讲机,其使用环境恶劣,海上船舶活动范围广阔,海面温度变化又大,要适应全球海上安全航行的需要,其产品设计是十分专业的,工作频率也是按照国际海事通信的统一规定海上船用对讲机的工作频率范围:发送频率从 156.025～157.425 MHz,接收频率从 156.025～163.275 MHz。工作频道又分为国际频道、美国频道和加拿大频道,还有 10 个气象频道(其中 8 个是美国气象频道,2 个是加拿大气象频道)。三种工作频道也就是 3 个频道标准版本,各种海用对讲机都有 3 种标准版本。

海用对讲机为了适应海上的通信要求,在结构设计上要充分考虑防水、防盐雾、防太阳辐射等因素,优良的防水性更是船用对讲机的主要指标。按日本 JIS-7 防水标准,日本船用对讲机在 1 米水深的情况下,至少半小时不能进水。日本 ICOM 公司生产的 GM1500E 手持对讲机可达到在 1 米水深的情况下,至少 5 个小时机内不进水。有的机型其扬声器、话筒电池块也具有防水性能好,散热性好的优点,是长期可靠工作的保障。为了便于操作使用,船用对讲机的面板控制按键和旋钮不但数量少,而且都比较大,其显示屏不仅宽大,字符显示清晰、直观,一目了然。船用对讲机一般功能都比较简单、实用,只保留基本功能,适宜在船上使用的工作环境,有利于在各种条件下使用。优良的防水、防盐雾性、坚固耐用、高可靠性、工作频率高是船用对讲机的特点。

按有关规定在船舶上使用的对讲机必须获得中国船级社颁发的《中国船级社船用产品型式认可证书》。此外,按全球海事通险与安保系统标准(GMDSS)的规定,在船上航行的船舶都必须配备按"GMDSS"标准生产的船用对讲机,配备数量按船舶的吨位而定,目的是为了保证船舶在遇险的紧急情况下使用。按"GMDSS"标准生产的船用对讲机,颜色必须是橘黄色的,其电池为能支持8小时以上工作时间的锂电池组,以满足在海上遇险时能长时间工作的要求。

(2) 数传无线对讲机

按照原国家无线电管理委员会的《关于印发超短波遥测遥控数据传输业务频段规划的通知》,我国无线电管理部门将 220 MHz 频段规定为数据传输业务的专用频段,其标准频率范围为 223.025~235.000 MHz。由于 220 MHz 频段的对讲机主要用于点对点、点对多点的无线数据传输的通信业务,而且用此业务的对讲机大多数是在固定状态下使用,因此在行业内人们习惯称它们为 220 MHz 数传电台。除 220 MHz 频段外,国家无线电管理部门还规定 821~870 MHz 和 2.4 GHz 频段也可用于数据传输。220 MHz 数传电台适用于各类无线三遥(遥测、遥信、遥控)系统中的无线数据的采集、控制和传输。广泛应用于水文水利、电力电网、铁路公路、燃气油田、输油供热、气象地震、测绘定位、环保物流等工业自动化控制的监测、监控、报警等系统中。其使用领域和部门十分广阔,已涉及国民经济建设和人民生活的方方面面,如电力调度和电力负荷的监控、电网配变站的监控、水文的水情监测、水库的水量数据收集、城市供水系统监测、污水处理系统监测监控、城市路灯及交通信号灯的监控、防空警报器控制、油田油井网管监控、输油输气网管监控、工业智能仪表的无线抄表(近、远程的水、电、气表)、高速公路交通网的监测监控、城市公交车辆的调度、铁路信号应急通信系统、铁路供水集中控制、GPS 定位和 GIS 数据信息传输、地震专网的数据传输、大气环境的监测、专用行动数据通信系统、金融证券交易通信系统、实时彩票交易系统、邮政系统 POS 联网、车辆物流仓库的监管、矿山测绘、勘探及生产的监测、冶金化工系统的工业自动化控制、安防消防监控等。在这些系统中通过数传电台将远端采集点的数据实时、可靠地发送到各级监控中心,并接收各级监控中心的控制指令,从而实现远端数据实时传送。它是无线数据传输系统中专用的无线数据传输通道,在系统中是不可缺少的一部分,在很多情况下,它是以嵌入式安装在各类仪器仪表及设备中进行工作。

220 MHz 数传电台主要以数据传输为主、话音通信为辅,可数话兼容。220MHz 数传电台和常规对讲机不同之处在于,它长期处于无人值守的工作状态,而且其工作环境很复杂,不少设备都安置在野外,供电状况也不稳定,温差变化也大。因此数传电台和其他常规对讲机有许多不同,从产品结构到技术指标及对环境指标的要求比常规对讲机要高很多。其主要特点为:①设备的高可靠性和高频率稳定度,传输误码率(BER)要低。②设备的抗干扰能力要强,散热性要佳,要能够适应在恶劣环境及电磁环境下长期工作,其工作的温度范围要宽。③工作时有守候电流尽可能要小,功耗要低,耗电要省,工作电压范围要宽,要有电源的逆接保护。要能够适应多种供电设计如交、直流电、蓄电池太阳能电池等。④要有长发的保护功能,以保证发射机能长期工作。⑤数传电台的收发转换时间是衡量数传电台品质的重要指标,一般要求小于 30 ms。同时还要求发射机的起动时间要短,一般要达到小于 50 ms。

近年来随着技术的进步,220 MHz 数传电台的技术指标也在不断提高,设备的体积在缩小,稳定度、可靠性更高,工作温度范围更宽,守候电流降低,发射机留位时间和收发转换时间在缩短。

(3) 警用无线对讲机

警用无线对讲机是专门为公安、检察、法院、司法、安全、海关、军队、武警 8 个部门进行无线通信业务联系的对讲机。国家无线电管理部门为了确保以上特殊部门通信业务的安全,专门规划出若干组频率供其使用,频率范围从 350~390 MHz,其中 350~370 MHz 主要用于公安系统使用。这一段频率行内称为 350 MHz 低端。370~390 MHz 为其他部门使用,这一段频率行内称为 350 MHz 高端。这一类对讲机统称为 350 MHz 警用对讲机。由于警用业务的特殊性,其使用的工作环境、使用要求,以及其通信业务的性质和其他普通对讲机还是有所不同。除了可靠性、耐用性好以外,还要求警用对讲机功能要强大,性能要优越,要结实坚固、能防振、防撞击,还要轻巧、使用方便、电池容量要大、待机时间要长,有些部门还有特殊要求,如要有通信保密技术。

警用对讲机分为常规通信用和集群通信用。而在常规通信使用中,又分为专用通信网中使用和非网络中使用。在集群通信中也分为 MPT1327 信令的集群系统和其他制式集群系统。公安系统中使用警用对讲机是数量最多的,在公安系统中使用警用对讲机,必须要通过公安部的对讲机入网检测,要满足公安部《公安移动通信网警用自动级规范》的要求,如 CPSX 编号计划、动态重组功能、报警功能、单键启动等。集群对讲机则要符合 MPT1327 信令标准,要适合公安部 CPS-X 及 MPT1343 拨号方式。集群对讲机要既能在集群系统中使用,还能方便切换到常规信道模式使用,即具有脱网功能。脱网是指当在近距离单工通信或超出系统覆盖范围的场合时,可利用对脱网功能(暂时离开集群系统)和其他移动台直接通话。

2. 主要性能指标

(1) 通信频道数量

通信频道数量是指对讲机所能通信的最大频道数量。对于一般民用对讲机因为追求通信的质量等方面指标并不需要很多的频道通信数量,而车载式对讲机则由于公安等行业的特殊需要而通信频道数量要求较多。一般手持式对讲机的都在 8~20 个,而车载式的多在 20~100。

(2) 最大通话距离

最大通话距离是指两部对讲机在能进行通信的情况下,两部对讲机之间的最大距离。手持式的通信距离一般都不是很大,而车载式的则比较大。国家规定民用对讲机的发射频率不能超过 0.5 W,所以它的对讲范围一般只能达到 3 千米,而在建筑物较多的城市里,范围大概只有 500 米。

(3) 频率范围

频率范围是指对讲机所用的频率范围,根据国家规定对民用对讲机的频率范围开放 409~410MHz 频率的 20 个信道专门划分民用对讲机频段。有的对讲机不在这个频段之内,主要是为了适应全球其他国家的法律规定,当然更多的是直接支持更多频段。因此在国内应用对讲机时请注意在国家规定的频段内使用,以免造成通信违法事件。

(4) 静音码

静音码是为了区别通信,防止通信串扰,通过数字电路设计在对讲机所发出的信息中加入的识别码,每个频道和所有允许的编码组中的一个编码能组成一路通话。例如 20 个频道和

38个静音码能够提供760(20×38)个通话组合,也就是说在以有效通话距离为半径的地区内,最多能够允许760组对讲机互相通话而互不干扰。

3. 使用与维护

(1) 对讲机的使用

对讲机的使用非常简单,当需要发话时,按对讲机上的发射键,使对讲机发射状态,便可与一个或一组人通话。发射时,尽量保持对讲机处于垂直位置,并保持话筒与嘴部2.5~5 cm 的距离,语速不宜太快。发射时,天线离人体保持2.5 cm以上。

当松开对讲机的发射键后,对讲机就自动处接收状态,将对讲机的静噪旋钮调节到适当的位置,此时可听到别的用户的声音信号。

(2) 对讲机使用注意事项

① 使用无线对讲机需占用频率资源,所以必须向当地无线电管理委员会申请,待无线电管理委员会批准后方可购买使用。

② 在潜在爆炸的大气环境,如爆破区和雷管所在区域,除非对讲机是通过特殊认证的防爆型对讲机,否则必须关闭对讲机。在潜在爆炸大气环境中,电火花会导致爆炸或火灾。

③ 防止振动与撞击用户携带手持机旅行时,要妥善保管,防止受到强烈振动或与其他坚硬的物体碰撞。振动和碰撞,会损坏电池与机体之间的接触片,使机体与电池电极之间接触不良。轻则使通话时常中断,重则造成手持机电子元器件的损坏。

④ 防止潮湿和浸水携带手持机外出时,要注意防止雨淋。一旦手持机被雨水淋湿或跌落水中,请不要打开电源,而应及时将它送到维修中心,请专业人员处理,否则会损坏设备。夏天使用手持机时,要防止汗水渗入机体内。通常,用户应购买合格的手持机皮套,将手持机套住。在使用时,手不应直接接触机体表面,这样可以防止手上的汗水渗入机器内部。特别是当用户往返进出于温差比较大的场所时,应尽量少将手持机裸露在外。因为温差变化较大,可能有水气凝聚于机身内部。

⑤ 对讲机的保密性能极差,采取一定的措施就可以听到别人的谈话。因此,办公人员切勿通过手持机交谈与机密有关的事情。

⑥ 在飞机上不能使用对讲机,会对飞机的导航系统产生影响。

(3) 对讲机的常规维护

① 对讲机长期使用后,按键、控制旋钮和机壳很容易变脏,清洁时需从对讲机上取下控制旋钮,并用中性洗剂(不要使用强腐蚀性化学药剂)和湿布清洁机壳。使用如除污剂、酒精、喷雾剂或石油制剂等化学药品都可能造成对讲机表面和外壳的损坏。

② 轻拿轻放对讲机,不要用手去拿天线,切勿手提天线移动对讲机。只能使用原配或认可的天线,不能在对讲机天线拧下时按发射键,否则在发射时容易把功率管(功放)烧坏。在发射时,损坏的天线接触皮肤,可能会引起轻微的灼伤。

6.2.6 手机屏蔽器

当前移动通信已十分普及,手机的应用大大方便了人们的生活。但与此同时,也给人们增添了很多意想不到的烦恼。如在一些需要安静的场合,像医院、学校,还有影剧院,包括电视台录像的演播室里面都是需要安静的。另外在考试场所、机要室、法庭/审讯室、加油/加气站、监狱、公安、军事重地等需要保密不能使用手机的地方,偏偏就有用户还在使用手机,伴随着手机的无限制地使用,手机制造的噪声污染也变得愈来愈严重。除了在管理上采用制度来进行约束外,通常在技术上采用手机探测器、手机屏蔽器等设备来进行防范处理。

手机探测器又称手机探测狗,是一种无线电波检测设备,体积只有香烟盒那么大小,如图 6-2-3 所示。它是一种判断此探测器临近是否有高频无线电设备存在的辅助设备。市面上常见的手机探测器,其频段一般在 400～2 400 MHz 范围,探测距离距离 1～10 m 左右。手机探测狗只对处于探测频段范围内处于发射状态的无线电设备敏感,对处于探测范围之外及仅处于接收状态的无线电设备无效。由于 GSM/CDMA 及"小灵通"等个人通信终端属"双向沟通"的无线电设备,此类设备最大的特点之一就是设备处于待机或者仅接听时,也会断续或连续与移动基站沟通信息,报告手机所处位置等数据,所以在大多数情况下,手机探测器仍会侦测到它们的存在,当手机探测器靠近手机时就会发声警报,表示此时附近有手机等设备。但是一般还无法确定使用手机的方位,同时对短信也不敏感,有短信来只是简单地响一声,又基于"人权"等相关非技术问题,无法检测出具体的手机携带人,也不能强制要求其关机,在现在应用较少了。

手机屏蔽器是一种手机信号屏蔽器,它是根据手机工作时,是在一定的频率范围内,手机和移动基站通过无线电波连接起来,以一定的波特率和调制方式完成数据和声音的传输的特性。手机屏蔽器在工作过程中以一定的速度从前向信道的低端频率向高端扫描,该扫描速度可以在手机接收报文信号中形成乱码干扰,手机不能检测出从移动基站发出的正常微波信号数据,在一定范围内使手机不能与移动基站建立连接,达到禁用手机使用的目的。手机表现为搜索网络、无信号、无服务系统等现象,其外形如图 6-2-4 所示。

手机屏蔽器适用范围广泛,它可以限制自发射台 200 米以外的任何地方使用,且屏蔽半径在 40 米的手机信号半径并可调。可有效屏蔽 CDMA、GSM、DCS、PHS 移动信号,它仅仅屏蔽手机信号,而不对其他电子设备产生影响,对人体无害。该装置安装方便,接通电源插头即可长时间稳定工作,节省电能,经济简便。

图 6-2-3 手机探测器

图 6-2-4 手机屏蔽器

此类产品的主要技术参数如下。

(1) 发射频率范围:860～960MHz、1.800～1.990GHz。
(2) 发射功率:1W±200mA。

(3) 作用频段：CDMA800、GSM900、DCS1800、PCS1900、小灵通。
(4) 控制范围：40 米左右并可调。

6.3 传真机

传真通信是利用扫描和光电变换技术，从发送端将文字、图像、照片等静态图像通过有线或无线信道传送到接收端，并在接收端以记录的形式重显原发送端静止的图像的通信方式。

1843 年，美国物理学家亚历山大·贝恩根据钟摆原理发明了传真。1850 年美国的弗·贝克韦尔开始采用"滚筒和丝杆"装置代替了亚历山大·贝恩的钟摆方式，使传真技术前进了一步。1865 年，伊朗人阿巴卡捷里根据贝恩和贝克韦尔提出的原理，制造出实用的传真机，并在法国的巴黎、里昂和马赛等城市之间进行了传真通信实验。可见从发明至今，传真已经有超过 150 年的历史，但它被推广、普及则是近几十年的事。在这之前，它的发展非常缓慢，这主要是受到使用条件及其本身技术落后等原因的限制。自 20 世纪 70 年代开始，世界各国相继在公用电话交换网上开放传真业务，传真才得到广泛的发展。特别是进入 80 年代，随着传真机标准化的进程和技术的成熟，它成了发展最快的一种非话业务。传真技术从产生到发展经历了以下 3 个阶段。

(1) 基础阶段(1843—1972 年)

这一阶段的传真机基本上采用机械式扫描方式，并大部分使用滚筒式扫描。传真机的电路部分是采用模拟技术，分立元件。在传输方面则是采用调幅、调频等低效率的调制技术，且基本上利用专用的有线电路进行低速传输。这时传真的应用范围也很窄，主要用于新闻、气象广播等。

(2) 发展普及阶段(1972—1980 年)

自 1969 年，特别是 1972 年以后，由于世界各国相继允许在公用电话交换网上开放传真业务，CCITT 关于传真标准化工作的进展，以及传真技术本身的发展，使传真进入了一个新的历史发展时期。这一时期的传真技术从模拟发展到了数字，固体化电子扫描取代了机械式扫描，由低速传输向高速传输发展。以文件传真三类机为代表，它的出现和推广应用改变了人们对传真机的传统看法，加快了传真通信的发展。此外，传真的应用范围也得到了扩大，除用于传送文件、新闻照片、气象图以外，在医疗、印刷、图书管理、情报咨询、金融数据、电子邮政等方面也开始得到应用。

(3) 多功能化阶段(1980 年以后)

这一阶段的传真机不仅作为通信设备获得了广泛应用，还在办公室自动化系统和电子邮政等方面担任了重要角色，它将向着综合处理的终端过渡。现在，已开始和微型计算机相结合，利用计算机技术来增加传真在信息收集、存储、处理、交换等方面的功能，逐步纳入到综合业务数字网(ISDN)中。

传真机之所以被现代办公中广泛应用，其外形如图 6-3-1 所示，是因为它具有以下其他一些通信方式不具备的特点。

① 速度快。1980 年国际电报电话咨询委员会(CCITT)规定，三类传真机传送一张 A4 原稿的速度为 1 分钟。

② 用途广，能方便地传递图文真迹。传真机不仅可以传送文稿、数据、图表，还可以保持

原样地传送图像、手迹、印章等图文真迹,这是电报、电传等无法实现的。

③ 准确性高。传真机将文件原稿上的信息准确地传送给对方,不存在失真,而电报、电传等都需要经过几道处理程序才能传到对方,不仅速度慢,而且出错的可能性也较大。

④ 传真机操作简单、易学易用。使用传真机传送信息,不需要使用键入方式输入资料,只需将原始资料放入机内即可传送,操作人员不需受专门复杂的训练即可发出和接收公文,并且可以在无人操作的情况下,自动进行发送和接收传真。

图 6-3-1　常见传真机

6.3.1　传真机的种类、功能与性能指标

传真机的种类很多,从不同的角度出发,可有各种不同的分类方法。例如,按照信号处理的形式可以把传真机分为模拟和数字的两种;按照图像的色调和颜色又可以分为文件传真机(又称黑白传真机或真迹传真机)和相片传真机、彩色传真机;按照传真用途则可分为文件传真机、相片传真机、报纸传真机、气象传真机、用户传真机、信函传真机等,它们的主要特点和用途如下。

1. 传真机的种类

在众多的传真机中,文件传真机的使用最多、应用最广。CCITT 根据在一条 300～3400 Hz 带宽的电话电路上传输一张图像所需的时间长短把传真机主要分为一、二、三类。

(1) G1 类传真机

它采用双边带传输,其发送信号不采用特殊的压缩措施,并能在电话电路上,按标准值为 4 线每毫米的扫描密度,约在 6 分钟内传送一张 A4 文件的传真设备称为文件传真一类机。

(2) G2 类传真机

它采用双边带传输,采用频带压缩技术,达到约在 3 分钟内在电话电路上按标称 4 线每毫米的密度,传送 A4 大小的传真设备称作文件传真二类机。

(3) G3 类传真机

它采取在调制前减少文件信号多余度措施,并在电话电路上约在 1 分钟内传送一张 A4 大小文件的传真设备,称作文件传真三类机。G1 传真机、G2 传真机都是模拟传真机,已基本上被 G3 传真机所取代。G3 传真机是将模拟的原始信号变换成数字信号进行编码和数据压缩的传真机,所以又被称作数字传真机,具有高速度、高质量、多功能、小型化、操作简便等诸多优点,它的产生和发展,使传真通信进入了快速发展、迅速普及的新时期。

在现在的办公活动中,主要采用 G3 类传真机,三类传真机相对于一类机和二类机,在技术上有了划时代的进步,这是微电子技术、光学技术、数据通信技术与精密机械技术等共同发展、相互促进、综合利用的结晶。G3 类传真机一般都有以下特点:

① 将传真的接收与发送融为一体,并且都具有复印功能。
② 可以使用公用电话交换网或专用电话线进行信息传递。
③ 可直接传送多种幅面的文件。
④ 传输图像时,先是将模拟图像信号转换成数据图像信号,之后用编码方法对图像进行数据压缩;其次减少占用话路的时间与传真过程中的附属时间,从而实现高速传输。
⑤ 具有多种传输速率。可以根据传输线路的实际情况,由高速到低速自动切换。
⑥ 采用大规模集成电路与中央处理器,实现数字化与自动化,如自动进稿、输纸和切纸,以及故障的自动诊断等;采用固体化器件,使传真设备小型化,易于规格化,并提高了可靠性。
⑦ 能够与二类传真机兼容通信。在通信线路的传输质量不好时,可以自动降为二类机。

(4) G4 类传真机

随着大规模集成电路和数据通信的发展又出现了文件传真四类机,它是在传输之前减少了图像信息冗余度,优先考虑在公用数据网(包括电路交换、分组交换和综合业务数字网)上使用的设备,当配上适合的调制解调器也可在公用电话交换网上使用。但目前仍然是 G3 类机的使用最为广泛。

2. G3 类传真机的功能

(1) 电话机功能

它通常具有普通电话的电话功能,如直接拨号、"一触键"拨号、缩位拨号、分组拨号、自动重复拨号等功能。

(2) 各种发送/接收功能

① 人工发送/接收

人工发送/接收是收发双方都需要人工操作,方可进行通信。主要是呼叫的建立、传真机的接收等需要由人工操作相应的按键才可实现。

② 定时发送

定时发送功能是由机器自动地在指定的时间,拨叫对方电话号码,线路接通后,可把预先放置好的文件发送给对方。定时发送必须将发送的开始时间和对方的电话号码预先存于本机。

③ 自动应答/接收

在传真机昼夜连通的线路上,可随时收到呼叫并自动应答。当电话按用户设置振铃后,传真机自动做出应答,收到标志信号后,接收文件,并将其打印出来。只要传真机上的纸足够用于文件传输,传真机将自动接收文件,可实现无人值守。

④ 存储器接收(无纸接收)

通常情况下,当记录纸用完或发生纸堵塞时,传真通信就不能正常进行。有存储器接收功能后,当记录纸用完或发生纸堵塞时,就能自动把发来的文件存储到存储器中,在重新装上记录纸或排除纸堵塞后就会打印出存储的文件。这实际也是传真机的一种无纸接收的方法。

(3) 特殊处理功能

① 复印

用户将欲复印的文件放入传真机的自动送纸系统,然后按"传真/复印"(START/COPY)

键即能在其记录纸上复制原稿副本,将传真机当成复印机使用。有些型号的传真机通过选择,还能使复印件增黑或变浅。

② 自动缩小

传真机在传真通信中可以传送多种幅面的原稿,而不影响传真接收副本位置。自动缩小功能,是当收方的记录纸小于发方原稿尺寸时,由发方将原稿按一定的比例自动予以缩小使其适应收方记录纸规格。

③ 中继转发

中继转发是为了向许多个远方终端发送同一原稿,而通过中继传真机的顺序同报功能,把原稿向多个终端转送,从而减少了中央传真机的通信时间与长途线路的占用时间。

④ 保密通信(亲展通信)

保密通信功能又称亲展通信功能。当进行保密通信时,收方把收到的内容;重存在存储器开辟的"保密信箱"中,不打印原稿,而是由特定掌握专用密码的人,通过操作方能显示出原稿。

⑤ 自动纠错功能

自动纠错功能是可准确地判断电话线路由于干扰而引起的传输数据错误、重发错误数据段,既保证了原稿准确再现,减少干扰影响,又提高了传送的可靠性。

⑥ 自检功能

传真机中一般设有自检功能。自检功能可随时检查出卡纸、记录纸用完、原稿阻塞及通信错误等告警指示,同时还具有传感器检测、感热记录头的打印检测,存储器、调制解调器检查等多种自检功能。当传真通信中发生故障时,可将错误代码打印出来,供分析及查找故障原因。

⑦ 报告与清单的打印

三类传真机通常都有报告与清单的打印功能。报告主要有工作报告、查询通信报告、预约查询报告、存储器传递报告、出错报告、断电报告;清单有初始功能设置清单、电话号码清单等。对于这些报告及清单,有的是自动打印,有的则根据需要随时手动打印。打印报告与清单方便了双方用户,使传真通信更为实用。

目前流行的许多传真机除了能保证基本的收、发传真操作之外,一般都有以上介绍的部分功能,在这些功能中有些特殊功能,如节省发送、电话留言、远端操作、远程诊控等,可能需要通过一定的特殊设置才能实现。

3. 主要技术指标

(1) 扫描方式

扫描方式可分为 CCD 扫描(电荷耦合扫描)和 CIS 扫描(接触式图像扫描)。采用 CCD 扫描方式的灰度级一般为 16~64 级,而采用 CIS 扫描方式的灰度级一般为 8~32 级。当对含有图像的稿件进行复印或发送时,CCD 扫描方式优于 CIS 扫描方式,得到的图像更加清晰,层次更加丰富。

CIS 扫描是利用接触式图像传感器 CIS 进行扫描,它使用制造光敏电阻的硫化镉作感光材料。CIS 扫描技术只能使用 LED 发光二极管阵列作为光源,CIS 扫描方式的成像质量由上可以看出,由于本身感光材料的限制,它的成像质量并不是太高。针对这种光源光色和光线均匀度都比较差、对周围温度敏感等缺点,佳能公司独创了基于 CIS 技术的革新技术——LIDE 二极管直接曝光技术。LIDE 技术对二极管装置及引导光线的光导材料进行了改造,使二极管光源可以产生均匀并且亮度足够的光线用于扫描。因此 CCD 一般面向中、高端用户,而

CIS 一般面向低端用户。

(2) 扫描宽度

扫描宽度是指传真机扫描文稿的最大宽度。一般为 210 mm 和 252 mm。

一般来说,有效记录幅面为 A4 的,其有效扫描宽度为 216 mm;有效记录幅面为 B4 的,其有效扫描宽度为 257 mm(有的还可对 A3/280 mm 幅面的文件进行扫描)。A4 幅面的像素点每行为 1 728 位,B4 幅面的像素点每行为 2 048 位。有效记录幅面与有效扫描宽度是决定传真机价格的一个主要因素。

(3) 记录纸尺寸

记录纸尺寸指记录纸有效记录幅面的大小,一般记录纸尺寸分为 A4、B4 两种。记录纸形式为卷筒式,记录纸长度有 100 米、50 米、30 米、15 米。

(4) 扫描密度

传真的分辨率也就是扫描密度,分辨率越高代表扫描的精度就越高,是衡量传真机对原稿中细小部分再现程度高低的一项指标,现在传真机扫描密度有 3 种方式,标准(STD:3.85 线毫米)、精细(FINE:7.7 线毫米)和超精细(S.FINE:15.4 线毫米)。普通传真机均具有前两种扫描密度。

一般而言,中、高档传真机均具有超精细功能。用精细和超精细方式传递原稿信息可以得到高清晰度的接收副本,但传递时间将比标准方式成倍增加,占用电话电路时间长。

(5) 传送速度

传送速度是指是指传真发送一项标准 A4 尺寸的稿件所需要的时间,通常分为:23 秒、18 秒、15 秒、9 秒和 6 秒等几种。

(6) 数据压缩系统

传真机为了实现传输高速化,就通过压缩系统压缩每幅图像所产生的数据,这就是数据压缩系统。为压缩每幅图像的传输时间,在三类传真机中,先是将模拟图像信号经模拟/数字变换成图像数据信号,之后用数据要做系统减少图像数据的信息冗余度,使每幅图像需传送的数据大大减少;其次是减少占用话路的时间与传真过程中的附属时间,以提高操作的自动化程度。

传真机的数据压缩系统大致有 MH、MR、MMR 和 JBIG 等几种黑白文稿数据压缩系统,还有 JPEG 彩色文稿数据压缩系统。传真机所标明支持的压缩系统越多,其兼容性就越好。

一般现在的传真机都支持 MH、MR、MMR 等压缩系统,而 JBIG 作为一种最新的高效率的压缩技术,还只是在中高档的传真机上应用。彩色传真机除了支持前几种黑白压缩技术外,还支持 JPEG 压缩技术以适应彩色文稿的传真需要。

(7) 图像品质

图像品质也称灰度等级、中间色调(Half-tone),主要用于传送图片,分别有 16 级、32 级、64 级 3 种方式,它采用矩阵处理方式将文件的像素处理成 16、32、64 级层次,使传送的图片更清晰。它是反映图像亮度层次、黑白对比变化的技术指标。

4. 发展趋势

随着科学技术、经济的发展,对信息的需求越来越迫切,传真机作为一种现代通信与办公自动化的手段,需求量也越来越大,同时也促进了传真通信技术向更高层次发展。今后传真通信技术的发展方向为:

(1) 传输高速化。传真机的速度越快,通信成本越低,工作效率越高。因此,不断提高传输速度一直是传真机追求的目标。

(2) 传真功能多样化、综合化。现在每年都有新的传真机种上市,而且它的功能越来越多,越来越齐全。即使是普通型的传真机,也都有自动拨号、差错控制、自动显示、自动诊断等功能,而且很多传真机都加装了大容量的存储器,增加了实现存储转发、无纸接收、密码通信、高速读取、自动切纸等功能。

同时,现代传真通信,要求传真机的功能综合化,即将多种功能综合在一个机器中,比如,传真机与电话机、电传机、复印机、文字处理机等综合为一种多功能综合终端。

(3) 技术性能智能化。为了更好地服务于用户,减少人工干预,进一步提高操作的自动化,将传真技术与人工智能技术、模式识别技术等相结合,也是传真技术发展的一个重要方向。

(4) 传真设备小型化。传真机的体积小,重量轻,便于携带,是高速发展的信息业对传真机的要求。随着扫描与记录技术和传真图像信号处理技术的进步,传真机必将向小型化、便携式方向发展。

6.3.2 传真机的工作原理

传真机的种类很多,功能与电路也各有不同,但基本结构与原理相同,其原理框图如图 6-3-2 所示。

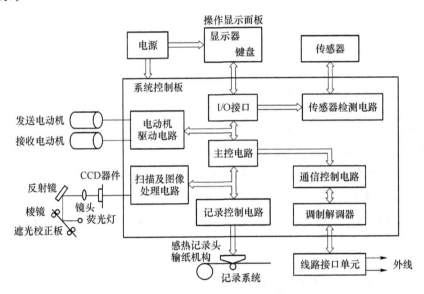

图 6-3-2 传真机的原理框图

1. 发送原理

传真机的发送过程如下:首先将待发文件放入传真机原稿托盘,接通电话后按下传真键,原稿文件通过传真机的进纸通道进入传真机的扫描系统,对文件进行逐行扫描,将文件图像分解成像素。这些黑白像素依照原稿文件按一定的规律排列,经光电转换,把代表原稿信息的光信号转换成模拟电信号,再经数字化处理,把该信号转变成便于计算机处理的数字信号,通过图像处理形成一个图像信号。由于一幅图像的数据量相当大,不利于实现高速传输,因而在数据发送之前,需要对其进行数据压缩,压缩后的数据通过调制器的处理,转换成为适合在电话线上传输的带通信号,通过电话线路将代表原稿文件信息的信号发送出去,如图 6-3-3 所示。

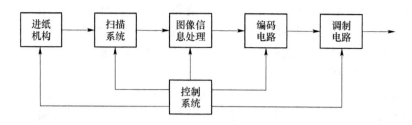

图 6-3-3　传真机发送原理框图

2. 传真机接收原理

接收是发送的逆过程。接收信号从电话线传过来,经过网络控制电路,把传真机从待机状态转换为接收状态。接收时,首先对接收信号进行解调,把调制信号恢复为原来的数据序列;再经解码,把经过压缩的数据信号还原成未压缩状态,把图像信号依次还原为逐个像素,按照与发送端扫描顺序相同的顺序记录下来,便可得到一份与原稿相同的副本。传真机接收原理如图 6-3-4 所示。

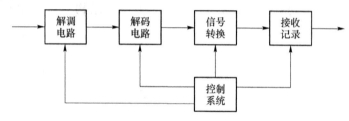

图 6-3-4　传真机接收原理框图

3. 传真机的打印原理

传真机的打印方式可分为两类:一类是热敏打印方式;另一类是普通纸打印方式。热敏打印方式在现有的传真机中占有相当大的比重,是一种传统、实用的记录方式。它的基本工作原理是把传真机接收到的图像信号进行解调、解码等一系列处理,通过热敏打印头驱动电路将这些信号一一对应记录下来,得到与发送原稿十分相似的接收副本。热敏打印的关键是热敏记录头,它的好坏直接关系到打印的质量。热敏记录头由散热装置、热绝缘层、发热电阻、驱动集成电路、引线和保护层等组成。

(1) 热敏打印方式

热敏记录的工作原理在于加热经过特殊化学处理的纸和热敏记录头,这种纸对一定的门限温度很敏感,当超过门限温度时纸就会在加热点变黑。一种称作热敏记录头的装置用来提供热源,发热电阻体是热敏记录头中最重要的部分,它由一排微小的发热器件(发热电阻)组成,其有效个数与一条扫描线的像素个数相等,一般为 2 048 bit(B4)和 1 728 bit(A4)。

(2) 普通纸打印方式

普通纸打印方式又可分为激光打印方式、喷墨打印方式和热转印打印方式。

激光打印方式实际上是一台传真机与一台激光打印机的组合。喷墨打印方式相当于一台传真机与一台喷墨打印机的组合。通过激光打印或是喷墨打印到普通纸上。

6.3.3　传真机的安装与使用

传真机的种类较多,不同的传真机的功能面板有所不同,但其传真功能与操作大致相同,以松下 KX-FL513CN 为例来进行介绍,如图 6-3-5 所示。

1. 技术数据

适用线路:公用交换电话网络。

文稿尺寸:最大宽度 216 mm/最大长度 600 mm。

有效扫描宽度:208 mm,有效打印宽度:202 mm。

传送时间:约 8 秒/页。

扫描密度:水平:8 线/mm

垂直:3.85 线/毫米标准清晰度;7.7 线/毫米精细;15.4 线/毫米超精细。

打印机类型:激光打印机

数据压缩系统:改良霍夫曼(MH),改良 READ(MR),改良 READ(MMR)。

调制解调器速度:14,400/12,00/9,600/7,200/4,800/2,400 bph 自动降速。

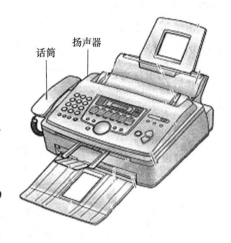

图 6-3-5 传真机的外形

操作环境:10~32.5℃,20%~80%RH(相对湿度)

尺寸:大约高 220 mm×宽 430 mm×厚 360 mm

重量:约 9 kg

耗电量:待机:约 4 W;传送:约 12 W;接收:约 290 W;复印:约 290 W

最大:约 950 W(打开熔融灯时)

传真存储器容量:存储器传送时约 120 页,接收时约 170 页

激光二极管特性:激光输出:最大 5 mW,波长:760 nm~800 nm 发光持续时间:连续

打印速度:约 12 ppm(每分钟的页数)

打印清晰度:600 dpi×600 dpi

纸张规格:A4(210 mm×297 mm)

记录纸重量:60~90g/m²

2. 安装

传真机的连接很简单,只需要分别连接电源线与电话线,连接如图 6-3-6 所示。为避免工作不正常,请不要将传真机放在电视机或音箱等产生强磁场的电器设备附近。

3. 发传真

(1) 将文件引导板调节至文稿宽度处。将纸质文件正面向下插入(最多 15 页),直到传真机自动抓住文件并发出一次"哔"声为止。

(2) 设定分辨率和浓淡度。

① 在发送文件前,可以暂时更改其浓淡度、分辨率和中间色调。文件发送后,分辨率、浓淡度及中间色调的设定将会自动恢复为默认值。

② 浓淡度设置。传真机的浓淡度一般被预先设置为普通。若要发送印刷色调较淡的文件,可将浓淡度设得较浓一些。反之,若要发送印刷色调较深的文件,可设定浓淡度为较淡。连续按

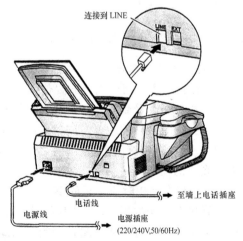

图 6-3-6 传真机的连接图

"浓淡度"键将循环显示 NORMAL(普通)→DARKER(较浓)→LIGEHER(较淡)选项。

③ 分辨率设置。传真机的分辨率一般被预先设置为标准状态。若要发送照片或灰色调的图片,可选择分辨率为精细、超精细或中间色调。连续按"分辨率"键将循环显示 STANDARD(标准)→FINE(精细)→S-FINE(超精细)→HALFTONE(中间色调)选项。

(3) 按传真机上的免提通话键或拿起话筒。拨电话号码,例如 0791-83847561,也采用缩位拨号等方式拨号,直到电话接通,对方拿起电话话筒接听。

(4) 告知对方要发传真过去,请对方给一个传真信号,当对方按下那端传真机上"启动"键给一个传真信号后,此时我方会听到"哗"声音。

(5) 按传真机上"启动"键。在传真时,若要停止传真,按"停止"键。

4. 接传真

传真机能提供 4 种不同的接收方式:手动(MANUAL RCV)接收、传真/电话自动转换(FAX/TEL)、传真/电话录音(FAX/TAM)接收和传真/电话接收(FAX)。

(1) 手动接收。听到传真机振铃声后拿起话筒,按"启动"键开始接收传真。

(2) 传真/电话自动转换。传真机检测到传真信息后自动接收文件;如果检测到电话信息,则继续响铃在传真方式下,传真机将在一声响铃后开始接收文件。在电话方式下,可在一声响铃后应答;若无应答,则启动响铃 12 次。在响铃期间,将播放传真/电话中的留言。

(3) 传真/电话录音接收。传真机检测到传真信息后自动接收文件;如果是电话信息,则发送对外留言,然后录制对方的留言。

(4) 传真/电话接收。在传真方式下,传真机在一声响铃后自动接收文件,在电话方式下将启动响铃 12 次。在呼叫时,对方可以听到传真/电话的留言以及模拟铃声;若不接听,则转为传真方式。

5. 复印

利用传真机进行复印操作的步骤如下。

(1) 将文稿引导板的宽度调节至文稿尺寸。

(2) 把纸质文件放进记录纸盘中,放置时文件正面向下,直到本机发出一次"哗"声并抓住文稿为止。

(3) 如果需要,请反复按【清晰度】键选择需要的清晰度。

(4) 按【复印】开始复印。

6.3.4 传真机的维护与维修

1. 传真机的日常维护

(1) 传真机的使用环境及放置位置

传真机要避免受到阳光直射、热辐射及强磁场、潮湿、灰尘多的环境,或避免接近空调、暖气机等容易被水溅到的地方。同时要防止水或化学液体流入传真机,以免损坏电子线路及器件。为了安全,在遇有闪电、雷雨时,传真机应暂停使用,并且要拔去电源及电话线,以免雷击造成传真机的损坏。

(2) 用户在使用时应注意的事项

传真机在打印过程中,用户不要打开纸卷上面的合纸舱盖,如果真的需要必须先按停止键以避免危险。同时打开或关闭合纸舱盖的动作不宜过猛。

(3) 传真纸张的选择

传真纸张的选择十分重要,用户需参照传真机说明书,使用推荐的传真纸。劣质传真纸的光洁度不够,容易损坏感热记录头和输纸辊。记录纸上的化学染料配方不合理,会造成打印质量不佳,保存时间短。并且记录纸不要长期暴露在阳光或紫外线下,以免记录纸逐渐褪色,造成复印或接收的文件不清晰。

(4) 保持传真机内、外部的清洗

要经常使用柔软的干布清洁传真机,保持传真机外部清洁。对于传真机内部,除了每半年将合纸舱盖打开使用干净柔软的布或使用纱布蘸酒精擦拭打印头外,还有滚筒与扫描仪等部分需要清洁保养。因为经过一段时间使用后,原稿滚筒及扫描仪上会逐渐累积灰尘,最好每半年清洁保养一次,使用清洁的软布或蘸酒精的纱布来擦拭原稿滚筒、CCD 或 CIS 以及感热记录头等。

2. 出错报告

如果在传真机在传送或接收过程中发生问题,传真机会将下面一个通信信息将打印在发送报告和通信报告上,办公人员可根据其相关提示,解决问题。

(1) COMMUNICATION ERROR

发生了传送或接收错误,请再试一次或检查对方的情况。

(2) COMMUNICATION ERROR

发生了线路故障。请将电话线连接到另一个插口,然后重试。

(3) DOCUMENT JAMMED

文稿被卡住,清除卡住的文稿。

(4) ERROR-NOT YOUR UNIT

因为对方传真机的故障而发生了发送或接收错误,请检查对方的情况。

(5) MEMORY FULL E

由于记录纸不够或记录纸卡住等原因,存储器中已存满了收到的文稿。安装纸张或清除卡住的纸。

(6) NO DOCUMENT

文稿没有正确送入本机,请重新插入文稿并重试。

(7) PRESSED THE STOP KEY

按了【停止】,传真通信被取消。

(8) THE COVER WAS OPENED

前盖被打开了,请关好并再试一次。

3. 出错信息

如果本机检测到故障,显示屏中将显示下列一条或多条出错信息。

(1) CALL SERVICE

本机发生了故障,请与维修人员联系。

(2) CHANGE DRUM

感光鼓发生了故障,请更换或维修。

(3) CHECK DOCUMENT

文稿没有正确送入本机,重新插入文稿。如果频繁发生送纸错误,请清洁送纸滚筒,然后重试。

(4) CHECK MEMORY

存储器内容(电话号码、参数等)被消除了,需要重新编程。

(5) COVER OPEN

前盖被打开了,请关好盖。

(6) FALLED PICK UP

记录纸没有正确送入本机,重新插入记录纸。

(7) FAX IN MEMORY

本机的存储器中存有文稿,请参阅其他显示信息说明以将文稿打印出来。

(8) FAX MEMORY FULL

- 由于记录纸不够或记录纸卡住等原因,存储器中已存满了收到的文稿。安装纸张或清除卡住的纸。
- 当进行存储器传送时,正在存储的文稿超过了机器的存储容量,请手机接收文件。

(9) LOW TEMP

本机内部温度太低,无法正常操作。应该在温暖的区域使用本机。当本机无法操作时,接收到的文稿临时存储在存储器中,并在本机预热后自动打印出来。

(10) MEMORY FULL

当进行复印时,正在存储的文稿超过了本机的存储器容量,请按【停止】清除此信息。将文稿分成几个部分。

(11) OUT OF PAPER

- 没有安装记录纸或者本机的记录纸已用完,请安装纸张。
- 记录纸没有正确送入本机,请重新安装纸张。

(12) PAPER JAMMED

记录纸被卡住,清除被卡住的纸。

(13) PLEASE WAIT

本机正在预热,请稍候。

(14) REMOVE DOCUMENT

- 文稿被卡住,清除卡住的文稿。
- 试图传送长于600mm的文稿,请按【停止】取下文稿。将文稿分成两页或多页,然后再试一次。

(15) TRANSMIT ERROR

发生了传送错误,请再试一次。

4. 常见故障检修

(1) 不能打电话和接电话

- 没有连接电源线或电话线,请检查连接。
- 如果使用了电话/传真分离器连接本机,请将其取下,将本机直接连接到墙壁插孔。如果本机工作正常,则检查电话/传真分离器。

(2) 对方只能听到传真音但不能通话

- 设定了传真专用方式。通知对方此号码是传真专用号码。
- 接收方式被设定为电话方式。按【自动接收】键,设定为传真专用方式。
- 按【自动接收】键改为电话方式。

(3) 不能发送文稿

- 电话线连到了本机上的 EXT 插口,改为连接到 LINE 接口。
- 对方的传真机占线或记录纸用完,请再试一次。
- 对方的机器不是传真机,请检查对方的情况。
- 对方传真机的振铃次数太多,手动发送传真。

(4) 对方收到的文稿上的文字变形或不清晰
- 如果电话线路具备特殊的电话服务,如呼叫等待,在传真传送过程中可能启动了这类服务。请将本机连接到没有这类服务的电话线路。
- 同一条线路上的电话分机没有挂机。放回分机的话筒,然后再试一次。
- 尝试复印文稿。如果复印图像清晰,则说明可能是对方的机器有问题。

(5) 不能接收文稿
- 检查电话线连到了本机上的 EXT 插口,应该改接到 LINE 插口。

(6) 不能自动接收文稿
- 接收方式被设定为电话方式,按【自动接收】键设定为传真专用方式。
- 应答来电的时间太长,请减少功能中设定的振铃次数。

(7) 虽然显示"CONNECTING…",但没有收到传真

来电不是传真,按【自动接收】键将接收方式设定为电话方式。

(8) 对方不能发送文稿
- 由于记录纸不够或记录纸卡住等原因,存储器中已存满了收到的文稿。安装纸张或清除卡住的纸。
- 本机未设定在传真专用方式,反复按【自动接收】键以使自动接收指示灯点亮。

6.4 网络设备

在现在的办公活动中,办公并非一个人进行,更多的是团队合作的办公,办公范围与不局限于单位内部,可能涉及在国内,甚至全球,同时随着移动办公的出现,这些都需要有计算机网络设备的支持。近年来,随着计算机技术的普及与发展,计算机网络正以前所未有的速度向全球的每个角落延伸。计算机网络已成为人们研究与应用的热门技术,使用极为广泛。人们提出了"网络就是计算机"的概念,计算机网络伴随着计算机已成为办公活动中不可缺少的一部分。企事业单位之间和内部通过计算机网络实现办公自动化,做到各种资源共享,连入互联网后,也可以实现全世界范围内的无纸办公。

所谓计算机网络是把地理上分散的若干独立的计算机系统通过通信线路和通信设备相互连接起来,按照网络协议进行数据通信,用功能完善的网络软件实现资源共享的计算机系统的集合。

6.4.1 计算机网络基础

近年来,随着科技的高速发展,人们生活与工作的方式进入到计算机网络时代,计算机网络是计算机技术和通信技术相结合的结晶,是在计算机通信技术发展的基础上产生的,它的产生和发展同时也促进了计算机应用的巨大变化。

计算机网络最初是为满足人们的科学计算的要求而出现的,但随着计算机技术的发展与普及,计算机网络不仅仅局限于科学计算系统,它已经广泛应用于各种管理系统,如信息管理系统、医院管理系统、银行查询系统、铁路订票系统等。计算机网络的发展主要经历以下 3 个阶段。

(1) 以单计算机为中心的联机系统

计算机网络发展的第一阶段是在 20 世纪 50 年代。第一代计算机网络是以单计算机为中

心的联机系统,又称为面向终端的计算机网络。它是由一台主机和若干个终端组成的,主机是网络的中心和控制者,分布在各处的本地或远程终端通过公共电话网及相应的通信设备与主机相连,登录到主机,使用主机上的资源。

(2) 计算机—计算机网络

计算机网络发展的第二阶段是20世纪60年代中期到70年代早期。第二代计算机网络是计算机与计算机互联,以资源共享为目的,实现计算机与计算机之间通信的网络,这是真正意义上的计算机网络,通过通信线路将若干个独立的计算机连接起来,为用户提供服务,实现资源共享。

(3) 现代计算机网络

20世纪70年代中后期以来,出现了第三代计算机网络,即网络体系结构标准化网络,又称为现代计算机网络。经过第一代、第二代计算机网络的发展,网络技术、方法和理论逐渐成熟,网络结构发生了巨大的变化,广域网(WAN)、局域网(LAN)得到广泛的应用。大量的微型机通过局域网连入广域网,而局域网与广域网、广域网与广域网通过路由器互联,形成了一种大型的、层次结构的现代计算机网络,即互联网络,它是第二代计算机网络的延伸。根据第三代计算机网络发展的过程可分为:

① 广域网的发展

广域网的发展是从ARPANET的诞生开始的,在这一时期各大计算机公司开始大力发展计算机网络,纷纷制定自己的网络技术标准,推出自己的网络产品和结构。当时网络的应用普及到了各行各业甚至家庭,发展网络的需求十分迫切,许多国家开始建设公用数据网。

我国于1993年开通了公用数据网ChinaPAC,1996年提供数字专线服务网DDN。同时,公用数据网的发展极大地促进了广域网的发展。

② 局域网的发展

20世纪70年代出现了微型计算机以来,其性能不断提高,价格不断地下降,计算机应用范围越来越广泛,普及到各行各业的办公室及家庭。人们要求在办公楼或部门办公室内把计算机互联起来,实现信息交换和资源共享,以提高工作效率,因而局域网就应运而生,并且很快得到迅速的发展和应用。

③ 标准化网络和互联网

计算机广域网和局域网大多是由计算机公司、研究部门或大学自行开发研制的,没有统一的体系结构和标准,各个厂家生产的计算机产品及网络产品在技术上或结构上都有很大的差异,因而它们之间很难实现互联。没有统一体系结构的标准阻碍了计算机网络的发展,给用户的使用带来极大的不便,解决网络标准化这个问题迫在眉睫。

国际标准化组织(ISO)在研究分析已有的网络结构经验的基础上,于1984年公布了"开放系统互联参考模型"(OSI),缩写为ISO/OSI。作为国际标准,OSI规定了可以互联的计算机系统之间的通信协议,遵循这个协议的网络通信产品都是所谓的开放系统,不遵循这个标准的产品逐渐失去了市场。从此,计算机网络进入了国际标准化网络阶段。

Internet是从ARPANET逐步发展而来的,是世界上最大的互联网络,称为"国际互联网",建立在计算机网络群之上的Internet,自1989年正式向公众开放以来,使计算机网络的发展出现了新的飞跃。计算机网络的应用深入到各行各业,特别是办公领域,并在其中起着十分重要的作用。

6.4.2 计算机网络的功能

计算机网络的主要功能有:

1. 资源共享

建立计算机网络的主要目的是实现资源共享。它是指所有网内用户均能享受网内的计算机系统中的全部或部分资源,使网络中各地区的资源互通有无、分工协作,从而大大提高系统资源的利用率。这是在当前办公活动中,应用最为普遍的。所共享的资源包括硬件资源、软件资源和数据资源。

2. 易于进行分布处理

分布处理的特点就在于把要处理的任务分散到各个计算机上运行。对比起把一个任务集中在一台计算机系统上运行的情况,分布处理不仅降低了软件设计的复杂度,而且大大提高了执行任务的效率,同时也降低了成本。

3. 进行数据信息的集中管理

对地理位置上分散的组织和部门,可通过计算机网络实现集中管理。如气象数据、人口普查数据等。

4. 提供方便快捷的通信手段

通过计算机网络,分布在不同地理位置的计算机用户可以互相交换信息报文、发送电子邮件、传送文件、开网上会议,实现远距离通信。

5. 能够提高计算机的可靠性和可用性

计算机系统可靠性的提高主要表现在计算机网络中每台计算机都可以依赖计算机网络相互为后备机,一旦某台计算机出现故障,其他的计算机可以马上承担起原先由该故障机所担负的任务,避免了系统的瘫痪,使计算机系统的可靠性得到了提高。

计算机可用性的提高是指当计算机网络中某一台计算机负载过重时,计算机网络能够进行智能的判断,并将新的任务转交给计算机网络中较为空闲的计算机去完成,这样就能均衡每一台计算机的负载,提高了每一台计算机的可用性,在办公活动中,可以协调每个办公人员的工作量。

6.4.3 计算机网络的组成

计算机网络是由两个或多个计算机通过特定通信模式连接起来的复杂系统,尽管计算机网络系统的组成各不相同,但一个完整的计算机网络系统是由网络硬件系统和网络软件系统组成的。我们把网络硬件连接起来,再安装专门用来支持网络运行的软件,它包括系统软件和应用软件,那么这个计算机网络能够满足工作或生活的需求了。

1. 硬件系统组成

组成计算机网络的硬件有网络服务器、网络工作站、网络适配器(网卡)、传输介质。如果要扩展局域网的规模,就需要增加通信连接设备,如调制解调器、集线器、交换机、网桥和路由器等。

(1) 网络服务器

网络服务器(Server)是一台高性能计算机,用于网络管理、运行应用程序、处理各网络工作站成员的信息请示等,并连接一些外部设备如打印机等。根据其作用的不同分为文件服务器、应用程序服务器和数据库服务器等。文件服务器是网络中最重要的硬件设备,其中装有网络操作系统（NOS）、系统管理工具和各种应用程序等，是组建一个客户机/服务器局域网所必需的基本配置。对于对等网，每台计算机则既是服务器也是工作站。

（2）网络工作站

网络工作站（Workstation）也称客户机，由服务器进行管理和提供服务的、连入网络的任何计算机都属于工作站，其性能一般低于服务器。个人计算机接入 Internet 后，在获取 Internet 的服务的同时，其本身就成为一台 Internet 网上的工作站。

（3）网络适配器

网络适配器（NIC，Network Interface Card）也称网卡或网络接口卡，在局域网中用于将用户计算机与网络相连，大多数局域网采用以太（Ethernet）网卡。

（4）调制解调器

在计算机内部使用的是"数字信号"，而通过电话线路上传输的信号是"模拟信号"。调制解调器（Modem）的作用就是当计算机发送信息时，将计算机内部使用的数字信号转换成可以用电话线传输的模拟信号（D/A 转换），通过电话线发送出去；接收信息时，把电话线上传来的模拟信号转换成数字信号再传送给计算机（A/D 转换），进行处理。

（5）网络连接设备

计算机与计算机或工作站与服务器进行连接时，除了使用连接介质外，还需要一些中介设备。这些中介设备就是网络连接设备。

我们把常用的连接设备划分为以下几种类型。

① 介质连接设备，如 T 型连接器、光纤收发器、RJ-45 连接器等，主要用于系统设备、网络设备和传输介质的连接。网卡、调制解调器也可看作是介质连接设备。

② 网络连接测试设备，如线缆测试仪等，用于测试双绞线、同轴电缆、光缆等线路的通断、线路质量。

③ 网络互联设备，包括中继器（Repeater）、集线器（Hub）、网桥（Bridge）、交换器（Switch）、路由器（Router）、网关（NetGate）等，主要用于多个网络系统之间的连接。

④ 网络安全设备，包括软件、硬件防火墙等，用来防范在来自网络内部与外部的攻击等，保证网络正常运行。

（6）传输介质

又称"传媒介质"，它用于网络设备之间的通信连接，常用的有双绞线、细同轴电缆、粗同轴电缆、光缆等。此外计算机网络还可使用无线传输媒体（包括微波、红外线和激光）、卫星线路等传输媒体。

2．软件系统组成

组成计算机网络系统的软件包括网络系统软件和网络应用软件两大类。

（1）网络系统软件

网络系统软件包括网络操作系统、网络协议软件、通信控制软件和管理软件等。网络操作系统（NOS）是网络的心脏和灵魂，是面向网络计算机提供服务的特殊的操作系统，它在计算机操作系统下工作，使计算机操作系统增加了网络操作所需要的能力。现在常用的 NOS 有 NetWare、Windows NT、UNIX 和 Linux 等。

① UNIX

UNIX 操作系统是一种典型的多用户、多任务的分时网络操作系统。UNIX 在安全性和稳定性等方面都有非常突出的表现，例如使用 UNIX 的服务器很少出现死机、系统瘫痪等现象，对文件和目录权限、用户权限及数据都有非常严格的保护措施。从应用的角度来看，

UNIX 的不足之处是一般用户很难掌握,因为 UNIX 系统自身非常庞大,不同功能之间的关联性很强。目前 UNIX 除了在大型网络中应用之外,在一般的中小型局域网中很少使用。

② Windows NT

Windows NT 是一个广泛使用的网络操作系统。它功能全面,具有完全集成式的联网能力。集成式的网络支持意味着 Windows NT 支持对等式和客户机/服务器网络,所有运行 Windows NT 的计算机都可以既作为客户机又作为服务器来运行。Windows NT Advanced sever 还带有最高档服务器所需的全部功能,如域管理工具等。Windows NT 本身带有 4 个传输协议 NetBEUI、DLC、TCP/IP 和 NWLink,提供与现有网络的交互操作能力。Windows NT 系统可使用各种各样的传输协议和网络适配卡来进行通信,也可以与大量的各种各样的不同厂家的网络进行通信,支持分布式应用程序。

③ Linux

Linux 是典型的自由软件,它由芬兰赫尔辛基大学的学生 Linus Torvalds 于 1991 年开发完成,并在 Internet 上公开其源程序。简单地说,Linux 是一个跨平台、多任务、高效、轻型而稳定的网络操作系统。Linux 作为一种开放的系统,它的发展得到了各方面的广泛支持,被认为是一种高性能、低费用、可以替换其他昂贵操作系统的系统。目前运行在 Linux 上的应用程序也越来越丰富,像 Oracle、Informix、Dell、HP 等大公司也宣布提供对 Linux 的支持。可以说,Linux 正在成为操作系统领域最具潜力的竞争者。

网络协议软件是网络设备之间进行互相通信的语言和规范。它是网络软件中最重要的核心部分,任何网络软件都要通过网络协议才能起作用。常用的网络协议有:IPX、TCP/IP、NetBEUI、NWLink。其中,TCP/IP 是 Internet 使用的协议。

(2) 网络应用软件

网络应用软件是指为某一应用目的而开发的网络软件,为用户提供访问网络的手段及网络服务、资源共享和信息传输。目前,常用的应用软件有:数据库管理系统、远程教育软件、办公自动化、财务管理软件、Internet 信息服务软件等。

6.4.4 综合布线系统

综合布线系统(Integrated Wiring System)又称结构化布线系统,它是一套用于建筑物内或建筑群之间为计算机、通信设施与监控系统预先设置的信息传输通道。它将语音、数据、图像等设备彼此相连,同时能使上述设备与外部通信数据网络相连接。即使用户尚未确定具体的应用系统,也可进行布线系统的设计和安装,因为综合布线系统中不包括应用的各种具体设备。应用系统包括网络系统、电话系统、监控系统、保安系统和电源系统等。综合布线系统主要包括以下 5 个方面的内容:楼宇自动化(BA)、消防自动化(FA)、保安自动化(SA)、通信自动化(CA)和办公自动化(OA),这就是所说的 5A 智能化建筑。

从广义上讲,布线系统包括局域网和广域网两个部分。但是由于广域网的布线系统一般是由公共设施服务部门提供的,在我国是电信部门,不涉及一般用户的网络系统设计,所以一般布线系统就专指局域范围内的布线系统。在局域网方面,布线系统显得尤为重要,局域网市场中布线系统是仅次于 PC 机互联硬件的第二大部分,同时它的增长也很快。布线系统因为它关系到网络性能、投资效益、实际使用效果和日常维护等多方面问题,是整个计算机网络系统中不可分割的部分。

1. 综合布线系统的特点

建筑物(大厦或园区)的布线系统作为提供信息服务的最末端,其性能的优劣将直接影响信息服务质量。

传统布线的不足主要表现在：不同应用系统（电话、计算机系统、局域网、楼宇自控系统等）的布线各自独立，不同的设备采用不同的传输线缆构成各自的网络，同时连接线缆的插座、模块及配线架的结构和生产标准不同，相互之间达不到共用的目的，加上施工时期不同，致使形成的布线系统存在极大差异，难以互换通用。

这种传统布线方式由于没有统一的设计，施工、使用和管理都不方便；当工作场所需要重新规划，设备需要更换、移动或增加时，只能重新敷设线缆，安装插头、插座，并需中断办公，显然布线工作非常费时、耗资、效率很低。因此，传统的布线不利于布线系统的综合利用和管理，限制了应用系统的变化以及网络规模的扩充和升级。

为了克服传统布线系统的缺点，美国AT&T公司贝尔实验室的专家们经过多年的潜心研究，于1993年年末率先推出了SYSTIMAX PDS综合布线系统，后经不断发展，在1998年Lucent公司在PDS的基础上推出SYSTIMAX SCS综合布线系统。

综合布线系统是为适应综合业务数字网（ISDN）的需求而发展起来的一种特别设计的布线方式，它为智能大厦和智能建筑群中的信息设施提供了多厂家产品兼容，模块化扩展、更新与系统灵活重组的可能性。既为用户创造了现代信息系统环境，强化了控制与管理，又为用户节约了费用，保护了投资。综合布线系统已成为现代化建筑的重要组成部分。

综合布线系统应用高品质的标准材料，以非屏蔽双绞线和光纤作为传输介质，采用组合压接方式，统一进行规划设计，组成一套完整而开放的布线系统。该系统将语音、数据、图像信号的布线与建筑物安全报警、监控管理信号的布线综合在一个标准的布线系统内。在墙壁上或地面上设置有标准插座，这些插座通过各种适配器与计算机、通信设备以及楼宇自动化设备相连接。

综合布线的硬件包括传输介质（非屏蔽双绞线、大对数电缆和光缆等）、配线架、标准信息插座、适配器、光电转换设备、系统保护设备等。

2. 综合布线系统的组成

综合布线系统由6个子系统组成，如图6-4-1所示。包括工作区子系统、水平区子系统、管理间子系统、垂直干线子系统、设备间子系统及建筑群子系统。

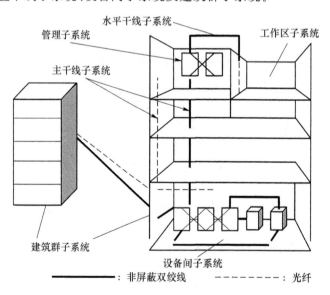

图6-4-1 综合布线系统示意图

由于采用星型结构，任何一个子系统都可独立地接入综合布线中。因此，系统易于扩充，布线易于重新组合，也便于查找和排除故障。

(1) 工作区子系统

工作区子系统是一个可以独立设置终端设备的区域,该子系统包括水平配线系统的信息插座、连接信息插座和终端设备的跳线以及适配器。工作区的服务面积一般可按 5~10 平方米估算,工作区内信息点的数量根据相应的设计等级要求设置。

工作区的每个信息插座都应该支持电话机、数据终端、计算机及监视器等终端设备,同时,为了便于管理和识别,有些厂家的信息插座做成多种颜色:黑、白、红、蓝、绿、黄,这些颜色的设置应符合 TIA/EIA 606 标准。

(2) 水平区子系统

水平区子系统应由工作区用的信息插座、楼层分配线设备至信息插座的水平电缆、楼层配线设备和跳线等组成。

一般情况,水平电缆应采用 4 对双绞线电缆。在水平子系统有高速率应用的场合,应采用光缆,即光纤到桌面。水平子系统根据整个综合布线系统的要求,应在二级交接间、交接间或设备间的配线设备上进行连接,以构成电话、数据、电视系统和监控系统,并方便地进行管理。

水平子系统的电缆长度应小于 90 米,信息插座应在内部做固定线连接。

(3) 管理间子系统

管理间子系统设置在楼层分配线设备的房间内。管理间子系统应由交接间的配线设备,输入/输出设备等组成,也可应用于设备间子系统中。

管理间子系统应采用单点管理双交接。交接场的结构取决于工作区、综合布线系统规模和选用的硬件。在管理规模大、复杂、有二级交接间时,才设置双点管理双交接。在管理点,应根据应用环境用标记插入条来标出各个端接场。

交接区应有良好的标记系统,如建筑物名称、建筑物位置、区号、起始点和功能等标志。交接间和二级交接间的配线设备应采用色标区别各类用途的配线区。

(4) 垂直干线子系统

垂直干线子系统应由设备间的配线设备和跳线以及设备间至各楼层分配线间的连接电缆组成。

在确定垂直子系统所需要的电缆总对数之前,必须确定电缆中话音和数据信号的共享原则。对于基本型每个工作区可选定 2 对,对于增强型每个工作区可选定 3 对双绞线,对于综合型每个工作区可在基本型或增强型的基础上增设光缆系统。

如果设备间与计算机机房处于不同的地点,而且需要把语音电缆连至设备间,把数据电缆连至计算机机房,则应在设计中选取不同的干线电缆或干线电缆的不同部分来分别满足不同路由语音和数据的需要。

(5) 设备间子系统

设备间是在每一幢大楼的适当地点设置进线设备,进行网络管理以及管理人员值班的场所。设备间子系统应由综合布线系统的建筑物进线设备、电话、数据、计算机等各种主机设备及其保安配线设备等组成。

设备间内的所有进线终端设备应采用色标区别各类用途的配线区。

设备间位置及大小应根据设备的数量、规模、最佳网络中心等内容综合考虑确定。

(6) 建筑群子系统

建筑群子系统由两个以上建筑物的电话、数据、监控系统组成一个建筑群综合布线系统,其连接各建筑物之间的缆线和配线设备,组成建筑群子系统。

建筑群子系统应采用地下管道敷设方式,管道内敷设的铜缆或光缆应遵循电话管道和人孔的各项设计规定。此外安装时至少应预留 1～2 个备用管孔,以供扩充之用。建筑群子系统采用直埋沟内敷设时,如果在同一个沟内埋入了其他图像、监控电缆,应设立明显的共用标志。

6.5 网络硬件设备

6.5.1 传输介质

在通信过程中,计算机及网络设备之间需要传输介质来进行信息与数据的连接与传递。如果将网络中的计算机比作货站,而数据信息是汽车的话,那么,网络传输介质就是不可缺少的公路。网络传输介质是网络中传输数据、连接各网络站点的实体。在不同的网络系统,可以选择不同的物理介质。

一般的物理介质可大致分为有线介质(铜线和光纤)和无线介质(电波和光波)。有线介质是最常用、最简便的通信介质,在现在的公用电话网络是普遍采用铜线和光纤。在广域网中,常利用现成的电话系统线路进行通信传输,而在局域网布线中,利用改进的专用线缆进行通信传输也简便易行。常见的有线介质有双绞线、同轴电缆、光纤等。

1. 双绞线

双绞线(twisted pair)是应用最普遍的传输介质,原本用于电话系统。它由两条互相绝缘的铜线组成,将 4 对(共 8 根)双绞线封装在一个绝缘外套中,为了降低信号的干扰程度,电缆中的每一对双绞线一般是由两根绝缘的 22～26 号铜导线相互扭绕而成,每根铜导线的绝缘层上分别采用涂有不同的颜色的包装胶皮,以示区别。并像螺纹一样拧在一起,犹如一条 DNA 分子链,以减少相邻铜线之间的电气干扰,因此把它称为双绞线,其外形如图 6-5-1 所示。

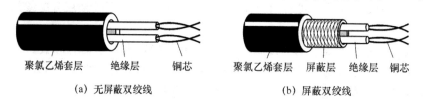

图 6-5-1 无屏蔽双绞线和屏蔽双绞线

双绞线分为屏蔽双绞线(STP)和非屏蔽双绞线(UTP)。两者内部相同,只是 STP 在其外包有一层金属铝箔,以减小电磁波向外辐射,防止信息被窃听,抗干扰能力也较强,同时具有较高的数据传输速率(5 类 STP 在 100 m 内可达到 155 Mbit/s,而 UTP 只能达到 100 Mbit/s)。但 STP 电缆的价格相对较高,安装时要比 UTP 电缆困难。与 STP 相比,UTP 电缆外面只有一层绝缘胶皮,因而重量轻、易弯曲、易安装,组网灵活,非常适用于结构化布线,所以一般常使用非屏蔽双绞线电缆。

在实际应用中,非屏蔽双绞主要有 5 类、超 5 类、6 类、7 类双绞线。

在目前网络应用中较好的解决方案中,使用超 5 类双绞线最为普遍,它比 5 类双绞线普遍衰减和串扰更小,可提供更可靠的网络应用,满足大多数应用的需求(尤其支持千兆位以太网 1000Base-T 的布线),给网络的安装和测试带来了便利。

2. 同轴电缆

同轴电缆(Coaxial cable)在 20 世纪 80 年代初的局域网中使用最为广泛。因为那时集线器的价格很高,在一般中小型网络中几乎看不到。因此,同轴电缆作为一种廉价的解决方案,得到广泛应用。同轴电缆以硬铜线为缆芯,外包一层绝缘材料,然后缠绕一层细密的网状导体,最后覆盖一层保护性材料,由于这两个导体是同轴线的,所为称为同轴电缆,外导体能屏蔽外界的电磁场对内导体信号的干扰。同轴电缆与双绞线相比,抗干扰能力强,所以常用于设备与设备之间的连接,或用于总线型网络拓扑中,同轴电缆外形如图 6-5-2 所示。

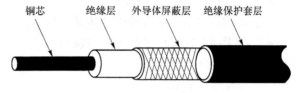

图 6-5-2　同轴电缆

在网络中,同轴电缆适合传输速率 10 Mbit/s 的数字信号,但具有比双绞线更高的传输带宽。然而,最近几年来,随着以双绞线和光纤为基础的标准化布线的推广,同轴电缆不能超长距离传输等缺点,已逐渐退出布线市场。但仍广泛应用于有线电视和某些对数据通信速率要求不高、连接设备不多的一些家庭和小型办公室用户。

3. 光纤

光纤(Fiber)即光导纤维,是一种细小、柔韧并能传输光信号的介质,一条光缆中包含有多根光纤。20 世纪 80 年代初期,光缆开始进入网络布线领域。与铜质介质相比,光纤具有一些明显的优势:①传输信号的频带宽,通信容量大;信号衰减小,传输距离长;抗干扰能力强,应用范围广。②光纤有着非常高的数据传输率(Gbit/s)和极低的误码率(10^{-10})。③原材料资源丰富。④抗化学腐蚀能力强。同时,光纤不会向外界辐射电子信号,所以使用光纤介质的网络无论是在安全性、可靠性,还是网络性能方面都有了很大的提高。

光纤通信的主要组成部件有光发送机、光接收机和光纤,在进行长距离信息传输时还需要中继机。通信中,由光发送机产生光束,将表示数字代码的电信号转变成光信号,并将光信号导入光纤,光信号在光纤中传播,在另一端由光接收机负责接收光纤上传出的光信号,并进一步将其还原成为发送前的电信号。为了防止长距离传输而引起的光能衰减,在大容量、远距离的光纤通信中每隔一定的距离需设置一个中继器。在实际应用中,光缆的两端都应安装有光纤收发器,光纤收发器集成了光发送机和光接收机的功能,既负责光的发送也负责光的接收。

光纤和同轴电缆外形相似,但没有网状屏蔽层,由纤芯、封套及外套组成,纤芯由一玻璃或塑料组成,封套是玻璃的,外套则由塑料组成,如图 6-5-3 所示。

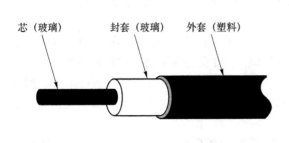

(a) 单根光纤的侧视图

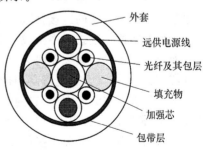

(b) 一束四芯光纤的剖面图

图 6-5-3　光纤

根据传输点模数的不同,光纤分为单模光纤(single-mode fiber)和多模光纤(multi-mode

fiber)两种("模"是指以一定角速度进入光纤的一束光)。单模光纤采用激光二极管 LD 作为光源,而多模光纤采用发光二极管 LED 为光源。采用多模光纤,成本低,一般用于建筑物内或地理位置相邻环境的布线中。单模光纤要比多模光纤的传输容量大,而且价格比多模光纤昂贵,单模光纤是当前计算机网络中研究和应用的重点。

4. 无线介质

无线介质可以不使用电或光导体进行电磁信号的传递工作。从理论上讲,地球上的大气层为大部分无线传输提供了物理数据通路。由于各种各样的电磁波都可用来传输信号,所以电磁波就被认为是一种介质。

(1) 无线电频率电波

电磁波频谱 10 kHz~1 GHz 为无线电频率,它包含的广播频道被称为:短波无线频带、甚高频(VHF)电视及调频无线电频带、超高频(UHF)无线电及电视频带。

无线电频率按管制带宽和非管制带宽划分:

管制带宽的用户必须从无线电管理部门得到许可证才能使用。对无线电管理部门(如美国的 FCC、加拿大的 CDC 等)有权管理的频率区域,用户一旦得到使用许可,即可保证能在这一特定区域内得到良好的传输效果。

在美国,FCC 将 902 MHz~928 MHz,2.4 GHz、5.72 GHz~5.82 GHz 分给无照者使用。国际上一般也不对 2.4 GHz 进行管制,这些不受管制的频率,由于没有限制而被充分利用。对非管制的频率竞争情况迅速增长,目前对 900MHz 使用的最多,而 2.4 GHz 的发展最快。

无线电波可以通过各种传输天线产生全方位广播或有向发射。典型的天线包括方向塔、缠绕天线、半波偶极天线以及杆型天线。

(2) 微波

微波通信是无线数据通信的主要方式,由于微波可以穿透电离层进入宇宙空间,所以微波通信不能像无线电一样靠电离层反射来进行传播,只能靠微波接力或是卫星转播的方式进行微波接力,由于地球表面是球面的,因而微波在地球表面直线传播距离有限,一般在 50 km 左右,要实现远距离传播,则必须在两个通信终端间建立若干中继站。中继站在收到前一站信号后经放大再发送到下一站,如此转发接续下去。

微波数据通信系统主要分为地面系统与卫星系统两种。尽管它们使用同样的频率,又非常相似,但能力上有较大的差别。

① 地面微波,一般采用定向抛物面天线,这要求发送方与接收方之间的通路没有大障碍物或视线能及。地面微波信号一般在低 GHz 频率范围。由于微波连接不需要什么电缆,所以它比起基于电缆方式的连接,较适合跨越荒凉或难以通过的地段。一般它经常用于连接两个分开的建筑物或在建筑群中构成一个完整网络。

地面微波系统的频率一般为 4~6 GHz 或 21~23 GHz。对于几百米的短距离系统较为便宜,甚至采用小型天线进行高频传输即可,超过几公里的系统价格则要相对贵一些。

微波数据系统无论大小,它的安装都比较困难,需要良好的定位,并要申请许可证。对于高频系统,长距离会因雨天或雾天而增大衰减;近距离对天气的变化不会有什么影响。无论近距离、远距离,微波对外界干扰都非常灵敏。

② 卫星微波,是利用地面上的定向抛物天线,将视线指向地球同频卫星。卫星微波传输跨越陆地或海洋。所需要的时间与费用,与只传输几公里没有什么差别。由于信号传输的距离相当远,所以会有一段传播延迟。这段传播延迟时间小为 500 毫秒,大至数秒。

卫星微波常使用频率一般在 11~14 GHz,它的设备费较昂贵,但是对于超长距离通信时,它的安装费用则会比电缆安装要低。由于涉及卫星这样现代空间技术,它的安装要复杂得多。地球站的安装要简单一些。

(3) 红外系统

还有一种无线传输介质是建立在红外线基础之上的。红外系统采用光发射二极管、激光二极管(ILD)来进行站与站之间的数据交换。红外设备发出的光非常纯净,一般只包含电磁波或小范围电磁频谱中的光子。传输信号可以直接或经过墙面、天花板反射后,被接收装置收到。

红外信号没有能力穿透墙壁和一些其他固体,每一次反射都要衰减一半左右,同时红外线也容易被强光源给盖住。红外波的高频特性可以支持高速度的数据传输,它一般可分为点到点与广播式两类。

点到点红外系统是指从一个点到另一个点的传输。目前其传输率一般为几 kbit/s,根据发射光的强度、纯度和大气情况,衰减有较大的变化,一般距离为几米到几公里不等。最典型的例子就是家用电器的遥控器。

6.5.2 布线工具

在综合布线设备中,除了最为主要的传输介质,如双绞线和光纤等以外,还有很多的布线设备是必要的。常用的有 RJ-45 插头、配线架、光纤连接器、剥线钳、打线钳、网线钳、网线模块等。

1. 剥线钳

在双绞线等线缆的制作中,首先是剥去双绞线的外护套,由于照顾到了双绞线的不规则外径。由于双绞线的表面是不规则的,且厚度差别较大,所以在剥线时必须在导线上不留痕迹地除去外护套,否则很可能会损坏导线内部的金属导体。为了达到划破外护套而不把它完全切断这一要求,通常在布线时采用剥线钳,如图 6-5-4 所示。

由于有些剥线钳使用了高度可调的刀片,有些剥线钳则利用弹簧张力以维持合适的切割深度,因此剥线钳通常还用于细缆等线缆的剥线。但由于光缆外护套十分坚硬,直径相差较大等原因,不能用于光缆的剥线。

2. 网线钳

在现在综合布线中,双绞线是使用最多的一种线缆,它通常使用 RJ-45 连接头。RJ-45 连接头是一种只能沿固定方向插入并自动防止脱落的塑料接头,又因为它的外表晶莹透亮,所以俗称"水晶头",专业术语为 RJ-45 连接器(RJ-45 是一种网络接口规范,类似的还有 RJ-11 接口,就是平常所用的"电话接口",用来连接电话线)。双绞线的两端必须都安装这种 RJ-45 插头,以便插在网卡(NIC)、集线器(Hub)或交换机(Switch)的 RJ-45 接口上,进行网络通信。将 RJ-45 水晶头与网线连接起来,就必须采用网线钳。

网线钳是用来 RJ-45 水晶头与双绞线的压接,如图 6-5-5 所示。一般这种压线钳也同时具有剥线、剪线功能,有的可以用来压制多种线缆,如 RJ-11 电话线等。

图 6-5-4 剥线钳

图 6-5-5 网线钳与水晶头

3. 打线钳

在综合布线中,所有节点都是采用接插件连接,双绞线通常从墙壁上的信息点(信息插座)引出到计算机的网卡上,信息插座是与模块是嵌套在一起的,埋在墙中的网线是通过信息模块与外部网线进行连接的,墙内部网线与信息模块的连接是通过把网线的 8 条芯线按规定卡入信息模块的对应线槽中。网线的卡入需用一种专用的卡线工具,称之为"打线钳",如图 6-5-6 所示。在网络机房中,线缆很多时,采用多对打线工具,用于配线架网线芯线的安装。

4. 线缆测试仪

线缆测试仪用于判断布线系统的安装是否基本正确,测试电缆的通断、性能等参数。

最简单的线缆测试仪是电缆状态测试仪,用于测试从电缆的一端到另一端是否连通。一个电信号被送入电缆的一端,在另一端被接收和确认,或被反射回发送端被发送端接收。在测试仪上采用视觉反馈(通过多个指示灯),有些采用声音反馈。电缆状态测试仪由两部分组成,分别连接在被测试线缆的两端,如图 6-5-7 所示。更高级的测试仪除了能够测试通断性外,还能报告电缆长度、短路和串接、对序是否错误等情况。

图 6-5-6　打线钳与模块　　　　　图 6-5-7　线缆测试仪

简便型线缆状态测试仪的使用非常简单,将其两个部分分别连接在双绞线的两端,打开电源开关,如果双绞中每一对线都正常,其指示灯将从 1～8 循环闪亮,如果哪一对线不能良好的接通,则对应的指示灯就不亮。

6.5.3　网卡

网卡(Network Interface Card)也叫"网络适配器",其外形如图 6-5-8 所示。它是局域网中最基本的部件之一,它是用来连接计算机与网络,工作在 OSI 参考模型的第一层,即物理层,是计算机与传输媒介的接口,为计算机网络提供最基本的硬件支持,承担计算机之间的数据发送与数据接收的任务。无论是采用双绞线连接、同轴电缆连接还是光纤等传输介质连接,都必须借助于网卡才能实现数据的通信。

图 6-5-8　网卡

网卡的主要工作原理是整理计算机上发往网线上的数据,并将数据分解为适当大小的数据包之后向网络上发送出去。对于网卡而言,每块网卡都有一个唯一的网络节点地址,它是网卡生产厂家在生产时烧入 ROM 中的,我们把它叫作 MAC 地址(物理地址),且保证绝对不会重复。它主要完成以下功能。

(1) 读入由其他网络设备(Router、Switch、Hub 或其他 NIC)传输过来的数据包,经过拆包,将其变成客户机或服务器可以识别的数据,通过主板上的总线将数据传输到所需的设备中。

(2) 将计算机发送的数据打包后输送至其他网络设备中。

6.5.4 调制解调器

调制解调器(ADSL)全称是"非对称数字用户线路"。它以普通电话线路作为传输介质,可以在普通双绞铜线上实现下行高达 8 Mbit/s 传输速度;上行高达 640 kbit/s 的传输速度,只要在普通线路两端加装 ADSL 设备,即可使用 ADSL 提供的高带宽服务,通过一条电话线,便可以实现比普通 Modem 快 100 倍速度浏览互联网,通过网络进行学习、娱乐、购物,以及享受其他上网乐趣。

与普通调制解调器相比,上网更方便,传输速度非常快,是普通调制解调器的几十倍。既能上网又能打电话,实现上网打电话两不误,其外形如图 6-5-9 所示。

图 6-5-9 ADSL MODEM

1. ADSL Modem 的技术特点

(1) 高速传输

ADSL 提供上、下行不对称的传输带宽,下行速度最高达到 8 Mbit/s,上行速度最高达到 640 kbit/s。这种下行速率远大于上行速率的非对称结构,非常适合上网浏览、下载软件、视频点播(VOD)等下行速率高的网络应用。

(2) 上网、打电话互不干扰

ADSL 数据信号和电话音频信号以频分复用原理调制于各自频段互不干扰。在上网的同时可以拨打或接听电话,避免了拨号上网时不能使用电话的烦恼。

(3) 独享带宽、安全可靠

用户通过电话线与局端相连,独享数据传输宽带,不因用户数量增加而降低速率。

(4) 安装快捷方便

利用原有电话线,不需要重新铺设线路,不破坏原有装修,在普通电话线加装一个简单的 ADSL Modem 即可,安装快速简便。

2. 主要技术指标

(1) 接口类型

ADSL 产品常见接口如下:RJ-45 接口、RJ-11 接口、RS-232 接口、USB 接口。

(2) 最高上行速率与最高下行速率

目前,ADSL最高上行速率理论上可以达到1 Mbit/s(位/秒)。实际通常认为可以达到640 kbit/s。目前,ADSL最高下行速率理论上可以达到8 Mbit/s(位/秒)。

(3) 支持协议

ADSL根据它接入互联网方式的不同,它所使用的协议也略有不同,除了支持TCP/IP这个最基本的协议,并且支持所有TCP/IP程序应用。

ADSL使用中常见协议:RFC1483B、RFC1483R、RFC1577、RFC2364、RFC2516等。

6.5.5 交换机

交换机的英文名为"Switch",它是集线器的升级换代产品,从外观上来看,它与集线器基本上没有多大区别,都是带有多个端口的长方体。交换机是按照通信两端传输信息的需要,用人工或设备自动完成的方法把要传输的信息送到符合要求的相应路由上的技术统称。广义的交换机就是一种在通信系统中完成信息交换功能的设备,其外形如图6-5-10所示。

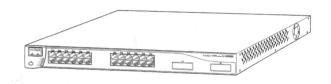

图 6-5-10 交换机

交换机的主要功能包括物理编址、网络拓扑结构、错误校验、帧序列以及流量控制。目前一些高档交换机还具备了一些新的功能,如对VLAN(虚拟局域网)的支持、对链路汇聚的支持,甚至有的还具有路由和防火墙的功能。

交换机拥有一条很高带宽的背部总线和内部交换矩阵。交换机的所有的端口都挂接在这条背部总线上。控制电路收到数据包以后,处理端口会查找内存中的MAC地址(网卡的硬件地址)对照表以确定目MAC的NIC(网卡)挂接在哪个端口上,通过内部交换矩阵直接将数据迅速包传送到目的节点,而不是所有节点,目的MAC若不存在才广播到所有的端口。这种方式我们可以明显地看出:一方面效率高,不会浪费网络资源,只是对目的地址发送数据,一般来说不易产生网络堵塞;另一个方面数据传输安全,因为它不是对所有节点都同时发送,发送数据时其他节点很难侦听到所发送的信息。这也是交换机为什么会很快取代集线器的重要原因之一。

1. 交换机的主要技术指标

(1) 交换机类型

交换机的分类标准多种多样,常见的有以下几种:根据网络覆盖范围分:局域网交换机和广域网交换机;根据传输介质和传输速度划分:以太网交换机、快速以太网交换机、千兆以太网交换机、10千兆以太网交换机、ATM交换机、FDDI交换机和令牌环交换机;根据交换机应用网络层次划分:企业级交换机、校园网交换机、部门级交换机和工作组交换机、桌机型交换机;根据交换机端口结构划分:固定端口交换机和模块化交换机;根据工作协议层划分:第二层交换机、第三层交换机和第四层交换机;根据是否支持网管功能划分:网管型交换机和非网管理型交换机。

(2) 交换机内存

交换机中可能有多种内存,例如Flash(闪存)、DRAM(动态内存)等。内存用作存储配置、作为数据缓冲等。

(3) 交换方式

目前交换机在传送源和目的端口的数据包时通常采用直通式交换、存储转发式和碎片隔离方式 3 种数据包交换方式。目前的存储转发式是交换机的主流交换方式。

(4) 背板带宽

它是交换机接口处理器或接口卡和数据总线间所能吞吐的最大数据量。背板带宽标志了交换机总的数据交换能力，一般的交换机的背板带宽从几 Gbit/s 到上百 Gbit/s 不等。一台交换机的背板带宽越高，所能处理数据的能力就越强，但同时成本也会越高。

(5) 包转发率

包转发速率是指交换机每秒可以转发多少百万个数据包(Mpps)，即交换机能同时转发的数据包的数量。包转发率以数据包为单位体现了交换机的交换能力。包转发率标志了交换机转发数据包能力的大小。一般交换机的包转发率在几十 kpps 到几百 Mpps 不等。

其实决定包转发率的一个重要指标就是交换机的背板带宽，背板带宽标志了交换机总的数据交换能力。一台交换机的背板带宽越高，所能处理数据的能力就越强，也就是包转发率越高。

(6) MAC 地址表

交换机之所以能够直接对目的节点发送数据包，而不是像集线器一样以广播方式对所有节点发送数据包，最关键的技术就是交换机可以识别连在网络上的节点的网卡 MAC 地址，并把它们放到一个叫作 MAC 地址表的地方。这个 MAC 地址表存放于交换机的缓存中，并记住这些地址，这样一来当需要向目的地址发送数据时，交换机就可在 MAC 地址表中查找这个 MAC 地址的节点位置，然后直接向这个位置的节点发送。所谓 MAC 地址数量是指交换机的 MAC 地址表中可以最多存储的 MAC 地址数量，存储的 MAC 地址数量越多，那么数据转发的速度和效率也就越高。

(7) 传输速度

交换机的传输速度是指交换机端口的数据交换速度。目前常见的有 10 Mbit/s、100 Mbit/s、1 000 Mbit/s 等几类。除此之外，还有 10 GMbit/s 交换机，但目前应用很少。

10 M/100 Mbit/s 自适应交换机适合工作组级别使用，纯 100 Mbit/s 或 1 000 Mbit/s 交换机一般应用在部门级以上的应用或骨干级别的应用当中。10 Mbit/s 的交换机主要用在电信等骨干网络上。

(8) 堆叠

交换机堆叠是通过厂家提供的一条专用连接电缆，从一台交换机的"UP"堆叠端口直接连接到另一台交换机的"DOWN"堆叠端口，以实现单台交换机端口数的扩充。一般交换机能够堆叠 4~9 台。

6.5.6 路由器

所谓"路由"是指把数据从一个地方传送到另一个地方的行为和动作，而路由器就是执行这种行为动作的，英文名为 Router，是一种连接多个网络或网段的网络设备，它能将不同网络或网段之间的数据信息进行"翻译"，以使它们能够相互"读懂"对方的数据，从而构成一个更大的网络，其外形如图 6-5-11 所示。

图 6-5-11 路由器

1. 路由器主要功能

(1) 网络互连,路由器支持各种局域网和广域网接口,主要用于互联局域网和广域网,实现不同网络互相通信;

(2) 数据处理,提供包括分组过滤、分组转发、优先级、复用、加密、压缩和防火墙等功能;

(3) 网络管理,路由器提供包括配置管理、性能管理、容错管理和流量控制等功能。

2. 主要技术指标

(1) 路由器分类

路由器产品,按照不同的划分标准有多种类型。常见的分类有以下几类。

① 按性能档次分为高、中、低档路由器。

通常将路由器吞吐量大于 40 Gbit/s 的路由器称为高档路由器,背吞吐量在 25～40 Gbit/s 的路由器称为中档路由器,而将低于 25 Gbit/s 的看作低档路由器。当然这只是一种宏观上的划分标准,各厂家划分并不完全一致,实际上路由器档次的划分不仅是以吞吐量为依据的,是有一个综合指标的。以市场占有率最大的 Cisco 公司为例,12000 系列为高端路由器,7500 以下系列路由器为中低端路由器。

② 从结构上分为"模块化路由器"和"非模块化路由器"。

模块化结构可以灵活地配置路由器,以适应企业不断增加的业务需求,非模块化的就只能提供固定的端口。通常中高端路由器为模块化结构,低端路由器为非模块化结构。

③ 从功能上划分,可将路由器分为"骨干级路由器","企业级路由器"和"接入级路由器"。

骨干级路由器是实现企业级网络互连的关键设备,它数据吞吐量要求较大、速度要快、可靠性要好。为了获得高可靠性,网络系统普遍采用诸如热备份、双电源、双数据通路等传统冗余技术,从而使得骨干路由器的可靠性一般不成问题。企业级路由器连接许多终端系统,连接对象较多,但系统相对简单,且数据流量较小,对这类路由器的要求是以尽量便宜的方法实现尽可能多的端点互连,同时还要求能够支持不同的服务质量。接入级路由器主要应用于连接家庭或 ISP 内的小型企业客户群体。

④ 按所处网络位置划分为"边界路由器"和"中间节点路由器"。

"边界路由器"是处于网络边缘,用于不同网络路由器的连接;而"中间节点路由器"则处于网络的中间,通常用于连接不同网络,起到一个数据转发的桥梁作用。

⑤ 从性能上可分为"线速路由器"以及"非线速路由器"。

所谓"线速路由器"就是完全可以按传输介质带宽进行通畅传输,基本上没有间断和延时。通常线速路由器是高端路由器,具有非常高的端口带宽和数据转发能力,能以媒体速率转发数据包;中低端路由器是非线速路由器。但是一些新的宽带接入路由器也有线速转发能力。

(2) 路由器处理器

与计算机一样,路由器也包含了一个中央处理器(CPU)。

无论在中低端路由器还是在高端路由器中,CPU 都是路由器的心脏。通常在中低端路由器当中,CPU 负责交换路由信息、路由表查找以及转发数据包。在路由器中,CPU 的能力直接影响路由器的吞吐量(路由表查找时间)和路由计算能力(影响网络路由收敛时间)。在高端路由器中,通常包转发和查表由 ASIC 芯片完成,CPU 只实现路由协议、计算路由以及分发路由表。由于技术的发展,路由器中许多工作都可以由硬件实现(专用芯片)。

(3) 路由表

路由器的主要工作就是为经过路由器的每个数据帧寻找一条最佳传输路径,并将该数据有效地传送到目的站点。由此可见，选择最佳路径的策略即路由算法是路由器的关键所在。为了完成这项工作，在路由器中保存着各种传输路径的相关数据——路由表（Routing Table），供路由选择时使用。路由表就像我们平时使用的地图一样，标识着各种路线，路由表中保存着子网的标志信息、网上路由器的个数和下一个路由器的名字等内容。路由表可以是由系统管理员固定设置好的，也可以由系统动态修改，可以由路由器自动调整，也可以由主机控制。

① 静态路由表

由系统管理员事先设置好固定的路由表称之为静态（static）路由表，一般是在系统安装时就根据网络的配置情况预先设定的，它不会随未来网络结构的改变而改变。

② 动态路由表

动态（Dynamic）路由表是路由器根据网络系统的运行情况而自动调整的路由表。路由器根据路由选择协议（Routing Protocol）提供的功能，自动学习和记忆网络运行情况，在需要时自动计算数据传输的最佳路径。

（4）端口吞吐量

也称包转发率，是指路由器在某端口进行的数据包转发能力，单位通常使用 pps（包每秒）来衡量。一般来讲，低端的路由器包转发率只有几 k 到几十 kpps，而高端路由器则能达到几十 Mpps（百万包每秒）甚至上百 Mpps。如果小型办公使用，则选购转发速率较低的低端路由器即可，如果是大中型企业部门应用，就要严格这个指标，建议性能越高越好。

6.5.7 防火墙

所谓防火墙（Firewall），是指一种将内部网和公众访问网（如 Internet）分开的方法，它实际上是一种隔离技术。防火墙是在两个网络通信时执行的一种访问控制尺度，能最大限度地阻止网络中的黑客来访问你的网络，防止他们更改、拷贝、毁坏你的重要信息，其外形如图 6-5-12 所示。

图 6-5-12　防火墙

防火墙能保障网络用户访问公用网络具有最低风险，与此同时，也保护专用网络免受外部袭击。所有的内部网和外部网、专用网与公共网之间的链接都必须经过此保护层，在此进行各种检查、认证和连接。只有被授权的通信才能通过此保护层，从而使得内部网和外部网、专用网和公共网在一定意义下隔离，防止非法入侵、非法使用系统资源，执行安全管理措施，记录所有可以的事件。因此内部网上设置防火墙的主要目的是保护自己不受来自其他网络的攻击，要保护的是自己管理的内部网络，而要防备的是一个外部网络。

企业的电子商务系统包括 Internet，它最大的好处是方便了企业内部以及与外部的信息交流，提高了工作效率。然而，与 Internet 这样一个世界范围的开放网络连接，在获得利益的同时也要付出安全代价。一旦企业内部网连入 Internet，就意味着 Internet 上的每个用户都有可能访问企业。如果没有一个安全性保护措施，黑客们可能在毫不察觉的情况下进入企业网，非法访问企业的资源。Internet 的安全性主要包括以下两个方面的含义：保护企业内部资源，防止外部人入侵，控制和监督外部用户对企业内部网的访问；控制监督和管理企业内部对外部 Internet 的访问。保护企业内部网安全性的有效方法就是防火墙。如图 6-5-13 所示给出了防火墙的功能模型。

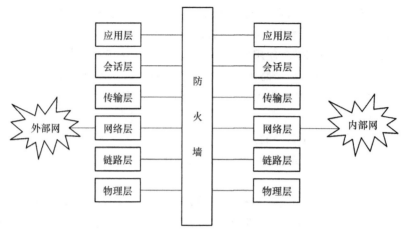

图 6-5-13 防火墙的功能模型

1. 防火墙的特点

防火墙具有以下几个特点。

(1) 把安全网络连接到不安全网络上。

(2) 保护安全网络最大限度地访问不安全网络。

(3) 将不安全网络转变为安全网络。

(4) 所有风险可集中到防火墙系统上,安全管理者可针对网络的某个方面进行管理,而采取的安全措施对网络中的其他区域并不会有多大影响。

(5) 检测与控制装置仅需安装在防火墙系统中。

(6) 内部网与外部网的一切联系都必须通过防火墙系统进行,因此,防火墙系统能够监视与控制所有的联系过程。

2. 防火墙的主要技术参数

(1) 防火墙类型

目前市场的防火墙产品很多,划分的标准也比较杂。主要分类方法如下。

从软、硬件形式上分为:软件防火墙和硬件防火墙以及芯片级防火墙;从防火墙技术分为:"包过滤型"和"应用代理型"两大类;从防火墙结构分为:单一主机防火墙、路由器集成式防火墙和分布式防火墙 3 种;按防火墙的应用部署位置分为:边界防火墙、个人防火墙和混合防火墙 3 大类;按防火墙性能分为:百兆级防火墙和千兆级防火墙两类。

(2) 并发连接数

并发连接数是指防火墙或代理服务器对其业务信息流的处理能力,是防火墙能够同时处理的点对点连接的最大数目,它反映出防火墙设备对多个连接的访问控制能力和连接状态跟踪能力,这个参数的大小直接影响到防火墙所能支持的最大信息点数。

(3) 吐量

网络中的数据是由一个个数据包组成,防火墙对每个数据包的处理要耗费资源。吞吐量是指在不丢包的情况下单位时间内通过防火墙的数据包数量。

对中小型企业来讲,选择吞吐量为百兆级的防火墙即可满足需要,而对于电信、金融、保险等大公司大企业部门就需要采用吞吐量千兆级的防火墙产品。

(4) 安全过滤带宽

安全过滤带宽是指防火墙在某种加密算法标准下,如 DES(56 位)或 3DES(168 位)下的整体过滤性能,它是相对于明文带宽提出的。一般来说,防火墙总的吞吐量越大,其对应的安全过滤带宽越高。

(5) DoS

DoS 中文是"拒绝服务"。DoS 攻击专门设计用来阻止授权用户对系统以及系统数据进行访问,通常采用的攻击方式是让系统服务器超载或者让系统死机。类似于几百个人同时拨一个电话,导致电话繁忙和不可用。DoS 攻击可能涉及通过国际互联网发送大量的错误网络信息包。如果 DoS 攻击来源于单点进攻,那么可以采用简单的交通控制系统来探测到电脑黑客。较为复杂的 DoS 攻击可以包含多种结构和大量的攻击点。电脑黑客经常操纵其他计算机和网络服务器并且使用它们的地址进行 DoS 攻击,这样就可以掩盖他们自己的真实身份。

(6) NAT

NAT 中文是"网络地址转换",它是一个 IETF 标准,允许一个整体机构以一个公用 IP 地址出现在 Internet 上。顾名思义,它是一种把内部私有网络地址(IP 地址)翻译成合法网络 IP 地址的技术。

简单地说,NAT 就是在局域网内部网络中使用内部地址,而当内部节点要与外部网络进行通信时,就在网关(可以理解为出口)处,将内部地址替换成公用地址,从而在外部公网 (Internet)上正常使用,NAT 可以使多台计算机共享 Internet 连接,这一功能很好地解决了公共 IP 地址紧缺的问题。通过这种方法,您可以只申请一个合法 IP 地址,就把整个局域网中的计算机接入 Internet 中。这时,NAT 屏蔽了内部网络,所有内部网计算机对于公共网络来说是不可见的,而内部网计算机用户通常不会意识到 NAT 的存在。

6.6 Internet 及其应用

6.6.1 Internet 服务功能

Internet 提供形式多样、功能各异的信息服务,从功能上说这些服务可以归结为共享资源、交流信息、发布和获取信息三类,包括远程登录访问 Telnet、FTP 文件传输服务、电子邮件 E-mail、网络新闻服务 USENET、电子公告牌 BBS 及最流行的 WWW 服务等。

1. WWW 服务

WWW(World Wide Web)称为万维网,是一个基于超文本方式的信息查询方式,也是目前 Internet 上最方便的信息服务类型,是一种建立在 Internet 上的全球性的、交互性的、动态、多平台、分布式的图形信息系统。通过超文本传输协议(HTTP)将 Internet 上不同地址的信息有机的组织在一起,向用户提供多媒体信息,其基本单位称为网页(Web 页)。每一网页不但可以包含文字、图形,而且可以包含图像、动画、音乐、3D(三维)等多种信息。

WWW 是通过 WWW 服务器(即 Web 站点)来提供服务的。网页可存放在全球任何地方的 WWW 服务器上,用户通过一个 Web 浏览器的应用软件(如 Internet Explorer,Netscape)访问全球任何地方的 WWW 服务器上的信息或文件。WWW 服务采用客户机/服务器工作模式。

在许多领域中得到广泛应用,大学研究机构、政府机关,甚至商业公司都纷纷出现 Internet 网上,高等院校通过自己的 Web 站点介绍学院概况、师资队伍、科研和图书资料以及招生招聘信息等。政府机关通过 Web 站点为公众提供服务、接受社会监督并发布政府信息。生产厂商通过 Web 页面用图文并茂的方式宣传自己的产品,提供优良的售后服务。如图6-6-1所示为一个网站的主页。

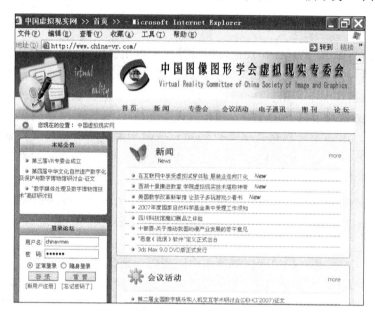

图6-6-1　网站主页

2. 电子邮件服务

电子邮件(E-mail)是Internet上使用最广泛和最受欢迎的服务,它是网络用户之间进行快速、简便、可靠且低成本联络的现代通信手段。电子邮件是传统人工邮递系统的发展,它通过计算机网络系统实现了Internet用户之间快速、简便、廉价的通信。电子邮件使网络用户能够发送和接收文字、图像和语音等多种形式的信息。

使用电子邮件的前提是拥有自己的电子信箱,即E-mail地址,实际上就是在邮件服务器上建立一个用于存储邮件的磁盘空间。

电子邮件地址的典型格式为:username@mailserver.com,其中mailserver.com表示邮件服务器的域名,username表示用户名,符号@读作"at",意为"在"。如vrbook@163.com,其中的vrbook即为用户的账号,163.com即为网易邮件服务器的域名。

电子邮件的使用是极其简单的。

① 登录网站收取

打开浏览器,在网址中输入相关邮件服务器网站(如http://mail.163.com),就可以打开WebMail的登录首页,如图6-6-2所示,在用户名处输入电子邮件的用户名,并输入的贴密码,完成后扫按"登录邮箱"即可,此时就可以用WebMail系统来收发电子邮件。

② 采用工具软件收取

除了可以登录到相关网站直接收发电子邮件外,还可使用电子邮件专用工具软件来进行收发。如微软公司的Outlook Express、国产软件Foxmail、Netscape公司的Mailbox、Qualomm公司的Eudora Pro等。

3. 网上即时通信

IM(Immediately Message)是我们常说的即时通信,也就是指在网络能互相聊天通信,就像移动通信中的短信息一样。网络聊天克服地域、时间、空间限制,可以"面对面"交流,可以实现键盘输入、语音和实时录像,成为人们在日常生活与办公活动中不可缺少的一种方式。

图 6-6-2　电子邮件网站的登录

实现网上聊天需要一个交谈工具，从广义上讲，交流工具可以分为两类，一个是使用交谈服务器作为中央站点；另一个就是使用直接连接的方式了。如"说吧"在使用网页（Web）聊天的时候，浏览器就是交谈工具，另外，大多数非 Web 交谈工具一般都采用独特的设计方式，需要配备专门的交谈工具，比如搜 Q、腾讯 QQ、MSN 等交谈工具。

（1）腾讯 QQ/TM/RTX

腾讯 QQ 是由深圳市腾讯计算机系统有限公司开发的一款基于 Internet 的即时通信软件，人们可以使用 QQ 和好友进行交流，信息即时发送和接收，语音视频面对面聊天，功能非常全面。此外 QQ 还具有与手机聊天、BP 机网上寻呼、聊天室、点对点断点续传传输文件、共享文件、QQ 邮箱、备忘录、网络收藏夹、发送贺卡等功能。QQ 不仅是简单的即时通信软件，它与全国多家寻呼台、移动通信公司合作，实现传统的无线寻呼网、GSM 移动电话的短消息互连，是国内最为流行功能最强的即时通信（IM）软件。

TM 是 Tencent Messenger 的简称，是腾讯公司推出的一款面向个人的即时通讯软件，与 QQ 相比，它较侧重于在办公环境中使用，拥有多种专门针对办公用户量身定制的功能，让沟通更轻快、工作效率更出众。它具有以下几个特点。

① 个人名片

TM 提供个人名片功能，它使用户能在短时间内制作好自己的名片，使其商业形象得到完美提升，更有利于商务交流。

② 行业黄页

TM 提供强大的行业查找功能，能够迅速定位用户的目光，帮助人们找到自己希望交流的商务人群。通过点击"查找"，弹出"查找向导"对话框，可以分行业、职务、省份、地区进行查找，通过这种精细的分类，更容易找到自己希望交流的商务人群。

③ 互动空间

"互动空间"是一个很有特色的功能，它让人们足不出户，便可看到大千世界的海量资讯。它是腾讯公司针对广大 TM 用户的需要推出的综合业务平台，该平台的目的是为 TM 用户提供丰富多彩的服务和资讯。

通过该平台可以查找所需要的服务和资讯,并可将该服务的提供商加入到 TM 的主界面上。

④ 智能秘书

智能秘书功能是为了帮助用户不受外界的陌生人干扰。通过设置问题及答案,只让认识的人进来,可以与自己进行交流,而不再需要用户亲自去拒绝那些不想交流的人。

⑤ QQ/TM 一键切换

QQ/TM 是可以使用同一账号或手机号码登录。它们之间可以互换。

腾讯通 RTX 是(Real Time eXpert)是腾讯公司推出的企业级实时通信平台,是腾讯公司应企业 IM 市场的需要推出的用于企业即时通信的新的核心技术品牌,该品牌从 2003 年 7 月份正式开始启用,它的前身是 BQQ(Business QQ),RTX 的中文名称是"腾讯通"。

它致力于帮助企业提高运作效率、降低沟通成本、拓展商业机会,是一种高度可管理、低成本、易部署的 IT 平台。RTX 集成了丰富的沟通方式,包括文本会话、语音/视频交流、手机短信、文件传输、IP 电话、网络会议,以及应用程序共享、电子白板等远程协作方式。

与公众 IM 相比,公众 IM 主要是面向个人的,用于个人朋友之间的沟通,是个人通信手段之一;而企业 IM 是面向企业的,主要提供企业内部办公沟通、对外商务沟通的服务。其目的是给员工提供更方便的沟通方式,增强团队的信息共享和沟通能力,提高工作效率,减少企业内部通信费用和出差频次等从而为企业节省开支,同时也能创造一种新型的企业沟通文化。其相关界面如图 6-6-3 所示。

(2) MSN Messenger

MSN(Microsoft service Network)Messenger 是由微软公司在 1999 年 7 月推出的即时消息软件。MSN 原来是一个类似 CompuServe 及 AOL 的收费服务,提供拨号上网及增值信息、聊天室等服务,但同时亦允许其他现有互联网用户通过因特网来使用。后来互联网的普及化,使 Microsoft 将大部分原来要收费的项目,转变为免费的 MSN 入门网站。微软公司在收购 Hotmail 之后,不断将旗下的服务重新整合,特别是在它的.NET Passport 认证技术成熟之后,MSN 扩展了 Hotmail、MSN Messenger 和 MSN Spaces 服务,后者是一种博客服务。

MSN 是微软公司推出的即时消息软件,凭借该软件自身的优秀的性能,目前在国内已经拥有了大量的用户群。使用 MSN Messenger 可以与他人进行文字聊天,语音对话,视频会议等即时交流,还可以通过此软件来查看联系人是否联机。MSN Messenger 界面简洁,易于使用,是与亲人、朋友、工作伙伴保持紧密联系的绝佳选择。新的 MSN Messenger 将带有面对家庭用户的各种各样的个性化选择。用户可以选择"我的 MSN 图片"作为自己的喜爱图片,这一图片显示起来就像在 MSN 浏览器 8.0 中的一样。用户还将可以看到 MSN Messenger 6.0 对 Windows XP 的互联网同步画面播出有着更加完善的支持,可以看到更多的游戏以及更重要的 75 种新的表情符号。用户可以在其中使用自己的表情符号,只是你的联系人的 MSN Messenger 上可能也需要有着相同的符号。利用 MSN Messenger 进行个人的即时通信和群体的群发这些功能将会保留在新的版本中。另外,MSN Messenger 6.0 还会加入聊天背景,并可以保存聊天记录。

MSN 通过 E-mail 登录,通常与 Windows 操作系统捆绑安装,目前在中国的高级知识分子和上班族中应用较广,如图 6-6-4 所示。

除以上即时通信工具外,还有 ICQ、雅虎通、新浪 UC 及网易泡泡等即时通信工具。它们之间如微软公司的 MSN 和雅虎通已经可以实现互连互通。

图 6-6-3　腾讯 QQ/TM/RTX 界面　　　　图 6-6-4　MSN Messenger 界面

6.6.2　Internet 的接入

采取某种方式接入公共传输系统,我们称之为 Internet 的接入方式。

通过公共传输系统进行广域网的连接,实际都是用户系统通过某种方式,接入到公共传输网络,再通过这个公共传输网络,进入 Internet 或其他用户系统。因而这个过程,可以看成一个网络互连的过程。(即使是自行铺设线路,也因为远程线路和近程线路差异而采取某种网络互连方式。)

用户系统接入网络,一般都通过某个 Internet 服务商(ISP)来进行,一般有两种基本形式,即拨号上网和专线上网。一般来说,对于单个用户,通常采用拨号入网;而局域网用户,则往往采用专线上网。当然,是单个用户还是局域网用户,并不决定必定采用哪种接入方式。

1. 拨号上网

大多数的单个用户是通过电话拨号途径连接 Internet 主机的,示意图如图 6-6-5 所示。有 PSDN、ISDN 和 ADSL 拨号上网。由于单个用户系统并不属于某个网络,因而单个用户的广域网连接基本上都是接入 Internet。用户接入 Internet,需要通过 Internet 服务商,申请个人账号,取得账号(用户名)、密码、电子邮件地址、拨号上网的电话号码(或局域网上用户的主机的 IP 地址)、ISP 服务器的域名、DNS 服务器的 IP 地址等,就可通过 ISP 与 Internet 连接。

在目前,主要采用 ADSL 拨号上网,采用 PSTN、ISDN 已基本淘汰,仅作为 ADSL 或其他宽带上网的补充与备份。

2. 专线上网

将一个局域网(校园网或者公司内部网 Intranet)连接到 Internet 主机可以有两种方法。一种是通过局域网的服务器、一个高速调制解调器和电话线路把局域网与 Internet 主机连接起来,局域网上的所有微机共享服务器的一个 IP 地址。另一种是通过路由器把局域网与 Internet 主机连接起来。局域网上的所有主机都可以连接 X.25 网、DDN 专线或帧中继等。这种方式有自己的 IP 地址,路由器与 Internet 主机的通信虽然要求用户对软硬件的初始投资较高,每月的通信线路费用也较高,但亦是唯一可以满足大信息量 Internet 通信的方式。这种

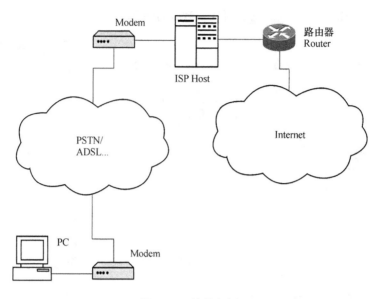

图 6-6-5 拨号上网

方式最适用于教育科研机构、政府机构及企事业单位中已装有局域网的用户,或是希望多台主机都加入 Internet 的用户。

对公司和大机构来说,Internet 访问的最好方式是采用专用网络访问方法。这种方法需要从供应商那里租借一条符合速率要求的专用通信线路,并且由供应商为你提供一个专门的路由器,由路由器负责该客户网与外界的通信。虽然专用访问方法很昂贵,但是一旦建立了这种连接,你就可以让任意多的计算机与 Internet 连接起来,但是所有这些计算机需要组成一个局域网似的网络,示意图如图 6-6-6 所示。

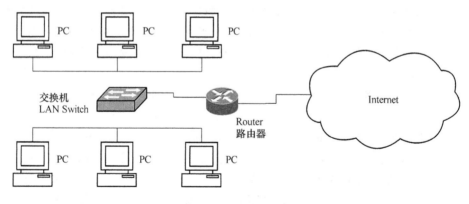

图 6-6-6 专线上网

专线访问提供了一种最灵活的连接方式,每台计算机是 Internet 的正式成员,可以执行所有的网络功能。任何一个全新的应用工具,都可以从网络上取得它的软件。由于专用访问方式费用很高,因此这种方式通常适于大的团体和组织,对家庭用户却不太适用。

通过代理服务器(Proxy Server)将局域网接入 Internet 是一种经济实用的方案,示意图如图 6-6-7 所示。这种连接方式,Intranet 只需申请一个静态主机 IP 地址。当内部网的计算机访问 Internet 时,通过代理服务器进行地址转换、路由选择、信息过滤及安全处理后,获得信息。该连接方式使 Intranet 用户能够直接访问 Internet 上的信息资源,而 Internet 仅能直接访问代理服务器,不能直接访问 Intranet 上的本地主机。该方案适合中小型 Intranet 网络。

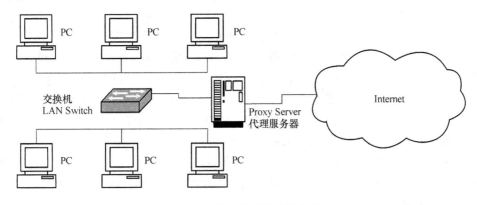

图 6-6-7 通过代理服务器上网

代理服务器能够解决 IP 地址资源有限问题,增强内部网络安全性,提高访问效率,并具有便于管理等特点。

3. 无线上网

20 世纪末,Internet 在短短的几年内得到了迅速发展,并且由此带来了信息时代的大发展。而在另一边,移动电话之类的无线移动通信设备也在短短的几年得到了巨大发展,在中国的沿海地区,数字移动电话已经得到了大规模的普及,可以这样说,现代通信技术的发展已经打破了时空对信息传递的阻碍。对 Internet 的使用,我们已经广泛地展开,使用 TCP/IP、HTTP、FTP 等 Internet 协议和服务,我们能够迅速地完成信息传递、交流以及通信等众多功能。但是,对无线设备,如移动电话的使用还是十分有限。随着科技的发展,移动通信用户的需求必将不断增长,移动通信网络运营商们将不得不想办法来扩展移动网络,使移动网络能提供更多的功能与服务,但这就意味着移动通信网络运营商们将要面临着巨额成本的增加。自然而然地,他们也就想到了高效率的 Internet,如果将移动网络与 Internet 结合起来,就可以满足众多用户的需求。

4. 有线电视电缆上网

通过 Modem 或是 ISDN 接入,接入速率最高也就达到 128kbit/s,而基于有线电视的线缆调制解调器(Cable Modem)接入方式可以达到下行 8M、上行 2M 的高速率接入(而且在网络支持的情况下,如在局端有视频点播服务器和 IP 网关时,还可提供视频点播、IP 电话等业务)。要实现基于有线电视网络(CATV)上的高速互联网接入业务还要对现有的 CATV 网络进行相应的改造,在 CATV 网的用户一侧,为 PC 机用户安装 Cable Modem、为 TV 用户安装机顶盒 STB(Set-Top Box);在 CATV 网的另一侧则通过有线前端调制解调器(CMTS)与 Internet 代理服务器、VOD 服务中心、视频服务器等设备相连接。基于 CATV 网络上的高速互联网接入系统有两种信号回传方式,一种是通过 CATV 网络本身采用上下行信号分频技术来实现(内交互),但由于 CATV 网络本身树状结构的特点,容易产生"漏斗效应",技术还不十分成熟。有不少厂家提出了一种通过 CATV 网传送下行信号,通过普通电话线路实现信号回传的方案(外交互),倒不失为一种较为可行的过渡方案。

有线电视网与通信网很近似,它是由电视台把电视节目通过有线线路播送至一个地区的众多家庭用户。在现代城市中,CATV 网络已覆盖了大多数城区,向家庭用户提供比电话线路更高带宽的电视信号。事实上,最近通信业务运营的趋向表明,CATV 网络也准备提供通信业务,充分发挥网的作用。住家用户的电视机除了用来收看电视节目外,还在电视机上加装机顶盒 STB。用户连接电视台或通信网交换局的接入线则采用"光纤与同轴电缆混合"(HFC),即电视台或交换局利用光纤连至用户集中的某一地点,然后利用同轴电缆,让该地区的各个用户分别接上同轴电缆的许多抽头。这样,某一用户如欲使用 Internet 接入,就可以经过其家中电视机的机顶盒与 HFC 线路组合,连接交换机上网,数据速率可以较高,自 56 kbit/s 至 10 Mbit/s。这就依靠"Cable Modem"起作用。另外,HFC 网还可提供电话通信业务,受到用户欢迎。例如英国某公司拥有 100 万个住家用户,其中 40 万家装置 Cable Modem,90% 的用户需要电缆电话。就是说,在同一接入线上,最好能兼顾电视、电话和 Internet 等多种业务。

然而要提供交互式数据通信,HFC 网络就面临着双向改造。国内密集的居住人群以及电缆老化等问题使双向改造不易进行,用户群只能限于较小的范围内,这些问题正在被逐步加以解决。

5. 电力线上网

电力线通信(PLC),俗称电力线上网,是指利用电力线传输数据、语音和视频信号的一种通信方式。通过电源插座,可以实现因特网接入、电视节目接收、语音通话、可视电话等多项服务,如图 6-6-8 所示电力线上网。

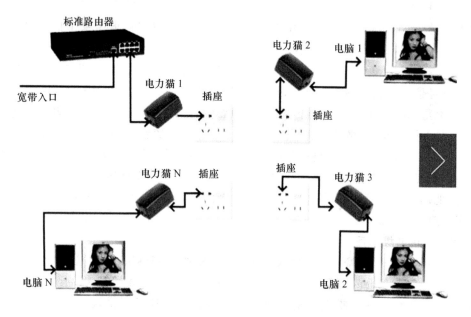

图 6-6-8 电力线上网

电力线通信利用 1.6~30 M 频带范围传输信号。在发送时,利用 GMSK 或 OFDM 调制技术将用户数据进行调制,然后在电力线上进行传输,在接收端,先经过滤波器将调制信号滤出,再经过解调,就可得到原通信信号。PLC 设备分局端和调制解调器,局端负责与内部 PLC 调制解调器的通信和与外部网络的连接。在通信时,来自用户的数据进入调制解调器调制后,通过用户的配电线路传输到局端设备,局端将信号解调出来,再转到外部的 Internet。

电力上网的优势明显,首先是上网方式简单。普通用户只要将电力宽带"猫"插入电源插座,就能立刻上网。其次,上网速度非常快,最高速率可以达到 14 Mbit/s,正常速率也有 4.5 Mbit/s。最后,入户无须破墙打洞。尤其是家庭用户不需要在房间内布线,避免破坏原本的室内美观。

电力上网虽然还处于开始阶段,但它的应用前景非常好:

(1) 采用电力线,对于偏远山区等布线不方便的地主,为用户提供高速 Internet 访问服务、话音服务,从而为用户上网和打电话增加了新的选择。

(2) 通过与控制技术的结合,为在现有基础上实现"智能家庭"提供有力支持。利用电力线路为物理媒介,可将遍布住宅各角落的信息家电、PC 等连为一体,接入 Internet,实现远程、集中的管理控制。

(3) 不用额外的布线,就可将家中的多台计算机连接起来,组建家庭局域网。

(4) 实现远程水、电、气等的自动抄表,一张收费单就可解决用户生活中的所有收费项目。使公用事业公司节省大量费用,也方便了用户。

(5) 利用 PLC 的"永远在线"特点,构建防火、防盗、防有毒气体泄漏等保安监控系统和医疗救护系统。让上班族高枕无忧;构建的医疗急救系统,让家有老人、孩子和病人的家庭备感放心。利用 PLC 也可提供独立的数字化社区服务和电子商务,实现家庭办公和远程家电控制。

(6) 家居自动化的生力军,通过遍布各个房间的墙上插座将智能家电联网,提前享用数字化家庭的舒适和便利。

PLC 电力上网是科技行业的前沿,许多发达国家都投入巨资开发这个行业。在美国的一份研究报告中称,在最佳条件下,他们新开发的电力网接入系统最高速度可接近 1 Gbit/s,而针对一般家庭用户的传输速度也可达 200 Mbit/s。

习 题

1. 简述电话机的分类。
2. 程控电话机有哪些常用的特殊功能?
3. 在程控电话中,如何登记与注销转移呼叫功能?
4. 在程控电话中,如何实现进行三方通话?
5. 简述传真机的功能。
6. 传真机主要技术指标有哪些?
7. 欲发传真到 010-12345678,简述其操作过程。
8. 计算机网络的功能有哪些?
9. 计算机网络的拓扑结构有哪些? 各有何特点?
10. 列出 3 种常用传输介质,并简述其特点。

第 7 章　其他办公设备

本章学习要点：

- ⊙ 不间断电源的原理与使用
- ⊙ 考勤机的分类与使用
- ⊙ 碎纸机的分类与使用
- ⊙ 数码录音笔的功能与使用
- ⊙ 导航设备的分类与使用

7.1　不间断电源

不间断电源（UPS）是办公设备中最常用的设备之一，是办公工作的重要电力保证，它可以保障微机系统等设备在瞬时停电和事故停电后继续工作一段时间，办公人员可能进行应急处理，不会因停电而影响工作或丢失数据。应用在办公系统中，它主要有两个作用：一是应急使用，避免因为突然断电而影响正常工作，给计算机造成损害；二是改善电源质量，消除市电上的电涌、瞬间高电压、瞬间低电压、电线噪声和频率偏移等"电源污染"，为办公设备提供高质量的交流电源。

7.1.1　我国电力状况

目前，我国有很多地区仍然刚解决电力紧张的问题，在一些地区和城市，还面临着电力供应紧张的问题，同时，供电质量也是不能得到保证。当然即使是在美国等一些西方发达国家，供电网的质量也远非可靠。由于电网本身的质量问题与各种偶然因素的作用，电压浪涌、电磁噪声、持续电压偏高、持续低压等电网不良现象在发达国家也是常事，甚至还可能发生短时间停电。来自电网的不良因素还有：电源电压瞬时或长时间的下陷、电涌和中断；电源频率的漂移和不稳；电源输入波形畸变；各种尖峰干扰和噪声等，如图 7-1-1 所示。这一切对于高精度的敏感仪器和不能工作中断的设备来说是非常严重的。如微型计算机在工作时停电或者是有一个比较大的电压降低，就可能造成计算机重启，内存上的信息及硬盘上部分数据丢失的后果。在医院里，如果电子医疗设备因为停电而停止工作，对病人的影响可能是致命的。事实上，在造成数据丢失的各种因素中，电力故障以 45.3% 的概率居首位，其他几种主要的因素分别是：暴风雨 9.4%、火灾 8.2%、硬软件故障 8.2%、洪水 6.7%、地震 5.5%。

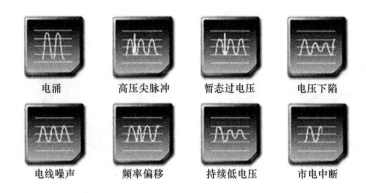

图 7-1-1 当前电力存在的问题

根据电力专家的测试,供电网中经常发生并且对计算机和精密仪器产生干扰或破坏的问题主要有以下几种。

(1) 电涌:指输出电压有效值高于额定值的 110%,且持续时间达一个或数个周期。电涌主要是由于在电网上连接的大型电气设备关机时,供电网因突然大负载设备的卸载而产生的高压。

(2) 高压尖脉冲:指峰值达 6 000 V,持续时间从万分之一秒至二分之一周期的电压。这主要由于雷击、电弧放电、静态放电或大型电气设备的开关操作而产生。

(3) 暂态过电压:指峰值电压高达 20 000 V,但持续时间介于百万分之一秒至万分之一秒的脉冲电压。其主要原因及可能造成的破坏类似于高压尖脉冲。

(4) 电压下陷:指市电电压有效值介于额定值的 80%~85% 的低压状态,并且持续时间达一个到数个周期。如大型设备开机、大型电动机启动,或大型电力变压器接入都可能造成这种问题。

(5) 电线噪声:系指射频干扰(RFI)和电磁干扰(EFI)以及其他各种高频干扰。电动机的运行、继电器的动作、电动机控制器的工作、广播发射、微波辐射以及电气风暴等,都会引起线噪声干扰。

(6) 频率偏移:指市电频率的变化超过 3Hz 以上。这主要由频率不稳定的电源供电所致,采用应急发电机时常会出现这种情况。

(7) 持续低电压:指市电电压有效值低于额定值,并且持续较长时间。其产生原因包括:大型设备启动和应用、主电力线切换、启动大型电动机、线路过载。

(8) 市电中断:指市电中断并且持续至少几分钟到数小时的情况。其产生原因有:线路上的保险装置跳闸、市电供应中断、电网故障等。

7.1.2 不间断电源的分类

不间断电源从 20 世纪 60 年代的旋转发电机发展至今天的具有智能化程度的静止式全电子化电路,发展迅速。目前,不间断电源一般均指静止式的,不间断电源从结构上一般分为直流和交流两大类;从备用时间分为标准型和长效型两种;从应用领域分为商业用和工业用;从输出电压的相数分为单相和三相;从容量分为大容量(大于 100 KVA)、中容量(10~100 KVA)和小容量(小于 10 KVA)。但大多数情况下,还是按其工作原理分法较多,通常可分为后备式、在线式以及在线互动式 3 种,其外形如图 7-1-2 所示。

图 7-1-2　不间断电源 UPS

1. 后备式 UPS

后备式 UPS 在外部供电正常时,除可进行交流滤波外,基本处于直通状态,此于蓄电池是充电状态。在外部供电停止时,UPS 中的逆变器紧急切换到逆变工作状态,将蓄电池提供的直流电转变为稳定的交流电输出,因此也称为离线式 UPS,其工作原理框图如图 7-1-3 所示。

后备式 UPS 电源的特点是:结构简单、体积小、成本低、运行效率高、噪声低、价格相对便宜,但输入电压范围窄,输出电压稳定精度差,有 2~10 ms 切换时间(微机本身的交换式电源供应器在断电时应可维持 10 ms 左右),且输出波形一般为方波。主要适用于市电波动不大,对供电质量要求不高的场合,如家庭与小型办公场所使用,因此不适合用在较为重要、供电短暂不能中断的场所。

后备式 UPS 一般只能持续供电几分钟到几十分钟,一般以鸣叫的间隔时间来提示供电时间,鸣叫间隔时间越长,其蓄电池电压越高,随之越来越短,直到长鸣。这主要是让办公人员有时间来备份数据,并尽快结束当前工作,对于一些不是极关键的计算机应用系统,就可配小功率的后备式 UPS。

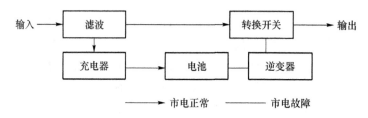

图 7-1-3　后备式 UPS 的框图

2. 在线式 UPS

这种 UPS 一直使其逆变器处于工作状态,其正常工作时,它首先通过电路将外部交流电转变为直流电,再通过高质量的逆变器将直流电转换为高质量的正弦波交流电输出给计算机。在线式 UPS 在供电状况下的主要功能是稳压及防止电波干扰;在停电时则使用备用直流电源(蓄电池组)给逆变器供电。由于逆变器一直在工作,因此不存在切换时间问题,适用于对电源有严格要求的场合。在线式 UPS 相比于后备式 UPS 的一大优点是供电持续长,一般为几个小时,也有可达十几个小时的,它的主要功能是可以在停电的情况可像平常一样办公,但正是由于其结构功能的特殊,价格也较昂贵。这种在线式 UPS 比较适用于交通、银行、证券、通信、医疗、工业控制等办公领域,因为这些领域的计算机一般不允许出现停电现象,其工作原理框图如图 7-1-4 所示。

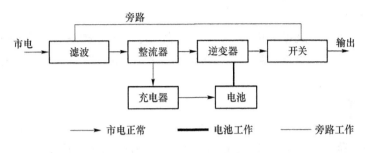

图 7-1-4　在线式 UPS 的框图

3. **在线互动式 UPS**

这是一种智能型的 UPS,在输入市电正常时,UPS 的逆变器处于反向工作(即整流工作状态),给电池组充电;在市电异常时逆变器立刻转为逆变工作状态,将电池组电能转换为交流电输出,因此在线互动式 UPS 也有转换时间,但很短。同后备式 UPS 相比,在线互动式 UPS 的保护功能较强,逆变器输出电压波形较好,一般为正弦波。这种 UPS 集中了后备式 UPS 效率高和在线式 UPS 供电质量高的优点,其工作原理框图如图 7-1-5 所示。

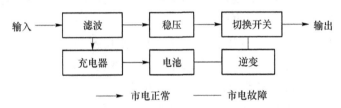

图 7-1-5　在线互动式 UPS 的框图

智能型 UPS 是 UPS 的一大发展趋势,随着 UPS 在网络系统上应用,网络管理者强调整个网络系统为保护对象,希望整个网络系统在供电系统出现故障时,仍然可以继续工作而不中断。因此 UPS 内部配置微处理器使之智能化是 UPS 的新趋势,UPS 内部硬件与软件的结合,大幅度提高了 UPS 的功能,可以监控 UPS 的运行工作状态,如 UPS 输出电压频率、电网电压频率、电池状态以及故障记录等,还可以通过软件对电池进行检测、自动放电充电,以及遥控开关机等。网络管理者就可以根据信息资料分析供电质量,依据实际情况采取相应的措施。当 UPS 检测出供电电网中断时,UPS 自动切换到电池供电,在电池供电能力不足时立即通知服务器做关机的准备工作并在电池耗尽前自行关机。智能型 UPS 通过接口与计算机进行通信,从而使网络管理员能够监控 UPS,因此其管理软件的功能设计就显得极其重要。

7.1.3　UPS 电源的性能技术指标

1. **额定容量**

通常市场上所售的 UPS 电源,容量较小的以"W"(瓦特)为单位来标识;超过 1 千瓦时,用"VA"(伏安)标识,两者的值是有区别的,"W"总是小于等于"VA"。它们之间的换算关系可用如下公式计算出来：W=VA×功率因数。功率因数在 0~1，它表示了负载电流做的有用功（W）的百分比。只有使用电热器或电灯泡等的功率因数近似为 1，"W"和"VA"值相同。大部分办公设备的"VA"值比"W"值大。

2. 输出电压值

输出电压值是指市电经过 UPS 整形、滤波、稳压等一系列措施后输出的供计算机等负载设备使用的电压值。这种电压一般都比市电电压干净，没有杂质信号。通常 UPS 的输出交流电压应该稳定在 220 V。

3. 输入电压范围与频率

输入电压范围是 UPS 允许市电电压的变化范围，也就是保证 UPS 不转入电池逆变状态的市电电压范围。范围越大说明 UPS 适应性越好。一般 UPS 的输入电压范围应该在 160~270 V 或者更宽。

在正常的输入电压范围内，逆变器（负载）电流由市电提供，而不是电池提供。输入电压范围越宽，UPS 电池放电的可能性越小，故电池的寿命就相对延长。因为当地的电压波动情况直接影响 UPS 的运行，特别是有些地区电网比较恶劣，白天和晚上的电压相差很大。如果 UPS 要 24 小时工作，在如此大的变化范围里，UPS 能否正常是十分重要的。如不能工作，只有转电池，这样一则电池并没有用于真正的断电，二则频繁转电池会影响电池的寿命。如果该 UPS 的转电池装置为继电器，容易损坏继电器，增加了 UPS 的故障率。

当 UPS 电源以市电供电方式工作过程中，如果输入交流电源的电压高于输入电压上限和低于输入电压下限时，UPS 将断开输入交流电源，而切换到电池供电方式。开机输入电压范围和输入电压范围，反映了 UPS 电源对电网电压变化的适应能力，开机输入电压范围越宽，表示机器对电网电压的波动变化适应能力越强。

UPS 输入电压频率，即 UPS 能自动跟踪市电、保持同步的频率范围。一般电网标准频率是 50 Hz，UPS 允许市电频率有一定的变化范围，亦即输入电压频率范围，这个数值可波动范围通常在±2%左右，在这个范围内，UPS 同步跟踪市电频率，超出则以本机频率输入。

4. 转换时间

这是指 UPS 从市电切换到电池工作状态或从电池工作状态切换到市电所需要的时间。通常 UPS 的转换时间不能大于 10 ms。UPS 的转换时间指标希望是越小越好，但有些容性负载可以承受短时间的转换，UPS 如采用继电器则存在 4~10 ms 的转换时间，对采用电子开关则小一些，关键是看该 UPS 采用何种技术。后备式与在线互动式有转换时间，在线式 UPS 则不存在转换时间，即零转换时间。

5. 蓄电池

UPS 之所以能在断电后，继续为设备供电，是因为 UPS 中有一种储存电能的装置在起作用，即蓄电池。当输入电压正常时，将电能转换成化学能储存在电池内部，当输入电源停电或发生故障时，将电池中的化学能转换成电能提供给逆变器或负载。

UPS 电池的优劣直接关系到整个 UPS 系统的可靠程度，然而蓄电池却又是整个 UPS 系统中平均无故障时间(MTBF)最短的一种器件。如能够正确使用和维护，就能够延长其使用寿命，蓄电池的种类一般分为铅酸电池、铅酸免维护电池及镍镉电池等，如表 7-1-1 所示。

表 7-1-1　常用蓄电池的种类

种类	概述	优缺点
铅酸电池	1. 一般型电池,也称为汽车用电池 2. 需加水维护 3. 期望寿命 1～3 年	1. 充放电时会产生氢气,安置地点须设置排风管以免造成危险 2. 电解液呈酸性,会腐蚀金属 3. 需经常加水维护 4. 价格低廉
铅酸免维护电池	1. 新型电池 2. 无须加水 3. 期望寿命一般为 5～7 年	1. 密封式,充电时不会产生任何有害气体 2. 摆设容易,不需考虑安置地点通风问题 3. 免保养,免维护 4. 放电率高,特性稳定 5. 价格较高
镍镉电池	1. 高级电池,用于特殊场合及特殊设备上 2. 需加水 3. 期望寿命 20～40 年	1. 水为介质,充放电不会产生有害气体 2. 失水率低,但需要固定时间加水及保养 3. 放电特性最佳 4. 可放置于任何恶劣环境 5. 价格极高

考虑到负载条件、使用环境、使用寿命及成本等因素,一般选择铅酸免维护电池。

6. 电源效率

电源效率是指 UPS 的整机电能利用率,也就是 UPS 从外部吸收功率与向负载输出功率两者之间的比值。这个数值和 UPS 电源设计线路有密切的关系,高效率的电源可以提高电能的使用效率,在一定程度上可以降低电源的自身功耗和发热量。通常在线式 UPS 的电源效率一般能够达到 90% 以上。如果需要增配大中容量的交流不间断供电设备,最好选用电源效率高的在线式 UPS。而其他类型 UPS 的电源效率在 80% 左右。

7. 输出过载能力

输出过载能力是指在市电异常或负载异常时 UPS 的输出稳定程度。过载能力是 UPS 的关键。在市电和负载正常时,UPS 只是一个稳压器和滤波器的作用,而市电异常时 UPS 要能不间断地接续上去,即对于正常的过载要能经受得住考验,对于短路 UPS 要及时采取必要的措施。

7.1.4　UPS 电源的使用与日常维护

1. UPS 的使用

(1) 正常的开机顺序

由于一般负载(特别是感性负载)在启动瞬间存在冲击电流,而 UPS 内部功率元件都有一定的安全工作区范围,在选用设备时都留有一定的余量,但是过大的冲击电流还是会缩短设备的使用寿命,甚至造成设备损坏。因此,在使用时应尽量减小冲击电流带来的损害。

一般 UPS 在旁路工作时,抗冲击能力较强,可以利用这一特点在开机时采用以下方式进行(开机与关机都要长按 UPS 电源开关按键数秒钟):先送市电给 UPS,再逐个打开负载;先打开冲击电流较大的办公自动化设备,再开冲击电流较小的负载。开机时不要将所有负载同时开启,也不可带负载开机。

(2) 关机顺序

关机顺序为：先逐个关闭负载，再将 UPS 关机，使 UPS 处于旁路工作而充电器继续对蓄电池组充电。

(3) 后备式 UPS 的使用

后备式 UPS 一般在市电状态下没有负载检测功能，只靠输入保险丝起保护。如用户使用时不注意这点，在市电时很容易带负载过大，虽然市电状态下，UPS 还可能继续工作，但一旦市电异常转蓄电池逆变工作时，UPS 就会因过载保护而关机，严重时会造成 UPS 损坏，以上情况都会造成输出中断，给用户带来一定的损失。因此在使用后备式 UPS 时应特别注意不要带负载过量。

(4) 长延时型 UPS 的使用

长延时型 UPS 由于采用外接蓄电池组以延长供电时间，外接电池的好坏直接影响到 UPS 的放电时间。

由于长延时型 UPS 外置电池与 UPS 主机是分开的，相互间由蓄电池连线连接，一般正常使用时不会有什么问题，但是当用户在装机或移机时，就会需要进行重新连线，在连线时应注意以下两个问题。

① 蓄电池连接时电压极性要正确；

② 蓄电池与主机之间的连线先不要连接，等 UPS 市电输入产生充电电压后再连接。即 UPS 先上市电再接蓄电池（后备长延时机等设备则应该先接蓄电池，否则无法开机）。

2．UPS 电源的维护

(1) UPS 主机的维护及注意事项

UPS 主机一般对环境温度要求不高，但要求室内清洁卫生，否则灰尘遇潮湿会引起主机工作紊乱；在断电时，应避免带负载启动 UPS 电源，需先关掉负载，等 UPS 启动后再开启负载，否则会有多负载的冲击电流和供电电流造成 UPS 电源瞬间过载，严重时会损坏变换器；不能让 UPS 电源经常处于满载或过载。

(2) 蓄电池的维护及注意事项

一般来说，虽然使用的是免维护蓄电池，但从广义来说一定的维护还是必要的。第一，它对环境温度要求较高，工作环境一般要求在 20～25℃，低于 15℃时，其放电容量下降，温度每降低 1℃，其容量下降 1%，而温度过高（大于 30℃）其寿命就会缩短；第二，要防止蓄电池直接短路或深度放电，深度放电会造成蓄电池内阻增大或充电电压过低从而导致降低甚至失去充电能力，放电程度越深，循环寿命越短；第三，要避免大电流充放电，否则会造成电池极板膨胀变形，使得极板活性物质脱落，内阻增大，容量下降，寿命缩短；第四，如果是较大型 UPS，由于组合电池电压很高，存在电击危险，因此装卸导电连接条、输出线时应有安全保障；第五，对于不经常停电的地区，建议办公维护人员每隔一个月对 UPS 进行一次人为的放电，让 UPS 电源在逆变状态下工作一段时间，防止电解液沉淀，以便让蓄电池维持良好的充放电特性，延长使用寿命；第六，搬运蓄电池时不要触动电极柱和安全排气阀；第七，一旦发生火灾，不能用二氧化碳灭火器，可用四氯化碳之类的灭火器；第八，不能把不同容量、不同厂家、不同性能的蓄电池连接在一起，否则会影响整组蓄电池的性能。

同时，要定期对蓄电池进行检查、测量，并做好记录。检查项目包括：整组电池的浮充电压，单体电池浮充电压。测单体电池电压时，应在电池放电状态下进行，否则测得的结果会是假电压，可以在测量时，万用表两端并联一个 1～3 Ω 的电阻丝；检查蓄电池是否损坏，壳、盖间有无泄漏,表面是否有灰尘等杂物,电池架、连接线、端子是否有松动或锈蚀等。单体电池电压不能低于标称值的70%,判断是漏液还是酸雾的标志是观察电极柱是否有晶体析出,有晶体析出证明是漏液现象,否则是酸雾,漏液主要集中在蓄电池正、负极接线端子处,酸雾溢出主要是排气阀附近。一旦发现蓄电池电压异常、物理损伤、电解液泄漏、温度异常等现象,应找出原因并及时更换有故障的蓄电池。

7.2 考勤机

在办公活动中,考勤管理是办公管理的一个重要部分,以前都是采用人员来点名或签到统计、机械打卡来进行管理,这些都存在着很多问题,如有人可进行代打卡、代签到等,现在采用计算机来辅助考勤,采用考勤机来进行管理,并可以利用最新的生物识别科技精心打造的指纹考勤管理系统给企业的管理带来无与伦比的可靠和便捷,让企业的管理人员和员工从中受益。

7.2.1 考勤机的分类与特点

考勤机种类较多,主要可分有机械类、刷卡类及智能类几种。

1. 机械类打卡机

机械类打卡机主要采用卡片与打卡机的形式,其优点:简单直观,结实耐用,价格相对较低。缺点:精确度不高,打卡时有噪声,统计烦琐,每月更换卡片,机械故障率较高(插卡口易受破坏),也很容易发生代打卡的情况。一般适用范围为100人以下且环境较好的单位。目前,机械类打卡机市面上已很少见。

2. 刷卡类考勤机

(1) 磁卡考勤机

磁卡是由一定材料的片基和均匀地涂布在片基上面的微粒磁性材料制成的。它是利用电磁感应的原理来记录与改写相关数据。其优点:可利用计算机统计考勤数据。缺点:磁卡与磁头易损。

适用范围:卫生环境较好,人员素质较高的场所(多用于门禁、银行等)。

(2) IC卡接触式考勤机

IC(Integrated Circuit)卡是1970年由法国人Roland Moreno发明的。IC卡的外观是一块塑料或PVC材料,通常还印有各种图案、文字和号码,称为"卡基";在"卡基"的固定位置上嵌装一种特定的IC芯片就成为我们通常所说的IC卡。根据嵌装的芯片不同就产生了各种类型的IC卡。IC卡芯片具有写入数据和存储数据的能力,IC卡存储器中的内容根据需要可以有条件地供外部读取,完成供内部信息处理和判定之用。IC卡一出现,就以其超小的体积、先进的集成电路芯片技术以及特殊的保密措施和无法破译及仿造的特点受到普遍欢迎。

采用IC卡来统计考勤,其功能等与磁卡大致相同,IC卡插口处易损坏。

(3) 条形码考勤机

条形码是由一组规则排列的条、空及其相应字符组成的标记,用以表示一定的信息。条、空分别由深浅不同且满足一定光学对比度要求的两种颜色(通常为黑、白色)表示。条为深色,空呈浅色。这组条、空和相应的字符代表相同的信息。前者用于机器识读,后者供人直接识读或通过键盘向计算机输入数据使用。

采用条形码来统计考勤的功能与磁卡使用方法相同具有以下特点：条形码符号制作容易，扫描操作简单易行；信息采集速度快。普通计算机的键盘录入速度是 200 字符/分，而利用条码扫描录入信息的速度是键盘录入的 20 倍，可靠性高，键盘录入数据，出错率为三千分之一，利用光学字符识别技术，出错率约为万分之一，而采用条码扫描录入方式，误码率仅有百万分之一，首读率可达 98% 以上。其相关的设备结构简单，而且成本低、故障率低。

缺点：卡片易伪造，条形码脏了后灵敏度下降并易产生错码。

(4) 非接触感应卡考勤机（射频卡考勤机）

非接触式 ID 卡又称射频卡，是世界上最近几年发展起来的一项新技术，在卡片靠近读/写器表面时即可完成卡中数据的读/写操作，它成功地将射频识别技术和 ID 技术结合起来，解决了无源（卡中无电源）和免接触这一难题，是电子器件领域的一大突破，非接触式 IC 卡由 IC 芯片、感应天线组成，封装在一个标准 PVC 卡片中，无外露部分。非接触式 IC 卡的读/写过程，是由 IC 芯片与读/写器之间通过无线电波来完成读/写操作。非接触式 IC 卡是一种无源体，当读/写器对卡进行读/写操作时，读/写器发出的信号由两个部分叠加组成：一部分是电源信号，该信号由卡接收后，与其本身的 L/C 产生谐振，产生一个瞬间能量来供给芯片工作。另一部分则是结合数据信号，指挥芯片完成数据的修改、存储等，并返回给读/写器，完成一次读/写操作。

与接触式 IC 卡相比较，非接触式 ID 卡具有以下几个优点。

① 可靠性高。非接触式 ID 卡与读/写器之间无机械接触，避免了由于接触读写而产生的各种故障。例如：由于粗暴插卡、非卡外物插入、灰尘或油污导致接触不良等原因造成的故障。此外，非接触式 ID 卡表面无裸露的芯片，无须担心芯片脱落、静电击穿、弯曲、损坏等问题，既便于卡片的印刷，又提高了卡片使用的可靠性。

② 操作方便、快捷。由于使用射频通信技术，读/写器在 10cm 范围内就可以对卡片进行读/写，没有插拔卡的动作。非接触 ID 卡使用时没有方向性，卡片可以任意方向掠过读/写器表面，读/写时间不大于 0.1 秒，大大提高了每次使用的速度。

③ 安全防冲突。非接触式 ID 卡的序列号是唯一的，制造厂家在产品出厂前已将此序列号固化，不可更改。世界上没有任何两张卡的序列号会相同。非接触式 ID 卡读/写器之间采用双向验证机制，即读/写器验证 ID 卡的合法性，同时 ID 卡也验证读/写器的合法性。非接触式 ID 卡在操作前要与读/写器进行三次相互认证，而且在通信过程中所有数据都被加密。卡中各个扇区都有自己的操作密码和访问条件。

缺点：卡片成本偏高，依然杜绝不了考勤时"代打卡"问题。

3. 智能考勤机

主要包括指纹识别考勤机、静脉识别、虹膜识别考勤机、人脸识别考勤机等。

(1) 指纹考勤机

由于指纹具有唯一性与纹线的形态终生不变，因此被广泛应用于身体鉴别。在考勤中，为了停止代打卡情况的发生，人们设计出采用指纹来对被考勤人的身份识别，杜绝代考现象。使用时，指纹识别由两个过程组成，即登记过程和识别过程。在登记过程中，用户需要先采集指纹，然后计算机系统将自动进行特征提取，提取后的特征将作为模板保存在数据库或其他指定的地方。

在识别或验证阶段，用户首先也要采集指纹，然后计算机系统将自动进行特征提取，提取后的待验特征将与数据库中的模板进行比对，给出比对结果。在很多场合，用户也可以输入其他的一些辅助信息，以帮助系统进行匹配，如账号、用户名等。

它用于考勤时，具有无须卡片，解决代打卡问题等优点，但同时有以下缺点：指纹要求清洁、老年人手指指纹磨损过多的识别率不高,防破坏能力及稳定性有待提高。

(2) 眼虹考勤机

虹膜是位于人眼中白色巩膜和黑色瞳孔之间的圆环状薄膜,呈现出一种由内向外的放射状结构,包含了褶皱、径向沟、隐窝、色素点和同心沟等细节特征。眼虹识别是基于在自然光与红外光照射下,对虹膜上可见的外在特征进行识别的一种生物识别技术,利用这种性质来用于考勤机,这是一种较为理想的考勤机,做到了用非接触方式来识别人的特征,识别速度小于1秒。

生物学家发现,尽管虹膜的基本结构是由内在的遗传基因决定的,但是在生命初期,虹膜形成之前的胚胎发育环境却对虹膜独特的细微结构起着决定性作用。因此,自然界不可能出现完全相同的两个虹膜。

虹膜考勤机和其他生物识别相比较:

① 唯一性。即使双胞胎、克隆人、同一人左右眼的虹膜图像之间也具有显著差异;

② 稳定性。到两岁左右,虹膜就基本上发育到了足够尺寸,进入了相对稳定的时期。除非经历危及眼睛的外科手术,此后几乎终生不变;

③ 非接触性。虹膜是唯一外部可见的内部器官,不必紧贴采集装置就能获取合格的虹膜图像;

④ 活体性。人死亡后几秒钟内,虹膜便出现萎缩,所以虹膜识别相对于其他生物特征具有更高的安全性。

随着科技及社会的发展,虹膜识别越来越表现出它的优越性。但是由于其生产成本较高,虹膜产品的应用仅限于金融、煤矿等领域,并没有得到普及和推广。

(3) 人脸考勤机

人脸考勤机是采用当今国际科技领域高精技术——人脸识别技术(融合了计算机图像处理技术与生物统计学原理于一体),利用计算机图像处理技术从视频中提取人像特征点,利用生物统计学的原理进行分析并建立人脸特征模板。一般采用专用双摄像头,属于准三维人脸识别技术,识别性能大大超过二维人脸识别,算法复杂度远低于三维人脸识别。

当已登记的人员从人脸识别机前走过,它会有语音提示"你好"或者人员的姓名表示考勤已成功。而且,它还有拥有图像更新功能,若将正采取的图像作为第一人脸,存储的为第二人脸,如果第一人脸图像与第二人脸图像相一致,人脸识别考勤机将自动储存第一人脸图像来更新该第二人脸图像。该法可保持用户脸部图像的更新,降低了脸部外形改变对识别的影响,增加了识别的准确率。

7.2.2 考勤机的性能参数

1. 主要性能参数

(1) 存储量

它指的是考勤机能记录考勤/收费数据的数量,数值越大表明考勤/收费机能存储的信息量越大。存储介质容量大,考勤机的存储量就大。对于一般的办公室或小型工厂不需要很大的存储容量,但对于高校、大型工厂等上万人的单位则要选用大容量的考勤机。

(2) 数据保存时间

因为打卡式考勤机每次都已把考勤信息实时通过打印机给打印出来了,所以数据保存时间也只是针对刷卡类考勤机而言的。它指的是断电以后考勤机能保存内部已存储数据的时间段,通常保存时间越长表明考勤机性能越好,其安全可靠性便越高。IC 卡考勤机一般数据保存时间都能达到 10 年以上。

(3) 打印方式

根据打印的原理来划分出来的针式打印、喷墨打印、激光打印、热敏打印等打印方式。

2. 考勤机的使用

北京汉王科技有限公司,利用其国际领先的生物识别技术,开发的汉王考勤机系列产品,以其超高性价比和方便实用性而成为打卡钟理想的替代产品,使企业的管理水平登上一个新的台阶。如图 7-2-1 所示是汉王公司的人脸考勤机汉王 C330,其主要技术指标如表 7-2-1 所示。

图 7-2-1 人脸考勤机汉王 C330

表 7-2-1 人脸考勤机汉王 C330 的主要技术指标

产品类型	考勤门禁类型	人脸识别考勤机
考勤机	认证方式	人脸识别、工号人脸识别
	人脸识别	采用汉王 Dual Sensor TM V2.0 人脸识别算法
规格	液晶屏显示	3.5 英寸 TFT 彩屏,6.5 万色高彩,320×240 分辨率
	存储量	用户容量:300 人,记录容量:10 万条算法
其他特性	其他参数	验证方式:工号人脸识别、人脸识别 验证速度:<1 秒(300 个用户) 拒识率:<1‰,误识率:<0.001 按键:触摸按键,语音:语音合成,报中文姓名
	电源电压	12 VDC
	产品尺寸	199 mm×155 mm×36.5 mm

7.3 碎纸机

在现代办公活动中,随着信息保密的观念越来越被人们所接受,一些重要文件的销毁及一些纸质的机要文件,通常采用焚烧或送达专门部门来处理,这些方面经过的环节较多,方法有时不当,更容易发生失密的事件。现在一个比较好的方法就是采用碎纸机来进行处理,可以简简单单解除后顾之忧,已成为军事部门、政府机关、公司、团体等在办公中必不可少的设备。

以前人们广泛认为碎纸机是一种技术含量较低的产品,因此在选择的时候大多数人更多地会考虑它的外观、碎纸量、碎纸效果,但是随着高科技时代的到来,计算机成了办公中的娇儿,软盘、光盘在一定程度上代替了纸张成为人们记录工作的载体,因此对保密的要求也从开始的碎纸扩展到粉碎软盘、光盘甚至硬盘,如此一来对碎纸机这种原本只是碎纸的产品提出了更高的要求,其典型外观如图 7-3-1 所示。

图 7-3-1 碎纸机

7.3.1 碎纸机的主要技术指标

1. 碎纸方式

碎纸机是由一组旋转的刀刃、纸梳和驱动马达组成的。纸张从相互咬合的刀刃中间送入,被分割成很多的细小纸片,以达到保密的目的。碎纸方式是指当纸张经过碎纸机处理后被碎纸刀切碎后的形状。根据碎纸刀的组成方式,现有的碎纸方式有:碎状、粒状、段状、沫状、条状、丝状等。市面上有些碎纸机可选择两种或两种以上的碎纸方式。不同的碎纸方式适用于不同的场合,如果是一般性的办公场合则选择段状、粒状、丝状、条状的就可以了。但如果是用到一些对保密要求比较高的场合就一定要用沫状的。当前采用四把刀组成的碎纸方式是最先进的工作方式,碎纸的纸粒工整利落,能达到保密的效果。

2. 碎纸效果

碎纸效果是指纸张经过碎纸机处理后所形成的废纸的大小,一般是以毫米(mm)为单位的。粒、沫状效果最佳,碎状次之,条、段状相对效果更差些。不同的场合可根据实际需要选择不同碎纸效果的碎纸机。如家庭和小型办公室不牵涉到保密的场合可选用 4 mm×50 mm、4 mm×30 mm 等规格的就可以了。而要求保密的场合根据毁灭资料最低标准,计算机印字文件必须碎至 3.8 mm 以下的纸条。对于高度机密的文件,应采用可纵横切割的碎纸机,最好选用达到 3 mm×3 mm 及其以下规格碎纸效果的碎纸机。

3. 碎纸能力

碎纸能力是指碎纸机一次能处理的纸张最大数目及纸张厚度。一般碎纸效果越好则其碎纸能力则相对差些,如某品牌碎纸机上标称碎纸能力为 A4、70g、7~9 张,就是说明该碎纸机一次能处理切碎厚度为 70g 的 A4 幅面的纸 7~9 张。普通办公室选用 A4、70g、3~4 张的就可以满足日常工作需要,如果是大型办公室则要根据需要选择合适幅面和较快速度的碎纸机。现有大型碎纸机一般都能达到 60~70 张/次。

4. 碎纸宽度

碎纸宽度是指碎纸机所要切碎的纸张在没有进入碎纸机之前的最大宽度,也就是指碎纸机所能容许的纸张的宽度。通常要切碎的纸张要与切口垂直输入,否则整行文字有可能完整保留,资料尽露;另外如果入纸口太细,纸张便会折在一起,降低每次所碎张数,且容易引至纸塞,降低工作效率,所以选择碎纸机时一定要注意碎纸宽度的选择。但普通办公室一般只要能进入 A4 纸(大约宽度为 190 mm),所以 220 mm 宽度就足够用了。

5. 碎纸速度

碎纸速度也就是碎纸机的处理能力,一般用每分钟能处理废纸的总长度来度量,如 3 米/分,表示每分钟可处理的纸张在没有切碎之前的总长度。当然也有用厘米表示的,实际上是一样的。

6. 碎纸箱容积

碎纸箱容积是指盛放切碎后废纸的箱体体积。碎纸机生成的碎片存放于下列容器中的一种:低端的碎纸机一般放置于废纸篓的上方,这样切割完的碎片就简单地放置在废纸篓里;稍微贵一些的产品则自带废纸篓(碎纸箱)。大多数办公用碎纸机一般都是封闭的带轮子的柜子,能够方便地在办公室里移动,这种碎纸机就牵涉到了碎纸箱容积的选择。普通办公室和家用碎纸机出于实际需要和占地大小考虑可选择较小容量的碎纸箱,大小在4~10升为宜;中型办公室以10~30升为最佳,大型办公室可选用50升以上的碎纸箱。

7. 其他特性

其他特性指的是碎纸机除了本身应具有的功能外,与一般的碎纸机相比不同之处,如采用超级组合刀具,可碎书钉、信用卡;精密电子感应进/退纸功能。有些产品还具有超温/超量/过载/满纸/废纸箱开门断电装置/机头提起断电保护系统,全自动待机/停机/过载退纸等。

科密758碎纸机其整机外观呈流线型,豪华典雅,采用红外线感应,全自动碎纸;碎纸过量,自动退纸停机;电机过热,自动停机保护;超大容量活动下箱,倒屑方便;可碎订书钉、回形针、信用卡;低噪声、防静电,其性能技术指标:碎纸方式为碎状;碎纸效果为 2 mm×15 mm;碎纸能力为 10 张(70g,A4);碎纸箱容积为 24 升。

7.3.2 碎纸机的使用与维护

碎纸机的使用十分简单,对环境要求也较低,在碎纸机中,都具有自动开关功能,只要将纸放到进纸口处,切纸器就会自动旋转把纸卷入,进行切割,当机器运行中,发现不需切碎时,可按"停止/反向"键,碎纸机就会向上退纸出来,避免产生更大的损失。

就碎纸机的维护方面,基本的经济型办公用碎纸机设计寿命是7~10年。良好的维护措施能使其有更好的工作状态与使用寿命。

(1) 定期给切割装置上油以减少磨损,清除积在刀刃里的灰尘,以及更换装满的袋子。

(2) 尽量避免连续使用时间超过10~15分钟,并且避免纸张容量超过最高限制量。

(3) 注意干燥,不要将潮湿的纸放入碎纸机中,以免刀具生锈,影响使用寿命。

(4) 一次切碎不要加入过多的纸,以免出现卡纸。

在使用碎纸机的过程中,一般不可避免地会出现一些问题,有时候掌握一些方法就可以解决常见的问题。

1. 碎纸机不进纸

首先检查一下碎纸机是否有电,可以把开关按钮重新按一下,看看机器马达会不会转动。如果马达转动就说明可能感应头有问题,这需要返回厂家进行维修。如果不转,则需要检查是否为碎纸机卡纸,如果卡纸,进入的部分清理干净就可以。还有一种情况是碎纸机的过热保护作用,由于机器长时间使用,机器会自动进入保护状态,这时碎纸机就会停止工作,不进纸的。此时只要让碎纸机停止运行30分钟以上,不进纸的问题就可以解决。

2. 碎纸机卡纸

现今碎纸机都设有进纸和退纸功能键,可以先试试进纸和退纸键是否可自行让纸张退出,如果不行就关闭电源,然后将机头倒几下,振动一下,看能不能倒出来。该操作过程一定是在断电的状态下进行的。如果还是不行,找一个细一点的金属或螺丝刀,慢慢把卡住部分的纸屑清理掉。

7.4 排队机

排队机系统是一种综合运用计算机技术、网络技术、多媒体技术、通信控制技术的高新技术产品,能有效地代替客户进行排队,适用于各类窗口服务行业,目前已经广泛应用于银行、医院等行业。使用排队机系统,一方面可消除客户长时间"站队"的辛苦、对"站错队""插队"的抱怨,全面改善服务质量和企业形象,另一方面更可以依据统计数据调整业务分配、挖掘潜力、合理安排窗口服务,减少群众的等候时间,提高办事效率。

同时,排队系统支持多种形式的排队,可依照业务的种类或客户种类进行排队。支持对特殊对象(如残疾人、老人等)的优先服务,支持多道手续的自动转移,支持多套派号机及打印机以满足业务大厅有多个出入口的自然环境。

取号机替代顾客进行排队,取消排队的辛苦、急躁,适用于各种服务窗口行业。产品适用范围:银行等金融部门;医院等医疗行业;各企事业单位,如国、地税,工商、移动、网通、保险业、航空、供电、自来水、火车站、证券所、交通管理等,取号机既有单机版,又有网络版。

排队机由发号机、显示屏、叫号按钮盒、叫号音箱等组成,如图7-4-1所示。但不是所有排队机都拥有上面所列的全部组件。因为行业不同,排队机的组件也会有所不同。

排队机的使用十分简单,只要进入银行等需要排队的单位时,按下发号机中的相应业务按键,机器会自动"吐"出一条标签,如图7-4-2所示。此时就可以在大厅中的座位上坐下来,悠闲地看看书报,轻松地等候,通过查看显示屏上的显示数字与听语音广播的叫号,直到轮到标签上的号码,就到按显示屏上的提示的指定窗口办理业务。

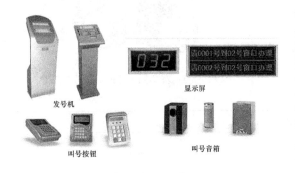

图 7-4-1 排队机   图 7-4-2 排队机的标签

7.5 数码录音笔

数码录音笔,造型如笔形,携带方便,可以同时拥有多种功能,如激光笔功能、MP3 播放等。与传统录音机相比,数码录音笔是通过数字存储的方式来记录音频的。

数码录音笔的主体是存储器,而由于使用了闪存,再加上超大规模的集成电路的内核系统,因此整个产品的重量轻、体积小。

7.5.1 数码录音笔的特点

(1) 连续录音时间长。传统录音机使用的磁带每一盒的录音时间的长度一般是 40～60 分钟,最长的也不过 90 分钟。而目前的数码录音笔连续录音时间的长度都在几十个小时。

(2) 数码录音笔有标准的音频接口,可用于接电话线录音,另外都提供了 USB 的接口,从而使其能够非常方便地与微型计算机连接,并且即插即用,非常方便。

(3) 采用非机械结构,使用寿命长。传统的录音设备是采用的机械结构,久而久之会发生磨损的情况,因此寿命有限。就拿磁带来说,一盒磁带,反复地擦、录上几十次也基本上报废了;磁头和传动装置时间长了也会发生磨损。而数码录音笔采用的是电子结构,因此可以做到无磨损,使用寿命也较长。

(4) 安全保密,有些用户使用录音可能有保密的要求,但是如果使用传统的录音机和磁带的话,要实现加密是比较困难的。而数码录音笔由于采用的是数字技术,因此可以非常容易地使用数字加密的各种算法对其进行加密,以达到保密的要求。

其工作原理:

数码录音笔通过对模拟信号的采样、编码将模拟信号通过数模转换器转换为数字信号,并进行一定的压缩后进行存储。而数字信号即使经过多次复制,声音信息也不会受到损失,保持原样不变。

7.5.2 数码录音笔的性能与使用

1. 数码录音笔的性能参数

以清华同方 TF18 数码录音笔为例,其外形如图 7-5-1 所示,性能参数如表 7-5-1 所示。

图 7-5-1 清华同方 TF18 数码录音笔

表 7-5-1 清华同方 TF18 数码录音笔

录音模式	电话录音,内置麦克风录音,外置麦克风录音,线路录音
存储容量	4～8 GB,内置 Flash Memory
显示屏幕	OLED128×64 点阵液晶屏
电池时间	内置高容量聚合物锂电池 400 毫安,最长录音时间约 40 小时
录音格式	WAV 格式(32～384 kbit/s),支持 MP3、WMA、ADPCM 等多种音乐格式
时间功能	可设置年/月/日,录音文件后缀生成时间标记,便捷查找
定时录音	定时预约起始时间录音,录音周期长度,录音模式(麦克风/电话录音)
声控功能	有声音就录,没声音就停,有效节省内存
A-B 复读	可选择 A-B 两个时间点之间重复播放,优于传统复读机
U 盘功能	USB2.0 高速传输接口,连接计算机上传下载文件
内置录音	内置不定向电容录音麦克风,可外接专业定向录音麦克风
电话录音	通过适配器实现电话录音、将外部音频设备内容进行内录
外放喇叭	内置扬声器,直接播放,阻抗:8Ohm 功率:1 W

续表

录音来源	电话录音、内置麦克风录音、外置麦克风录音、线路录音 4 种模式
录音性能	32 kbit/s、64 kbit/s、128 kbit/s、192 kbit/s、384 kbit/s 5 种录音格式选择
录音时间	(8G 内存)32K-568H、64K-284H、128K-142H、192K-71H、384K-44H
外部输入	耳机插口：3.5Pie 立体声插孔；外部麦克插口：3.5Pie 立体声插孔
定时录音	录音周期(单次/每日/按星期)，录音时间(起始时间-结束时间)
播放性能	7 种音效模式：NOR(自然)、ROCK(摇滚)、POP(流行)、CLASSIC(古典)、SOFT(柔和)、JAZZ(爵士)、DBB(重低音)
传输接口	USB 连接
语言选择	简体/繁体中文、英、韩、法、德、日本、意大利等多个语言菜单
电池类型	内置锂电池；400 毫安，可录音约 40 小时/可播放约 30 小时
产品附件	外置带线麦克风、耳机、USB 数据线、电话录音适配器、CD 直录线

2．功能使用

如图 7-5-2 为清华同方 TF18 数码录音笔，其操作如下所述。

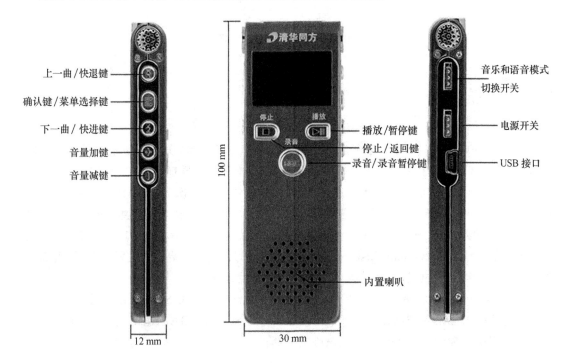

图 7-5-2　清华同方 TF18 数码录音笔外形

（1）开关机/录音

将录音笔侧面的【电源键】向上拨，机器将开机，按【REC】位置进入录音状态。在任何菜单界面待机状态下，短按录音快捷键【REC】可以进入麦克风录音模式状态。

（2）播放

按照录音笔正面的【播放键】，在播放过程中指示灯会匀速闪烁。

(3) 电话录音

将随机配送的转录线一头插进本机【输入】插口内,另一端插入外部设备的音频【输出】插口;电话录音首先将电话输入线接到专用接驳器,用转录线一头插进接驳器,另一头插进本机【输入】插口内,选择录音来源,进行 Line 录音前请在"系统设置/录音来源"里选定"音频录音"录音模式。录音前请先调整(测试)好外部设备的输出信号的大小,配合本机以达到较好的录音品质,录音方法同麦克风录音,连接方法如图 7-5-3 所示。

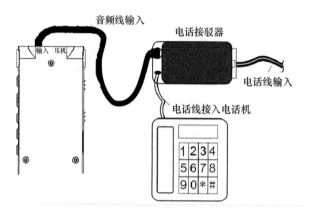

图 7-5-3　电话录音连接图

7.6　导航设备

20 世纪 50 年代末,苏联发射了人类的第一颗人造地球卫星,美国科学家在对其跟踪研究中,发现了多普勒频移现象,并利用该原理促成了多普勒卫星导航定位系统 TRANsIT 的建成,在军事和民用方面取得了极大的成功,是导航定位史上的一次飞跃,应用于海岛联测、地球勘探等领域。但由于多普勒卫星轨道高度低、信号载波频率低,轨道精度难以提高,使得定位精度较低,只能满足大地测量或工程测量等需要。为了提高精度,美国从 1973 年开始设计、试验全球定位系统 GPS(Global Positioning System),于 1989 年开始正式发射卫星,耗资 200 亿美元,于 1994 年全部建成,并开始投入军事应用与商业运营。

目前,全球有四大卫星导航系统:中国的北斗导航系统(BDS)和美国的全球定位系统(GPS)、俄罗斯的格罗纳斯(GLONASS)、欧盟的伽利略系统(GALILEO)。联合国已将这 4 个系统一起确认为全球卫星导航系统核心供应商。

7.6.1　美国 GPS 系统

目前以美国的 GPS 系统最为成熟,应用最为常见。

美国 GPS 系统由空间部分的 24 颗人造卫星(21 颗工作卫星,3 颗备用卫星)、地面监控站(1 个主控站,3 个注入站,5 个监测站)和 GPS 信号接收机组成,系统示意图如图 7-6-1 所示。卫星均匀分布在 6 个轨道面上,地面高度为 20 000 余千米,以 12 小时的周期环绕地球运行,使得在任意时刻,在地面上的任意一点都可以同时观测到 4 颗以上的卫星。卫星向地面发射两个波段的载波信号,在载波上调制有表示卫星位置的广播星历,用于测距的信息码以及其他系统信息,能在全球范围内,向任意多用户提供高精度的、全天候的、连续的、实时的三维测速、三维定位信息和授时。

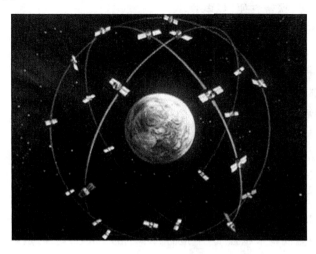

图 7-6-1 GPS 系统示意图

GPS 系统的控制部分由设在美国本土的 5 个监控站组成,这些站不间断地对 GPS 卫星进行观测,并将计算和预报的信息由注入站对卫星信息更新。由于卫星的位置精确可知,在 GPS 观测中,可得到卫星到接收机的距离,利用三维坐标中的距离公式,利用 3 颗卫星数据,就可以组成 3 个方程式,解出观测点的位置(X、Y、Z)。考虑到卫星的时钟与接收机时钟之间的误差,实际上有 4 个未知数,X、Y、Z 和钟差,因而需要引入第 4 颗卫星,形成 4 个方程式进行求解,从而得到观测点的经纬度、高程,再根据经纬度计算精确时间等信息。

GPS 系统的用户是非常隐蔽的,它是一种单程系统,用户只接收而不必发射信号,因此用户的数量也是不受限制的。虽然 GPS 系统一开始是为军事目的而建立的,但很快在民用方面得到了极大的发展。

1. GPS 系统的特点

GPS 卫星的分布使得在全球的任何地方、任何时间都可观测到 4 颗以上的卫星,并能保持良好定位解析精度。根据"三角测量"原理,GPS 信号接收机可以输出地面任何地点的位置信息。

(1) 全球,全天候工作

能为用户提供连续、实时的三维位置,三维速度和精密时间,不受天气的影响。

(2) 定位精度高

单机定位精度优于 10 米,采用差分定位,精度高。

(3) 功能多,应用广

现在已经广泛地用于大地测量、工程测量、航空摄影测量、地壳运动监测、工程变形监测、精细农业、个人旅游及野外探险、紧急救生和车辆、飞机、轮船的导航与定位等各个领域。

2. GPS 接收机的分类

目前的民用 GPS 设备包括测量型和导航型。其中测量型产品精度可达到米级甚至毫米级,但至少需要两台套才达到设计精度要求,而且其内部结构复杂,单机成本一般在几万到几十万,适合专业高精度测量环境使用;导航型产品,由于使用者对精度要求不高,一般为几十米,机器内部硬件相对简单,只需一台就可以完成导航工作,加之其价格相对低,有普及推广价值。

(1) 专业手持机

一般手持型 GPS 接收机多为导航使用,这一类型的手持机所具有的特点如下。

① 体积小、重量轻、携带方便、耗电量小。

导航型手持机外形及重量如同普通移动电话,使用普通电池操作,一般可连续工作 6~12 小时。

② 导航画面清晰,功能键齐全

每一台手持机都有液晶显示画面,而且都配有背景灯,方便夜间操作。对于一些常用的功能键如存储、领航等都设计有单独的操作键,方便紧急情况下的操作。

③ 导航无须地面设备辅助,形式多样

所有手持机只要能接收到卫星信号,就能快速定位,不受天气、行政界域的限制。而且可以计算出当地的国际标准时间。如果是处在运动状态下,还能指出正北方向。为了方便各类用户使用,可以将曾经历过的路点、路线记录在机器内部,在返回时为使用者起到提示、告警的作用。有些机器还加入了计算两点间距离,坐标系间相互转换,计算日升、日落时间等功能。所以目前的手持机功能性越来越强,已不是简简单单的定位工具,而是微型智能化电子向导。

手持型 GPS 在军队领域的应用广泛,在海湾战争时,当时的美国士兵中已有相当一部分配带有手持型 GPS,因为多国部队是跨国界、跨地区作战,地理环境相当陌生,仅依靠地图是实在有限的。事实证明它最适合单兵及快速反应部队行动,因为它满足快速、灵活、多变的战时环境,功效是传统导航工具无法达到的,目前已成为许多国外士兵的标准装备之一。

(2) 车载型 GPS

车载 GPS 产品通常是指安装在车辆上,专门用于汽车导航的 GPS 产品,专门为行车准备。可以确定车辆的位置,并结合通信模块把位置信息发送给服务中心的系统,如图 7-6-2 所示。

这类产品硬件一般由主机、天线和电源组成。不仅配备了车载支架、车载电源,更重要的是它们简单易用,导航过程中提供的语音提示声音洪亮,不用看屏幕也能按照提示行至目的地,引导安全抵达目的地。车载 GPS 又分原车 GPS 和加装 GPS。原车 GPS 是在车辆生产时就嵌入车内并与车载计算机相连接,除了常规定位导航功能外还能监测车速。有的原车 GPS 还装有陀螺仪。原车 GPS 是一整套庞大的系统,它通过计算车速和方位,配合卫星信号能够更准确地给车辆定位导航;而加装的车载 GPS 是可以后安装上去的只具备导航功能的 GPS 设备。

图 7-6-2 车载型 GPS

(3) GPS 模块

它是一个包含了 GPS 芯片以及天线的类似火柴盒大小的设备。单独的 GPS 模块是无法实现导航功能的,它只是接收卫星信号,而并不能进行运算分析,没有显示屏幕也就无法操作,因而使用这些产品必须要和手机、PDA 或笔记本等搭配,才能实现定位导航的功能。

(4) 集成 GPS 功能的其他产品

现在有些手机、PDA 或者笔记本就已集成了 GPS 功能的,也可以理解为已经内置了 GPS

模块的产品。

① 手机型 GPS

手机型 GPS 是指在智能手机中安装地图,通过在手机中内建 GPS 模块或者外接蓝牙 GPS 模块来接收卫星信号。这种 GPS 产品的优点是体积小巧便于携带,缺点是屏幕小,电池使用时间较短。

② PDA 型 GPS

PDA 型 GPS 是指在 PDA 或平板电脑中加入了 GPS 模块,除常规掌上计算机的功能外可以通过安装地图软件使其具有导航功能。这种产品的优点是体积小功能强,缺点是操作相对比较烦琐。

③ 笔记本型 GPS

笔记本型 GPS 是在笔记本中嵌入了 GPS 模块,通过在笔记本计算机中安装地图软件实现导航功能。目前的笔记本型 GPS 还处于初级阶段,市场上仅有几款含有 GPS 功能的笔记本产品。笔记本型 GPS 设备的优点是屏幕大、功能多,缺点是外形较大不易固定在车里,汽车在行驶中产生的振动会缩短笔记本硬盘的寿命。

3. GPS 接收机的主要性能参数

(1) 定位时间

定位时间是指多长时间 GPS 设备会自动开始确定自己的位置,一般以秒为单位。当达到这个时间时,GPS 设备会发出信号给 GPS 定位卫星,开始确定自己的位置。并且包括初次启动、冷启动、热(温)启动的定位时间。

(2) 水平精度

水平精度也就是 GPS 卫星判定接收设备在水平面内的精确程度,其精度能达到 15 米以内了。

(3) GPS 设备的数据接口

GPS 设备的数据接口主要有:存储卡接口,如 SD 或 MMC 接口、USB 连接线接口。

(4) 地图功能

地图功能对于手持机或是 GPS 终端机,主要是指机器内部可以存储的航路点、航线、航迹、坐标系等信息。针对车载 GPS 是指内置的地图信息,并且可以进行语音导航及模拟路线等指导操作。

(5) 动态性能

动态性能接收机相对于地球表面运动,则称为动态定位。如用于车船等导航定位的精度为 30~100 米的伪距单点定位,或用于城市车辆导航定位的米级精度的伪距差分定位,或用于测量放样等的厘米级的相位差分定位(RTK),实时差分定位需要数据链将两个或多个站的观测数据实时传输到一起计算。

(6) 坐标系

"1954 年北京坐标系""1956 年黄海高程系"是计算平面位置和高程的依据。如公路里碑上的公里数,通常是从大城市起算的;说某某建筑有多高,一般是从地面算起。这就是说,地球上任何一点的位置都是相互联系,都有一定相对关系。通常测绘地面上点的位置,也是一样,也要有一个起算标准,不然就分不出高低了。测绘地面上某个点的位置时,需要两个起算点:一是平面位置,一是高程。计算这两个位置所依据的系统,就叫坐标系统和高程系统。

"1954 年北京坐标系"是采用苏联克拉索夫斯基椭圆体,在 1954 年完成测定工作的,所以叫"1954年北京坐标系",我国地形图上的平面坐标位置都是以这个数据为基准推算的。

"1956年黄海高程系",是在1956年确定的。它是根据青岛验潮站1950年到1956年的黄海验潮资料,求出该站验潮井里横按铜丝的高度为3.61米,所以就确定这个钢丝以下3.61米处为黄海平均海水面。从这个平均海水面起,于1956年推算出青岛水准原点的高程为72.289米。我国测量的高程,都是根据这一原点推算的。

(7) 显示屏

显示屏指的是用来在GPS设备上显示实际信息内容,以达到与用户交流作用的显示设备。

4. GPS接收机的使用

以从北京"天安门广场"到"北京西客站"为例:

第1步,设置起点

开机后,导航器即自动搜星,几秒钟后可实现快速定位,显示现在所处的位置(天安门广场)即为起点。

第2步,设定目的地

进入主菜单界面,点击"目的地"项,选择"搜寻"(也可用其他方法),在屏幕上手写"北京西客站"字样,然后再点击"目的地"项,目的地就设定成功了。

第3步,开始导航

在极短时间内,导航器就能设计计算出一条路线,并实现导航,当快到达分支路口时,会自动语音提示"前过多少米,向左可右拐"等,当不小心走过此路口时,GPS接收机会自动另行计算新的导航路线,直到导航结束。

7.6.2 北斗导航系统

北斗卫星导航系统(BeiDou Navigation Satellite System,BDS)是中国正在实施的自主发展、独立运行的全球卫星导航系统,其工程代号取名为"北斗一号"。系统建设目标是:建成独立自主、开放兼容、技术先进、稳定可靠的覆盖全球的北斗卫星导航系统,促进卫星导航产业链形成,形成完善的国家卫星导航应用产业支撑、推广和保障体系,推动卫星导航在国民经济社会各行业的广泛应用。2011年12月27日起提供连续导航定位与授时服务,预计到2020年左右,建成由5颗地球静止轨道和30颗地球非静止轨道卫星组网而成的全球卫星导航系统,提供覆盖全球的高精度、高可靠的定位、导航和授时服务。

北斗卫星导航系统由空间段、地面段和用户段3个部分组成,空间段包括5颗静止轨道卫星和30颗非静止轨道卫星,地面段包括主控站、注入站和监测站等若干个地面站,用户段包括北斗用户终端以及与其他卫星导航系统兼容的终端。可在全球范围内全天候、全天时为各类用户提供高精度、高可靠定位、导航、授时服务,并具短报文通信能力,如图7-6-3所示为北斗卫星导航系统示意图。

1. 北斗导航系统的特点

(1) 覆盖范围:北斗导航系统是覆盖中国本土的区域导航系统。覆盖范围东经约70°～140°,北纬5°～55°。目前已实现对东南亚实现全覆盖。

(2) 卫星数量和轨道特性:北斗导航系统是在地球赤道平面上设置2颗地球同步卫星2颗卫星的赤道角距约60°。

(3) 定位原理:北斗导航系统是主动式双向测距二维导航。地面中心控制系统解算,供用

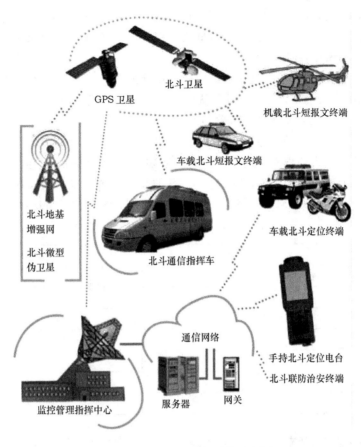

图 7-6-3　北斗卫星导航系统示意图

户三维定位数据。GPS 是被动式伪码单向测距三维导航。由用户设备独立解算自己三维定位数据。"北斗一号"的这种工作原理带来两个方面的问题,一是用户定位的同时失去了无线电隐蔽性,这在军事上相当不利;二是由于设备必须包含发射机,因此在体积、重量上、价格和功耗方面处于不利的地位。

(4) 定位精度:北斗导航系统三维定位精度指标标准为 10 m,部分纬度较高地区可达 1.2 m,授时精度约 100 ns。GPS 三维定位精度 P 码已由 16 m 提高到 6 m,C/A 码已由 25～100 m 提高到 12 m,授时精度目前约 20 ns。

(5) 用户容量:北斗导航系统由于是主动双向测距的询问——应答系统,用户设备与地球同步卫星之间不仅要接收地面中心控制系统的询问信号,还要求用户设备向同步卫星发射应答信号,这样,系统的用户容量取决于用户允许的信道阻塞率、询问信号速率和用户的响应频率。因此,北斗导航系统的用户设备容量是有限的。其工作频率为 2491.75 MHz,系统能容纳的用户数为每小时 540 000 户。

(6) 生存能力:和所有导航定位卫星系统一样,"北斗一号"基于中心控制系统和卫星的工作,但是"北斗一号"对中心控制系统的依赖性明显要大很多,因为定位解算在那里而不是由用户设备完成的。为了弥补这种系统易损性,GPS 正在发展星际横向数据链技术,使万一主控站被毁后 GPS 卫星可以独立运行。而"北斗一号"系统从原理上排除了这种可能性,一旦中心控制系统受损,系统就不能继续工作了。

(7) 实时性:"北斗一号"用户的定位申请要送回中心控制系统,中心控制系统解算出用户的三维位置数据之后再发回用户,其间要经过地球静止卫星走一个来回,再加上卫星转发,中心控制系统的处理,时间延迟就更长了,因此对于高速运动体,就加大了定位的误差。

2. 北斗导航系统与 GPS 系统

目前,美国 GPS 系统已占据我国卫星导航应用绝大部分市场,普及使用率非常高,北斗系统从价格和使用率上目前不及 GPS,但是从国家安全的战略意义上看,提倡大家使用我国自主产品北斗卫星导航系统,逐渐摆脱对美国 GPS 的依赖性。

有数据表明,GPS 仅在我国就已垄断了 95% 以上的导航终端。GPS 在中国的广泛普及,加大了国家、企业和个人信息安全的外部威胁。诸如,中国的电信系统、金融系统、电力系统以及互联网领域,之前普遍用的是 GPS 授时,GPS 的授时系统一旦出现问题,造成的损失难以估算。有媒体称,我国的 CDMA 网络,就曾经因为美国 GPS 未授时出现过瘫痪事件。

表 7-6-1 美国 GPS 与中国北斗对比表

	美国 GPS	中国北斗
卫星数量	24 颗	35 颗
定位精度	6~10 m	5~10 m
稳定性	有 20 年的稳定运行史	有待进一步考证
覆盖范围	覆盖全球	目前仅覆盖亚太地区
短文通讯功能	无	有
市场占有率	95%	处于起步阶段
终端设备性能	性价比较高	质量良莠不齐

作为中国自主发展、独立运行的全球卫星导航系统,北斗卫星导航系统一直广受关注。中国北斗精度指标在局部区域已超美国 GPS;在应用方面,到 2016 年,北斗的应用总量将超 3 000 万台套,实现从百万量到千万量的突破,从而大大降低使用成本。

"北斗一号"的潜力所在,主要在定位通信综合领域上,对这种综合功能有需求的领域都会得到充分的应用。对于既需要位置又需要把位置传递出去的用户,北斗卫星导航定位系统是非常有用的。

习 题

1. UPS 的分类有几种,其主要特点是什么?
2. UPS 中使用的蓄电池的种类有几种,各有何特点?
3. 简述考勤机的常见分类及其主要特点。
4. 简述碎纸机的常见分类及其主要特点。
5. 什么是排队机?有何特点?
6. 简述 GPS 系统的原理。
7. 举例说明 GPS 应用的 3 个具体应用情况。
8. 简述北斗导航系统的发展现状。

第8章 办公自动化设备操作技能训练

技能训练1 认识办公自动化设备

一、训练目标

(1) 认识常见办公自动化设备。
(2) 了解微型计算机的软件系统。

二、操作环境(设备)

微型计算机、Internet 网络

三、训练任务

查看办公自动化设备,了解微型计算机中的系统软件与常用办公软件。

四、训练步骤

(1) 如果学校有办公自动化设备实验室,建议实地到实验室查看相关办公自动化设备。了解各类办公自动化设备外形、安装、使用等情况,有条件的可以进行试用操作。

① 了解设备名称、设备型号、办公自动化设备功能,查看此设备的相关参数、耗电等情况,了解这些设备安装与使用注意事项等。

② 给设备通电,学习使用这些设备的基本使用情况。

(2) 在网络上了解办公自动化设备情况。

① 查看相关网站,如 www.it168.com 等网站(可参看本书中的参考文献中的相关网络)中有关办公自动化设备情况。认真精读1~2个相关网站,写出此网站中有关办公自动化设备的基本情况介绍,并截图说明。

② 列出当前微型机、打印机、扫描仪、一体机、摄像机、照相机、高拍仪等设备的主流品牌、配置、价格等。

(3) 了解使用的微型计算机的软件清单,写出操作系统软件、常用办公软件版本、功能等情况,并截图说明。

(4) 通过网络等情况进行调查当前各级办公机关的设备状况,如学校、企业、政府机关的办公设备状况,了解各级机关的办公信息化等相关情况。

技能训练 2　校园办公系统的使用

一、训练目标

（1）了解 VPN 的基本知识。
（2）学习在校外访问校内的资源。
（3）学习如何使用校内的 OA 系统。

二、操作环境（设备）

微型计算机、单位办公网

三、训练任务

在校外（外地区等）使用 VPN 进入校园网查找学校的教学资源、论文数据库资源。

四、训练步骤

VPN 的英文全称是"Virtual Private Network"，翻译过来就是"虚拟专用网络"。顾名思义，虚拟专用网络我们可以把它理解成是虚拟出来的企业内部专线。它可以通过特殊的加密的通信协议在连接在 Internet 上的位于不同地方的两个或多个企业内部网之间建立一条专有的通信线路，就好比是架设了一条专线一样，但是它并不需要真正地去铺设光缆之类的物理线路。这就好比去电信局申请专线，但是不用给铺设线路的费用，也不用购买路由器等硬件设备（如图 8-2-1 所示）。

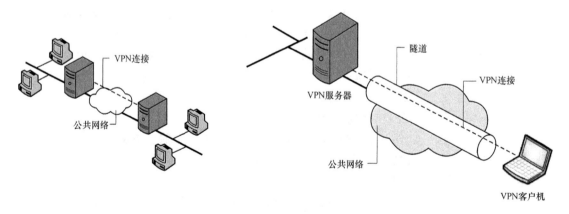

图 8-2-1　VPN 示意图

VPN 的核心就是在利用公共网络建立虚拟私有网，目前很多高校的该系统可以让大家在家里或外地，通过登录访问下面多个在校园内部的应用：办公系统、教务系统、电子期刊数据库、网络教学资源等。

（1）在 IE 地址栏输入：www.jxstnu.cn。点击右上角 VPN 字样，进入 VPN，如图 8-2-2 所示。

(2) 输入用户名和密码(相关账号与密码由校园网管理中心提供),进入下一步操作,VPN进入登录状态,如图 8-2-3 所示。

图 8-2-2　VPN 登录界面

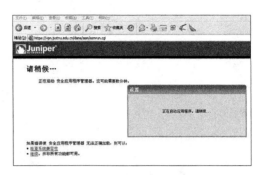

图 8-2-3　VPN 正在登录

(3) 计算机会自动安装插件,如果在安装使用过程中出现问题:

① 检查是否安装防火墙,设置关闭。

② 检查是否有 360 等软件在使用,建议禁用这些软件。

③ 确保 VPN 插件正常安装。

(4) 进入到 VPN 主页,如图 8-2-4 所示,可选择进入办公网或校内期刊数据库或教务管理或教学资源等选项。

(5) 进入办公网系统,选择查看公告通知,如图 8-2-5 所示。

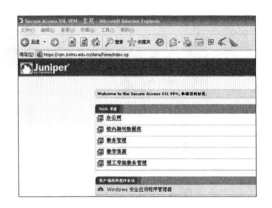

图 8-2-4　VPN 主页

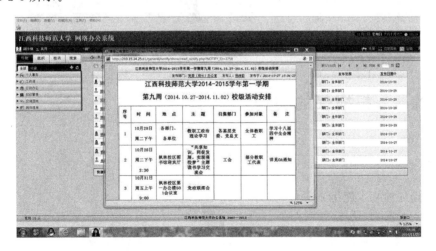

图 8-2-5　办公系统中的公告通知

(6) 选择邮件系统,如图 8-2-6 所示,查看邮件的发送等情况。

(7) 查看校园新闻,如图 8-2-7 所示。

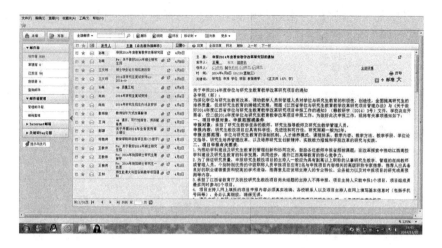

图 8-2-6　办公系统中的邮件系统

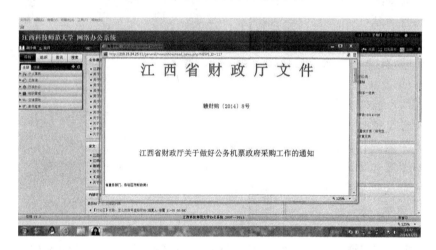

图 8-2-7　办公系统中的新闻查看

技能训练 3　扫描仪的使用

一、训练目标

掌握扫描仪的基本使用方法。

二、操作环境（设备）

微型计算机、扫描仪

三、训练任务

掌握扫描仪的安装及使用。

四、训练步骤

1. 扫描仪的安装

以清华紫光 A688 扫描仪为例,其他型号的扫描仪操作方法基本相同。

(1) 进行软件的安装。将扫描仪所配的附件安装驱动光盘放入微型计算机的光驱中,安装驱动光盘将自动运行,并弹出安装界面,根据提示,直至安装完成(安装好驱动程序后,再连接上扫描仪),如图 8-3-1 所示。

(2) 硬件的安装。软件安装完成后,将进行连接扫描仪和微型计算机。将扫描仪的电源适配器的一端连接到扫描仪后面板上的电源插口,另一端插入 220V 电源插座;将 USB 连接电缆的一端连接到扫描仪主机后面板上的 USB 接口,另一端连接至微型计算机的空闲 USB 接口,如图 8-3-2 所示。

图 8-3-1 扫描仪的安装

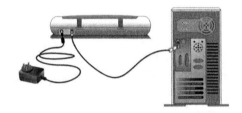
图 8-3-2 扫描仪和微型计算机的连接

2. 图片的扫描

(1) 启动微型计算机中的图形处理软件,如 Adobe Photoshop(或其他图像编辑程序)。

(2) 将所需扫描的图片(如学生证或图书馆借书证等)进行扫描。

① 翻开扫描仪的盖板,将扫描稿(证件页)面朝下平放在玻璃上(将纸质文件或图片面朝下放置在扫描仪的玻璃上),并轻轻盖回盖板。

② 开启扫描仪的图像编辑程序,于 Windows 操作系统下按开始→程序→Adobe Photoshop(或其他图像编辑程序)进行操作。

③ 当 Adobe Photoshop 程序开启后,请按文件→导入→Uniscan A688 进行操作。此时 Uniscan TWAIN 窗口即开启,如图 8-3-3 所示。

④ 扫描图像。

在 Uniscan TWAIN 窗口里面有 4 个选项,对应要扫描的原稿类型。如果要扫描一张彩色照片,就选择"彩色照片"项,把照片放到扫描仪中,盖上盖板,并单击"预览"按钮。此时扫描仪就开始预览,预扫描的图片出现在右侧的预览框中。

移动、缩放预览框中的矩形取景框至合适大小、位置,选择要扫描的区域。选择好后,单击"扫描"按钮,此时扫描仪就开始扫描,微型计算机屏幕显示扫描的进度。

⑤ 扫描完成后,图片就出现在"Photoshop"软件窗口中的图片编辑区域,可以对图片进行修改、保存等操作,并于"自己的学号+名字"作为文件名上交到老师,文件类型采用 JPG 格式。

图 8-3-3　扫描工作界面

3. 文字的录入

近年来,扫描仪新增有一个特别有用的功能,即文字识别 OCR 功能(Optical Character Recognition,光学字符识别),把印刷体上的文章通过扫描,转换成可以编辑的文本,这样大大方便提高了文字录入的速度(要实现文字识别,除了安装好扫描仪的驱动和扫描仪的应用软件外,还要安装 OCR 文字识别软件。)

目前常见的中英文文字识别软件很多,如清华紫光 OCR,丹青、尚书、汉王等文件识别软件。OCR 软件的种类虽然很多,但其使用方法大同小异,首先要对文稿进行扫描,然后进行识别。一般说来,有以下几个步骤。

(1)扫描文稿。为了利用 OCR 软件进行文字识别,可直接在 OCR 软件中扫描文稿。在 Uniscan TWAIN 窗口中,运行 OCR 软件后,会出现 OCR 软件界面,如图 8-3-4 所示。

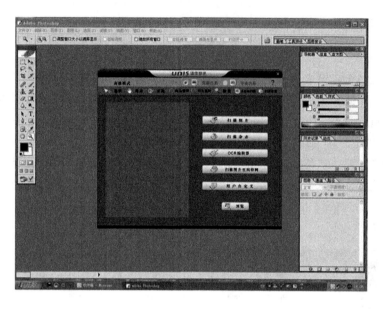

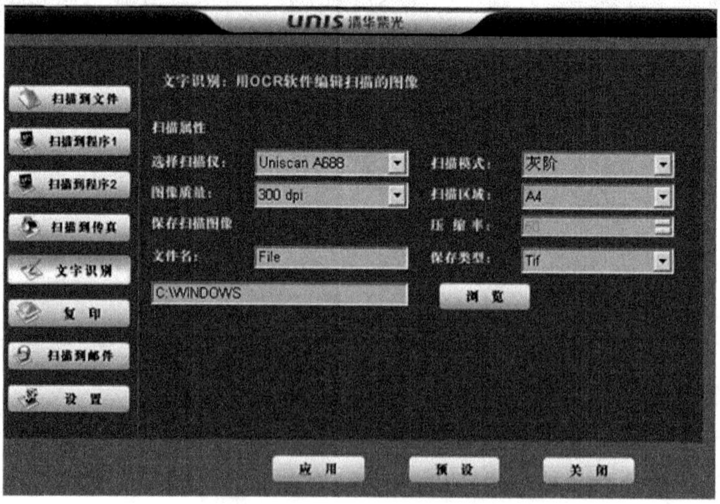

图 8-3-4　OCR 工作界面

将要扫描的文稿(本课程的教材,选择文字较多或全是文字的那一页)放在扫描仪的玻璃面上,使要扫描的一面朝向扫描仪的玻璃面并让文稿的下端朝下,与标尺边缘对齐,再将扫描仪盖上,即准备扫描。

点击视窗中的"扫描"键,即可进入扫描驱动软件进行扫描,其操作方法与扫描图片类似。扫描后的文档图像出现在 OCR 软件视窗中。

(2) 适当缩放画面。文稿扫描后,刚开始出现在视窗中的要识别的文字画面很小,首先选择"放大"工具,对画面进行适当放大,以使画面看得更清楚;必要时还可以选择"缩小"工具,将画面适当缩小。

(3) 调正画面。各类 OCR 软件都提供了旋转功能,使画面能够进行任意角度的旋转。如果文字画面倾斜,可选择"倾斜校正"工具或旋转工具,将画面调正。

(4) 选择识别区域。识别时选择"设定识别区域"工具,在文字画面上框出要识别的区域,这时也可根据画面情况框出多个区域;如果全文识别则不需设定识别区域。

(5) 识别文字。单击"识别"命令,则 OCR 会先进行文字切分,然后进行识别,识别的文字将逐步显示出来。一般识别完成后,会再转入"文稿校对"窗口。

(6) 文稿校对。各类 OCR 软件都提供了文稿校对修改功能被识别出可能有错误的文字,用比较鲜明的颜色显示出来,并且可以进行修改。有些软件的文字校对工具可以提供出字形相似的若干字以供挑选。

(7) 保存文件。用户可以将识别后的文件存储成(TXT)文件或 Word 文件。

技能训练 4 会议照片的拍摄

一、训练目标

掌握数码照相机的基本使用方法。

二、操作环境(设备)

微型计算机、数码照相机

三、训练任务

掌握数码照相机的拍摄方法,并学习与微型计算机的连接与处理。

四、训练步骤

1. 设备准备

检查数码照相机的镜头上有无灰尘、电池是否充满电、存贮卡是否有足够的空间,如有必要须带好三脚架、反光板等辅助拍摄物品,并带足备用电池和备用存储卡。

2. 现场拍摄

(1) 会前拍摄

在拍摄会议前要事先了解会议的流程,掌握会议的拍摄点和环境、出席会议的主要人员等,做好拍摄前的准备。可以先拍摄一些会议背景资料,如会场的布置、横幅宣传标语等,突出会议主题,如图 8-4-1 所示。

图 8-4-1　会场宣传标语等

在会议进行之前,可以先拍摄未入场前的会场和主席台的相关布置,方便观众了解会议主题,如图 8-4-2 展示会议的相关资料。

图 8-4-2　展示会议的相关资料

(2) 会场拍摄

会议开始时,首先要有一张会议主席台的全影照,如图 8-4-3 所示,画面最好包括大会的主题、主席台以及参与的人物等,使会议照片隆重生动有立体感。

图 8-4-3　会议主席台的全影照

主持人开场白用特写镜头,台子较高不宜正面拍摄,否则台子只露一个脑袋,不好看。领导和贵宾发言是一般会议必有的环节,理想的拍摄角度为 45°,麦克风不能和嘴连接或挡住讲话领导的脸,还要注意不能在领导头部出现背景分割线条,可以使用特写镜头,也可以拍摄讲话时的全景,拍摄领导时一般选择在会议开始时拍摄,因为此时的状态和表情更加自然饱满。

(3) 合影的拍摄

作为会议议程的一部分,合影的拍摄是必需的一项工作,会议中的全影照主要体现的是会议的氛围和隆重感,其他类型的集体照有相似之处,但也因拍摄主题的不同,在造型上略有差异,一张好的集体合影,首先要保证群体在画面中全部都清晰可见,布局合理充实,人像个体无闭眼睛等小动作,边缘无透视变形等。为达到以上效果,在拍摄时尽量选择标准镜头,营造大景深效果,可使用三脚架使得曝光组合更多选择。一般的集体照都是室外合影。选择柔和的自然光线照明,避免直射太阳光和逆光,如果是轻松氛围可选择变化多样的拍摄造型,体现活泼和多样性。

一般应选用标准镜头,人物是静止的且纵深大。要获得较大的景深,一般得使用小光圈和较慢的快门速度。为防止拍摄中出现"手震",影响画面清晰度,因此在拍照中必须使用三脚架稳定照相机。

集体合影以柔和的自然光为好,应尽量避免直射阳光和逆光。时间应选在上午 10 点至下午 4 点这个时段,不要在树荫下拍照,以防产生花脸。

另外,在会议拍摄时,不仅要有拍摄技巧和专业设备,同时也必须具备一定的职业道德,不能主次颠倒,要明确哪些照片是必须拍的,哪些是不需要拍的,如负面的行为,此外无论拍摄什么,都尽量不打扰其他人。

技能训练 5 电视短片的拍摄

一、训练目标

掌握摄像机的基本操作方法。

二、操作环境(设备)

数码摄像机

三、训练任务

通过拍摄一段短片来学习摄像机的拍摄方法。

四、训练步骤

1. 准备摄像

(1) 拍摄准备

检查电池、存储卡等情况,外出摄像还需要带备用电池与备用的存储卡。

(2) 开机拍摄

找好拍摄机位,固定好摄像机,最好将摄像机置于三脚架上进行调整。

(3) 调整白平衡

因为在不同的时间、不同的角度下,色温条件是不同的,为了保证色彩的一致性,必须进行白平衡的调整。白平衡调整的一般方法为:选择一个作为调整依据的白色物体(白纸、尽可能采用规定的测试卡),该白色物应放在被摄主体的位置上,并不能出现反光点;将镜头对着标准白色物体,进行变焦与聚焦,使白色物体图像占据寻像器屏幕的80%以上;接通自动白平衡开关,几秒钟后,白平衡就自动调好,这时白平衡的指示灯亮或寻像器上会出现"OK"的字样(一般摄像机则只要将镜头对着白色——满屏拍摄几秒钟就可以了)。

2. 拍摄一段视频

开始拍摄时,注意摄像姿势。正确拍摄姿势包括正确的持机姿势和正确的拍摄姿势,持机姿势没有固定的模式,因摄像机的不同而不同,但是一般在开取景器的时候一定要用左手托住取景器,否则极易造成摄像机的晃动。

拍摄姿势主要有站立、跪姿等,如图8-5-1所示。在站立拍摄时,用双手紧紧地托住摄像机,肩膀要放松,右肘紧靠体侧,将摄像机抬到比胸部稍微高一点的位置。左手托住摄录像机,帮助稳住摄录机,采用舒适又稳定的姿势,确保摄像机稳定不动。双腿要自然分立,约与肩同宽,脚尖稍微向外分开,站稳,保持身体平衡。在摇时应将起幅放在身体不舒服位置,将落幅放在身体舒服位置,在条件允许的情况下尽量做到两脚不动。

图 8-5-1 摄像姿势

在拍摄现场也可以就地取材,借助石头、栏杆、树干、墙壁等等固定物来支撑、稳定身体和机器。

姿势正确不但有利于操纵机器,保证摄像质量,也可避免因长时间拍摄而过累。

拍摄一个同学的自我介绍,约60秒,介绍个人情况,多变换几次镜头运动式,如可以采用先全景再特写的方法。

3. 将摄像素材上传到微型计算机

以前的摄像机是采用磁带作为存储介质,须完成一个采集的过程,现在的数码摄像机大多采用存储卡来记忆,此时只要将存储卡从摄像机取出,放读卡器中插入微型计算机的 USB 接口,就可以实现摄像素材的上传。

4. 摄像机操作要领:稳、清、准、匀

(1) 稳

肩扛时要正对被摄物,两脚自然分开与肩同宽,身体挺直站立,重心落在两脚中间;右肩扛住摄像机身,右手把在扶手上,并操作电动变焦以及录像机的启停,右肘放在胸前,作为摄像机的一个支撑点。左手放在聚焦环上,进行焦点调节。右眼贴在寻像器遮光罩上,通过放大镜观看寻像器中的被摄图像,这时脸部也是使摄像机稳定的一个重要支撑点。在录制时,呼吸会影响到画面的稳定,故在拍摄时要学会运用呼吸。

(2) 清

为了保证画面的清晰,首先就要保证摄像机镜头清洁;其次在调整聚焦时,最好要把镜头推到焦距最长的位置,调整聚焦环使图像清晰。无论是拍摄远处还是近处的物体,都要先把镜头推到焦距最长的位置再开始调整,因为这时的景深短,调出的焦点准确,然后再拉到所需的合适的焦距位置进行拍摄。

当被摄体沿纵深运动时,为保持物体始终清晰,一是随着被摄物体的移动相应地不断调整镜头聚焦;二是按照加大景深的办法做一些调整,例如缩短焦距、加大物距、减小光圈等;三是采用跟摄,始终保持摄像机和被摄物之间的距离不变。

(3) 准

摄像机要准确地重现被拍摄景物的真实色彩,准确地摄取一定的景物范围,通过画面构图准确地向观众表达出所要阐述的内容。要避免由于画面的不准而造成观众对画面的含糊印象,甚至不清楚画面要表达的意思。

(4) 匀

无论是推、拉、摇、移,都会对观众的某种心理进行诱导,若是运动过程不够流畅,速度不匀,忽快忽慢,就会产生不协调感,所以在拍摄画面时要保证运动的流畅和协调性。可以利用镜头上的电动装置以及带有阻尼的三脚架、云台、移动车等,来形成运动的匀速变化。

技能训练 6 多功能会议室的使用

一、训练目标

(1) 了解多媒体会议室的基本构成。
(2) 学习使用多媒体会议室。

二、操作环境(设备)

多媒体投影会议室

三、训练任务

(1) 操作多媒体会议室的各项设备。
(2) 了解多媒体会议室的设备管理制度、使用注意事项等。

四、训练步骤

多功能会议室工程以其功能的多样性(如:会议厅、视频会议厅、报告厅、学术讨论厅、培训厅等),在这几年得到迅速普及应用。在初期的建设投入上可能要高于单一功能的投资建设,并且从技术的角度上来看,对系统在设计和施工上都有一定的技术复杂度,尤其对用户方的使用也有一定的技术要求,这就需要一种技术来综合管理不同功能的 A/V 设备使其相互协调的工作,这种技术就是中央控制技术。它通常包括以下几个子系统。

(1) 会议室显示系统

多媒体显示系统由高亮度、高分辨率的液晶投影机和电动屏幕构成;完成对各种图文信息的大屏幕显示。有时由于会议室面积较大,为了各个位置的人都能够更清楚地观看,整个系统设计了多套投影机显示系统。

(2) 会议室 A/V 系统(如图 8-6-1 所示)

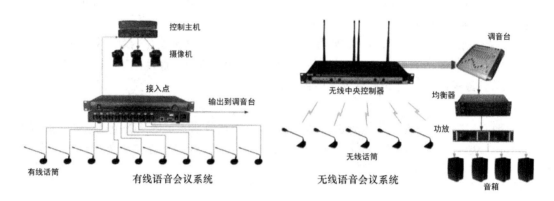

图 8-6-1　会议室 A/V 系统

A/V 系统通常采用几台计算机、摄像机、DVD、VCR(录像机)、视频展示台、调音台、话筒、功放、音箱、数字硬盘录像机等 A/V 设备构成。完成对各种图文信息(包括各种软体的使用、DVD/CD 碟片、录像带、各种实物、声音)的播放功能;实现多功能厅的现场扩音、播音,配合大屏幕投影系统,提供优良的视听效果。并且通过数字硬盘录像机,能够将整个过程记录在硬盘录像机中。

(3) 会议室工程环境系统

会议室环境系统由会议室的灯光(包括白炽灯、日光灯)、窗帘等设备构成;完成对整个会议室环境、气氛的改变,以自动适应当前的需要;譬如播放 DVD 时,灯光会自动变暗,窗帘自动关闭。

(4) 多媒体中央控制系统

通常采用中央控制系统,实现多功能会议室工程各种电子设备的集中控制。能够控制 DVD、录像机进行播放、停止、暂停等功能;能够控制投影机,进行开/关机、输入切换等功能,并能够控制电动吊架、屏幕,实现上升、停止、下降等功能;能够控制实物展台进行放大、缩小等功能;能够控制音量,进行音量大小的调节功能;能够控制 A/V 矩阵、VGA 矩阵,实现音视频、VGA 信号自动切换控制功能;能够控制房间的灯光和窗帘,自动适应当前环境的需要。

1. 会议报告

当进行会议报告时,不需要视频信号,只需要启动扩音系统,打开各话筒电源,在中央控制系统启动功放系统即可。

2. 多媒体报告

在多媒体报告时,除需要扩音系统外,还需要微型计算机控制投影仪显示多媒体演示报告。

打开会议室中央控制系统电源,全自动智能化中央集成控制系统可通过轻触式按键面板或计算机软件对所有的电气设备进行控制。可通过一个可以移动的触摸屏对所有电子器材,包括投影机、投影屏幕升降、影音设备、信号切换,以及音量调节等(如图 8-6-2 所示)。

简单明确的中文界面,只需用手轻触控制面板上上相应的按键,系统就会实现相关功能,它不仅能控制 DVD、录像的播放、快进、快倒、暂停、选曲等功能,而且可以控制投影机的开关、信号的切换,还有投影屏幕的上升、下降等功能,免去了复杂而数量繁多的遥控器。

系统控制采用联动控制,选择台式计算机或笔记本计算机输入,当开启投影机时,系统自动把投影机打开、屏幕自动降下。

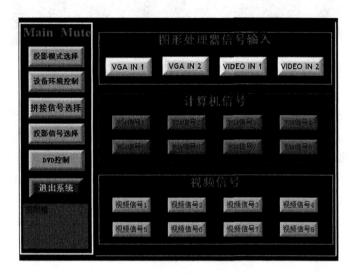

图 8-6-2　中央控制器触摸屏显示

3. 练习使用多功能会议室的各项设备,画出各设备之间连接图

技能训练 7　复印机的使用与维护

一、训练目标

(1) 了解复印机的工作过程。
(2) 学习使用复印机。

二、操作环境(设备)

复印机(复印复合机)

三、训练任务

完成纸质文件的复印工作。

四、训练步骤

本实验对教材封面等纸质文件进行复印。

1. 设备预热

按下复印机电源开关,开始预热,面板上应有指示灯显示,并出现等待信号。当预热时间达到,机器即可开始复印,这时会出现可以复印信号或以音频信号告知,如图 8-7-1 所示。

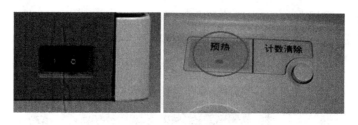

图 8-7-1　复印机打开电源进入预热状态

2．检查原稿

拿到需要复印的原稿(教材封面等)后,应大致翻阅一下,需要注意以下几个方面:原稿的纸张尺寸、质地、颜色,原稿上的字迹色调,原稿装订方式、原稿张数以及有无图片等需要改变曝光量的原稿。这些因素都与复印过程有关,必须做到心中有数。对原稿上不清晰的字迹、线条应在复印前描写清楚,以免复印后返工。可以拆开的原稿应拆开成单张,以免复印时不平整出现阴影。

3．检查机器显示

机器预热完毕后,应看一下操作面板上的各项显示是否正常。主要包括以下几项:可以复印信号显示、纸盒位置显示、复印数量显示为"|"、复印浓度调节显示、纸张尺寸显示,一切显示正常才可进行复印。

4．放置原稿

根据稿台玻璃刻度板的指示及当前使用纸盒的尺寸和横竖方向放好原稿。需要注意的是,复印有顺序的原稿时,应从最后一页开始,这样复印出来的复印品顺序就是正确的;否则,还需重颠倒一遍。

5．设定复印份数

按下数字键设定复印份数。若设定有误可按"C"键,然后重新设定。

6．设定复印倍率

一般复印机的放大仅有一挡,按下放大键即可,缩小倍率多以 A3-A4,B4-B5 或百分比等表示,了解了复印纸尺寸,即可很容易地选定缩小倍率。如果无须放大、缩小,可不按任何键。

7．选择复印纸尺寸

根据原稿尺寸,放大或缩小倍率按下纸盒选取键。如机内装有所需尺寸纸盒,即可在面板上显示出来;如无显示,则需更换纸盒。

8．调节复印浓度

根据原稿纸张、字迹的色调深浅,适当调节复印浓度。原稿纸张颜色较深的,如报纸,应将复印浓度调浅些,字迹线条细、不十分清晰的,如复印品原稿是铅笔原稿等,则应将浓度调深些。复印图片时一般应将浓度调谈,如图 8-7-2 操作面板。

 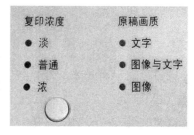

图 8-7-2　复印机操作面板

9. 调节复印浓度

一般无须调整浓度。原稿纸张颜色较深的如报纸,应将复印浓度调浅些,字迹线条细、十分不清晰的则应将浓度调深些,而复印图片时一般应将浓度调谈。

10. 开始复印

最后按一下复印键即可。

技能训练 8　小型办公网络的组建

一、训练目标

掌握小型办公组网的设计与实施。

二、操作环境（设备）

微型计算机、路由器、网线、RJ-45 网线钳

三、训练任务

在办公室有一个信息插座,要求设计并实施建设一个 4 人办公人员的小型办公网络,可实现上网与打印等,并可以供多人采用手机或平板电脑进行无线上网。

四、训练步骤

1. 确定网络需求

所谓网络需求,也就是在组建网络之初,要明确此网络环境的用途,主要用来做什么,要实现什么样的网络应用等问题。作为 4 人的小型办公环境来说,主要功能是文件资料的传递、共享访问互联网的应用和文件打印等,网络带宽要求不是很高,联网设备的选择上可以考虑够用就行的原则,而共享互联网,申请 ADSL 宽带也能足够应付。目前宽带服务提供商针对小型办公网络用户提供了多种资费可供选择,价格也相当实惠。

2. 确定网络连接拓扑方案

具体的组网方式,因为要实现局域网到互联网的共享访问,而且考虑到成本问题,所以采用"宽带路由器＋客户机"的模式。宽带路由器就相当于一台共享上网服务器,客户机通过这台"共享上网服务器"即可实现互联网共享,如图 8-8-1 所示。

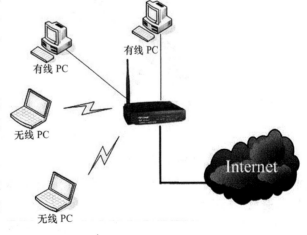

图 8-8-1　组网方案

3. 选择网络设备

根据前面确定的网络模式,需要添置的网络设备主要为宽带路由器。因为网卡一般微型计算机都已自带,当然还需要支持 10/

100M 自适应适度的网线,来将所有的网络设备与微型计算机相连。

宽带路由器是组网方式中最重要的设备。路由器(Router,又称路径器)是一种计算机网络设备,它能将数据包通过一个个网络传送至目的地(选择数据的传输路径),这个过程称为路由。

4. 确定设备的连接

连接采用双绞线,在选择时尽量考虑口碑好、质量确实好的产品即可。

(1) 网络的制作

① 剪断:利用剪刀等工具剪取适当长度的网线,略大于微型计算机之间或是微型计算机与信息点的距离,注意一般超五类双绞线的最大长度不超过 100 m。

② 剥皮:将双绞线线头放入剥线钳的剥线刀口,稍微握紧剥线钳慢慢旋转,让刀口划开双绞线的保护胶皮,拔下胶皮,注意剥去双绞线保护胶皮的长度为 10cm,剥线过长一则不美观,另一方面因网线不能被水晶头卡住,容易松动;剥线过短,因有包皮存在,太厚,不能完全插到水晶头底部,造成水晶头插针不能与网线芯线完好接触。

③ 排序:剥除外包皮后即可见到双绞线网线的 4 对 8 条芯线,并且可以看到每对的颜色都不同。每对线都是相互缠绕在一起的,制作网线时必须将 4 个线对的 8 条细导线一一拆开,理顺、捋直,然后按照规定的线序排列整齐。

目前,最常使用的布线标准有两个,即 T568A 标准和 T568B 标准。一般采用 T568B 标准。T568B 标准描述的线序从左到右依次为:1-橙白、2-橙、3-绿白、4-蓝、5-蓝白、6-绿、7-棕白、8-棕。直通电缆两端的线序是一样的,如图 8-8-2 所示。

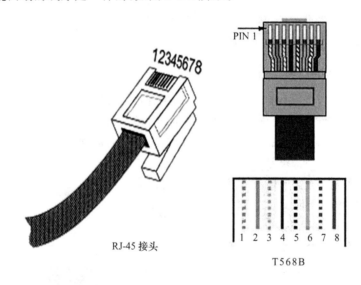

图 8-8-2 T568B 标准的线序

④ 剪齐:把双绞线尽量抻直(不要缠绕)、压平(不要重叠)、挤紧理顺(朝一个方向紧靠),然后用压线钳把线头剪平齐。这样,在双绞线插入水晶头后,每条线都能良好接触水晶头中的插针,避免接触不良。

⑤ 插入:一手以拇指和中指捏住水晶头,使有塑料弹片的一侧向下,针脚一方朝向远离自己的方向,并用食指抵住;另一手捏住双绞线外面的胶皮,缓缓用力将 8 条导线同时沿 RJ-45 头内的 8 个线槽插入,一直插到线槽的顶端,从水晶头的顶端可看到铜线。

⑥ 压制:确认所有导线都到位,并将透明水晶头检查一遍线序无误后,就可以用压线钳制

RJ-45 头了。将 RJ-45 头从无牙的一侧推入压线钳夹槽后,用力握紧线钳,将突出在外面的针脚全部压入水晶头内。

(2) 网线的连接

将制作好的多根网线,其连接示意图与实物连接如图 8-8-3 所示。

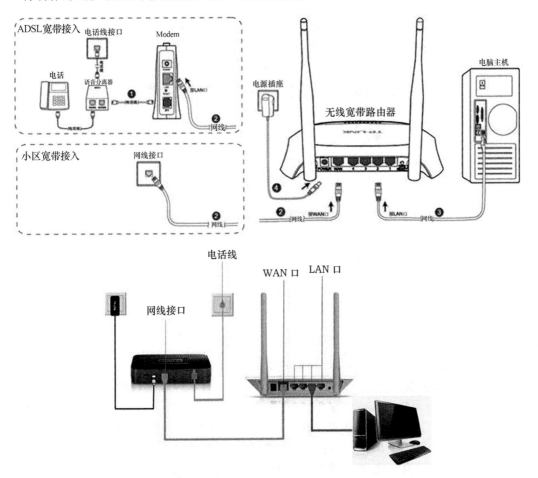

图 8-8-3　连接示意图与实物连接图

(3) 路由器的设置

以市面上常见的 TP-LINK WR541G＋无线路由器为例,来搭建组建小型无线局域办公网络。虽然无线路由器的品牌不同会使得操作界面有所不同,但基本方法是类似的。

① 先接通路由器的电源,然后插上网线,Internet 网络进线插在 WAN 口(一般为蓝色口),然后跟微型计算机连接的网线就随便插哪一个 LAN 口,做好这些工作后,然后查看在路由器后面有个地址和账号密码,连接好后在浏览器输入在路由器看到的地址,一般是 192.168.1.1,启动路由器并登录路由器管理页面后,浏览器会显示管理员模式的界面,用户名和密码一般默认为"admin",也有不同的品牌采用 http://192.168.0.1。

② 对于宽带用户,需要将 WAN 端口连接类型设置为(PPPoE),并输入宽带用户名和密码(由网络服务商提供),如图 8-8-4 所示。

③ 开启无线路由.选择菜单无线参数→基本设置,详细设置如图 8-8-5 所示,各个参数意义分别如下。

图 8-8-4　上网方式设置

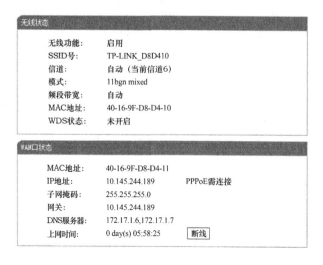

图 8-8-5　设置完成界面

• SSID 号：该项标识无线网络的网络名称，即是你给自己的无线网络所取的名字，由于同一生产商推出的无线路由器或 AP 都使用了相同的 SSID，因此建议将 SSID 命名为一些较有个性的名字，只能用数字与字母的组合，不可用中文。

• 频段：该项用于选择无线网络工作的频率段，可以选择的范围为 1~13。

• 模式：该项用于选择路由器的工作模式，可供选择的有 11M 带宽的 802.11b 模式和 54M 带宽的 802.11g 模式（该模式兼容 802.11b），一般选择后者。

• 开启无线功能：若要采用路由器的无线功能，必须选择该项，这样无线网络内的主机才可以接入并访问有线网络。

• 允许 SSID 广播：该项功能用于将路由器的 SSID 号向无线网络内的主机广播。如果用户不想让自己的无线网络被别人通过 SSID 名称搜索到，那么最好"禁止 SSID 广播"。无线网络仍然可以使用，只是不会出现在其他人所搜索到的可用网络列表中。此时在 Windows 的无线连接管理工具中是扫描不到该无线网络的，需要另外设置或者使用第三方软件扫描。

④ 开启安全设置，选择 WEP 安全类型，即为无线局域设置密码。路由器将使用 802.11 基本的 WEP 安全模式。

⑤ MAC 地址过滤，MAC 地址过滤功能通过 MAC 地址允许或拒绝无线网络中的计算机访问广域网，有效控制无线网络内用户的上网权限。过滤功能可以使具有某些 MAC 地址的计算机无法访问本无线网络或只允许具有这些 MAC 地址的计算机访问本无线网络，防止外部的未知无线设备擅自接入网络。

（4）设置完成后，重启路由器即可。

参 考 文 献

[1] 胡小强. 虚拟现实技术与应用. 北京:高等教育出版社,2004.
[2] 张宗耀,胡葆善. 现代办公自动化设备. 西安:西安电子科技大学出版社,2003.
[3] 赵显富. 办公自动化设备教程. 长沙:中南工业大学出版社,2005.
[4] 陈国先. 办公自动化设备的使用与维护. 西安:西安电子科技大学出版社,2003.
[5] 刘士杰. 现代办公设备的使用与维护. 2版. 北京:电子工业出版社,2004.
[6] 王路敬. 21世纪办公自动化实用教程. 北京:北京水利水电出版社,2000.
[7] 胡小强. 计算机网络. 上海:复旦大学出版社,2011.
[8] 胡小强. 多媒体技术基础. 2版. 北京:中央广播电视大学出版社,2013.
[9] 严强. 传真机的选购、使用与维修. 北京:电子工业出版社,1994.
[10] 谭传贤. 现代电话通信实用技术. 北京:科学出版社,2000.
[11] 余凤翎. 常用办公通信设备的原理、使用与维护. 西安:西安电子科大出版社,1997.
[12] 来宾,彭学杰. 综合布线与网络工程. 北京:冶金工业出版社,2003.
[13] 钱俊,孙改平. 办公自动化教程. 北京:中国林业出版社,北京大学出版社,2006.
[14] 肖光明,罗来发. 党政机关公文处理与写作. 南昌:江西人民出版社,2004..
[15] www.it168.com IT产品专业导购平台.
[16] www.pconline.com.cn 太平洋电脑网.
[17] www.zol.com.cn 中关村在线.
[18] www.ncdiy.com 小刀在线.